多元視角

〔教育行為卷〕

二十一世紀
中華歷史文化教育

梁操雅、梁超然、區志堅——主編

推薦序一

杜葉錫恩教育基金會監事及永遠榮譽會長
黃華康

歷史是甚麼？國史大師錢穆在《中國的歷史精神》是這樣說的：「歷史便即是人生，歷史是我們全部的人生，就是全部人生的經驗。歷史本身，就是我們人生整個過往的經驗。」歷史不單是記載過去的事情，更把過去的人所經驗所得記錄下來，它是從一面由古到今的鏡子，我們藉此判斷過去人事的對錯是非。歷史教育，教人得從經驗中獲得啟發，學懂判別事情真偽的能力，更有助培養人的國民質素和國家歸屬感。

為提升香港學生對國家民族的自覺與認同，特區政府於2018年向全港中學發出通函，決定將中國歷史科成為初中的核心科目之一，中國歷史科新課程將在2020-21學年在全港中一級實施。此措施讓對世界充滿好奇的中學生中，能有機會透過專科研習，探究我國千年歷史長河的偉大之處，喚醒莘莘學子對國家及民族的自覺與認同，培養他們的人文關懷與素養，亦教導年輕人需從歷史與古人之中儲備人生經驗，啟發未來去向。

課程改革，牽起一眾熱衷歷史教育之大家和教育工作者的討論熱潮。杜葉錫恩教育基金特意於2019年1月中旬，舉辦為期兩日「兩岸四地中國歷史教育學術研討會」，研討會中雲集內地、港澳和台灣多位歷史學者，就各地中國歷史教育及國民教育發表真知灼見，以啟發本地中國歷史科的新思維。

本論文集彙集當日各研討會之演辭報告，經整理校對後，成為正規學術研究文章，為歷史教育研究提供嶄新而具參考價值的論點及研究方法，實在值得學術界人士閱讀。論文集深入探究歷史教育的議題，除詳細分析港台中史科教育面對的迷思，更由中國歷史科課程規劃變化、教育理念、教學模式、學生學習興趣及教學成效評量等，多方面反思中國歷史科的發展內涵。另外，學者更以古代歷史教科書為例分析其史學觀，從而延伸討論「為何要讀歷史」的根本問題；又論文集亦探討現當代各地史學研究的區域文化，

比較各地歷史學者在研究時的視野與盲區。這些研究，既對史學研究甚有裨益，更有助推動歷史教育的前進發展，優化中國歷史科的教學質素。

現在，論文集得以梓行，承蒙諸位博學之士惠賜鴻文，使中國歷史科的教育使命獲更確切的論述，本人謹藉此機會，向諸位致謝。

推薦序二

杜葉錫恩教育基金會主席
張雅麗

　　二十一世紀，全球很多國家及地區，均面對在現代社會怎樣傳承已有文化，在今天的中國，已可見成把中國傳統文化與現代環境相結合，返本開新，把中國文化帶進現代科技文明的新領域。談及傳承文化，不可不注意從事歷史教育工作者的責任，達至先賢韓愈所說「師者，所以傳道、受業、解惑也」。中國歷史浩瀚如海，所包含的人與事不勝枚舉。熟知祖國的歷史，除了讓人鑑古知今外，既加強學生對國家的歸屬感，也提升其國民質素。因此，中華人民共和國香港特別行政區政府宣布中國歷史成為初中的核心科目之一，並即將實施新課程。由是在杜葉錫恩教育基金會，與香港樹仁大學歷史系、嶺南大學香港與華南歷史研究部、香港浸會大學當代中國研究所、香港教育大學人文學院、香港公開大學教育及語文學院、香港中國近代史學會、香港歷史博物館於2019年1月11至12日，合辦「兩岸四地中國歷史教育學術研討會」，得到中國內地、香港、澳門、臺灣等地從事歷史學教研工作的學者及教員，發表學術論文，使到是次學術研討會，取得美好成果！

　　近日欣喜是次學術研討會籌委會委員梁超然校長、梁操雅博士、區志堅博士，更在研討會後，努力蒐集，學者在研討會上發表論文，成為專集，予以出版，使到是次研討會成果，得以保存及流布，加強學者彼此交流。是次論文集更匯集歷史教研工作者，既以宏觀的角度，探討新課程改革之所需，為學界有疑難者排困解惑，更從微觀及教學個案，引證教學理論，使新課程更為優化，更切合二十一世紀歷史教育課程的步伐和需要，並可以支援中國歷史教師教學需要及提升教學效能，促進中國歷史科的發展。在此謹希望閱讀本書的讀者，多融匯貫通各章的要義，一起推動歷史教育的現代化。是為之序。

編者序

梁操雅、梁超然、區志堅

　　近年全球很多地區均推行改革歷史教育的政策，尤以中國內地、香港、澳門及臺灣，不只是改革中小學及高等院校歷史教育課程，中小學在進行新的歷史教育課程下，出版新一套有關中國歷史及世界歷史科教科書。至於歷史教育的施教方面，也強調師生間的學與教，也有優化已有教育科目。同時，海峽兩岸四地從事歷史教育的教、研人士，在討論歷史教育之餘，也致力引用電子科技、數據庫、圖像教學，致力提升中華文化、歷史教育與二十一世紀學術環境的接軌的工作。歷年來從事香港一地文化推動教育工作不遺餘力的杜葉錫恩教育基金會、香港樹仁大學歷史學系，於2019年1月11至12日，假座香港歷史博物館舉辦「多元視角探研：兩岸四地中國歷史教育學術研討會」，更邀請兩岸四地從事歷史教育的教、研人士，以多元化的觀點及教學方法，表述歷史教學，是次發表五十七篇有關文化及歷史教育的學術論文。及後，與會者均同意把修改宣讀論文，予以出版，收在全書中的所有論文，均經過了三位學者予以評審及給予建議，再給相關作者予以修改。

　　很多從事歷史教育的教研人士，多強調走在二十一世紀，為吸引年青人注意歷史教育，必先提升他們對歷史文化的興趣，希望教育界先從他們的生活環境，提取材料，進行教育，並先引發他們對歷史文化的好奇心，再在此基礎上培育他們對歷史文化的興趣，更可以多邀請學生參與教學活動，「動手動腳找材料」，互動及活動教學尤為重要，二十一世紀的教員，也由知識傳授者，變成知識的引導者。因為要注意提升學生對四周的關注，故也注意學生的情景教育，注意學生對問題的感受，及多元感覺進行教育。此外，現時歷史教育也應多注意配合運用現代電子科技、電子圖像、虛擬實景等施教工具設計課程，培育學生從多元視角，配合課堂教材及授課內容，使走出課室與課室內教學、校本教學，互相配合，故是次研討會的主題尤多強調結合

資料，從多元視角及感覺出發，多思考怎樣進行歷史教育課程及科目的改革，加強開拓歷史教育課題。

　　至於本書的設計，主要分為第一、二冊。第一冊，為教育行為卷；第二冊，為教育現場卷。上冊收集的論文主要為：區域歷史教學和合作、清末民初歷史教科書、當代臺灣中學歷史教育、性別口述歷史教學、中國內地義務歷史教育、「敘事性」因素在歷史教育課的重要、香港中國歷史科電子教學、香港中史發展的情況、初中非華語學生學習中國歷史的課堂研究、20世紀20年代中小學歷史教育、歷史學習與深度認知、歷史教材的書寫、中國內地新高中課程的歷史解釋、法律知識與專題研習、北美華人學者探討大中華地區歷史教科書與博雅教育、以「考現學」進行歷史教育、詩歌與道德哲學的教學關係、口述史與歷史教育連繫、中國內地及香港中學經濟及歷史科忽略的課題、中國古代四大發明與歷史為主題的STEAM、「互聯網」與歷史教育、多元文化導向的僑生歷史教育、繪本共讀流程與文化教育、思考歷史學習模式、文獻與口述歷史教學、醫學知識與專題研習、漢語文化學習的課題、檢視中國文化教育等課題，上冊多為研究歷史教育的理念、構想及課程設計。

　　下冊各篇文章討論的主要內容，為：生命教育與文化傳承，以蓮花寶塔、盂蘭文化節、同仁堂、朱子之路、香港山西商會舉辦實習計劃、「故事學習」學與教、七夕文化、新界歷史文化、香港的孫中山史蹟徑、保釣、元朗區本歷史、南石頭難民營、觀塘區口述歷史、茶文化、華人喪葬文化、香港考古知識、工運、田野考察、深圳福田區的歷史考察、擬孫中山史蹟徑VR教學課題、抗日戰爭為等課題。下冊各篇論文，多研究進行歷史教育的個案，以實踐時遇到的成功及有待優化的地方，引證歷史教育的理念及實踐的課題。

　　是次論文集的出版，主要源自杜葉錫恩教育基金會資助舉行「多元視角探研：兩岸四地中國歷史教育學術研討會」。在此十分感謝杜葉錫恩教育基金資助研討會，使是次研討會得以順利舉行，更感謝香港樹仁大學及杜葉錫恩教育基金的行政人員、教員及學生，協助籌辦是次研討會。更感謝嶺南大學香港與華南歷史研究部、香港浸會大學當代中國研究所、香港教育大學人文學院、香港公開大學教育及語文學院、香港中國近代史學會、香港歷史博物館協辦是次研討會，感謝協辦單位提供行政的協助，沒有以上學術機構的支持，是次研討會不能取得美滿成果！及後，再一次感謝杜葉錫恩教育基金

資助出版是次論文集，因教育基金的資助，使研討會的成果，得以保存及傳播，在此僅向杜葉錫恩教育基金致以衷心感謝！

　　除了感謝杜葉錫恩教育基金會的協助外，更感謝杜葉錫恩教育基金會監事及永遠榮譽會長黃華康先生、杜葉錫恩教育基金會主席張雅麗女士在百忙中惠賜推薦序，光耀論文集。編著者也感謝林浩琛先生、吳佰乘先生、梁唯實先生、盧錫俊先生，顧敏妤小姐協助對集各篇論文，進行初步排版工作。當然感謝秀威出版社編輯蔡登山先生、鄭伊庭小姐、杜國維先生、許乃文小姐的協助，處理全書的編務工作，使本論文集得以順利面世。當然要感謝惠賜鴻文的各位作者，沒有各位依三位評審學者的建議，修改研討會的宣讀論文，並予以出版，本書也不可以與讀者見面，編著者更要感謝三位評審學者在短時期評審各篇文章，並給予寶貴建議。

　　我們深信，是次集合兩岸四地從事歷史教育教研學者的研究成果，只是一個開始，日後舉辦的「多元視角探研：兩岸四地中國歷史教育學術研討會」，必會使兩岸四地歷史教育研究有更傑出的進展。本書的出版對歷史教育而言，不是完結，而是新的開始。

庚子年正月初四日

目次

第一章　區域文化，區域教學和區域合作

香港樹仁大學歷史學系
魏楚雄

一、區域文化與區域教學

　　區域研究和區域文化研究，起始於美國，然後傳播到世界各國，曾經流行一時，本人還曾在美國賓州一所文理學院幫助創建了亞洲研究課程。但是，那種對區域和區域文化的研究，都是一種「我」者對「它」者的行為；哪怕研究者本人是被研究區域的局內人，也往往只是把被研究的區域文化當作一種「它」者來看待，不會將自己置身其中，把研究對象跟自己真正聯繫起來。那麼，如果我們研究者，把對自己所屬區域的研究，從「它」者轉為「我」者，把研究者自己，也當作是研究對象的一分子，我們會對所研究對象產生怎樣一種新視覺和新見解呢？或者，如果我們教學者，把有關所在區域的教學內容，跟該區域受教者自己的歷史文化結合起來，那麼對受教者們會產生一種怎樣不同的新效果和新感受呢？換句話說，區域文化跟我們的區域教學有著什麼樣的關係、可以產生什麼樣的關係呢？它跟我們區域內在教學科研方面的合作，又有什麼關係？反過來，區域教學會對區域文化發生什麼作用呢？區域的教學科研合作，又會對區域文化造成什麼影響呢？對這些問題，按理說，本人應該並沒有資格提供權威的答案，因為本人在嶺南地區並非土生土長，而是嶺南區域和粵港澳大灣區的外來者。我雖然一直對嶺南文化有著濃厚的興趣，但對它遲遲沒有認同感和歸屬感。然而，也許正因為此，本人才可能對嶺南文化的重要性有著比較客觀清醒的認識，可以比較清晰地看到嶺南文化與華南地區教學和合作之間的關係。

　　本人在2006年到澳門大學從事教學並擔任系主任之後，因為該校的所在地是澳門，所以一直比較注重澳門研究，以及有關澳門史和澳門區域史的教學。然而，回想起來，自己從未真正把自己作為澳門文化和澳門區域文化

即嶺南文化的一分子，也從未仔細關注過區域文化與區域教學和合作之間的聯繫。由於持有這種局外人的身分認同，對澳門的歷史文化或嶺南的歷史文化，自己從未有一種發自內心的自豪感和從屬感。但是，在2019年11月參加了「中華傳統文化與區域文化高端學術論壇」以及隨後的雷州半島歷史文化遺產實地考察之後，我的觀念被徹底改變了；在自己思想情感中，毫不察覺地慢慢積累起來的嶺南文化情結，頓時昇華了。

當我在雷州半島博物館裡，從頭到尾細細瀏覽有關該地區歷史文化的詳述時，當我親眼目睹成千上百幅豐富多彩的生活圖片時，當我凝視那些與現實生活場景並無大異的歷史照片時，才突然被嶺南地區的歷史文化遺產所觸動和震撼，在剎那間醒悟到：原來，我們是生活在一個豐富的文化寶藏之中！原來，歷史的足跡就在我們現實生活中間！原來，我們可以清楚看到那條緊緊地把歷史與現在連接在一起的無形紐帶！由此看來，如果像我這樣一位嶺南文化的局外人，像我這樣一個年過花甲的理性史學工作者，在面對這些歷史文化遺產時，都可以產生這樣深刻的文化震撼，那麼，當在本地區土生土長的年輕人，面對這些他們祖上世世代代遺留下來的史蹟時所受到的衝擊，肯定不會比我小吧！可見，區域文化和歷史文化遺產，真是我們進行教學的絕佳素材！

確實，華南地區許許多多五彩繽紛的歷史文化遺址，不僅是歷史專業的學生們藉以進行田野調查的豐富資源，而且還是一部活生生的史書，從中可以尋覓到一條從過去通往現在和未來的人類生命脈絡，它絕不是乾巴巴的教科書所能體現的。在歷史教學中，最能激發學生興趣的，莫過於那些看得到、摸得著的實物實體，那些跟現實生活密切相關的東西。通過對歷史文化遺產的實地考察，學生們可以把書本上的知識和歷史遺留的實物結合起來，從而對過去發生的事情獲得更具體更形象的感性認識。一般歷史教科書往往偏重於政治軍事方面的內容，對社會文化方面的描述不夠具體細緻，更難以地方化。對地方上的歷史文化遺址的調查研究，就可以彌補這方面的缺陷，幫助學生們充分瞭解與自己當前生活密切相關的歷史文化和社會生活，使他們能從許多文化生活的細節中，去瞭解歷史、體驗故人的經歷。如果田野調查對低年級學生來說，還是一種步入歷史學習的初始路徑的話，那麼對高年級學生來說，它就是一種深入歷史研究的佳途。當不少學生在為尋找不到合適的畢業論文題目和一手資料而發愁時，這些尚未被充分發掘考證的嶺南文化歷史遺產便是他們畢業論文題目的很好選擇，也可以是他們與老師們一起

進行歷史研究合作的極佳課題。

相比中國其他許多地區，雷州半島的歷史文化遺產是出奇地豐富，它是我們從事歷史教育的一筆巨大財富！而且，雷州半島的歷史文化遺產，並非華南地區唯一之處；可以說，嶺南文化遍布華南各地，如客家文化、廣府文化、潮州文化、雷州文化、韶文化、粵北文化、珠璣文化、閩粵文化、三連文化、姓氏文化、宗族文化、士族文化、嶺南畫派以及湛江法國文化遺產、十三行文化遺產、肇慶韶關等地的傳教士文化遺產等等。所以，只要嶺南地區的每位史學工作者稍加留意，就可以在其教學的區域發現具有本地特色的歷史文化遺跡！

二、區域文化與區域合作

如上所述，除了教學，嶺南文化的歷史遺產，又何嘗不是我們歷史工作者進行歷史研究的絕佳對象呢？自八十年代以來，國內學術界愈來愈重視對區域文化的研究，各種區域文化研究成果爭相呈現，如吳越文化、兩淮文化、湖湘文化、巴蜀文化、滇黔文化、三晉文化、齊魯文化、關東文化、藏文化、八閩文化等等。然而，這些研究都偏重於對各區域的文化傳承、地理風貌、方言習俗、傳統信仰、民間文藝、歷史名人等方面進行陳述性的敘述，很少試圖歸納出各區域的文化特色與人文精神本質，基本沒有分析區域文化與中華主流文化的關係，也未嘗試在整體上去總結區域文化對區域整體發展的歷史意義和現實意義。

所以，嚴格而言，目前並不存在對嶺南文化的整體研究。目前所謂的嶺南文化研究，包括廣府文化、潮州文化、雷州文化、韶文化、粵北文化等，其實都只是對嶺南區域各種更小範圍或超出嶺南區域的個別文化現象的陳述。它們或者是對跟嶺南區域有關的歷史名人如張九齡、余靖、丘逢甲、李秉中、王佐、廖燕等的研究，或者是對嶺南區域的某些文化現象如宗教活動、民間信仰的特別關注，如南禪文化的六祖惠能與《壇經》、憨山大師、慧寂和尚、虛雲和尚、天然和尚、澹歸禪師與丹霞山別傳寺、道教的許真君與三山國王信仰、鮑靚、葛洪和黃大仙傳說、天主教的利瑪竇和龍華民、客家祖先崇拜等。此外，近二十年來，隨著旅遊業的迅速發展，學者們開始對嶺南區域的非物質文化遺產表現出日益強烈的興趣，包括媽祖文化、嶺南畫派、曹溪禪繪、梅關古道文化、關鑰文化、烏逕古道、大庾嶺通道、嶺南走

廊文化、姓氏節等。同時，方言、民間戲曲、民間歌謠、宗氏祠廟建築和傳統飲食等，也都逐漸成為學者們的關注點，如客家方言、「外江話」、三連地區語言、粵港澳白話比較、客家山歌、客家童謠、韶樂、粵北瑤族民歌、石塘月姐歌、粵北瑤族長鼓舞、汕尾漁歌、客家圍樓群、連南瑤繡、粵北張田餅印、甜酒文化等等。

　　上述對嶺南文化各層次各專題的研究，為發展嶺南文化打下了良好的基礎。然而，所有這些研究都具有碎片化的傾向，都沒有系統地、有機地把嶺南文化作為一個整體來研究，也沒有認真探討嶺南文化對嶺南區域整體建設和發展的歷史貢獻及可能的現實意義。實際上，曾經在殖民主義統治下歷時世紀的港澳地區，是近代中國史上受到西洋文化和南洋文化衝擊最早最大的前沿區域。作為中華文明代表之一的嶺南文化，不僅能夠對外來文化採取一種開放包容的態度，而且能夠成為始終把港澳人民跟祖國緊緊聯繫在一起的牢固紐帶。為什麼嶺南文化具有這樣的魔力？其核心內涵和具體表現是什麼？它與中華文明的主流傳統享有何種文化基因？為什麼它能面對外來文化開放包容同時又成為凝聚華南社會民眾的定心針？在各種不同的歷史條件和國際背景下，嶺南文化發揮了怎樣的一種功能？它是怎樣把該區域的民眾在文化上凝合在一起的？它對我們今天實現祖國的統一和各民族各區域的大團結、實現粵港澳大灣區的大戰略和大整合，又具有怎樣的啟示和現實意義？弄清這些問題，對於實現中華民族偉大復興、保證祖國的統一、實現中央發展粵港澳大灣區的戰略，都具有重要的現實意義和深遠的歷史意義，對和平統一擁有深厚客家文化的臺灣，也會有相當重要的實際意義和啟示作用。

　　但是，要對嶺南歷史文化做出整體性的研究，那絕非一己之功可以完成，它必須依賴整個華南地區的史學工作者甚至所有社會人文學科學者的共同努力。所以，區域文化召喚區域的科研合作，它是區域合作的基礎。2019年我們成立「粵港澳大灣區中國歷史教育大聯盟」的宗旨之一，即在於此。目前，中山大學歷史系以謝湜為首的團隊，正在運用嶄新的歷史地理研究方法，對汕頭某些店鋪、市場和舊城區結構進行細緻廣泛的數據蒐集整理，以建立該市區的歷史大數據庫。如果將此研究推而廣之，通過所有華南地區的歷史工作者和學者的攜手合作和共同努力，建立整個華南地區的大歷史數據庫，那不將是一項前所未有的、具有重大意義的歷史佳作呢？通過歷史、文化史、藝術史、社會學、地理學、文學、語言學、宗教學、政治學、經濟學、移民學、區域研究等跨領域的研究方法，結合大數據的分析統計，我們

將可以追溯嶺南文化從源起到鼎盛的發展過程，揭示其內在活力、動因、基因和特點，及其與中華主流文化的關係和共用基因，提煉出嶺南文化的核心和嶺南精神。在此基礎上，再具體分析嶺南精神和嶺南文化對嶺南區域近現代化和區域整合的作用，提出通過嶺南文化進一步整合粵港澳大灣區、實行國家粵港澳大灣區戰略的政策建議。如此的話，豈不是一件具有世紀意義的工程？

實際上，自從中央政府提出粵港澳大灣區發展戰略以來，該地區正日益發展為一個交通便利發達的生活圈。隨著廣深港高鐵、南廣高鐵、廈深高鐵、廣珠高鐵、廣湛高鐵等鐵路交通的一一建成以及港珠澳大橋的開通，整個粵港澳地區成為一小時生活圈已指日可待。在這種條件下，粵港澳地區高校之間，無論是師生交流、互訪互學，抑或科研合作、資源共用，已不存在地理上的障礙。為此，我們可以從容地以嶺南文化為主題，嘗試開拓中國近現代史上一個新的研究合作領域，通過跨學科的方式，構建有關嶺南文化的大資料庫和數據庫，並共同創建嶺南區域文化的研究理論框架與分析模式，以及若干研究嶺南歷史文化的基地和團隊，為促進嶺南歷史文化研究和教學的深度合作奠定紮實長遠發展的堅實基礎。

三、區域文化、教學、和交流合作的意義

寬泛而言，嶺南文化不僅涵蓋了廣東、香港和澳門三地，擁有四百萬客家人的臺灣地區，也是嶺南文化的重要傳承地之一，這是兩岸四地進行文化交流溝通的良好基礎。粵港澳臺兩岸四地不同的政治文化傳統，不應該成為他們之間交流合作的障礙，反而可以幫助這些地區的學者們更好地認識嶺南文化的特質以及近代嶺南歷史。如果在不同的政治文化環境下，嶺南文化仍能保持其同樣的特質和生命力，那麼其本質和內涵就更容易被清楚地認識。當然，如果兩岸四地的史學家們合作起來研究嶺南地區的歷史與文化，他們一定會遇到許多具有政治敏感性的歷史問題；兩岸四地不同的歷史發展和社會環境、不同的政治制度和思想理念、不同的觀念意識和思維方式，必然會使兩岸四地的歷史學家們對他們共用的歷史做出不同的詮釋，他們一定會在很多重大歷史問題上產生觀點分歧，有時候甚至會針鋒相對，這是可以預見和想像的，也是很正常的。但是，也正是由於這些分歧和矛盾，才更需要兩岸四地的歷史學家們一起坐下來，進行觀點交流和思想碰撞。通過來交流來

發現、總結和剖析他們之間的分歧，恰恰是解決這種分歧的第一步。中國雖然是一個歷史悠久的大國，但它在歷史上經歷過無數次內戰、遭遇過許多次外族入侵，以至於迄今仍未實現完全的統一，甚至面臨著分裂的危險。面對這種複雜的歷史背景和嚴峻的現狀，強化中華民族的意識、增強中華民族的凝聚力，就成了中國史學家們義不容辭的職責，它也是粵港澳臺史學家們的共同責任，我們應該對祖國的統一做出應有的、哪怕是微薄的貢獻。

作為歷史學家，我們最適合做的，就是幫助清理許多歷史上遺留下來的有爭議、有政治歧意的問題，幫助政治家們尋找一條可以使各方都接受的妥協途徑、一種讓大家都可以理解和認同的歷史性理解與和解。特別是今天，當港臺兩地的「港獨」、「臺獨」勢力仍然十分囂張的情況下，當兩岸和平統一的議題也已經被提到議事日程上來時，歷史學家們所面對的任務也就刻不容緩、不容迴避了。可以說，由粵港澳臺兩岸四地的歷史學家來共同直面歷史，從多種角度對有歷史爭議的問題進行探索和嘗試性解答，是一種促使各方首先在歷史問題上消除或緩和對立、彌合思想意識分歧的佳途，是實現祖國在精神和心靈方面的統一、實現海峽兩岸和平統一的努力過程中一個不可或缺的環節。

政治家們在推進兩岸統一時，需要有非同凡響的大智慧和勇氣，也更需要學界和社會各界，通過輿論醞釀和鋪墊、理論探索和創新，來協助加力，推動政治實踐與嘗試。作為歷史學家的我們，是否在這方面可以先走一步呢？如果連兩岸四地的史學家們都不能坐在一起進行歷史對話、達成某種共識的話，那麼兩岸的和平統一、港澳面向母親祖國的人心回歸，又從何談起？如果兩岸的政治家們不能拋棄歷史仇見、找到重啟對話並展開協商的歷史新起點的話，兩岸又如何能在思想意識上消除對立和分裂、實現真正的統一呢？看待歷史問題的不同視角，是深化我們對歷史認識的必要步驟。兩岸四地的史學家們，即是本地區文化的「局內人」，又是它地區的。「局外人」和「局內人」之間的對話和換位思考，可以使得「本地」和「非本地」的歷史觀點得到充分的溝通、交流、反視和反思。俗話說，當事者迷，旁觀者清。通過「局外人」視覺觀點的衝擊與分析，「局內人」的偏見就比較容易被察覺和糾正，偏重本地歷史的觀點和傾向也比較容易得到糾正。只有經過不同觀點和思想的交鋒與較量，兩岸四地的學者們才能比較容易地意識到自身思維可能存在的缺陷以及可能長期存在的偏見，才會更加客觀地看待歷史爭議、聆聽對方的聲音、進行自我反思，才能促使他們勇敢面對長久以來

一直迴避的歷史問題，跳出各自的政治框框和局限，互相取長補短、綜合平衡，從而共同對中國歷史做出全方位的、多視角的研究和結論，揚其所長，避其所短。

實際上，兩岸四地的史學家們，已經從相互的交流中獲益匪淺。例如，港澳臺的歷史學家們可以利用自身相對自由寬鬆的學術環境，邀請大陸學者來進行自由敞開的討論與交鋒，促進他們對某些學術禁區的大膽探索。同樣，華南地區的學者也可以利用他們在改革開放以後形成的更加開放和宏觀的視野，對港澳臺歷史學家們某些相對狹隘的區域性觀念和視角提出挑戰。通過這些推心置腹、坦率真誠的交流和辯論，兩岸四地的學者們就可以認識到各自在研究中國近現代史和區域文化歷史方面的一些盲區。例如，過去很多大陸學者都以為國民黨在抗日戰爭中是一味地消極抗戰，對抗日戰爭毫無貢獻。改革開放後，許多大陸學者開始有機會訪問臺灣、瞭解到臺灣學者的觀點和某些史料與事實真相，他們原來比較片面的觀念就逐步地得到了糾正。同樣地，臺灣學者對大陸當代史、特別是文化大革命史也一直存在著諸多誤解和膚淺片面的認識。由於缺乏對大陸政治環境的親身體驗和具體考察，以及臺灣政府和媒體對大陸長期的歪曲報導，臺灣學者對大陸認識出現這種偏差也是情有可原的，而這種偏見也許只有依靠大陸學者的正面抨擊才容易得到糾正。

兩岸四地歷史學家的交流合作以及隨之對歷史問題達成的共識，應該成為給兩岸四地間的政治互動加溫、促進兩岸四地的深度政治對話與談判的重要基礎。換句話說，兩岸四地歷史學家可以幫助海峽兩岸的政治家們找到消除造成兩岸政治對立之歷史因素的方法，幫助他們走出舊有的政治思維模式，解開歷史死結，鬆開政治死套，開創走向和統的新局面。

總之，近幾十年來，不僅中國的改革開放帶來了中國大陸在經濟、技術、社會和教育等各領域的迅猛發展，而且全球科技的發展也進入了一個新的突飛猛進的時代。在這樣的新時代和新狀況下，我們從事歷史教育的工作者，應該如何來應對我們所面臨的這種挑戰呢？首先，我們要有長遠的眼光，充分預見今後數十年教育界可能出現的各種情況以及歷史教育的重大使命。實際上，突飛猛進的科技，使得社會人文學科的發展遠遠跟不上；人類對自己的認識和管理自己的能力，日益落後於人類應付自然的能力。為此，人類愈加需要在社會人文學科的研究發展上奮起直追，我們歷史學科和歷史教育將擔負愈來愈重要的責任。歷史是對過去的梳理、記載、總結和傳承，

也是對過去的審視、借鑑、對話和反省。沒有過去，便沒有現在和未來。人類只有充分瞭解自己和自己的過去，才能夠懂得怎麼管理自己、應對陌生的科技社會和自己的未來。其次，我們要清楚認識我們在教育資源、教育理念、教育方法方面的不足以及落後於科技發展的問題，但同時也要樹立信心，努力在現有的基礎上，積極提高我們的教學能力和方法，積極開發利用我們現有的各種資源。例如，通過「粵港澳中國歷史教育大聯盟」成立一年多來以及之前「泛珠三角歷史家協會」的數年活動，我們意識到，粵港澳大灣區以及臺灣不僅享有共同的中華傳統文化，而且還享有相同或相近的區域性傳統文化，這將是我們在粵港澳大灣區和臺灣提高和促進中國歷史教育的極佳資源，也是我們在粵港澳臺之間積極開展區域的教學和科研合作的堅實基礎。我們積極開展推進粵港澳大灣區和臺灣在中國歷史教育方面的合作，不僅是必要的，也是可能的。這樣的合作，將把這些地區的中國歷史教育推向一個新的臺階，也會對這些地區的文化融合產生明顯效果。所以，為了努力實現我們中華復興的「中國夢」，為了積極響應中央號召、實行粵港澳大灣區的發展戰略，我們不僅要在交通基礎建設、經濟交流合作等方面努力推進，更需要通過對中國歷史文化和嶺南歷史文化的宣講、研習和傳播，在社會文化方面把大灣區社會民眾在思想上和心理上緊密地凝聚整合在一起。我相信，通過對嶺南文化深刻廣泛的研究，通過深入研究嶺南文化的特點及其與中華主流文化的關係、在近代華南社會發展過程中所扮演的歷史角色，我們將能夠找到華南地區（特別是港澳臺）社會和民眾更多的共同語言、更多的價值吻合點和更多的興趣及利益的復合點，這將有利於港澳臺與內地的人文匯通、思想溝通、文化融合和情感交流，有利於增強港澳臺民眾對祖國的認同及其愛國精神，培養他們同全體祖國人民共擔民族復興的意識和歷史責任感，從而積極配合中央開發粵港澳大灣區的戰略，融入其中，為早日實現開發粵港澳大灣區戰略奠定重要的文化基礎，努力做出貢獻。

第二章　淺析清末民初歷史教科書中的「國恥」與「亡國」話語

北京師範大學歷史學院

李帆

　　清末，伴隨新學制、新學堂的建立，各類教科書在教育領域特別是基礎教育領域開始發揮重要作用，歷史教科書也不例外[1]。民國初建的幾年，百廢待興，不少教科書自前清改編而來，所以清末民初的歷史教科書可視作一個整體。較之中國悠久的傳統史學著述，歷史教科書這一具有新體裁、新功能的歷史撰述，帶有明顯的時代特色，其話語建構尤其如此。考察清末民初的歷史教科書，可知「國恥」話語和「亡國」話語是其中的主導性話語之一。這樣的話語，不啻為特定歷史時期「弱勢話語」的集中展現。對此進行探討，不僅可以深化教科書史的研究，而且於話語史的研究亦頗為有益。

一

　　清末的中國，面臨的是前所未有的危機。甲午戰爭的失敗和《馬關條約》的簽訂以及此後一系列的巨大屈辱與挫折，使得「亡國滅種」成為當時的核心話題之一。具體而言，1895年《馬關條約》簽訂之後，有關「國恥」和「亡國」的論述開始成為熱點，梁啟超的〈波蘭滅亡記〉、康有為的〈波蘭分滅記〉等是典型代表，他們籲請皇帝以波蘭亡國史為殷鑑，早日變法以自強。1901年《辛丑條約》簽訂後，「國恥」和「亡國」論述更是書刊關注的焦點，如1903年陳崎編譯《國恥叢言》，其中的第一編為《外患史》，1909年沈文濬刊行《國恥小史》，按照列強侵略中國的歷史進程，從鴉片

---

[1]　清末，教科書的應用範圍主要在剛剛興建的各類中小學和師範學校，所以本文所言歷史教科書是指中小學和師範學校歷史教科書以及一些適用於社會教育領域的教科書。

戰爭起按事件順序記述，成為此後編寫國恥史的樣板[2]，「國恥」二字作為列強侵略中國使中國蒙受恥辱的表述，亦成為此後固定的話語表達；至於亡國史的編譯，則更蔚為大觀，有學者統計，僅在1901至1910年間，單行本就有三十餘種，其中朝鮮亡國史達七種，印度、埃及亡國史各為四種，波蘭亡國史三種[3]。1912年中華民國建立後，內憂外患的局面並未根本改觀。1915年5月9日，袁世凱宣布接受日本提出的滅亡中國的「二十一條」（除第五條外），5月9日因而被國人定為國恥紀念日，由此導致另一波國恥史出版的高潮，如1917年出版呂思勉編輯的《國恥小史》等。此後，國恥日不斷在增多，國恥史的出版也一直不衰。

　　清末的學制改革和新式學校的建立，使得教科書成為各界關注的焦點。作為學校歷史教育的主導資源，歷史教科書除須傳授基本歷史知識外，還承擔著傳播正統歷史觀、價值觀以引導民眾的功能，所以其編寫既反映了學者立場，也反映了國家政權對歷史資源的態度，故有「章程」、「標準」一類的官方文件予以規範。而出之於此一時期之時代氛圍下的學堂章程，對於歷史課程，即強調：「凡教歷史者，注意在發明實事之關係，辨文化之由來，使得省悟強弱興亡之故，以振發國民之志氣。」[4]顯然有正面應對「亡國滅種」危機的用意。而負有教育未來國民使命的歷史教科書編撰，自然免不了要構建相應的話語。這種構建往往出之於對歷史史實中的「亡國滅種」現象的突顯，以弱勢話語激發人們的危機意識和自強意識，達到「省悟強弱興亡之故，以振發國民之志氣」的目的。於是，「國恥」話語和「亡國」話語就成為歷史教科書的主導性話語之一。到民國初建之時，由於根本危機仍在，歷史教科書的原有話語也就基本延續了下來。

　　歷史教科書表達「國恥」話語和「亡國」話語有一個基本的區分，即「國恥」話語主要出現於本國史教科書中，「亡國」話語主要出現於外國史教科書中。實際上，何謂「本國」？何謂「外國」？在清末的不同政治立場者那裡是有分歧的。堅持維新改良或立憲路線者和普通讀書人認同的「本國」自然是清王朝統治下的國家，而對於一些力主「排滿興漢」的革命黨人

[2]　參見俞旦初：〈二十世紀初年中國的反帝愛國史學〉，載氏：《愛國主義與中國近代史學》（北京：中國社會科學出版社，1996年），第155-160頁。
[3]　鄒振環：〈清末亡國史「編譯熱」與梁啟超的朝鮮亡國史研究〉，《韓國研究論叢》第二輯（上海：上海人民出版社，1996年），第327-328頁。
[4]　課程教材研究所編：〈奏定中學堂章程〉，《20世紀中國中小學課程標準‧教學大綱彙編：課程（教學）計畫卷》（北京：人民教育出版社，2001年），第42頁。

來說，滿族為異族，根據西方輸入的主權國家原則，異族入我中國則中國實亡，故「中國已亡」，言外之意，清朝已非「本國」。所以，革命黨人書寫的一些亡國史是明朝滅亡的歷史。不過對於歷史教科書而言，由於其書寫某種程度上代表著官方意志，內容上須以認同清王朝為前提，所以編撰者多為不否認當朝合法性者，即便有少數革命者參與其中，所寫教科書亦不觸及國家認同之分歧，故歷史教科書中的本國史和外國史界限還是分明的。民國建立後，這類問題不復存在。

　　在本國史教科書中，書寫「國恥」以達成歷史教育之目的，往往是編者的自覺追求。丁保書在編撰《蒙學中國歷史教科書》時指出：「易姓變代，併吞縮削，地輿之沿革，歷史上之一大原因也。況近代以來，歐西各國，潛謀侵奪，各據要害，租界為名，港場盡失。是編自春秋戰國，迄最近形勢，各附地圖，詳細指示，以識古來併合之由，以起近今喪亡之痛，長學識，雪國恥，是在吾黨。」[5]汪榮寶在編撰《中國歷史教科書》時也說：「歐人東漸之勢力，日以擴張，自鴉片戰爭以來，數與外人搆兵，而每戰必敗，每敗必喪失權利無算。至於晚近，而所謂港灣租借，礦山開採，鐵道敷設之協約，相逼而來，西力之東侵，遂如洪水猛獸，一發而不可制。《易》稱易之興也，其有憂患乎？《傳》曰多難所以興邦，意者異日中興之機，殆在此歟？」[6]鍾毓龍在編撰《新制本國史教本》時亦一再強調：「本書要旨，在發揮吾國國民之特色，更推究其貧弱之原因。而社會、風俗、制度、學術，以及近世以來外交之失敗，均特加注重，以喚起愛國雪恥之心。」[7]「近世以來，外交失敗，日甚一日，償款割地，喪師辱國，屈指不能悉數。既已虧辱於當時，宜圖振起於今日。本書於國恥一點，特加注重，庶使學者讀之，有所警惕，而增進其愛國雪恥之心。」[8]這些表述，在在都表明編者的用意，即用「國恥」史實構建起弱勢話語，以激勵學習者有自立自強之心，共同奮發努力，實現國家「雪恥」、「中興」的目標。落實到具體史實上，則是把鴉片戰爭以來歷次列強侵略、中國與之訂不平等條約喪失利權以及中

---

[5]　丁保書：〈編輯大意〉，《蒙學中國歷史教科書》〔上海：文明書局，光緒二十九年（1903年）〕，第2-3頁。

[6]　汪榮寶：〈緒論〉，《中國歷史教科書（原名本朝史講義）》〔上海：商務印書館，宣統元年（1909年）〕，第3-4頁。

[7]　鍾毓龍：〈編輯大意〉，《新制本國史教本（師範學校適用）》，上冊〔上海：中華書局，民國四年（1915年）〕，第2頁。

[8]　同上註，第2-3頁。

國不斷失去藩屬之國的歷程詳細描繪，如《蒙學中國歷史教科書》敘述的是從古至今（作者所生活的時代）的歷史，正文只有一百四十頁，敘事極簡，唯獨對於晚清國恥歷史詳述之，占了十八頁的篇幅；章嶔所編之《中學中華歷史教科書》，對於晚清以來喪權辱國的歷史，以「清之外交」為題，用二十八條連續記之，占了全書最大篇幅[9]，雖全用史實鋪陳，未加評論，但一條條羅列下去，讀之令人觸目驚心；《新制本國史教本（中學校適用）》以「清之外患」為節之標題，以「鴉片之戰爭」、「英法之聯軍」、「東北之蹙地」、「琉球之喪失」、「西北之蹙地」、「安南之喪失」、「馬江之喪師」、「緬甸之喪失」、「哲孟雄布丹之喪失」、「暹羅之喪失」、「朝鮮之喪失」、「中東之戰爭」、「軍港之租借」、「利權之侵奪」為目之標題，描述中國一步步蒙受國恥的歷程，並輔之以「清外患圖」、「中俄交涉圖」、「清與英法交涉圖」等地圖，最後說：「列國競爭，不免因爭奪起衝突，於是勢力範圍之說起，隱然無形之瓜分，外患之烈，循環而來，皆甲午一戰啟其端也。」[10]類似的表達，在其他教科書中也大體如此。雖以陳述客觀事實為主，很少主觀評論，但構建話語之目的已然達成。

在外國史教科書中，突顯亡國史以警醒國人，也常常是編者的自覺追求。傅運森等在編撰《師範學校新教科書‧外國史》時說：「本書之編輯，界限務期分清，組織務期勻稱，至於西力東侵以來，敘述尤詳，即太平洋諸島之分屬，亦列專章，以資警懼。」[11]李秉鈞在《新制東亞各國史教本（中學校適用）》中說：「本書於第四編，述日本維新前後之國勢，而於琉球、臺灣、朝鮮之割據併吞，言之尤詳。救（按：教）員講授時，得歷數祖國喪權失地之實績，俾一般學子，油然生其愛國心焉。」[12]趙懿年在《中等歷史教科書‧東西洋之部》中說：「日俄戰爭之後，事變日亟，為憂方多，懲諸國之淪亡，鑑日本之興起，我東方文明祖國之人民，可不知所奮哉！」[13]此

9 章嶔：《中學中華歷史教科書》，下冊〔上海：文明書局，光緒三十四年至宣統三年（1908-1911年）〕，第36-52頁。

10 鐘毓龍：《新制本國史教本（中學校適用）》，第3冊〔上海：中華書局，民國三年（1914年）〕，第101-112頁。

11 傅運森、夏廷璋：〈編輯大意〉，《師範學校新教科書‧外國史》〔上海：商務印書館，民國三年（1914年）〕，第2頁。

12 李秉鈞：〈編輯大意〉，《新制東亞各國史教本（中學校適用）》〔上海：中華書局，民國三年（1914年）〕，第2頁。

13 趙懿年：〈東洋歷史總論〉，《中等歷史教科書‧東西洋之部》〔上海：科學會編譯部，民國二年（1913年）發行〕，第3頁。

類言論，充分表達了編者立場，為警醒國人而書寫亡國史的主觀意圖十分明顯。在史實層面，這些教科書也是通過章、節、目的安排和地圖的呈現等，來突顯亡國史蹟，如《共和國教科書東亞各國史（中學校用）》以七十頁的簡短篇幅概括東亞從古至今的歷史，但其中記述近代以來東亞亡國史的內容就占了七分之一強，包含「安南之亡」、「緬甸之亡」、「琉球之亡」、「朝鮮滅亡」等子目，這十餘頁的內容較之其他部分要細緻得多，而且用「列強在東亞勢力圖」來輔助說明各國亡國之痛[14]；《西洋歷史教科書（中學校用）》裡的《現世記》部分，則以「列國分割非洲」、「列國侵略亞洲」、「列國攫取大洋州諸島」等為題，以主要篇幅揭示各洲尤其是亞洲的亡國史[15]。和本國史教科書類似，雖皆力求不帶感情色彩客觀敘述，但細緻羅列史實，使各國亡國歷程步步呈現本身，就已起到了「亡國」話語所應起的作用。須說明的是，教科書中有關亞洲亡國史的不少內容，在本國史和外國史中是互見的，只不過本國史中稱其為「國恥」，外國史中稱其為「亡國」，這是因角度不同而做的區分，也表明了兩個話語之間的相通性和一致性。

　　綜觀清末民初歷史教科書中的「國恥」與「亡國」話語，可以看出，它們之被表達，除了編者在〈編輯大意〉之類文字中有所流露外，基本是通過客觀陳述史實但有意突顯某類史實的方式實現的，歷史內容的可選擇性在其中發揮了關鍵作用。較之直白表達意圖的國恥史、亡國史著述，歷史教科書的這種表達方式相對隱晦和曲折些。這種區別，很大程度上是由教科書的性質所決定的。畢竟是作為教師講授和學生學習歷史知識的基本依據，教科書自以歷史史實的客觀呈現為主，而且這類代表官方意願的文本，不可能像民間色彩的國恥史、亡國史那樣直白宣洩情感，寫來全無顧忌。

二

　　清末民初，當歷史教科書在歷史敘述中大行其道之時，也是「新史學」運動蓬勃開展之際。在「新史學」運動中，進化史觀成為主導性的歷史觀

14　傅運森：《共和國教科書東亞各國史（中學校用）》〔上海：商務印書館，民國二年（1913年）〕，第59-70頁。

15　傅嶽棻：〈現世記〉，《西洋歷史教科書（中學校用）》〔上海：商務印書館，己酉年（1909年）〕，第10-23頁。

念，各種體裁的史著大都循進化史觀展開論說，歷史教科書也不例外。教科書編者不論是趨於保守者，還是趨於維新、革命者，大抵皆受進化史觀的影響，並在歷史教科書的編撰中體現出來，此已為學術界所公認。

　　就本質而言，講求從野蠻到文明、從落後到進步直線發展的進化史觀，是最典型的線性歷史觀，因線性歷史觀視歷史為一種向著既定目標前進的運動，即歷史和文明的發展過程是由低向高、直至理想世界的直線運動。在這一過程中，由於各種因素的存在，不同國家、民族處在進化的不同位次上。對於清末民初這一時代而言，知識界最大的焦慮恐怕就是中國在世界進化位置上的不利地位，所思考的核心問題恐怕就是如何擺脫困境和提升進化位次。由此出發，可以說歷史教科書構建「國恥」話語和「亡國」話語，實質上就在反映這種焦慮，並進而表達擺脫困境的現實需求。這方面的意圖，有的教科書說得很清楚，如《新制本國史教本》在概括中國近世史時，說：「自元代而明代至清室之末，為近世。……自明代中葉以還，與西洋尚武崇實之諸文明國相遇，遂不免事事失敗，武力既不足以相抗，學術、工藝又不足以相競，即人民之愛國心與自治力亦無在而不相形見絀，以至國勢日頹，土地日蹙，財政日絀，民生日困，瓜分之禍懸於眉睫。」[16]這樣的言論，已把進化競爭中處於落後境地的心態和處在危機中的焦慮意識表露無遺，所以要用「國恥」話語和「亡國」話語激發愛國心，提升民族志氣。以是之故，民族主義敘事在歷史教科書中大行其道。不少教科書直截了當觸及民族主義目標，如《蒙學中國歷史教科書》在〈編輯大意〉中說，「交通愈廣，畛域愈廓，今黃種與白種競爭，猶昔漢族與非漢族競爭也。是編以衛種族、張國威為主，凡遇有衛我同種、力捍外侮者，必稱道勿衰，以壯我幼年之氣。」[17]橫陽翼天氏在闡發其編《中國歷史》的緣由時說：「今欲振發國民精神，則必先破壞有史以來之萬種腐敗範圍，別樹光華雄美之新歷史旗幟，以為我國民族主義之先鋒。」[18]眾所周知，民族主義是建立近代民族國家的產物，面對的是某一具體民族國家，近代人所談的國恥史、亡國史，都是在這一前提下闡發的，歷史教科書表達「國恥」、「亡國」話語，基於的理念也為此。所以教科書在談「國恥」、「亡國」的慘痛歷史時，一再強調塑造「國民」和「國民」所應有的責任與擔當，如夏曾佑的《中國歷史教科書》

---

[16]　鍾毓龍：《新制本國史教本（中學校適用）》，第3冊，第1頁。

[17]　丁保書：〈編輯大意〉，《蒙學中國歷史教科書》，第3頁。

[18]　橫陽翼天氏：《中國歷史》〔東京：東新社，孔子紀元二千四百五十五年（1904年）〕，第2頁。

在內容上側重記載「民智」進化的過程，突出「國民」在歷史上的地位，從而塑造出中國的「國民」形象；趙懿年在《中等歷史教科書・東西洋之部》中總結東洋近世史時，指出：「及近世，而白人遂橫行於亞洲，英取印度、緬甸，法取安南，俄取中亞諸國，日本怵之，變法自強，上下奮勵，遂為霸者。抑近古以來，亞洲諸國，非第政治不振，即文化亦日赴於衰微，而歐人之文明，方輸入而未已，此真所謂世界交通之期也。昔也亞洲交通，以中國為之主；今也世界交通，亦以中國為之歸。振祖國之文明，採他洲之新化，復舊日主人之資格，振世界交通之樞機，是在我國民勉之矣！是在我國民勉之矣！」[19]這種言論，十分典型地表達了「亡國」話語下對中國「國民」的期許，力圖激發起「國民」責任；傅嶽棻在《西洋歷史教科書（中學校用）》中對現世歷史進行總結時，指出：「十九世紀之後半期，歐洲各國，內部競爭，達於極點，乃以外交政策，結盟約植黨援，維持國際平和；養其全力，整軍經武，採用文明利器，編制國民常備軍，俟國力充積，直趨而東。非洲之割，大洋州諸島之分，中央亞細亞及南北兩部之鯨吞蠶食，皆其勢所必至已。顧日本以區區島國，當西力東漸之潮流，屹如山立，不可震撼，卒能踔厲奮發，出全國死力，關抑俄人之東下，何其壯歟！管子曰：君之所以卑尊，國之所以安危，莫要於兵。又曰：內政不修，外舉不濟。然則當弱肉強食之慘劇場，其亟修內政，實行國民皆兵主義，以鶚視鷹瞵於二十世紀之新世界哉！」[20]對時局所做的如此總結，不僅是要藉此激發國人的國民意識和愛國心，而且提出了正面應對之策，即感於日本的先例，要「亟修內政，實行國民皆兵主義」，由此才能巍然屹立於20世紀新世界中。可見心情之急迫，富強之渴望。由這樣的教科書所表達出的「國恥」、「亡國」話語，在在都反映出對中國於弱肉強食之進化序列中所處位置的焦慮，反映出須以民族主義塑造和動員「國民」、建立並完善近代民族國家以擺脫落後境地的強大意願。

　　還須指出的是，國恥史、亡國史的寫作以及「國恥」話語、「亡國」話語的大行其道，固然基於時代語境，但究其根本，仍是傳統史學思維的延續。在中國傳統史學觀念中，「以史為鑑」的鑑戒史觀一直居於主導地位，而且它不僅局限於史學內部，更是一種政治歷史觀，歷朝歷代都受到最高當政者至少表面上的備加推崇。可以說，在中國古代史學政治化的大背景下，

[19]　趙懿年：〈東洋歷史〉，《中等歷史教科書・東西洋之部》，第46頁。
[20]　傅嶽棻：〈現世記〉，《西洋歷史教科書（中學校用）》，第23-24頁。

「以史為鑑」似乎是史家治史的不二追求。清末民初之時「亡國滅種」的嚴峻局勢，使得史家對「以史為鑑」的熱情遠高過以往，書寫「亡國史鑑」、「衰亡史鑑」成為一時風氣[21]。歷史教科書構建「國恥」話語和「亡國」話語，實則也是對「以史為鑑」傳統的繼承，並成為這一風氣的重要組成部分。夏曾佑在編《中國歷史教科書》時，強調：「智莫大於知來，來所以能知，據往事以為推而已矣。」即學習歷史的目的，是「據往事而知未來」，認為當時「人事將變」，欲知前途之夷險，不能不亟於讀史[22]。這種寫史態度，是典型的「以史為鑑」傳統所塑造出來的。陳慶年在為所編《中國歷史教科書》作序時，指出：「書之為教，即史之為教。以史教天下，即以疏通知遠教天下。世之不治史者，其偷生淺知，吾無責焉。苟其治之，則窮千載察百世，規一方營四表，其所持以為消息者，皆史之推矣。……知識全而後國家全，歷史全而後知識全，完全之歷史，造完全知識之器械也。」[23]這樣的說法，也是將「史」、「歷史」的地位推到無以復加的位置，以「史鑑」作為引導天下、國家之利器，從而令歷史教科書和歷史教育具有非比尋常的功能。有的教科書則直截了當地表明書寫國恥和亡國危局的「史鑑」意義，說：「晚近以來，世變益亟，錯處於榛壤而大勢倚以為輕重者，幾不在亞而在歐。而吾亞乃橫被其酷，識時之彥，不僅博採其良法而見之行事，更緣先河後海之義，求諸歷史遞嬗之間，用以啟牖我國民。」[24]「中國今日之時勢，貧甚矣，若[弱]甚矣，其至於此，非一朝一夕之故，而數千年歷史之變遷所造成者也。造成中國今日之歷史，其最大之原因惟二端：一曰尚文，一曰崇虛，而崇虛又由尚文而來。惟其尚文，故於武備則不講，於實業則賤視。……夫貧則致內亂，弱則致外侮。上下數千年間，亂與侮之禍幾於無代無之，漢族蹈之於前，滿、蒙、回、藏諸族之同化於漢族者，繼之於後。延至於今，遂有不可終日之勢。清祚告終，外侮日亟，所望全國民意之一致，以安內攘外為心，則一切國是進行自易。……輒備述分合、戰爭、興衰、強弱之跡，亦以見今日中國之時勢，所由造成非偶然也。《詩》有之曰：兄

21　學術界對近代中國的「亡國史鑑」、「衰亡史鑑」已有一些研究，代表性的成果可參考俞旦初：〈中國近代愛國主義與「亡國史鑑」〉，載氏：《愛國主義與中國近代史學》，第242-259頁；劉雅軍：〈「衰亡史鑑」與晚清社會變革〉，《史學理論研究》，2010年第4期，第59-68頁。

22　夏曾佑：〈中國歷史教科書·敘〉，《中國古代史》（即《中國歷史教科書》）（石家莊：河北教育出版社，2000年），第3頁。

23　陳慶年：〈序〉，《中國歷史教科書》〔上海：商務印書館，宣統元年（1909年）〕，第2頁。

24　編著者不詳：〈序〉，《最新中學教科書·西洋歷史》，上冊〔上海：商務印書館光緒三十二年（1906年）〕，第1-2頁。

弟鬩牆，外禦其侮，勿操同室之戈，而與漁人以利。固尤吾國民之所共宜兢兢者矣！」[25]如此論述，都是欲借助「史鑑」為當世指路，其現實性非常明顯。而且基於教科書育人的特殊性質和廣大的發行量，「國恥」話語和「亡國」話語所表達的「史鑑」，更能超越於學術、政治層面，擴展而為普通人的「資治通鑑」。

清末民初之時「新史學」成為史壇要角，以反對中國「舊史學」為旗幟的「新史學」當然不會將「史鑑」置於至高位置，但也並非不留一點空間，實則「新史學」講求的進化史觀中就有「史鑑」可存在的某種空間。因進化論下的歷史書寫是一種單線因果論性質的書寫，這意味著必然要關注歷史演進中的因果關係，而「以史為鑑」的核心要義是總結歷史的經驗教訓，為現實提供借鑑，其中暗含著總結歷史演進的因果關係，雙方有非常大的融合空間，就像具有「新史學」觀念的教科書編者所言：「歷史者，已往之陳跡而已。然觀乎已往之陳跡，則今日時勢之所由造成，可推而知也，故研究歷史之學科尚焉。」[26]如此表達，就恰當地將「以史為鑑」的傳統觀念和「新史學」的因果論融合了起來。而且「以史為鑑」並非中國人的專利，西方史學觀念中也有類似的東西，只是中國尤甚，所以具有西史根基的「新史學」籠罩下的歷史教科書並不排斥「史鑑」，「國恥」話語和「亡國」話語成為具有近代特色的「史鑑」的代表，「史鑑」的對象也從帝王轉向了民眾。

實際上，作為史學和政治觀念的「以史為鑑」近些年來已遭到不少學者質疑[27]，更有學者指出，當清末劇烈的時代變遷導致援引國史成例不再能夠有效地解決現實問題的時候，國人所提出的「借他人之閱歷而用之」、「以各國近百年來史乘為用」的主張，仍是以「個別事例褒貶法戒」的「史鑑」傳統的延續，其實際效能是非常值得懷疑的，就史學發展而言，「在劇烈的時代變遷中，大多數西方史家已經不再相信歷史個別事件具有可模仿的範例性」，「個別歷史事件不再能夠提供直接的行為根據」[28]。就此而言，以新瓶裝舊酒，清末民初歷史教科書中「國恥」話語和「亡國」話語所表達的

[25] 鍾毓龍：《新制本國史教本（中學校適用）》，第1冊，第1、2頁。

[26] 同上註，第1頁。

[27] 可參考劉家和：〈關於「以史為鑑」的對話〉，《北京師範大學學報》，2010年第1期，第95-104頁；孫家洲：〈從歷史軌跡看「以史為鑑」的得失〉，《史學月刊》，2001年第1期，第26-31頁；鄒曦澤：〈以史為鑑如何可能——基於知識生產的視角〉，《天津社會科學》，2014年第2期，第52-56頁。

[28] 劉雅軍：〈「衰亡史鑑」與晚清社會變革〉，《史學理論研究》2010年第4期，第67-68頁。

第三章　民主化與中學歷史教育的困境：臺灣經驗的反省與檢討[1]

中央研究院近代史研究所
黃克武

一、引言

　　喬治・奧威爾（George Orwell, 1903-1950）在《1984》一書中有一句名言：「誰控制了過去，誰就控制了未來；誰控制了現在，誰就控制了過去。」（Who controls the past ... controls the future. Who controls the present controls the past.）用這一句話來瞭解當代臺灣歷史教育是再貼切也不過了[2]。在當代臺灣，歷史科不但是中、小學校教學的重點，也是高中與大學入學考試的一個科目。人們一致認為：透過歷史教育可以幫助學生理解自己文化的根源，建立自我認同感與愛國精神，同時也能認識世界其他地區重要的歷史發展，培養學生尊重各種文化的開闊胸襟。由於歷史教育與國家、文化認同的緊密關聯，執政者對於歷史教育十分重視。在過去七十年間，臺灣中學歷史教育隨著民主化之推展，經歷了重大的變化。自1949年中華民國政府遷臺至今日，臺灣中學的歷史教育以1987年7月中，蔣經國總統公布的解除戒嚴令作為分水嶺，可以區分為戒嚴與解嚴的兩個階段。前一階段為威權統治，歷史教育採中國中心史觀，認為臺灣是中國不可分割的一部分。後一階段，隨著民主化與政黨輪替，執政黨上臺後就立刻嘗試以「控制過去」來「控制未來」，因而引發社會上的許多爭議。此一階段有臺灣本土意識的興起，甚至也有臺獨史觀、同心圓史觀（下詳）的出現，使以往的中國中心史觀受到

---

[1]　本文曾於2019年1月11-12日，由香港樹仁大學歷史系、杜葉錫恩教育基金會於香港歷史博物館主辦之「兩岸四地中國歷史教育學術研討會」發表。

[2]　詳見喬治・奧威爾（George Orwell）著、徐立妍譯：《1984》（臺北：遠流出版事業股份有限公司，2012年）一書。

嚴峻的衝擊。臺灣歷史教育的發展反映出統獨意識之對壘，以及政治對教育之干預。本文根據筆者個人經驗與相關史料，依照時間先後，描寫臺灣中學歷史教育之主要變遷與面臨之困難，並思考可能的解決方案。此一「臺灣經驗」或許可以提供吾人在思考香港、澳門與中國大陸等地歷史教育問題之參考。

二、臺灣中學的歷史教育：戒嚴時期

　　臺灣在戒嚴時期（1949年5月20日至1987年7月15日）屬於兩蔣（蔣介石與蔣經國）統治的威權時代，政治上力圖反攻復國、統一中國，歷史教育則以民族精神教育、愛國主義教育為主，旨在培養學生建立對中國政治與文化的認同。在歷史教學上，課程設計採取中國史與西洋史的二元劃分架構，而臺灣史是中國史的一部分；臺灣史之內容並不單獨教授，只在相關章節敘述。此一教學取向與郭廷以在《臺灣史事概說》一書之中的「民族史觀」、「內地化」等觀點相同[3]。

　　從六十年代末期至七十年代中期，筆者在臺灣接受了六年的國民中學及高中教育，對此時期的歷史教育有親身的體驗。當時中學歷史教育採用國立編譯館統一編寫的歷史教材。這一套教材雖有一些變化，然而主要是由臺大與師大歷史系教授所編寫，採取中國中心、漢人中心史觀。中國史部分在1980年之後由呂實強、李國祁等人主持（均為郭廷以的學生），邀集學者分冊編寫，再經「歷史科教科用書編審委員會」審查通過。國中與高中的歷史教育都是先教中國史，再教外國史。每一套教材均依照時間順序由古至今，中學講一次，高中再講一次。國中歷史教科書全部共五冊，一至三冊為本國史，四至五冊為外國史。國一與國二上下兩學期，每學期教授一本，共四學期；第五冊則供國三一學年之使用。在高級中學的部分，第一、二、三冊為中國史。在中國史部分談到臺灣史，內容強調漢人移民、1945年臺灣「光復」，而不談1947年「二二八」事件與五十至六十年代白色恐怖（1990年後的課本方出現）。第四冊為世界史；此一部分的教材以師大歷史系高亞偉教

---

[3]　郭廷以：《臺灣史事概說》（臺北：正中書局，1954年）。尹全海：〈郭廷以《臺灣史事概說》所反映的臺灣歷史觀〉，《史學月刊》，2007年第4期，第133-136頁。「內地化」的觀點後來在1975年由李國祁教授系統論述，成為臺灣史中漢人社會研究的一個典範，後來受到陳其南「土著化」的批評。陳其南：〈土著化與內地化：清代臺灣社會的發展模式〉，《中國海洋發展史論文集第一輯》（臺北：中央研究院三民主義研究所，1984年），第325-366頁。

授的《世界通史》一書為底本[4]，再做刪節。高三文組學生則另外學習《中國文化史》與《西洋文化史》，介紹中外學術思想、文學、藝術、宗教、建築等方面的成就。

　　我在中學讀書時所遇到的歷史老師均十分稱職。例如筆者在師大附中高中就讀時，歷史科教學由向玉梅老師負責。她畢業於西北大學歷史系，也兼任國立編譯館歷史教科書編輯委員。她被稱為是「學生們不想下課的……歷史老師」。她將歷史歸納整理、井井有條，執簡馭繁，而綱舉目張，奠定學生良好的時序觀念之基礎，而且教學內容具批判性，不拘泥於教科書內容來授課。除了向玉梅老師之外，對我啟發最大的是林忠勝（1941-2011）、王文賢先生。他們有一種說故事的本領，以故事來引導歷史教學，讓學生留下非常深刻的印象，也讓我體認到歷史知識延長了人們自然的生命，義蘊深遠。後來我在高中畢業之後以師大歷史系作為第一志願、以歷史研究作為畢生之職志，主要是因為中學老師的教學展現出歷史中的無窮趣味。

　　當時中外歷史教科書的編寫採取以下的二個原則：一、民族國家立場的原則：注意於歷史真相的揭露，以培養民族國家精神。二、系統敘述的原則：將史事做有系統的敘述，每章前有簡短的引論，各引論結合成一個系統，這個系統即是人類歷史演進的大勢。八十年代之前，在兩蔣統治時代，臺灣人民對於中國的國族認同比較穩定，在此情況下，歷史教育並未引發爭議。政治上臺灣人以反共、復國為前提，主張臺灣屬於中國的一部分、中華民國代表中國（在1970年臺灣退出聯合國之前，此一觀念普遍地為世界各國所接受），而中國的國家認同與臺灣的鄉土認同並存，而奠定於未來兩岸將走向「統一」的理念之下。

三、臺灣史研究之興起

　　在戒嚴時代後期，隨著臺灣民主運動的推展與本土意識的覺醒（所謂「黨外運動」），在七十至八十年代有臺灣史研究的興起，剛開始乃出於一種鄉土意識，並與中國中心的國族精神相結合。早期推動臺灣史研究的一個例證是臺灣省文獻委員會在張炳楠、林衡道（1915-1997）等人的推動下，為大學生、研究生與中小學教師舉辦了多年的「臺灣史蹟源流研習會」、臺

---

[4]　高亞偉：《世界通史》（臺北：幼獅書局，1965年）。

灣史研究論文比賽等。「臺灣史蹟源流研習會」主旨在「加強對於本省文化歷史淵源之瞭解，並弘揚吾中華歷久長存之文化」，有很清楚的「反臺獨」政治意圖。主持人張炳楠表示：「晚近以來有不逞之徒及國際野心家，罔顧歷史事實；捏造異端學說，企圖分離臺灣，殊不知臺灣人即為中華民族之一分子，臺灣文化亦即為中華文化，民族文化凝聚力之強，斷非此種異端邪說所能動其毫毛。」[5]

筆者在就讀師大歷史系期間（七十年代後期）曾多次參與此一研習營，在林衡道先生的帶領之下至各地從事史蹟考察。林老師出身板橋林家，對於古蹟的來龍去脈十分瞭解，對古蹟之解說如數家珍，深得學生喜愛。筆者並參加臺灣史論文比賽，於1978、1980年兩度獲獎，獲獎的論文分別為〈清時板橋的開發與寺廟〉、〈清代臺灣稻作之發展〉。這是我在大學時期於學術期刊上發表的兩篇論文[6]。

此時臺灣各大學也開始有臺灣史教學，楊雲萍（1906-2000）、黃富三最早由在臺大開設臺灣史課程，其後於七十年代中期，方豪（1910-1980）在臺大研究所開「臺灣史專題研究」，王啟宗（1928-2012）在臺師大歷史系開設「臺灣史」的課程等，臺灣史研究逐漸變得十分熱門[7]。我在臺師大碩士班的同學之中有多篇臺灣史的學位論文，例如詹素娟研究平埔族（《清代臺灣平埔族與漢人關係之研究》，臺灣師大碩士論文，1986年）、李筱峰研究「二二八」事件（《臺灣光復初期的民意代表（一九四六～一九五一）》，臺灣師大碩士論文，1985年）。至八十年代中期，隨著學術研究的進展，臺灣史研究開始建立起自身之主體性，反省過去的中國中心、漢人中心、國民黨中心史觀等。在九十年代，學者又開始挖掘「二二八」與白色恐怖之歷史[8]，而出現反對「臺灣自始屬於中國」、「臺灣史上溯三國」等觀點。這一想法系統地表現在周婉窈所著的《臺灣歷史圖說：史前至一九四五年》一書[9]。

為了因應臺灣社會的發展，並推動臺灣史的學術研究，1993年6月，總統府核准中央研究院設立臺灣史研究所籌備處，由黃富三擔任籌備處主任，

5　張炳楠：〈序〉，《臺灣史蹟研究資料輯要（一）》（臺中：臺灣史蹟研究會，1977年）。
6　黃克武：〈清時板橋的開發與寺廟〉，《臺北文獻》，1978年第45、46期合刊，第387-410頁。黃克武：〈清代臺灣稻作之發展〉，《臺灣文獻》，1981年第32卷第2期，第151-163頁。
7　許雪姬：〈臺灣史研究三部曲：由鮮學經顯學到險學〉，《思想》，2010年第16期，第71-100頁。
8　中華民國行政院於1990年成立「二二八專案小組」，研究事件的真相，對歷史做一交代；並建立「二二八」紀念碑，以慰不幸死難者在天之靈。
9　周婉窈：《臺灣歷史圖說：史前至一九四五年》（臺北：聯經出版社：1997年）。

其後由劉翠溶、莊英章接任，2004年正式成立臺灣史研究所。此後臺灣史脫離了過去中國史研究之附庸地位，成為一個專業的學科。臺灣史獨立成科與臺灣主體意識的覺醒以及解嚴之後的政治環境有密切的關係。與此相關的一個歷史動向是1990年3月10日，中研院的三民主義研究所所更名為中山人文社會科學研究所，此一轉變顯示具有意識形態色彩的「三民主義」不再成為學術研究的一個專業範疇。

四、臺灣中學的歷史教育：解嚴時期

1987年解嚴之後，中學歷史教育配合臺灣政治發展與史學研究的脈動，受統獨意識之影響，大中國史觀開始受到很大的衝擊。民進黨開始執政後（2000至2008年陳水扁任總統）歷史教育出現臺灣史、中國史、世界史的三元架構，中國史教學時數受到壓縮。這一觀點可以追溯到李登輝（蔣經國之繼任者）擔任總統時，1997年杜正勝所提出的「同心圓史觀」，主張以臺灣為中心，一圈圈向外認識世界、認識歷史，有如同心圓般擴散[10]。此後臺灣史地獨立成冊、中學生需要研讀「認識臺灣」之課程的呼聲愈來愈高。《認識臺灣》是在李登輝指導下所編撰的一套國民中學教科書，分為《社會篇》、《歷史篇》、《地理篇》共三本，於1997年9月1日開始實施，至2004年此一課程併入九年一貫的教材為止。《認識臺灣》的《歷史篇》因宣稱三百多年來的臺灣統治者都是「外來政權」，同時誇耀日本殖民統治的成就，而受到獨派之讚許與統派之抨擊。

從國民黨的李登輝總統到民進黨的陳水扁總統，在歷史教育政策上有一貫性。至陳水扁第二任總統任期內由杜正勝擔任教育部長（2004年5月至2008年5月），高中歷史「九五暫綱」和「九八課綱」確立了臺灣史獨立成冊，學生先讀臺灣史，再讀中國史，最後再讀世界史（時間比例為1:1:2）的課程架構。不過九八課綱之中的國文與歷史兩科因未取得課綱委員之共識（九八課綱公布時這兩科沿用九五暫綱），故延遲採行，至馬英九執政才再起編撰工程。

簡單地說，從陳水扁（2000-2008）、馬英九（2008-2016）、蔡英文（2016-今）三次的政權交替，歷史教學之主軸出現了由獨到統、由統復到

---

[10]　杜正勝：〈一個新史觀的誕生〉，《新史學之路》（臺北：三民書局，2004年）。

獨的擺盪。在歷史教科書方面則配合了臺灣民主化的趨勢，由統一的部定版本轉變為所謂的「一綱多本」（亦即依據教育部公布的歷史課程綱要，由民間出版社聘請學者編寫不同的教科書）。此一轉變亦從李登輝任總統時開始，1999年連戰內閣時將歷史教學由「一綱一本」（教育部的部訂本）改為「一綱多本」，開放高中、國中自行選擇坊間出版、經過教育部審定的教科書。在「一綱多本」的時代，課綱的重要性不言而喻。執政黨也視之為兵家必爭之地。

馬英九總統上任後為解決「九八課綱」之爭端，重新啟動歷史課綱的編輯工作。然而課綱委員會成立之後，委員之間因政治立場之不同產生嚴重的爭執，周婉窈等委員因而辭職。為解決此一爭論、補足委員人選，2010年3月教育部長吳清基親自以電話邀約筆者加入「普通高級中學歷史科課程綱要專案小組」。此一委員會最初由汪榮祖教授擔任召集人。在汪先生主持之下此一委員會運作了七個月，10月之後因汪榮祖委員請假赴美，由我擔任專案小組的召集人。

在本人主持之下，課綱委員以中研院之中國史、臺灣史學者為主（除我之外還有林滿紅、陳永發、許雪姬等人），配合中學歷史教師，以及世新大學王曉波、師大廖隆盛等人所組成。在政治立場上，委員同時包括了統獨兩派。

此一課綱經過多次開會討論，取得不同學者之共識。其主要的變化如下：一、增加中國史之教學時數、縮減世界史比重，而臺灣史時間不變（臺灣史、中國史、世界史的比例改為1:1.5:1.5）。二、將日本統治時期定位為「日本殖民統治」（簡稱「日治」）。三、將內容艱深的「歷史專題」（高三）改為六大「文化圈」的方式，敘述世界文化史（東亞、印度、伊斯蘭、歐洲、非洲及中南美洲）。此外，為因應臺灣史學者的要求：修改有關臺灣史事的紀錄起於東吳及隋代的說法，加註「此論點具有爭議」；並將原來的16世紀的臺灣因荷蘭、西班牙及明鄭的經營而被導入「世界體系」，改為「國際競爭時代」，納入荷、葡、西、日與中國漢人的移民歷史；並將「明鄭」改為「鄭氏統治時期」，然說明鄭氏奉明朝為正朔；將「光復」改為「接收」。又為因應統派之要求，增加「臺灣人到中國大陸參加對日抗戰」。

此一課綱初稿擬就之後，在2010年9月由筆者主持，在臺灣四個地方（北、中、南、東）舉辦了公聽會，會中統獨兩派支持者發生激烈爭議。公

聽會結束之後編譯館將各方意見整理為「歷史科課程綱要草案公聽會彙整意見一覽表」，委員會據此修改。再經過歷史科專業的「審查小組」，以及教育部課程發展委員會審議、票決通過。2011年5月27日教育部長吳清基公布了「普通高級中學必修科目『歷史』課程綱要」，並訂於次年開始實施（因於101學年開始實施，故亦稱為一〇一課綱）[11]。

對於此一課綱，統獨兩派均表示不滿。獨派政治人物認為這是「馬政府進行歷史改造工程」、「馬政府又擴增中國史，刻意加強統派史觀，傾中立場一以貫之」、「傾中立場令人憂心」、「這是要對臺灣人思想改造、洗腦」，並抗議中國史比例增加。

統派人士對此課綱也很不滿意。吳坤財（嘉義大學史地系）認為高中課綱委員「有偏離中華文化之論述」，要求「重定歷史課綱，還原中華民國歷史應有的正確史觀」。張亞中（臺大政治系）與謝大寧（佛光大學文學系）在報紙上發文，表示此一課綱是「由臺獨人士所提出來的課綱」，「壓縮了中國史的部分」、「美化殖民統治，刻意疏離中國」、採取同心圓史觀，故「臺灣史與中國史是對立的」。並指出此一課綱的政治意涵是：造成「兩岸……成為『一邊一國』的異己關係，即使臺灣已屬於中華『民族』，但是在政治上，臺灣已經成了獨立於中國之外的『新國族』」[12]。由此可見社會的核心爭論在教科書的討論過程之中反映出來，而鬥爭之中雙方均堅持己見，沒有一方能以己身觀念說服另一方。此一課綱同時受到統、獨兩方面的批評亦顯示一〇一課綱嘗試在社會爭論之中找到一個平衡點，以平息爭端。不過平情而論，此一努力並不成功，後來引來統派人士的反擊，而引發更大的社會動亂，並直接影響到國民黨政府的下臺。

五、「課綱微調」的前因後果：從馬英九到蔡英文

在一〇一課綱公布之後，筆者又受聘為國立編譯館歷史教材審查委員會的委員，兼召集人，審查各出版社依照此一新課綱所撰寫之課本。委員會之中除了學者之外，還有幾位立場鮮明的統派教授（張亞中、吳坤財等）。2013年3月，在教科書審議時發生「日治」、「日據」之爭。事情的起因是

---

[11]　〈99普通高中課程綱要〉，《國家教育研究院》，網站：https://www.naer.edu.tw/files/15-1000-2979, c551-1.php?Lang=zh-tw，瀏覽日期：2020-08-31。

[12]　張亞中、謝大寧：〈歷史課綱修正　不具意義的補丁〉，《聯合報》，2010-09-16。

新課綱公布之後，張亞中教授不滿此一課綱，以及其他出版社教科書之內容（如戴寶村所編輯的龍騰文化版教科書），於是邀約一位軍方退休、時任「兩岸統合學會」執行長的鄭旗生與周世雄（任總經理）等人開了三家出版社（史記、克毅、北一），編寫了三本高中第一冊臺灣史的教科書，分別由閻沁恆、孫鐵剛、張哲郎等三位政大退休教授擔任主編。在送審時這三本教科書受到委員會的批評，希望該社採用一〇一課綱之中所統一規定的「日本殖民統治」（簡稱「日治」），而不採「日據」。該鄭姓社長對此十分不滿，曾與筆者在溝通會之上發生爭執。為貫徹其理念，該派在《中國時報》上由師大退休教授王仲孚撰文批評，又在《海峽評論》（該雜誌主旨為「結合海外及海峽兩岸的中國人共同討論祖國統一、中國前途和世界和平的問題」，是一個臺灣統派刊物，由王曉波任總編輯）上攻擊筆者與審查委員會，認為教科書不用「日據」是「喪失國家立場」。同時經由某位新黨出身之監察委員對審核委員會展開調查，施加政治壓力。

　　對於此一爭議，臺灣史研究者則多半支援使用「日治」。例如政治大學臺灣史研究所的戴寶村教授指出：1895年清帝國戰敗，將臺灣割讓給日本「並非莫名強占」；教科書用日本殖民統治是符合「歷史事實陳述」。相對來說，「日據」則是「情緒性很強的字眼，顯示反日情緒」。

　　後來教育部為解決此一爭端，由教育部主任祕書親自拜訪筆者，說明教育部主張在民主時代，不應限制各教科書對於「日治」與「日據」兩詞彙之使用，希望筆者與委員會能支持此一主張。課綱審定委員會最後回覆出版社的意見如下：一、日本對臺灣之統治是依據正式簽訂之「馬關條約」，並非竊據。二、過去以1943年中美英共同發布的〈開羅宣言〉確定了廢除馬關條約與戰後臺灣歸還中華民國之意向。然馬關條約為一正式之國際條約，不能以戰爭時期之新聞公告片面廢止。三、1952年之「中日和約」取代馬關條約，臺灣主權轉移至中華民國，臺灣國際地位正式確立。因此否定馬關條約亦否定了中日和約，以及中華民國取得臺灣之法理基礎。課綱審定委員會對於「日治」與「日據」之使用亦有所妥協，建議：教科書內文如使用「日據」一詞，應對「日據」一詞論述之緣由、引證，以目前學界使用「日治」或「日本殖民統治」論據之差異加以說明。

　　筆者對此頗感無奈。我在接受記者訪問時表示：一、統獨之爭無法透過教科書來解決。二、課綱既然經過嚴密之程式討論後而取得共識，教科書撰寫應尊重制度。在課綱委員會之中有統獨兩派學者，將「日據」改為較為

中性描述的「日本殖民統治」是「兩派意見的最大公約數」，因此統一使用「日治」一詞要付出的「社會成本最低」。然而教科書撰寫者如果堅持要採用「日據」，應將此詞彙的演變之歷史背景說清楚，以及目前為何有「臺灣地位未定論」與日據、日治之爭，不宜只採取一個立場而與其他版本不同[13]。後來教育部同意開放在教科書之中「日據」、「日治」均可使用，考試時不考這一部分。

2013年8月，史記、克毅、北一三家出版社的教科書通過審查，在高中第一冊教科書之中使用「日據」取代「日治」來稱呼日本殖民統治。該社表示這一本教科書「代表中華民國史觀」，糾正了「教科書用日治，過度美化日本殖民」之缺失。不過該出版社因立場鮮明，市場接受率甚低。審定委員會的三位臺灣史學者（黃秀政、吳文星、詹素娟）在報上被人指名攻擊，因而先後辭職，筆者也因理念不同，辭去委員與召集人一職。

日據、日治之爭是課綱鬥爭的前哨戰。不久之後統派決定修改一〇一課綱。2014年初由王曉波、朱雲鵬、謝大寧等人說服馬英九總統，展開「課綱微調」，宣稱要藉此回歸憲法。此一微調之課綱，雖說是微調，然實際上變動不小，2014年微調課綱通過，再次主張「漢人中心」、「中華民族史觀」，強化臺灣與中國大陸之連結，採取「日據」、「光復」史觀等。此一微調課綱受到學生批評為黑箱作業、牴觸「中立原則」，而且多數委員多不具臺灣史專業，青年學生因而衝入教育部潑漆抗議，有一位學生林冠華甚至為此自殺（2015年7月30日），而引發社會重大爭議，筆者認為後來國民黨敗選與課綱微調產生之社會爭端不無關係。

2016年5月。蔡英文總統上任，馬英九任上微調之後的課綱立即被教育部所廢止，並同意所有依照新、舊課綱所撰寫之課本均可使用，由地方政府與學校教師自行選擇。蔡英文政府隨即在十二年國教的架構之下，進行課綱的重新編訂。歷史科的主持人為金仕起（政治大學歷史系副教授、曾積極支持反黑箱活動）。其中高中歷史課綱部分，不同於過去臺灣史、中國史、世界史的架構，不用編年，改採分區域的架構，「如何認識世界」、「中國與東亞」、「臺灣與世界」等三部分，將臺灣放在東亞的架構之內，注意中國與外在世界之互動，並強調將歷史教育配合「轉型正義」與性別平等，因而被批評為「去中國化」。當年反黑箱的學生對於此一課綱則予以肯定，認為

---

[13]　〈學者看法兩極　日治：比較符合史實　日據：代表國家立場〉，《聯合報》，2013-07-17。

「新課綱把中國史納入東亞脈絡來討論，能讓學生清楚自己身處的國際定位，是進步的史觀」。

　　新課綱中配合轉型正義部分與臺灣民主發展尤其密切相關，以人權與民主秩序概念的建立為主，讓學生能掌握歷史脈絡，除了談到「二二八」事件、白色恐怖外，也有原住民族相關內容，強調學生應學習「差異與多元瞭解」之主題，並促進族群間的相互尊重。性別平等教育則主要是讓學生理解性別的多樣性，覺察性別不平等的存在事實、社會文化中的性別權力關係（如中小學開始即閱讀畢恆達的《性別與空間》等書），進而尊重與包容多元性別差異，消除性別偏見與歧視。這與臺灣通過「同性婚姻」合法化的動向相呼應。不過性別平等教育之中有關「同志教育」的具體項目，在2018年11月公投中未能通過。

　　總之，1949年後臺灣的歷史教育深受政治因素（統獨意識形態）的影響，是「國民塑造」的一個重要環節。1987年之後，隨著民主化進程，歷史教科書從一綱一本，演變為一綱多本。統獨勢力各自邀約立場相近的學者撰寫，為各自的政治立場服務，教育部則准許地方政府與各校自由選擇。不過為了入學考試，歷史教師仍建立起共識，亦即教學可以自由發揮，不過考試則避免爭議，在考試時不出會引起爭議的題目。

六、擺脫困境：歷史教育如何超越政治力量之干預？

　　臺灣中學歷史教育所面臨的最嚴重的困境是教學受到政治勢力的干擾，歷史科之課綱與教科書內容隨政黨輪替而改變。如何擺脫此一困境？筆者認為歷史教師可能扮演了最為關鍵之角色。筆者在高中畢業之後因受歷史老師之啟發，以第一志願進入臺灣師範大學歷史系，後再考取歷史研究所碩士班，經過大學五年（上課四年、實習一年）與研究所碩士班三年的訓練，我成為一位中學的歷史教師。我的大學、碩士班同學幾乎都在中學教書。我也曾在國中、高中教過三年的書。其後我出國讀書，1994年返回中研院任職。十多年之後我才重執教鞭。2006年迄今，我在師大歷史系任教，教中國思想史、中國近代思想史兩個課程，我的學生（包括我指導撰寫論文的學生）之中也有不少中學教師。

　　對筆者來說，歷史是個人選擇的一個專業，歷史教育則是我進入師範大學之後所選擇的一個行業。有關歷史教育理論方面的探討，在大學時曾修過

「歷史教材與教法」，當時李國祁老師教授「歷史教育專題研究」。李老師是留學德國的博士，他在課上特別指出德國歷史教育強調民族精神教育（重「情」），而英美歷史教育則是採取自由主義式的公民教育（說「理」）。臺灣與中國大陸均傾向德國模式。不過一個均衡的歷史教育應在「情」、「理」兩方面有一平衡，亦即不宜一味重情而不說理。這確實是歷史教育中的核心命題。根據歷史經驗，未來政治勢力仍將主導臺灣歷史教育。在此情況下如何一方面肆應政治局勢之變化，另一方面仍以專業史學精神從事歷史教學，實為教師的一大挑戰。

　　然而歷史作為一種「益人心智」的學科，應回歸歷史專業，經由歷史教學，歷史教師應培養學生具備下列幾項核心能力，根據一○一課綱，這些核心能力包括：

一、表達歷史時序的能力：能運用各種時間術語描述過去，並認識幾種主要的歷史分期方式。能認知過去與現在的不同，並建立過去與現在的關聯性。

二、理解歷史的能力：能就歷史文本，掌握其內容與歷史意義。能設身處地瞭解歷史事件或歷史現象。能從歷史脈絡中，理解相關歷史事件、現象或人物的不同重要性。

三、解釋歷史的能力：能對歷史事件的因果關係提出解釋。能對相關歷史事件、現象或人物的不同重要性提出評價。能分辨不同的歷史解釋，說明歷史解釋之所以不同的原因。

四、運用史料的能力：能根據主題，進行史料蒐集的工作。能辨別史料作為解釋證據的適切性。能應用史料，藉以形成新的問題視野或書寫自己的歷史敘述。

　　筆者認為上述歷史課綱之中所擬定歷史學科核心能力之培養是歷史教學之重點，然而在有關歷史教科書、歷史教育的討論之中卻少有人關注此一面向。為避免政治的過度干預，歷史教師在教學現場首先應回歸核心能力之培養，尤其注意透過故事述說、文本閱讀等方式，培養學生自覺與反省之精神。這樣一來，歷史教師雖亦不能免除黨派意識，然可以盡可能地提供學生多元選擇與判斷。同時，歷史教師應提醒自己：歷史教育所教授的內容不應是灌輸單一的政治信仰，而應該以歷史知識來培養學生的思考力、判斷力，建立具有歷史意識的「歷史感」，並教導學生如何自行從事歷史判斷與價值取捨。

　　其次，除了教師在教學現場的努力之外，以社群的組織力量，亦即依賴歷史教師的群體意識與團隊合作來改進教學技巧，也是一個值得努力的方向。在臺灣正式的組織架構之下中學各校歷史老師組成一個「歷史科的學科中心」。筆者在擔任課綱小組、教科書審核小組召集人期間，亦擔任該中心之指導老師。此一中心於2005至2017年設在中山女中，後改在嘉義中學。此外各地區或各校也有歷史教師組成的讀書會或教學改進的討論會。這些教師組織之目標或任務包括：編製教師研習教材手冊、蒐集該學科教師對於課綱的相關意見、提供諮詢專線、架設教師網路討論平臺、定期發送電子報提供歷史科教師最新訊息等。這些由老師組成的社群，可以透過讀書會（例如閱讀*Reading Like a Historian: Teaching Literacy in Middle and High School History Classrooms*，吸取國外歷史教學之經驗）、教案教材的研討會，交換教學心得、改善教學技巧。當然，如果能由歷史教師自行組織類似的社群，以網路為平臺，發揮意見交流之功能，或許更能展現出「民間社會」的自主力量。

七、小結

　　本文依據筆者的個人經歷結合相關史料描述1949年至今臺灣歷史教育的變遷、困境，並思索可能的解決方式。臺灣歷史教育深受政治影響，而以1987年解嚴前後作為分水嶺。解嚴前的歷史教育以大中國史觀為主軸，臺灣史是中國史的一部分；解嚴之後歷史教育則受民主化、統獨意識之影響，大中國史觀受到衝擊，歷史教育成為黨派競逐，用來促進政治認同（國民黨的中國認同、民進黨的臺灣認同）的一種工具。未來政治勢力無疑地仍將主導臺灣歷史教育，要超越統獨的糾葛，追求歷史教育的主體性，仍須面臨嚴峻之挑戰。筆者認為可能的解決之道在於：一方面加強歷史教師在教學現場，以專業的精神來培養學生的核心能力，建立具有反省、批判精神的歷史意識。其次則是依賴社群的組織力量，由教師組成學會，交換教學心得，提升教學品質。筆者堅信歷史教學是一門「益人心智」之學科，歷史教師的工作一方面應自我反省，避免灌輸學生單一的政治信念；另一方面則應幫助學生從多元角度瞭解事實真相、建立批判精神，如此歷史教育或可免於受到政治勢力的干預，而導入正軌。

第四章　性別視域中的口述歷史教學與研究

南開大學中國社會史研究中心、南開大學歷史學院訪問學者
侯杰、梁淑榮

一、發現口述歷史在中國文化傳統中的價值

　　中國文字具有象形表意的特點，「古」字就是「十」加「口」字組成。這種縱向的「十」不一定是十分確切的、具象的十代人，可以理解成約數，抽象的多。遍布各地、跨越性別、數量眾多的中國神話、傳說、民間故事等，實際上也是通過口述的方式傳播歷史事實、觀念以及價值判斷的具體案例。

　　口述歷史具有多種功效，借助口述訪談這種方法可以蒐集歷史資料，豐富和完善對歷史的瞭解和認識。這在傳統中國早已有之。《詩經》即是蒐集民間歌謠、宮廷樂歌由史官和樂師編纂整理而成。孔丘也有具體的實踐，如《八佾》：「子入大廟，每事問。」問，即是訪問、調查。司馬遷為撰寫《史記》，也不辭辛勞。在《史記‧魏公子列傳》中有如下記述：「過大梁之墟，求問。」所謂求問，也是訪問的意思。類似的例子還有很多。

　　口述歷史作為深化歷史認知和研究的一種方式，在近代中國學界也受到高度重視，並做過不少有益的嘗試。民國時期由政府、學校、團體、組織以及中外專家學者等單獨或聯合進行的許多有價值的口述訪談，部分成果被編入了《民國時期社會調查叢編》[1]。1925年，顧頡剛等人到北京妙峰山進行了口述歷史訪談，撰寫出〈妙峰山的香氣〉等文章。

　　在日漸發達的民國報刊媒體上，愈來愈多的女記者通過訪談，將豐富多彩的女性生活進行了多角度、多層次的呈現。《大公報》女記者蔣逸霄對天津、上海職業女性的口述訪談，闡釋了她們各自相似或不同的人生經歷、職

---

[1]　李文海、夏明方、黃興濤主編：《民國時期社會調查叢編》（福州：福建教育出版社，2004年）。

業生涯和命運[2]。「九一八」事變後，「滿鐵」調查中國北方農村的各方面資料，彙編成《中國農村慣行調查》[3]。1948年前後，李世瑜在天津等地集中對一貫道、黃天道等民間宗教進行口述訪談，出版《現在華北民間祕密宗教》[4]。這些主要或部分借助口述訪談所取得的歷史研究成果，既再現了近代中國華北農村、城市社會變遷與民眾生活、信仰變化的某些實態，為深入瞭解中國城鎮、鄉村社會中的某些問題提供了極其珍貴的原始資料，更為重要的是「從政治形式的外表進入到社會生活的深處」[5]，中國各種社會、政治、經濟、宗教等領域的問題所進行的深入分析，以及為解決這些問題所提出的各種對策、建議，對現在仍然有一定的借鑑意義。不僅如此，還要充分認識到有些口述歷史的成果，包括訪談本身都需要進行嚴格的檢討和批判，然後才能吸收、採納，避免出現問題。

　　1949年以後，許多高校（大學）競相開展社會調查，實際上就是口述歷史的教學實踐。如湖北、山東、天津、廣西等地高校在洪江會、義和團[6]、中法戰爭[7]的調查中皆有所成就。其中，南開大學是比較重視口述歷史調查與研究的高校之一。五十至六十年代，南開大學歷史系開展天津義和團調查，後出版《天津義和團調查》[8]。八十至九十年代初，陳振江教授與日本學者聯合調查華北社會文化，以日文出版三巨冊《近代中國社會文化》。九十年代中後期，魏宏運教授與日本學者聯合調查華北抗日根據地。八十年代，侯杰在南開大學歷史系求學期間，就開始了河北廊坊義和團運動的口述訪談；九十年代與美國加州大學聖地牙哥分校趙文詞教授等人進行了河北滄州獻縣、天津寶坻等地民眾的天主教信仰；1996年應周錫瑞教授的邀請到美國加州大學聖地牙哥分校訪問，並進行寓美華人佛教信仰、基督教信仰口述訪談。1998年在香港中文大學訪問期間，進行香港地區佛教、道教與民間信

---

[2]　侯杰、曾秋雲：〈《大公報》女記者蔣逸霄與二十世紀早期天津女性採訪──有關《津市職業的婦女生活》的史料分析〉，《婦研縱橫》第76期（2005年10月）；侯杰、李釗：〈《大公報》女記者蔣逸霄與二十世紀中期上海女性──《上海職業婦女訪問記》史料介紹〉，《婦研縱橫》2006年第78期。

[3]　中國農村慣行調查刊行會：《中國農村慣行調查》（東京：岩波書店，1952年）。

[4]　李世瑜：《現在華北民間祕密宗教》（上海：上海文藝出版社，1990年）。

[5]　馬克思：〈馬志尼與拿破崙〉，載中共中央編譯局譯：《馬克思恩格斯全集》，（北京：人民出版社，1962年），第12卷，第450頁。

[6]　山東大學歷史系編：《山東義和團調查資料選編》（濟南：齊魯書社，1980年）；路遙：《山東大學義和團調查資料彙編》（濟南：山東大學出版社，2000年）。

[7]　廣西壯族自治區通志館：《中法戰爭調查資料實錄》（南寧：廣西人民出版社，1982年）。

[8]　南開大學歷史系編：《天津義和團調查》（天津：天津古籍出版社，1990年）。

仰的口述訪談。1999年開始與加拿大英屬哥倫比亞大學歐大年教授等人聯合進行河北保定、石家莊、邢臺、廊坊和天津等地民間信仰調查。進入21世紀以後，利用在臺灣大學婦女研究室和世新大學舍我紀念館訪問、講學、出席學術會議的機會，深化媒體與性別等領域的研究，並到臺北、臺東、臺南等地進行臺灣佛教、道教與媽祖信仰、關公信仰、玄天上帝等民間信仰口述訪談。2016年4月，在新加坡、馬來西亞進行媽祖信仰口述訪談。

改革開放初期，中國學者與外國學者、機構合作，因為經費等問題口述訪談的學術成果往往是在國外或海外出版。這對中國學者使用極為不利，對中國歷史文化的傳播也沒有發揮應有的作用。因此，需要將口述歷史的訪談與研究的成果在內地出版。侯杰教授主編的以《保定地區廟會文化與民俗輯錄》[9]為代表的《華北農村民間文化研究叢書》在天津出版。魏宏運教授、張思教授與日本學者聯合調查記錄，名為《二十世紀華北農村調查紀錄》[10]在北京出版。

至於口述歷史的再現手段和呈現方式，更加多樣化。中央電視臺的《大家》，北京電視臺的《口述》，天津電視臺的《我們》、《泊客中國》，鳳凰電視臺的《口述歷史》等專欄都各有千秋。其中，崔永元製作的電視紀錄片《我的抗戰》通過採訪侵華日本士兵、戰俘、偽軍、平民受害者、中國空軍、文藝抗戰者、情報工作者、修路農夫、知識分子等親歷抗戰的人，請具有不同主體身分的人講述各自的親身經歷，多視角還原抗戰的歷史真實，揭露戰爭的殘酷，警醒世人不要淡忘歷史的記憶，促使全面反思戰爭的罪惡以及給人類造成的傷害。崔永元還出版與電視紀錄片同名的圖書《我的抗戰 I》[11]、《我的抗戰 II》[12]。臺灣導演張釗維製作的紀錄片《衝天》[13]以1937至1945年的全面抗戰為背景呈現飛虎隊中的中國愛國青年在國家存亡、民族危難之際，挺身而出的英雄氣概，不惜碧血映藍天的獻身精神。

9　歐大年、侯杰、范麗珠主編：《保定地區廟會文化與民俗輯錄》（天津：天津古籍出版社，2007年）。

10　魏宏運、三谷孝、張思主編：《二十世紀華北農村調查記錄》（北京：社會科學文獻出版社，2012年）。

11　崔永元：《我的抗戰 I》（北京：中國友誼出版公司，2010年）。

12　崔永元：《我的抗戰 II》（北京：中國友誼出版公司，2012年）。

13　張釗維：《衝天》（紀錄片），2015年。

二、在解析口述歷史的過程中探尋女性主體性

隨著口述歷史在海內外的興起和蓬勃發展，學術界有關女性的口述訪談逐漸增多，口述歷史研究也日益加深，已經取得不少的成果。

《傾聽與發現：婦女口述歷史叢書》[14]可以說是中國當代婦女口述歷史的標誌性重要成果。這套叢書從生命史視角、社會性別史視角，以時間為序結合社會歷史變遷，記錄不同崗位女性豐富多彩的生命歷程。這些研究成果展現了新中國女性作為社會的重要組成部分為人類發展所做出的巨大貢獻，有重要的史料價值。

中研院近代史研究所，在婦女與性別史方面，進行了長期而深入的研究，取得一系列重要研究成果，在學術界享有較高的國際知名度，集合了張玉法、呂芳上、游鑑明、羅久蓉等口述訪談與歷史研究的專家學者。他們制定了長期的口述史計畫，取得豐碩的學術成果，出版了一系列口述歷史著作，其中就包括《走過兩個時代的臺灣職業婦女訪問紀錄》[15]等專書，編輯、出版近代中國婦女史的專業學術期刊《近代中國婦女史研究》[16]以及《口述歷史》[17]。

游鑑明就是在婦女口述訪談和歷史研究領域取得突出成就的一位女學者。她撰寫《日據時期臺灣的女子教育》[18]等著作，發表〈口述歷史與性別史研究〉[19]等論文，到河南推動婦女性別研究復興，到北京來培訓。

---

[14] 張李璽主編：《傾聽與發現：婦女口述歷史叢書》（北京：中國婦女出版社，2016年）。

[15] 游鑑明：《走過兩個時代的臺灣職業婦女訪問紀錄》（臺北：中研院近代史研究所，1994年）。《女青年大隊訪問紀錄》（臺北：中研院近代史研究所，1995年）。羅久蓉、游鑑明訪問：《烽火歲月下的中國婦女訪問紀錄》（臺北：中研院近代史研究所，2004年）。羅久蓉訪問：《姜允中女士訪問紀錄》（臺北：中研院近代史研究所，2005年）。游鑑明訪問：《邵夢蘭女士訪問紀錄》（臺北：中研院近代史研究所，2005年）。

[16] 《近代中國婦女史研究》，1993年創刊，由臺灣中央研究院近代史研究所主辦，臺灣第一種近代中國婦女史的學術專業期刊。2013年6月第21期起，由年刊改為半年刊。

[17] 《口述歷史》，是臺灣中央研究院近代史研究所出版的不定期刊物，1989年10月至2004年4月，共出版十二期。其中，第3期、第4期為「二‧二八事件專號」；第5期、第6期為「日據時期臺灣人赴大陸經驗專號」；第7期為「軍系與民國政局」專號；第10期為「蘇啟東政治案件專輯」；第11期為「泰源監獄事件專輯」；第12期為「美麗島事件專輯」，其他幾期是各類人物訪談紀錄的彙編。

[18] 游鑑明：〈日據時期臺灣的女子教育〉，《臺灣師範大學歷史研究所專刊》，1988年第20期；游鑑明：《傾聽她們的聲音：女性口述歷史的方法與口述史料的運用》（臺北：左岸文化事業有限公司，2002年）；游鑑明：《近代中國女子的運動圖像：1937年前的歷史照片和漫畫》（臺北：博雅書屋，2008年）。

[19] 游鑑明：〈口述歷史的虛與實〉，《鄭州大學學報》，2009年第2期；游鑑明：〈口述歷史與性

　　不少內地女學者在女性口述訪談和歷史研究方面亦取得一定的成果。如杜芳琴的《大山的女兒》系列叢書[20]、李小江的《讓女人自己說話》系列叢書[21]等，都憑藉女性的聲音、從女人的視角講述歷史的變遷，看女性在時代變革中是怎樣一種心理體驗和生命迴響。定宜莊的《老北京人的口述歷史（上下）》[22]、《北京口述歷史》[23]，通過北京人的口述，反映晚清以來北京人的生活變遷和歷史命運，進而追溯近百年北京城市生活變遷的歷史。女學者在研究婦女口述歷史的同時，她們本人也往往會成為被研究的對象。如丁蘇紅的《女學者、女性研究及其口述文本——以李小江「20世紀中國口述史叢書」為例》[24]就把觀察的視角投向了研究婦女口述歷史的女學者。

　　有關中國少數民族婦女口述歷史的研究成果也不斷湧現。如張曉的《西江苗族婦女口述史研究》[25]、定宜莊的《最後的記憶——十六位旗人婦女的口述歷史》[26]、楊恩洪的《藏族婦女口述史》[27]、寶貴敏的《額吉河——17位蒙古族婦女的口述歷史》[28]、趙明湄的《80後摩梭女達布口述生活史》[29]等。這些口述歷史著作記錄了不同的少數民族婦女的生活經歷、工作狀況、婚姻家庭、宗教信仰、社會地位、風俗民情等方面的詳細情況，再現了時代變遷中的不同少數民族婦女地位、處境、情感等方面的變化歷程，也在一定程度上呈現出不同民族在面對外力衝擊時民族意識的覺醒、民族界限的縮小、民族文化的傳承、民族傳統的保留諸方面的狀態。

　　侯杰教授在田野調查、口述訪談的過程中，接觸到愈來愈多的婦女、性別議題和被訪者。2002年開始在國內重點大學重點學科指導中國近現代社會性別史研究方向碩士研究生、2005年指導中國近現代社會性別史研究方向

　　別〉，載楊祥銀主編：《口述史研究》第一輯（北京：社會科學文獻出版社，2014年）。

[20] 杜芳琴主編：《大山的女兒》（貴陽：貴州民族出版社，1998年）。

[21] 李小江主編：《讓女人自己說話》系列叢書（北京：生活・讀書・新知三聯書店，2003年）。

[22] 定宜莊：《老北京人的口述歷史（上下）》（北京：中國社會科學出版社，2009年）。

[23] 定宜莊總主編：《北京口述歷史》系列叢書（北京：北京出版集團公司北京出版社，2014年、2017年分批出版）。

[24] 丁蘇紅：〈女學者、女性研究及其口述文本——以李小江「20世紀中國口述史叢書」為例〉（濟南：山東大學碩士學位論文，2008年）。

[25] 張曉：《西江苗族婦女口述史研究》（貴陽：貴州人民出版社，1997年）。

[26] 定宜莊：《最後的記憶——十六位旗人婦女的口述歷史》（北京：中國廣播電視出版，1999年）。

[27] 楊恩洪：《藏族婦女口述史》（北京：中國藏學出版社，2006年）。

[28] 寶貴敏：《額吉河——17位蒙古族婦女的口述歷史》（北京：民族出版社，2011年）。

[29] 趙明湄：《80後摩梭女達布口述生活史》（北京：中央民族大學出版社，2011年）。

博士研究生以後，對天津、寧波、香港、臺灣、澳門、新加坡、馬來西亞邊佳蘭等地區和國家社會各階層人士的媽祖信仰、關公信仰的性別分析，山東沂源、淄博纏足女性，山西長治民間信仰與纏足女性的口述訪談和調查研究都具有更強的使命感和責任感。他在海內外的數十所高等院校發表的學術演講，在國際學術研討會上宣讀論文，在海內外期刊發表的研究成果，很多都涉及中國社會史、性別史以及口述訪談等議題。在分享研究發現和口述心得的同時，也發現了一些值得深思和反思的問題，其中就包括如何在口述歷史研究中，探尋女性主體性等問題。所謂女性主體性，在海內外不同學科、領域的學者可以有不同的解讀和闡釋。根據筆者在女性口述訪談與調查研究中的一點心得，就是要探尋女性主體性。探尋女性主體性又可以分成三個層面加以考察和言說，那就是被訪問的女性是否具有經驗主體、思維主體和言說主體的身分和自我認知。

　　進行婦女口述歷史調查與研究，還可以解決婦女／性別史研究中的其他一些重要問題。

三、在婦女口述歷史調查與研究中亟待解決的問題

　　隨著婦女口述歷史成果愈來愈多，但也出現了一些問題，衝擊甚至干擾了在本土視域中將婦女口述史建設好等大目標。因此需要正確處理好確定訪談對象，怎樣實施口述訪談，處理好訪談者與被訪談者的多重互動關係，保障被訪談者的各項權益，自我言說與他者言說的比對，保護訪談者與被訪談者共同創造和擁有的智慧財產權，訪談紀錄（影像）的使用與保存等問題。涉及學術倫理的問題，更值得反思。

　　改革開放前後，中國口述歷史的興起、發展有不同的進路。中外學者早期合作開展的口述歷史，既有女性參加口述採訪，又有女性被訪談。表面上看起來，是中外學者共同參與，但實際上往往是中國學者從事口述歷史調查。因為有些被調查者生活在國家級貧困縣，政府的相關政策是不允許外國人進入這些區域，所以外國學者被安排在縣城接受領導宴請，中國學者進行口述訪談。但是，辛辛苦苦得來的口述歷史成果都被根本沒有進行口述訪談的外國學者拿到外國，以外文出版相關研究成果，或以資源分享的名義，未經合作者和被訪問者的同意，就饋贈給其他研究者。此外，還有些比較敏感的議題，如提供民間祕密宗教、結社、鄉村天主教會口述歷史資訊的男男女

女及其家人的照片被刊登在外國學者出版的著作中，給被採訪者帶來風險。有些口述歷史著作還被翻譯成中文，在中國出版、發行，對被訪問者更為不利。

　　個別缺乏基本素養的訪談者還把口述歷史訊息，不加任何技術處理，拿到國際學術研討會上發表。這其實是對被訪問者的嚴重傷害，被訪問者不一定願意在不知情或知情不詳的情況下接受訪問者的各種安排。在復旦大學召開的一個有關女權的國際學術研討會上，一位內地導演透過參與製作的女性向與會者推介了他拍攝的紀錄片，主角是進城打工的女孩兒的隱祕生活。當即引起在現場的筆者和多位臺灣女學者的質疑：在拍攝前是否與被採訪和拍攝的女孩兒們簽有協議、合同，是否講明利害關係；即便之前簽了協議和合同，但是她們這些年幼的女孩子們是否考慮到攝製者在什麼範圍播出，影響的範圍有多大，會不會因為接受訪談、進行紀錄片的攝製，對她個人造成嚴重的影響、產生不利的後果[30]？攝製人員對這些基本的學術倫理都不遵守，還不以為然。在香港中文大學召開的一個有關兩岸三地婦女性別研究中心歷史發展回顧的國際學術研討會上，一位香港中文大學新聞專業的教授請他的助理宣讀了一篇有關東莞從事色情行業女性群體的口述調查和訪談的論文，在PPT中還選用一些照片，並說在社會上曾將這些照片舉辦過展出。這更激起在場的筆者和多位臺灣、香港學者的公憤[31]。如何再現和表達歷史熱點議題，確實值得深思。

　　這些被寫入論文、攝入鏡頭的被訪問者的權益沒有得到起碼的尊重。發表論文和攝製紀錄片的這些人或許根本就沒有意識到要尊重和保護這些女孩兒的隱私權、肖像權等等，訪問完以後做成專題片，拿到海外去播；寫成論文，在各種學術會議上去宣讀，或在期刊上發表；這些行為實際上都違背了學術倫理，構成了對接受採訪和口述者的侵權。

　　前些時候，抗戰史持續升溫，有些學者進行了曠日持久的「慰安婦」口述歷史研究，經常在主流媒體上曝光。儘管在「慰安婦」這三個字上面加了上下引號——「慰安婦」，隱含著否定日本侵略者慣用語之意。但這畢竟是沿用了日本侵略者隱瞞和美化自己犯下的強暴女性戰爭罪行的詞語，混淆了

30　被訪者：侯杰，採訪人：梁淑榮，時間：2017年9月20日上午10點，地點：天津白堤路交通銀行大堂。

31　被訪者：侯杰，採訪人：梁淑榮，時間：2017年9月20日天津上午10點30分，地點：天津白堤路交通銀行大堂。

事情的本質。這個稱呼本身就是對被日本侵略者在戰爭期間實施性暴力女性的一種極大的傷害。她們是被日本侵略者以各種手段強行掠奪來，成為軍國主義者維持戰爭機器運轉實施集體犯罪的受害者！紀錄片《三十二》和《二十二》的製作者雖然試圖以相對輕柔、平和的方式表述日本侵華戰爭時期飽受日本侵略者摧殘的那些中國女性的苦難生活，但是仍沿襲「慰安婦」的叫法，本身對這些飽受戰爭摧殘，喪失國權、人權、女權的受害者的二次傷害。這是必須改變的[32]。

總之，口述歷史是訪問者和被訪問者共同書寫的，要尊重被訪問者，明確告知其使用範圍以及由此可能造成的影響等。相關成果的智慧財產權是訪問者和被訪問者共同擁有的，然而也遇到個別侵害合作者權益的事情。在河北、山東做調查的時候，被合作者甚至學生有意、無意地僭越權利。要想杜絕上述各種情況的再次發生，就必須根據實際情況，制定適合中國國情的口述歷史規範，形成並完善口述歷史職業倫理標準乃至法律，維護各方利益，加強不同機構之間的協同合作，向違反口述歷史職業倫理的各種言行說「不」，並讓違規者遭受法律、道德、良心的懲罰。

訪問者和被訪問者應該是平等的合作的雙方，互相尊重。在訪問過程中，訪問者一定要具有良好的素養，因為您在採訪人家的同時，被訪問者也在「採訪」您，做選擇性的回答，甚至拒不配合。不能為了炫耀自己，不認真瞭解、體會被訪問者的真實處境，曲解、誤解被訪問者的意圖。應該抱著一種平和的態度，靜下心來認真傾聽，觀察他／她的各種舉動，尊重、同情、理解被訪問者，贏得被訪問者的信任，形成一種她們願意暢所欲言的情境。

有的學者特別強調自己進行口述訪談的人沒有文化，好像做口述歷史的調查就是重新發現歷史，重新書寫文化。千萬不要以為只有文字記載下來的東西才是文化，在做口述訪談的時候，經常發現普通人可以擁有和創造很多技藝，傳抄的是明清時期的公尺譜，歷史和文化就在他們的頭腦中、手上和口中，因此我們要承認這些文化的價值，歷史的意義，把各種非文字記述的文化和歷史以文字、聲音、影像等形式記錄下來，這個觀點我和周錫瑞是一致的[33]。

---

[32] 被訪者：侯杰，採訪人：梁淑榮，時間：2017年9月28日中午12點50分，地點：天津612公車。

[33] 被訪者：侯杰，採訪人：梁淑榮，時間：2017年9月20日天津上午10點30分，地點：天津白堤路交通銀行大堂。

　　通過口述採訪一些村落的老人，在喚起有關這些村落歷史記憶的同時，使這些老人的生命價值得到尊重。和加拿大學者合作的項目經費有一些可以自由支配，我們就給接受口述歷史調查的老人一定的誤工補助，還有紀念品。讓他們在村子裡面更加受人尊重，因為他們知道自己的文化、歷史，讓年輕一些的人也開始珍視和尊重自己的文化，重視文化傳承。在纏足婦女口述歷史訪談中，侯杰教授買去了天津小吃——楊村糕乾，因為她們家中沒有冰箱，沒辦法保存，最終改成送紀念品，並將她們的口述進行錄音、錄影、拍照。等回訪的時候，由專人再把這些錄音、錄影等做成光碟，照片沖洗出來送回去。有的老人一輩子也沒照過相、錄過影。可惜的是，送回去的時候有的老人已經不在了。這是她們最初也是最後的紀錄，但是這份用生命寫就的口述歷史會傳承下來[34]。

　　對於這些來之不易的口述歷史資料，如何辨別真偽、評定價值？對「口頭考古」來說，最大的困難就是沒法考證某些具體細節的對與錯。除了要結合當地社會、歷史、文化、經濟狀況外，還要把口述歷史資料和各種歷史文獻相結合，互相比對，互為佐證；或者把口述也當成一種文本，進行文本和文獻、實物的比對；也可以進行自我言說與他者言說的比對，互相參照，互相印證。在訪談的過程中，要注重細節，用心體會被訪問者態度、語詞的變化。有的被訪問者可能是極力迴避某些歷史細節，有的被訪問者可能是年紀大了，歷史記憶不太完整，甚至出現錯亂等等。不同的被訪問者可能立場截然不同，對於歷史的記憶、解釋都不同，有很強的主觀性。但她是事件的親歷者，她所說的具有親歷、親見、親聞的性質。無論如何，要尊重它們的唯一性，不能輕易否定它的價值，盡量客觀、公正地記錄。

　　從訪問者角度來說，口述歷史的文字紀錄在可能的情況下，最好有錄音、錄影互為支撐。防止有的口述調查根本沒做，就是坐在屋子裡面編出來的，因而保證口述歷史文本的真實性也很重要，是根本。與此相關的就是文字、問卷、口述訪談的錄音、音像、照片等史料存檔、查閱制度的建立，方便公眾查閱、檢驗、核實。

　　國外已經在口述資料的收藏方面取得了豐碩成果，建有專門的圖書館做得非常好。國內近幾年也開始重視此事。中華女子學院建成的中國女性圖書館目前正在進行婦女口述歷史資料的蒐集和整理，注重蒐集、保留、傳承和

---

[34] 被訪者：侯杰，採訪人：梁淑榮，時間：2017年9月20日天津上午10點30分，地點：天津白堤路交通銀行大堂。

展示中國婦女研究成果，重視積累和文化傳承，促進研究交流，宣傳中國男女平等基本國策，推動社會性別主流化，為國內外研究者提供豐富的中國婦女研究的口述、文獻資料及高品質的資訊服務。這樣才能使我們走出為歷史而歷史的怪圈，把歷史還給創造歷史的人們，讓歷史成為人們的共同財富，昭告現在，照亮未來。

四、小結

做口述歷史調查與研究，一定要尊重和發現口述歷史在中國文化傳統中的價值，不能單向只講國外的傳入。他山之石，可以攻玉，中國的文化傳統也不能輕易放棄。

口述歷史可以使我們走近歷史事件的親歷者，傾聽、記錄她們口中的歷史，與其他歷史文獻、實物等進行比對，印證、豐富、補充歷史。鑑於口述史料的產生是受具體的時空條件制約的，因此，不能只看到滿鐵調查的內容豐富，就忘卻了這些口述史料是在日本軍國主義發動侵略戰爭的時代背景下產生的大問題，面對強敵的刺刀和鐵蹄，口述者的心態如何，又都是哪些人自願或被動口述，口述史料的真實性又如何。這一切都值得深思。包括歷次政治運動中形成的口述、筆述兼而有之的文史資料，也存在語境的問題，不能不高度重視。

書寫好解析婦女口述歷史，要在突出主題、設置議題、解決問題上下功夫。由此而拓寬歷史研究者的視野，提升歷史研究者的水準。口述歷史的功效和價值體現在讓歷史更接近真實，因此也需要借鑑其他學科的口述訪談成果。目前，從事口述訪談的學者來自社會學、歷史學、新聞學等等，十分熱絡。據說最近有學者在做新聞學方面的口述調查，專門請了一些社長、主編口述，偏偏新聞一線的記者、編輯缺席。眾所周知，記者才是新聞第一線、最有發言權的新聞人。昨天的新聞就是今天的歷史。這就引發我們的思考。口述訪談社長、主編旨在求得他們所參與、認識、暸解的新聞事件，及其背後的故事，但不能代替親自採訪新聞的記者對新聞事件的認識和理解。是不是學者們的學術思想出現了某些偏差？口述歷史的最大價值是要訪問處於失語、失聲狀態的普通女人，關注這些人的辛酸苦辣、喜怒哀樂，替她們記錄，為她們發聲。當然名人、精英的口述歷史也可以做，但一定是正史裡看不到的，野史裡面也沒有的，一般人不能做的、沒有講的，我們做了，才能

極大地彰顯口述歷史的意義和價值[35]。

　　美國加利福尼亞大學聖克魯斯分校文化研究中心主任、歷史系教授賀蕭（Gail B. Hershatter），長期以來關注中國農村中的女性。她認為官方的話語簡單而乏味，涵蓋不了處於邊緣社會中的農村婦女的生活。因此用了十年的時間（1996-2006）和中國學者高小賢深入中國陝西農村，訪談了七十二位老年婦女，聆聽她們講述自己田野勞作、家庭勞動、育兒和婚姻等涉及到各個方面的生活史，於2017年4月集結出版口述歷史專著《記憶的性別：農村婦女和中國集體化歷史》[36]。通過這些記錄下來的歷史事實、曾經無法發聲的人們的記憶，展示了黨和國家的政策如何既帶有地方性，又具有個人色彩，以及這些政策如何影響了農村婦女生活，如農事、家務、政治行為、婚姻、分娩、育兒，甚至是她們的德性觀；發現在這些帶有明顯社會性別指向的領域中，婦女的記憶經歷不同於男人的記憶經歷。

　　實事求是地說，中國口述歷史調查研究已經取得了一定的成績，但需要走的道路還很長，任重而道遠！希望在分享成果、總結經驗、發現問題的同時，提高認識，達成共識，自覺地把婦女口述歷史做得更好。

---

[35]　被訪者：侯杰，採訪人：梁淑榮，時間：2017年9月28日中午12點50分，地點：天津612公車。

[36]　賀蕭：《記憶的性別：農村婦女和中國集體化歷史》，張贇譯（北京：人民出版社，2017年）。

第五章　中國大陸義務教育歷史教科書多樣化實踐分析

陝西師範大學歷史文化學院

徐賜成

　　中國大陸[1]的中學歷史教科書基本上是國定制下的單一版本制度[2]，特別是義務教育[3]歷史教科書更是如此。但期間的「多版本」實驗也進行了相當長的時間，範圍、規模和影響都比較大，對大陸本義務教育歷史教科書多樣化改革實驗的情況做些分析，是非常有意義的一項研究工作。

一、新中國中學歷史教科書統一版本制的形成

　　自1949年建國直至1980年代中期，中國大陸地區基礎教育教材以「一綱一本、編審合一、高度統一」的教材制度為主要特徵，由政府統一組織專家編寫教材。陸費逵說：「立國的根本在於教育，教育的根本在於教科書。」[4]新中國成立後，社會性質和國家意識形態發生了巨變，對教育事業的影響巨大。1949年9月21日召開的中國人民政治協商會議第一屆全體會議通過《中國人民政治協商會議共同綱領》，確定了新中國的教育性質、任務，成為中學歷史教科書的指導思想。同年10月，時任中共中央宣傳部長陸定一在全國新華書店第一屆出版工作會議上指出，「教科書要由國家辦」，明確教科書實行「國定制」，理由是它對國計民生的影響特別巨大，「非國營不可」[5]。

1　這裡的「中國大陸」指的是除中國香港、中國澳門和中國臺灣之外的中國大陸地區。
2　就是由國家統一組織編寫、出版和發行，並由政府指定使用某一種歷史教科書的制度。
3　中國大陸的義務教育指的是小學六年和初級中學三年共九年的教育階段，這裡的「義務教育歷史教科書」實際指的是「初級中學三年」中使用的歷史教科書。
4　宋元放：《中國出版史料・近代部分》（武漢：湖北教育出版社，2004年），第159頁。
5　中央教育科學研究所：《中華人民共和國教育大事記》（北京：教育科學出版社，1984年），第5頁。

具體措施包括：統一課程標準和教學計畫，統一中小學教學用書，統一編審出版機構。為了實現這一目標，教育部和出版總署根據當時的實際情況，採取了分兩步走的辦法：首先，在統一編輯的教科書尚未編成之前，先擬定中小學教科用書目錄，規定各地必須統一採用目錄中所列各書。1950年7月，教育部印發了規範各科教學依據和要求的《小學各科課程暫行標準（草案）》。8月，頒發了《中學暫行教學計畫（草案）》。其次，出版總署在1950年9月的全國出版會議上明確提出「教科書全國統一供應」，成立國家統一編輯出版教科書的專門機構人民教育出版社，由其組織力量，編寫各科教科書，新教科書編成後，一律使用新編教科書。這些舉措改變了民國時期教科書出版各自為政的狀況，為教科書逐步走向全國統一出版奠定了基礎。

　　在人民教育出版社歷史編輯室的努力下，特別是經過1954至1957年，陸續編寫完成了初一到高三在全國範圍內推廣使用的新歷史教科書，「統一中小學教學用書」的目標得以實現，此後雖不斷有調整和修訂，但義務教育歷史教科書的內容設置和結構大體遵循這一設計。這套歷史教科書的具體情況如下：

學段	教科書名稱	冊數	出版時間	作者
小學	高級小學課本歷史	4	1955-1956	馬精武、李賡序、王芝九
初中	初級中學課本中國歷史	4	1955-1956	邱漢生、蘇壽桐、陳樂素、汪錢等
初中	初級中學課本世界歷史	2	1955-1956	李賡序、王芝九
高中	高級中學課本中國歷史	2	1956	邱漢生、陳樂素、王芝九、王永興等
高中	高級中學課本中國歷史	2	1957	蘇壽桐、王仁忱、沈鏡如、劉惠吾等
高中	高級中學課本世界歷史	2	1955	李純武、楊生茂
高中	高級中學課本世界近代現代史	2	1956	李純武、楊生茂

　　這套歷史教科書受到廣大師生和專家的好評[6]。一是它以馬克思主義理論為指導，初步形成了馬克思主義唯物史觀；二是內容上豐富生動，除去政治史、經濟史外，還「重文化史」；三是在重大歷史問題方面概括了史學界的最新研究成果[7]；四是民族關係問題上，「注意各民族對祖國歷史的貢

---

[6]　具體文章可參見陳垣：〈新的中小學歷史教科書〉，《歷史教學》，1956年7月號；張守常：〈使初中學生掌握中國近代史知識的好課本——介紹初中課本「中國歷史」第三冊〉，《歷史教學》，1956年7月號；齊思和：〈介紹初級中學課本「世界歷史」上冊〉，《歷史教學》，1956年7月號；張方悅：〈對初中課本世界歷史上冊優點的一些體會〉，《歷史教學》，1956年8月號。

[7]　侯外廬：〈介紹高級中學中國歷史教科書〉，《歷史教學》，1956年7月號。

獻」；五是在處理中外歷史關聯問題上，「世界史注意與中國史的聯繫」；六是教科書輔助系統上，「配有精美的插圖和地圖」[8]。

　　這是新中國後第一套完全自主編寫的層次稍高的比較系統、比較完整的歷史教科書，在教科書發展史上具有重要意義。第一，在「許多原則問題上體現了我們的認識」[9]，所總結出來的歷史教科書編寫原則、思想、方法、體例等具有開創之功，對後來教科書的編寫工作具有指導意義；第二，從1953至1957年這五年，「是建國以來中小學歷史教材奠定基礎的時期，在歷史教材建設史上具有重要的地位」[10]；第三，編寫者通過此次教科書的編寫，提高了編寫水準，成為新中國歷史教科書編寫和研究的開拓者和奠基人[11]。

　　自1950至1988年，在原國家教委的領導下，人民教育出版社根據教育部發布的課程（教學）計畫，先後主持或參與主持編訂中小學各學科教學大綱，編寫與出版了七套面向全國中小學的各學科教材。人民教育出版社在這段時期吸引了一大批關心基礎教育的教育專家積極投身於教材建設，為基礎教育教材建設做出了巨大的貢獻。

二、義務教育歷史教科書多樣化發展歷程

　　隨著形勢發展，人們逐漸認識到全國統一使用一套統編教科書與我國人口眾多、各地經濟發展不平衡的國情極不相符。另一方面，如果教材編寫統得過死，教材品種、編寫風格就難以創新，再加上編審不分，教科書品質也難以提高。因此，1985年教育部頒布了《全國中小學教材審定委員會工作條例（試行）》指出：今後中小學教材的建設，把編寫和審查分開，人民教育出版社負責編寫，各省市教育部門、學校、教師和專家可以編寫；全國中小學教材審定委員會負責審定，審定後的教材由教育部推薦，供各地選用。因此，有必要編寫不同類型的教材供不同地區和學校使用，有必要把競爭機制引入教材建設，通過競爭來促進教材事業繁榮和教材品質提高[12]。基於以上

---

[8] 李偉科、李卿：〈中小學歷史教科書六十年建設之路〉，《中華讀書報》，2010年11月10日，第8版。

[9] 李純武：《歷史文稿選存》（北京：人民教育出版社，1997年）。

[10] 蘇壽桐：〈中學歷史教科書三十年〉，《課程教材教法》，1981年第1期。

[11] 李偉科、李卿：〈中小學歷史教科書六十年建設之路〉，《中華讀書報》，2010年11月10日，第8版。

[12] 李虹霞：《中小學教科書審定制度研究》（長沙：湖南師範大學碩士學位論文，2008年）。

教材改革思路，1980年代後期，中國大陸地區中小學逐步開展了以課程與教材多樣化為特徵的課程教材改革，宣導在基本要求統一的前提下初步實行教材多樣化，在國家宏觀指導和政府統一規劃下，不同地區通過研究專案形式編寫和使用不同的教材，初步實現基礎教育階段教材從「國定制」向「審定制」的轉變。

　　1986年9月，在全國中小學教材審查委員會成立大會上，國家教委明確提出了我國中小學教材建設的基本方針，即在統一教學基本要求的前提下，有領導、有計畫地實行教材多樣化，鼓勵各個地方、高等院校、科研單位，有條件的專家、學者、教師個人編寫教材。1988年，國家教委制定的《九年制義務教育教材編寫規劃方案》提出編寫適應不同發展程度地區需要的教科書。此後，由地區教育部門、出版單位、社會團體組織編寫的各種中小學教材也開始出現。這些教材多以單科形式編寫，品種和數量增長較快。在國家教委的統籌規劃下，人民教育出版社編寫面向全國的「六三」和「五四」兩個學制的教材各一套，北京師範大學編寫一套「五四」學制的教材，廣東省編寫面向沿海地區的一套教材，四川省則編寫一套面向內地和西部地區的教材。八家師範院校聯合編寫一套要求較高的「六三」制教材。河北省編寫一套農村小學複式班的教材，這套教材因為沒有初中部分，因此被稱為「半套」。此外，受國家教委委託，上海編寫面向發達城市地區的「六三」制教材；浙江省編寫面向發達農村地區的「六三」制教材。由此，產生了「八套半」義務教育教科書[13]。

　　進入九十年代後，隨著課程改革的進一步深入，為了適應我國經濟發展與社會改革的需要，更好地推動教育改革與課程改革，國家教育部制定了課程的三級管理制度，進一步放權，允許各地根據實際情況，制定地方課程，編寫地方教材；有條件的地區，可制定教育大綱和課程標準，編寫和使用教材。1993年2月在中央印發的《中國教育改革和發展綱要》中提出「中小學教材要在統一基本要求的前提下實行多樣化」，國家教委繼續推行教科書多樣化，1996年又頒發了同義務教育課程計畫相銜接的《全日制普通高中課程計畫（試驗稿）》，明確提出「普通高中課程由中央、地方、學校三級管理」，並規定了各級的管理許可權，從而確立了「一綱多本」的課程改革方略，開啟了「一綱多本」的教材審定時代。這個時期，中國大陸地區實現

---

[13] 方成智：〈新中國教科書多樣化的開端——「八套半」義務教育教科書研究〉，《學術探索》，2012年第1期。

了從「一綱一本」向「一綱多本」，甚至「多綱多本」的轉變，真正實現了「國定制」向「審定制」的轉變，實現了「國家制定課程標準，社會研究團體編寫教材，國家審定教材，公布教材選用目錄供各地選用」的良性格局。本輪課程改革的重要成就是改變了基礎教育教材的研究與編寫的投入由社會（企業）解決，改變了政府單一投入的局面，形成了多家出版社參與的競爭態勢，吸引了大批基礎教育研究者加入教材編寫的隊伍，有效地促進了教材編寫品質的提升，教材多樣化建設的進程大大推進，我國的教材建設出現了空前繁榮的局面。據統計，1987年這類教材僅有十幾種，百餘冊，編寫單位只有若干個；到1997年這類教材已增至七十多種，二千餘冊，編寫單位也增至數十個。

　　在此時期，義務教育歷史教科書除去人教版外，還有北師大版、上海版、沿海版、內地版等五套適合不同地區使用的義務教育階段歷史教科書，經過實驗、修訂開始使用，初步實現了「一綱多本」和「多綱多本」的局面[14]。

　　北師大版義務教育歷史教科書是在1983年國家教委委託北京師範大學編寫並實驗的「五四」制學制教科書的基礎上，根據九年制義務教育「五四」學制教學計畫和歷史教學大綱編寫的，共六冊，有《四年制初級中學試驗課本中國歷史（試用本）》四冊和《世界歷史（試用本）》兩冊。由於教科書實驗取得了較好的效果，1987年，國家教委又將本套教科書改為《九年制義務教育四年制初級中學實驗課本中國歷史》四冊和《世界歷史》上下兩冊，作為全國規劃教材之一，在全國的一些地區進行實驗。這套教科書又改由六家出版社聯合出版，其中歷史由山東的青島出版社出版。具體如下：

學段	出版社	教科書名稱	冊數	主編	出版時間	備註
初中	北京師範大學出版社	九年義務教育四年制初級中學試驗課本中國歷史	4	孫恭恂	1989-1992年	《中國歷史》（試用本）第一、二冊，由北京師範大學出版社分別於1989年1、6月出第1版。第三、四冊試驗本，由青島出版社分。別於1990年4、10月出第1版。《世界歷史》上下冊試驗本，由青島出版社分別於1992年5、10月出第1版
初中		九年義務教育四年制初級中學試驗課本世界歷史	2		1992-1994年	

---

[14] 浙江省教研室編寫的初中《社會》教材，其中雖包括歷史部分，但已屬於社會教材，這裡就不再介紹。

　　有文章說，這套教材不僅能較好地實現大綱規定的教學目的和要求，而且更多地注意增強基礎知識，拓寬知識面，加強觀察能力和動手能力，聯繫生產、生活和社會實踐，突出實用性[15]。

　　四川省教委和西南師大聯合編寫的義務教育三年制初中試驗歷史課本，是遵照九年制義務教育教材編寫計畫和義務教育全日制小學、初中「六三」制教學計畫（試行草案）與歷史教學大綱（初審稿），結合內地經濟文化水準編寫的「六三」制義務教育試用教材。這套教材共六冊主要供內地廣大農村和城鎮中學使用。情況如下：

學段	出版社	教科書名稱	冊數	主編	出版時間
初中	西南師範大學出版社	九年義務教育三年制初中試驗課本中國歷史	4	楊光彥、馮一下、龔奇柱、張聖知等	1989-1991年
初中		九年義務教育三年制初中試驗課本世界歷史	2		

　　這套教材立足內地農村，著眼提高素質，面向全體學生，重視思想政治教育，注重基礎知識的學習和能力的培養[16]，注意與生產、生活、社會實際的聯繫，融思想性、科學性、適應性、啟發性和趣味性為一體，在體系的建立、內容的選擇、文字的表述和習題的設計等方面，力求體現改革的精神。

　　為了適應沿海地區普及九年義務教育的需要，國家教育委員會規劃出版九年義務教育實驗教材（沿海版）。廣東省教育廳、福建省教委、海南省教育廳、華南師範大學聯合組成九年義務教育教材（沿海地區）編寫委員會，依據義教歷史教學大綱（初審稿）編寫這套教材。情況如下：

學段	出版社	教科書名稱	冊數	主編	出版時間
初中	廣東教育出版社	九年義務教育三年制初中試驗課本中國歷史	4	陳周棠、沈茂駿、吳群忠、黃華釗等	1990-1992年
初中		九年義務教育三年制初中試驗課本世界歷史	2		1990-1994年

　　這套教材注意適當聯繫我國改革開放先行的沿海地區的實際，著眼於提高學生素質，重視加強政治思想和道德品質教育，著力於基礎知識教學和

---

[15] 課程教材研究所：《新中國中小學教材建設史（歷史卷）》（北京：人民教育出版社，2010年）。
[16] 同上註。

能力培養，在體系建立、內容選擇、文字表達、聯繫安排以及裝幀設計等方面，頗具特色。針對本地區的特點，教學內容也更多地增加了華僑的歷史活動情況等知識。[17]

依據《中共中央關於教育體制改革的決定》和國家教委推行教材多樣化要求，上海中小學課程教材改革委員會制定了《九年制義務教育歷史學科課程標準》（草案），上海教育學院組織編寫《九年制義務教育課本歷史》教科書。這套課本共六冊，前四冊為中國歷史，後兩冊為世界歷史，供上海市中學使用，情況如下：

學段	出版社	教科書名稱	冊數	主編	出版時間
初中	上海版	九年制義務教育課本歷史	6	沈起煒、林丙義、陳棟等	1991-1993年

這套教材「以社會的需求、學科的體系和學生的發展為基點，以全面提高學生素質為核心」，既注意義務教育的基礎性與歷史知識的系統性，又注意社會主義精神文明建設的需要與學生心理發展水準的可接受性，教材的結構體系有新的變化，教學內容設置富有層次性，重視社會生活史，增加了這方面的內容[18]。

進入21世紀，政治、經濟、文化、科技等方面日新月異的變化以及以人為本思想的深入人心對教育提出了新要求，促使各國紛紛根據本國的實際情況對教育進行了調整和改革。為了培養具有創新能力、富有國際競爭力的適應新時代發展的新型人才，各國在重視科學教育的同時，更加重視人文教育，尤其是歷史學科的教育。由於教科書多樣化的改革趨勢和素質教育的提出，人民教育出版社出版的「一綱一本」已經難以滿足教育的需求，所以國家決定放開教科書的出版市場，引入競爭主體，由單一的人教社增加為教育部門、專業出版社、地方出版單位、大學研究機構等多主體共同參與的格局。

2001年，教育部頒發了《基礎教育課程改革綱要》，開啟了新世紀基礎教育課程的改革，提出了體現時代要求的培養目標。根據此精神，同年頒布了《全日制義務教育歷史課程標準（實驗稿）》（以下簡稱「《標準》」）取代了以往的教學大綱。《標準》把內容分為六個學習板塊，在兼顧歷史發

---

[17] 同上註。
[18] 同上註。

展時序性的基礎上採用主題呈現方式。教科書編寫要依據《標準》：「要區別各年級之間的能力層次；從內容到形式都應適合學生的心理特徵和認知水準；內容應體現時代階段性和現實適應性，有利於學生素質的全面發展，滿足學生未來發展和終身學習的需要能夠促進學生素質的全面發；在實現課程目標的前提下……可以對內容標準中的知識內容進行重構，編寫不同體例的教科書。」[19]據此，人教社、北師大出版社和華東師大出版社分別編寫了一套新的歷史實驗教科書，並在全國試驗推廣。其他地方出版社也紛紛編寫各種版本的歷史教科書，歷史教科書編寫呈現百花齊放的局面。通過立項核准，審批通過的初中歷史教科書主要有李偉科、陳其主編的人教版，龔奇柱主編的川教版，朱漢國主編的北師大版，王思德主編的華師大版，劉宗緒主編的嶽麓版，白月橋主編的中國地圖版，宋一夫等主編的中華書局版和秦進才主編的河北人民版共八個版本。隨著新一輪課程改革的進行，中學歷史新課標教科書的出版發行也呈現出激烈的競爭態勢，多家出版社紛紛出版多種版本的歷史教科書。出版初中歷史教科書的有人民教育出版社、四川教育出版社、北京師範大學出版社、華東師範大學出版社、嶽麓書社、中國地圖出版社、中華書局出版社、河北人民出版社。[20]。

上海作為中國教育改革的前沿，是具有獨立制定課程標準和課程方案以及實施獨立教育考核的特殊實驗區。1998年，《上海市中小學第二期課程教材改革工程》出臺。2001年，《上海市普通中小學課程方案》及各學科課程標準相繼制定，二期課改正式開始。根據上海市中小學（幼稚園）課程教材改革委員會制定的課程方案和《上海市中學歷史課程標準（徵求意見稿）》編寫了一套初中歷史教科書，包括初一的中國史、初二的世界史和上海鄉土史。主編為上海師範大學歷史系蘇智良教授，該套教材一直沿用至2016年。

三、「多樣化實驗」的思考和討論

從1980年代開始醞釀和逐步實施的中學歷史教科書多樣化的探索，持續了已經三十餘年，這對中國大陸中學歷史教科書發展來講，具有重要的研究價值和實踐意義。實行教科書多樣化是為了提高教科書的地區適應性和內在

[19] 中華人民共和國教育部：《全日制義務教育歷史課程標準（實驗稿）》（北京：北京師範大學出版社，2001年），第33-34頁。

[20] 何一帆：《新中國中學歷史教科書編製研究》（重慶：西南大學碩士學位論文，2016年）。

品質，加強教科書編製的靈活性和特色化建設，改變教科書的多本化、同質化傾向。1980年代放開教科書編製許可權以來，教科書就出現了多種版本競爭的態勢，尤其是21世紀以來新一輪課程改革後，初中歷史教科書出現了八個版本，高中歷史教科書出現了四個版本。各個版本可以說各具特色，都有所創新。

（一）歷史教科書編寫隊伍得到鍛鍊和整合

八個版本的初中歷史教科書中，只有人教版有專業的研究機構與研究隊伍。人民教育出版社於1983年成立課程教材研究所，至今，課程教材研究所已設置課程與評價研究中心、教材研究開發中心等三十三個研發中心。

教科書編者來源與構成更加多元。初中歷史教科書的編者一般由主編一至三人，副主編一至三人，分冊編寫人員五至十人，美術編輯、地圖編製等構成。主編和副主編一般為大學教授並擔任一定的行政職務，分冊編寫人員來源廣泛，包括大學教職人員、學科教研員、特級高級教師等。美術編輯和地圖編製一般由具有相關資質的人員或單位承擔。大學的學科專家（包括一些著名史學家）參與歷史教科書的編寫是我們的傳統，不過，像新課程教材如此多、如此深入的參與，還是首次。這就較大程度地提高了教科書的學術要求，也為教科書編寫隊伍的立體化創造了條件。

編者的職稱與學歷更高。由於每冊教科書的編寫人員有十至二十人不等，其中主編在學術水準和史學素養方面為教科書編寫提供了保障。嶽麓版教材主編劉宗緒教授現已過世，曾任北京師範大學教授、國家教委（教育部）考試中心研究員等。現由北京大學的趙世瑜任主編。人教版主編王宏志為人教社編審，曾任中國歷史教學研究會理事長，教育部中小學教材審查委員會委員等，是資深的歷史教科書主編。北師大版主編朱漢國任北京師範大學教授，兼任教育部基礎教育課程教材專家工作委員會委員，且是《歷史課程標準》研製組負責人。華東師大版主編王斯德為華東師大歷史學教授，《歷史課程標準》研製組負責人之一。川教版主編龔奇柱兼任西南大學教授，重慶市教育科學研究院研究員，特級教師。河北人民出版社版主編秦進才是河北師範大學歷史學教授、博士。地圖出版社版主編白月橋為中央教育科學研究所研究員，著名歷史教學專家。中華書局版主編宋一夫為哲學博士，曾任中華書局總經理；龔書鐸曾任北京師範大學教授；陳之驊為中國社

會科學院世界歷史研究所研究員。綜合來看，主編有四類：老一代史學工作者，以有名望具多，如劉宗緒、龔書鐸等；中青年學者皆有博士學位，而且當時擔任行政職務；曾擔任主編者，如龔奇柱；本身即是歷史教學、教科書研究者，如白月橋。

教材編寫者的專業背景也是多元的。初中歷史教科書的主編有的具有歷史學背景（王斯德、秦進才），有的具有歷史教材研究背景，致力於中學歷史教育研究（白月橋、王宏志），有的既有史學背景也有曾涉及歷史教科書或組織編寫《課程標準》的，可暫列為雙重背景（朱漢國、劉宗緒）。八個版本共十名主編的專業背景分布如下：

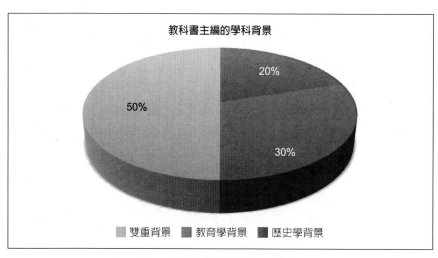

圖1　教科書主編的學科背景

（二）義務教育歷史教科書內容品質有明顯提高

一方面，初中各版本教科書嚴格按照「課標」規定知識內容，不缺不漏；有的版本略有增加，也並未過多增加學生的負擔。這就在規範的基礎上，體現了內容的多樣性和適應性，為歷史教育品質提供了基本保證。

另一方面，教科書內容與社會現實的聯繫更加緊密，歷史教育的要求體現得更加突出。課程標準要求教科書的內容注意時代性，貼近學生實際、貼近生活，強調學生經驗、學科知識和社會發展三方面內容的整合。歷史教科書與現實的直接聯繫主要體現在導言、輔助欄目、課後的練習與思考和活

動課中，多數版本的聯繫比較恰當。其中人教版、北師大版、華師大版的聯繫更為密切、自然，既能體現新「課標」的要求，又能做到古今融合，不露痕跡。

　　綜合起來看，人教版的表現尤為突出，聯繫欄目多，聯繫內容廣泛，聯繫的角度多樣，聯繫的方法自然。包括：重視史學研究的新觀點；關注情感、態度、價值觀的培養；貼近學生的生活實際和興趣點；關注古代文明成果或者傳統文化在今天的影響，重視傳統文化的傳承；重視民族關係，關注民族團結。以七年級上為例，二十五課中約有十五課十九處聯繫明顯，總量很大。與現實的直接聯繫主要體現在導言、輔助欄目「動腦筋」、課後的「活動與探究」、「自由閱讀卡」和活動課中，其中，「活動與探究」的具體內容與現實聯繫較多，「自由閱讀卡」的聯繫主要體現在敘述內容與角度的選取上。有些版本聯繫現實在某些欄目表現得比較集中，如北師大版的聯繫主要體現在「活動建議」，嶽麓版主要在「自己動手」，中圖版側重「讀史明理」，中華書局版重視「歷史小常識」，四川版主要在「學習活動」，河北版集中在課文中的「想一想」「說一說」等課內思考題。

（三）比較注重教科書對學生學習歷史的示範和引導

　　從實際內容看，各版本教科書的體例有共性也有個性，但各版本內部的六冊教科書在體例上無一例外地保持了高度的一致，這就有助於學生在歷史學習中形成良好的學習習慣和方法指引。從圖片內容上看，各版本所選圖片都比較典型，內容比較鮮明，與文字敘述相吻合，沒發現錯用現象。從歷史地圖看，各版本的地圖資訊基本準確、清晰，尤其是中國地圖出版社的地圖印製非常清晰，例如九年級下冊中大部分課都配有大幅地圖，數量較多，畫面非常清晰。各版本中很多圖表和表格都有助於學生讀懂資訊，其中人教版圖表數量較多、類型多樣，尤其是專門有針對示意圖的繪製方法，圖表用於解決教學中的難點。此外，各版本均有較為豐富的文字和圖片資料，並提供大量的學習材料，對於學生學習的自主延伸有一定幫助[21]。

　　歷史教科書的多樣化問題與提高歷史教育的適應性，進而對提高歷史教育品質具有重要意義。近三十年來，從政策設計、教科書編發，直至歷史教

---

[21]　本文部分內容採用和借鑑了2011年首都教育發展協同創新中心項目「中學歷史教材現狀與發展研究」課題成果。該項目主持人：趙亞夫，協同主持人：張漢林、趙文龍。

科書多樣化的實踐，積累了一定經驗，對整體上改進和提升歷史教科書品質具有重要意義。中國是個發展中的大國，大陸範圍內經濟發展不平衡，港澳臺面臨具體的任務和挑戰，世界教育改革也在不斷深化發展，對我國的教育帶來巨大挑戰，教科書的編寫和使用問題是其中的首要問題，教科書的多樣化作為教科書研究和改革的關鍵問題之一，需要繼續做深入研究。

第六章　從「敘事性」因素中尋求歷史課教學立意

北京師範大學歷史學院
李凱

　　關於歷史課教學立意，聶幼犁先生精當地指出：過去有「一堂課一個中心」或「一條主線」之說，現在也有「一個靈魂」或「一條脈絡」的說法，這都是從教學內容之間的邏輯關係或靈性上來比喻，實質是強調學生在課堂上應獲得不僅能貫通該課，而且能貫通此前和以後學習的核心概念[1]。教學立意大象無形，不僅是一節課結構系統化的保證，更是歷史老師知識結構、教學功力與人生境界的折射。

　　探索一節課的教學立意並不容易，有的老師概括成「唯有道者得之」；但我們可以另闢蹊徑。2017年版《普通高中歷史課程標準》概括時空觀念為「在特定的時間聯繫和空間聯繫中對事物進行觀察、分析的意識和思維方式」，指出：「任何歷史事物都是在特定的、具體的時間和空間條件下發生的，只有在特定的時空框架當中，才可能對史事有準確的理解。」[2]西方歷史哲學家也強調，任何歷史都存在「敘事性」因素，即所有歷史現象都在特定的時空中發生，存在如同故事一般的來龍去脈，相互影響；20世紀西方史學中「即便對於那些反對敘事的高度社會化的歷史學家而言，以及對於以研究長時段內社會經濟結構的變化為主題的歷史著作而言，其歷史文本在很大程度上也可被視作歷史敘事」[3]，這樣的意見與時空觀念合拍。本文以最近看到的若干課例為基礎[4]，分成若干類型，探尋如何把握歷史現象背

---

[1]　聶幼犁：〈中學歷史課堂教學育人價值的理解與評價——立意、目標、邏輯、方法和策略〉，《歷史教學》，2011年第13期。

[2]　中華人民共和國教育部制定：《普通高中歷史課程標準》（北京：人民教育出版社，2018年），第5頁。

[3]　彭剛：《敘事的轉向：當代西方史學理論的考察》（第二版）（北京：北京大學出版社，2017年），第46頁。

[4]　由於2017年版《普通高中歷史課程標準》統編教材尚未推廣，這裡只以部編本初中教科書為例。這幾個課例分別來源於北京市豐臺區首都師範大學附屬麗澤中學劉冰老師、北京市房山區良鄉第

後的「敘事性」因素從而落實教學立意的方法，希望能對一線教學帶來一些幫助。

一、挖掘歷史現象間的演進關係

教科書中，許多課表面上子目之間欠缺時序聯繫，然而子目中蘊含時序明確的歷史現象，老師可以利用這些歷史現象的時序建立教學立意[5]。比如部編本教科書七上〈漢武帝鞏固大一統王朝〉，四個子目分別是「『推恩令』的實施」、「罷黜百家，獨尊儒術」、「鹽鐵專賣」、「北擊匈奴」，四者並非以時序聯繫展開。但仔細考察，這一課名為〈漢武帝鞏固大一統王朝〉，實際每一個子目都經歷了一定的發展過程：從「郡國並行制」到「推恩令」，從「黃老無為」到「罷黜百家，獨尊儒術」，從「鹽鐵私營」到「鹽鐵官營」，從「和親」到「擊匈奴」，流露出漢興六七十年間的歷史變化。這四者中，從「郡國並行制」到「推恩令」的信息量比其他三者更大。這樣老師以從「郡國並行制」到「推恩令」的制度沿革為基本線索，把教學立意建立在西漢國家結構上，而其他歷史現象成為服務於這一教學立意的材料。老師大體思路如下（與教學立意無關的細節知識從略，加點語句是與教學立意相關的重點內容，下同）：

老師導入：「去年暑假，咱們參觀了漢武帝的茂陵。漢武帝通過一系列的措施，使得西漢的中央集權得到空前鞏固。而制度的建設，並非一朝一夕，今天我們就通過西漢中央集權的發展線索來瞭解漢武帝鞏固大一統王朝的歷史畫面。」進而展開具體內容：

一　漢高祖的郡國並行制。老師請學生觀察漢初郡國並行制的示意圖，提出問題：「秦代郡縣制與漢初郡國並行制存在怎樣的區別與聯繫？」

二中學魯嬌老師、北京市豐臺區首都師範大學附屬雲崗中學張華老師。

[5]　《新課標》提出：「進一步精選了學科內容，重視以學科大概念為核心，使課程內容結構化，以主題為引領，使課程內容情境化，促進學科核心素養的落實。」中華人民共和國教育部制定：《普通高中歷史課程標準》（北京：人民教育出版社，2018年），第2頁。「大概念」意味著老師應以比較宏觀的角度審視歷史發展；而我們這裡說的歷史現象，可以是教科書的某一個子目，也可以是子目之中的某個內容，具備完整性和一定的信息量，並不是歷史碎片。這與「大概念」相當程度上是合拍的。

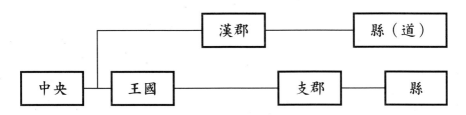

圖2　郡國並行制示意圖

（出自周振鶴《體國經野之道：中國行政區劃沿革》，上海書店出版社，2009年）

老師引導學生回答，漢初中央政府推行郡縣制的同時，還分封了同姓諸侯國，它們也管轄郡縣。老師給出材料並設問：「劉邦承秦制的同時為什麼還要分封，而不是把秦的郡縣制直接貫徹下去？」

> 在東西文化尚未充分融合、戰國時代的文化布局仍然存在的情況下，劉邦建立漢家帝業方面必須「承秦」，包括承秦之制，另一方面又必須尊重東方社會之習俗，特別是楚、齊、趙人之俗。這是歷史對劉邦的苛刻要求，也是漢初實行郡國並行制的深層背景。
> ——陳蘇鎮：《漢代政治與《春秋》學》，第一章〈西漢再建帝業的道路
> ——儒術興起的歷史背景〉（中國廣播電視出版社，2001年）

老師解釋，秦以郡縣治東方六國，用秦法移風易俗，但秦人簡單粗暴、操之過急，結果短命而亡。秦末戰爭中楚人、齊人、趙人成為反凡秦的重要勢力，其中包含著秦與東方文化的差異與衝突。而在劉邦建漢的過程中，楚、齊、趙等地舊貴族的離心力也很明顯。劉邦有鑑於此，試圖在政治制度中調和文化差異的矛盾推行郡國並行制，這就帶有歷史必然性。老師給出材料並設問：「這體現了怎樣的治國思想？」

> 能與劉邦、蕭何所創立的東西異制的政治格局相適應的政治學說，只有黃老道家的清靜無為之術。
> ——陳蘇鎮：《漢代政治與《春秋》學》，第一章〈西漢再建帝業的道路
> ——儒術興起的歷史背景〉（中國廣播電視出版社，2001年）

老師交代，漢初由於社會疲軟，百廢待興，劉邦為代表的最高統治集團

推行無為而治，把順其自然而為的黃老學說當作指導思想，在經濟領域休養生息、發展生產；在政治領域繼承秦制並有所損益。這樣老師就把後面「黃老無為」的內容當作郡國並行制出現的一個重要理據。

　　二　晁錯「削藩策」。漢文帝時，諸侯王勢力畸形發展。老師問：「為什麼會有這樣的情況呢？」劉邦給予了諸侯王們兩大特權，一是「自置吏」，二是「得賦斂」，這就使得王國在行政和財政上有著相對的獨立性。當諸侯王與皇帝血緣疏遠之時，諸侯國自然尾大不掉，這是一方面原因；但更重要的是：

> 吳有豫章郡銅山，濞則招致天下亡命者盜鑄錢，煮海水為鹽，以故無賦，國用富饒。
>
> ──《史記‧吳王濞列傳》

　　鹽鐵經營權和鑄幣權掌握在私人手中，諸侯王能夠操控一方的經濟大權。吳王劉濞勇猛剽悍，且素有野心，他統轄著東南沿海三郡五十三城，在封國內大量鑄錢、煮鹽，國力非常雄厚。北方強大的匈奴擾邊挑釁，漢廷無力抗擊，只能採取「和親」政策息事寧人。這樣「鹽鐵私營」與「和親」的內容充當了諸侯王勢力膨脹的背景知識。

　　漢景帝接受了晁錯削藩的建議，直接奪取王國的郡縣，縮小王國的疆域，這一做法招致了諸侯的不滿，終於引發了前154年的吳楚七國之亂（內容從略）。七國之亂被平息之後，漢景帝趁機削奪各王國的郡縣，但是中央王朝仍舊奉行黃老政策，沒有根本解決王國問題。

　　三　主父偃「推恩令」。漢武帝即位，接受了董仲舒「罷黜百家」的建議，把儒家學說樹立為正統思想，以《五經》為教材，設立《五經》博士與太學，結束了黃老無為的政策，推行大有為之政。這樣，儒家思想成為漢武帝加強中央集權的理論基礎。前127年，他採納了主父偃的建議，採用分封諸侯子弟為侯的「推恩令」（內容從略），再加上酎金奪爵，漢廷從根本上解決了諸侯王的隱患。與此同時，漢武帝派遣衛青霍去病北擊匈奴，取得河套戰役（前127年）、河西戰役（前121年）與漠北戰役（前119年）的勝利（內容從略）。而這樣的政治局面勢必要以經濟實力作為後盾：

> 漢大興兵伐匈奴，山東水旱，貧民流徙，皆仰給縣官，縣官空虛。於

是（張湯）丞（承）上指，請造白金及五銖錢，籠天下鹽鐵，排富商大賈。

——《史記‧酷吏列傳》

　　加強中央權力的同時，漢武帝統一貨幣，推行鹽鐵官營、均輸平准、打擊商人，大大增加了財政收入，成為大有為之政的經濟保障。老師進行總結，西漢中央集權的演進，折射出漢王朝上升時期在政治、經濟、軍事、思想的發展軌跡；政治制度的建設有助於社會的穩定，促進了漢王朝的繁榮。這樣把教學立意設置在漢代國家結構的演進上，帶出一系列問題，突出重點、以小見大，透射出漢代社會百年間的發展歷程。

二、挖掘社會背景間的演進關係

　　另一種情況是，如果一課的若干歷史現象無明確的演進線索，則可以尋求這若干歷史社會背景之間的時空聯繫，用它們帶出歷史現象，尋求教學立意。

　　比如部編本七教科書上〈兩漢的科技和文化〉一課，四個子目分別是「造紙術的發明」、「張仲景和華佗」、「歷史巨著《史記》」、「道教和佛教」，它們之間基本找不到直接的關聯。有老師進行了整合，分為明線、暗線兩條線同時進行：明線是這若干人物與文化成就，暗線是這些歷史現象反映的兩漢興衰史，這樣將文化成就真正放到歷史發展中去理解，突出了社會存在對社會意識的決定作用。老師大體思路如下：

　　老師如此導入：「科技文化是社會發展的折射。兩漢是中國歷史上的大一統王朝，兩漢的盛衰不僅載入史冊，而且對科技文化都產生了深遠的影響。現在，我們以時間發展為線索，共同走進兩漢科技文化的歷史世界。」從而展開具體內容：

　　一　歷史巨著《史記》。老師複習：「大家還記得在西漢初年出現過什麼治世局面嗎？在文景之治後，漢武帝也實行了一系列強而有力的措施，使得當時西漢王朝進入鼎盛時期，漢武帝盛世在政治、經濟、軍事、思想上有怎樣的表現？」進而老師指出司馬遷就生活在這一時期，並介紹司馬遷的履歷以及《史記》的特點（內容從略），出示材料：

> 今漢興，海內一統，明主賢君忠臣死義之士，余為太史而弗論載，廢天下之史文，余甚懼焉，汝其念哉！
>
> 漢興以來，至明天子，獲符瑞，建封禪，改正朔，易服色，……臣下百官力誦聖德，猶不能宣盡其意。且士賢能而不用，有國者之恥；主上明聖而德不布聞，有司之過也。且余嘗掌其官，廢明聖盛德不載，滅功臣、世家、賢大夫之業不述，墮先人所言，罪莫大焉！
>
> ——《史記‧太史公自序》

第一段是司馬談對司馬遷的臨終遺言，表現出未能參加並記載漢武帝封禪大典的遺憾；第二段是司馬遷回答壺遂的話，表達了他對漢武帝盛世的敬仰之情。老師解釋文義，問學生：「司馬遷寫作《史記》的初衷何在？」通過「廢天下之史文，餘甚懼焉」、「臣下百官力誦聖德，猶不能宣盡其意」、「主上明聖而德不布聞，有司之過也」、「廢明聖盛德不載，滅功臣、世家、賢大夫之業不述，墮先人所言，罪莫大焉」的解讀，學生不難發現，固然司馬遷和漢武帝之間存在矛盾，但是謳歌漢家功業，是司馬遷修史的重要動因。基於這一目的，飽讀典籍、遊歷天下，寫出了「上記軒轅，下至於茲」漢王朝紀傳體通史，對後世影響深遠。老師出示材料：

> 司馬遷參酌古今，發凡起例，創為全史，本紀以序帝王，世家以記侯國，十表以繫時事，八書以詳制度，列傳以志人物，然後一代君臣政事賢否得失，總匯於一編之中。自此例一定，歷代作史者，遂不能出其範圍，信史家之極則也。
>
> ——[清]趙翼《廿二史箚記》

老師講述紀傳體以及紀傳體通史的含義。老師設問：「為什麼司馬遷的體例被後代正史沿用，被視為『史家之極則』？」其原因除了司馬遷的體例詳備深邃，「一代君臣政事賢否得失，總匯於一編之中」之外，很重要一點在於《史記》是為漢廷書寫國家史，與《二十四史》其他著作性質吻合。

二　造紙術的發明。老師指出，《漢書‧司馬遷傳》載：「遷既死後，其書稍出」，到漢宣帝時司馬遷的外孫楊惲將《史記》公之於眾，廣為流傳。《後漢書‧王充傳》說，大學者王充「到京師，受業太學」，「家貧無書，常遊洛陽書肆，閱所賣書，一見輒能誦憶，遂博通眾流百家之言」。而

王充的著作《論衡》中就多次引用《史記》，很可能《史記》就出現在「洛陽書肆」中，從中能夠想見東漢書籍市場的盛大。書籍汗牛充棟，以竹簡為載體多有不便，催生了紙張的革新。

　　老師出示甘肅天水放馬灘紙本地圖，證明西漢時期有紙。但由於製作成本高，沒有流行開來。直到東漢，蔡倫改進了造紙術。由於造紙原料的廉價易得，紙張被人們逐漸認可，造紙術也很快被推廣開來（內容從略）。蔡侯紙在當時就受到人們的歡迎：

> （和）帝善其能，自是莫不從用焉，故天下咸稱「蔡侯紙」。
>
> ——《後漢書·蔡倫傳》

　　老師解釋，雖然造紙術到魏晉時期發揚光大，但從以上的記載看，在東漢蔡侯紙就有相當的市場。老師問：「這說明了怎樣的社會現象？」引導學生往學術興盛的角度闡發，蔡侯紙就是東漢文化繁榮的縮影。

　　三　張仲景和華佗。老師過渡，歷史繼續前進，東漢後期由盛轉衰。當時人民不僅飽受戰亂之苦，並且由於瘟疫疾病的流行，人口大量死亡：

> 余宗族素多，向餘二百。建安紀年以來，猶未十稔（年），其死亡者，三分有二，傷寒十居其七。感往昔之淪喪，傷橫夭之莫救，乃勤求古訓，博採眾方，……為《傷寒雜病論》合十六卷，雖未能盡癒諸病，庶可以見病知源。
>
> ——[漢]張仲景《傷寒雜病論·序》

　　老師講解文義後設問：「張仲景立志從醫的動因是什麼？」進而簡要介紹張仲景的醫學成就（內容從略）。老師進行過渡，與張仲景幾乎同時的另一位名醫華佗，還擅長外科手術、發明了麻沸散，並創造出五禽戲（內容從略）。東漢末期動盪的亂世中，中國古代醫學家總結經驗，治病救人，表現出古人的智慧與古代科技的發展水準。

　　四　道教與佛教。東漢後期的亂世使人民飽受災難，這就給宗教提供了土壤。在漢末魏晉，道教與佛教非常流行。道教是中國土生土長的宗教，在漢末五斗米道與太平道受到下層民眾的信奉（內容從略）；佛教誕生於印度，張騫通西域之後經由絲綢之路傳入中國。道教與佛教的流行，反映了漢

末亂世的歷史背景。

最後老師歸納，漢代社會經歷了從「興」到「衰」的轉變，前兩個子目（「歷史巨著《史記》」、「造紙術的發明」）是「興」的縮影，後兩個子目（「張仲景和華佗」、「道教和佛教」）是衰的縮影。只有將社會意識放置在社會存在中，才能深刻地理解其歷史特點。

三、挖掘歷史現象之間的其他聯繫

有的課比較特殊，歷史現象之間無明確的演進線索，並且探尋直接的背景成因也比較困難，或者學生不具備相關學術知識，則尋求歷史現象之間的其他聯繫，在「敘事」過程中把歷史現象串聯起來，落實教學立意。比如部編本教科書七上〈百家爭鳴〉一課，三個子目是「老子」、「孔子和儒家學說」、「百家爭鳴」（孟子、荀子、墨子、韓非子），子目有先後的時序，但學說和學說之間很難說存在更迭演進的關係，新學說完全可以和舊學說共存。而諸子百家整個的背景學生可以理解（鐵器牛耕推廣，宗法制分封制解體，士階層崛起私學出現等），但道家、墨家、儒家思孟學派為何出現，就遠遠超出了學生的知識結構。於是利用子目的時序，試圖抓住學說間的其他聯繫，就成為落實教學立意的關鍵點。老師大體思路如下：

老師出示山東嘉祥武梁祠中「孔子見老子」畫像石。老師講述，春秋時期，孔子來到雒邑問禮於老子。老子指出君子應當順應自然、大智若愚，建議孔子去掉「驕氣」、「多欲」、「態色」、「淫志」；孔子針對老子善意的批評誠懇地接受。這一畫像石的內容傳遞出交流思想的自由學術氛圍。這兩位先哲的對話，拉來了百家爭鳴的序幕。從而展開具體內容：

一 老子。老子是春秋末期的思想家，道家學派的創始人。他曾做過周朝「守藏室之史」，也目睹了周代動盪的時局。淵博的學識與豐富的閱歷，讓他悟出了人生與命運，參透了萬物包含了對立面，也都存在其運行的法則規律「道」（內容從略），因此強調凡是均無須強求，應順應自然——「無為」；做任何事情也需按照規律，只有「無為」才能「無不為」。老師出示材料並設問：「結合老子的觀點以及材料，請你推測老子會給春秋末期的亂世提供怎樣『藥方』？」

小國寡民，……鄰國相望，雞狗之聲相聞，民至老死不相往來。

——《道德經》第八十章

老師解釋文義，引導學生回答，老子要求統治者以「無為」治理天下，回到「鄰國相望，雞犬之聲相聞，民至老死不相往來」的自然狀態。相較於老子的「無為」，孔子救世之方就「有為」得多；他不是要人們回到小國寡民的自然狀態，而是回到制禮作樂的周初社會。

二　孔子與儒家學說。從老子對孔子的批評中，不難發現孔子懷揣著匡扶時局、恢復社會秩序的理想與使命感。孔子是微子之後、魯國貴族，在魯國不得伸展抱負，曾周遊列國十四年，用自己的治國理念遊說諸侯國君，但最終沒有國君採納。那麼孔子到底向所到國的國君講述的是什麼樣的學說呢？（1）仁（內容從略）。仁是一種道德自覺，但並不是人人都能做到自覺，所以外在的行為規範必不可少。（2）禮（內容從略）。孔子講「克己復禮為仁」，要求人們約束自身、遵從行為規範「禮」，周公旦制禮作樂的時代，就是孔子的理想社會。孔子鼓吹恢復西周的制度，結果到處碰壁，晚年回到魯國從事文教事業。（3）開創私學。孔子主張禮樂教誨是約束人心的重要方式，因此孔子創辦私學，有助於教育的平民化（內容從略）。講授完老子與孔子，老師總結：雖然戰國以前私家著作極少，思想爭鳴規模有限，但老子和孔子兩位先哲，開創了各自的學派與學術討論的風氣，為戰國時的百家爭鳴打下基礎。

三　百家爭鳴。戰國時代思想爭鳴劇烈，諸家在老子、孔子學說的基礎上萌發壯大。《論語》記載了孔子及其弟子言行，但沒有提及為什麼這麼做。這一工作留給了戰國中期的的孟子和荀子，他們分別從內在的人性和外在的規範角度詮釋孔子學說。（1）孟子。孟子明確提出性善論，主張統治者推行仁政、提倡民貴君輕；也曾嚴厲批評墨子的學說（內容從略）。（2）荀子。荀子不贊同孟子的思路，荀子主張性惡論，用行為規範「禮」維繫社會秩序。荀子有兩個學生，一個是秦朝時的李斯，另一個就是戰國末期法家的集大成者韓非子。（3）我們通過韓非子來瞭解法家主要的思想主張（內容從略）。韓非是荀子弟子，但他的思想也明顯受到道家「無為」的影響，成語「諱疾忌醫」就出自《韓非子・喻老》，他把道家學說應用到了政治領域，發揮了老子的「無不為」。（4）莊子。和韓非形成鮮明對比，莊子側重點是老子的「無為」，而不是「無不為」（內容從略）。

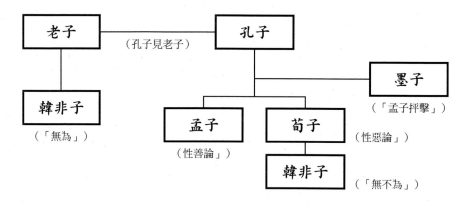

圖3　各家學說重點

　　老師總結，通過以上介紹，思想家形成自家學說同時，學說之間產生了劇烈的碰撞交融。這一過程呈現出文化傳承的脈絡，也使各學派取長補短、沉澱真知。所以說百家爭鳴促進了思想和學術的繁榮，成為中國古代第一次思想文化發展的高峰。

四、從「敘事性」因素中尋求教學立意的優勢

　　學者指出，歷史課的教學立意是一種以史學研究成果為依託的觀點、主張或視角[6]；它需要老師在借鑑史學成果、深入把握相關史實的縱橫、前後聯繫基礎上，結合課程目標所確立[7]。以上三個課例表明，通過「敘事性」因素尋求教學立意，就是以史學研究成果為寄託，借助歷史現象間的複雜聯繫闡發老師觀點的過程。它具備若干優勢：

　　其一，老師容易通過它找到課堂的線索，而且不顯得牽強。有老師習慣用某個人物來串聯歷史現象，比如用某個老紅軍來串聯長征、用某個雅典公民來串聯雅典民主政治。不少優秀課例通過這種方式落實了教學立意，但問題在於：一是歷史課的內容包羅萬象，政治、經濟、文化各個門類無所不有，課與課之間內容差別極大，尋求一個與這些歷史現象都相關的人物是有難度的。因為他是歷史人物，不是教科書作者。於是就有杜撰人物的現象，比如某個參加雅典公民大會、拿觀劇津貼又目睹陶片放逐法的人，在歷

6　侯桂紅：〈試論歷史教學立意的概念、確定方法和評價標準〉，《歷史教學》，2015年第7期。

7　王德民、趙玉潔：〈說課的凝意與昇華〉，《歷史教學》，2013年第2期。

史上並不存在，這樣就違背了歷史學的實證精神。二是這樣的人物要具備代表性，老師能在他們身上寄託價值觀。某個歷史人物作為一課的線索可以，作為教學立意就有可能勉為其難：叱吒風雲的李鴻章能代表洋務運動，九死一生的紅軍戰士能代表長征，但同時代的其他人就未必具備這樣的特點。但「敘事性」因素是任何歷史現象都具備的特點，而歷史現象之間又存在著錯綜複雜的聯繫。老師借助「敘事性」因素尋求教學立意一定意義上能夠避免上述的問題。

其二，老師容易通過它發揮歷史學科特色。在歷史長河中尋求歷史現象的位置，解釋歷史現象流變的軌跡，是教學活動呈現歷史學科特色的重要途徑。由於書寫的限制，教科書把若干零散的子目呈現給學生，隱藏了歷史現象背後的來龍去脈，歷史感的發揮會受到了限制。這時老師的詮釋作用就很重要，通過樹立教學立意，讓學生意識到人類各個領域的實踐活動總是相互關聯、相互影響的，它們形成了特定的結構和相應的功能。以上三個課例，分別把教學立意寄託在西漢國家結構演進與社會發展的聯繫、兩漢盛衰對科技文化的影響，以及百家學說的碰撞交融對學術的推動上，歷史老師在特定的時空中找到了適當的聯繫，突出了歷史現象的關聯性。進而用它們來寄託價值觀，發揮了歷史學科不可取代的作用。一節課下來，學生容易理解事物發展的曲折性，接受歷史現象的複雜性。

其三，老師容易通過它寄託學術視野與價值觀，突出老師的教學個性。除了線索因素之外，教學立意還包含歷史老師的情懷、知識結構、人生閱歷，不能整齊劃一，也不能瞬間養成，這些內容都屬於老師的教學個性。從「敘事性」因素中尋求教學立意，易於老師發揮教學個性。一方面，老師能藉此開闊思維。「敘事和情節化的重要意義，不僅限於人物史、事件史，而且在一定意義上也適用於經濟史與社會史」[8]，這拓寬了老師的教學空間。另一方面，歷史老師擁有了較大的選擇性。歷史現象的聯繫是多種多樣的，老師可以依據自己的知識結構與愛好做出選擇，使歷史課呈現出「橫看成嶺側成峰」的特點。比如〈漢武帝鞏固大一統王朝〉，包含國家結構、經濟政策、民族關係、意識形態許多方面的沿革，囊括漢高祖、漢文帝、漢景帝、漢武帝、賈誼、晁錯、主父偃、桑弘羊、董仲舒、衛青、霍去病、劉安等眾多歷史人物，老師完全可以從自己青睞的某個角度出發，利用歷史現象的時

---

[8]　彭剛：《敘事的轉向：當代西方史學理論的考察》（第二版）（北京：北京大學出版社，2017年），第46頁。

空聯繫書寫歷史。在書寫「敘事性結構」歷史的過程中老師易於表達特定的情感態度價值觀。

　　20世紀西方歷史哲學家海頓·懷特主張故事是被歷史學家講出來的，「沒有任何為歷史記載所見證的特定的事件系列構成為一個明顯完成了的或完備的故事」[9]。這種觀點把歷史敘述與客觀歷史完全割裂並不可取，但它也能從一個側面說明，人們的敘述對歷史呈現多麼重要。針對歷史教學而言，抓住歷史現象的「敘事性」因素，把握歷史現象之間的聯繫，突出不失為建立教學立意的一種嘗試。

---

[9]　Hayden White, "Interpretation in History", *Tropic of Discourse: Essays in Cultural Criticism* (Maryland: The Johns Hopkins University Press ,1978), p.90. 轉引自彭剛：《敘事的轉向：當代西方史學理論的考察》，第24頁。

第七章　論香港中國歷史教育電子教學化面對的挑戰與機遇

聖公會梁季彝中學

陳志華、何展鵬、岑春彤

一、引言：香港中史教育的意義

近年，高中中國歷史科（以下簡稱為「中史科」）目修讀人數不斷下降，2012時中史科修讀人數為8,288人，至2018年修讀人數下降至5,836人[1]。

表1　2012-2018年之高中中史科目修讀人數

年度	高中中史科目修讀人數
2012	8,288
2013	7,517
2014	6,713
2015	6,315
2016	6,241
2017	5,831
2018	5,836

《星島日報》曾報導中史科文憑考試人數不多，只有六千多人，與其他有過萬人報考的科目相比明顯是冷門科目[2]。《大公報》更曾以〈全港一成高中不開中史科，學界感歎教育悲劇〉[3]為題做出報導，可見中史科並不受歡迎。隨著現今香港與中國的關係日趨密切，如一帶一路發展、港珠澳大橋及高鐵落成等計畫，下一代須多認識國家。新一代年輕人能透過學習中國歷

1　〈香港考評局中學文憑試報告2018〉，《香港考評局》，網站：http://www.hkeaa.edu.hk/DocLibrary/HKDSE/Exam_Report/Examination_Statistics/dseexamstat18_7.pdf，瀏覽日期：2020-08-31。

2　〈道具X活動，老師引領穿梭古今〉，《星島日報》，2016-12-02。

3　〈全港一成高中不開中史科，學界感歎教育悲劇〉，《星島日報》2016-04-09。

史知曉國家根源及發展，從而建立歸屬感和認同感。此舉對個人發展、社會國家未來也十分重要。此外，近年中美、中韓關係等國際情況有所轉變，透過研習中國歷史，有助從昔日事件中尋找其源流，認識今天的時局變化。由此可見，中史科有其獨特意義及重要性。

根據香港教育局課程發展議會個人、社會及人文教育委員會在2018年5月公布的《中國歷史科（中一至中三）修訂課程大綱》[4]中指出中史科（中一至中三）課程的宗旨在於令學生：

1. 認識中國重要的歷史事件、人物事蹟、民族發展概況及社會文化面貌；
2. 理解及分析相關的歷史資料，培養研習歷史的能力；
3. 培養優良的品德，以及個人對國家、民族及社會的認同感、歸屬感及責任感；
4. 培養學習中國歷史的興趣。

中史學習十分重要，不單能瞭解中國歷史發展的背景資料，而更重要的是應用層面可以鑑古知今。學生於中史教育中能從前人的經驗中成長，亦能從國家歷史發展中瞭解現今局勢的成因、分析日後的變化。學生的分析、比較、歸納、綜合等能力可以透過歷史教育得以強化，這些能力不只適用於學科上運用，更對日後的學習和工作有極大幫助。

二、昔日中史教學

一直以來，社會大眾大都對於中史教學的感覺是沉悶苦澀。大眾媒體談及中史科時，一般也會與沉悶拉上關係，如2017年《香港01》的兩份社評：〈教師不是教得過度沉悶（其實那些適合做催眠師）〉[5]以及〈課程應該如何改革，以致學生能夠擺脫歷史等同死背書、沉悶的錯誤觀感〉[6]。如前所述，中史科有其獨特意義，正如現今特別行政區首長林鄭月娥女士，在特首參選政綱中明言要「調整中學課程，讓中史獨立成科及成為初中必修科目」[7]，由此可見，中史科的重要性可見一斑。然而要提高中史科的重要性

4　《中國歷史科（中一至中三）修訂課程大綱》（香港：香港教育局課程發展議會個人、社會及人文教育委員會，2018年）。

5　鄺卓睿：〈評中史必修化：哪裡找這麼多專業中史老師？〉，《香港01》，2017-04-23。

6　許承恩：〈讀中國歷史，即熱愛祖國？〉，《香港01》，2017-02-10。

7　林鄭月娥：《參選2017行政長官競選政綱》（香港：中華人民共和國香港特別行政區行政長官辦公室，2017年），第25頁。

並不容易，須先解決中史科目背後被認為沉悶的現象。若要令學生提高對中史教育的興趣，便必須先瞭解現有的情況。

過去，本港學生學習知識的方法主要是透過課本輔以講述的方式。隨著科技發展，電子技術日趨普及，開始改變學科學與教的方式。可是，中史科的重心是分析史料建立史觀，而史料大都是文字資料為主，結果，一些老師多以講解為主要的教育方式。後來，一些老師開始使用幻燈片、電視、電影片段來進行教學，學與教開始產生變化。可惜，考試評估方式仍以背誦資料為主，令學生於接觸中史科時容易產生沉悶感。2000年，香港政府提出教育改革，評估亦發生變化。在當時的文件中指出：「優質的家課應避免操練，例如過分抄寫、重複練習（欠特定目的或意義）和過多分量。優質的家課應能促進高層次思維及追求卓越的動機。」[8]同時，課程文件亦指出：「鼓勵學生在課程材料、課本的局限外進行探究、在蒐集資料的過程中做出判斷，從而促進建構知識的能力。」[9]一些人認為記憶和分析是有矛盾，課程文件亦清楚交代並非如此：「有些人以為理解與記誦是互相矛盾的，這並不正確。要牢記事物，須先求理解才是最好的方法。因此學生實在不必死記硬背，只要嘗試同時理解與記憶，就可確保能牢記。」[10]

傳統的歷史教學有不同派別，根據歷史教育學者白月橋在《歷史教學問題探討》指出傳統講述派、情感教育派、綱要圖表派、教具製作派等都是常見的教學方式[11]。傳統講述派以課堂講述為核心，透過豐富廣博的歷史知識與邏輯推理的縱橫關係，增加學生的學習的興趣；情感教育派通過師生間的情感交流形成和諧的教學氣氛，激發學生的學習動機。這些方法於本港課堂中亦有不少老師採用。不少評論者認為這是落後的教法，提不起學生的興趣。為解決這種情況，有些老師選擇利用活動教學的方式增加課堂的趣味性，李傑泉老師在1995年撰寫一篇名為〈中國歷史辯論比賽〉[12]的短文，談論辯論如何應用於中史教學。雷武鐸老師和嚴紹仁老師亦設計了關於中國歷史的大富翁，以紙板遊戲來引發學生學習興趣[13]。這些課堂活動已於九十年

8　課程發展議會：〈學會學習──課程發展路向〉，《香港教統局》（網站：https://cd1.edb.hkedcity.net/cd/TC/Content_2908/c4/chapter4_78-94.pdf，瀏覽日期：2020-08-31。

9　林鄭月娥：《參選2017行政長官競選政綱》，第25頁。

10　同上註。

11　白月橋：《歷史教學問題探討》（北京：教育科學出版社，2001年），第141頁。

12　李傑泉：〈中國歷史辯論比賽〉，載《中國歷史教學》（香港：齡記出版社，1994年），第161-164頁。

13　雷武鐸、嚴紹仁：〈大富翁──有關歷史、地理的電腦、棋類遊戲〉，載《中國歷史教學》，第

代初出現，可見中史教學並非只有講述這一種策略。

　　歷史教育學者聶幼犁指出在大歷史學習方式下，教師主要講授歷史事件的大背景、大趨勢、大潮流，總結歷史事件的共性特徵和規律性傾向，勾勒歷史的基本框架和瞭解往事的方法，幫助學生把握歷史發展的基本線索，認識歷史發展的基本規律[14]。中史教學當中最重要的一環是令學生思考史事，進而評鑑史事。聶幼犁亦提出了「大背景審視與小切口觀察」的方法，透過相容宏觀與微觀，將歷史現象放到時代發展的大背景中去審視，或把歷史現象放到特定的歷史條件下去觀察，令學生能掌握歷史大局、歷史線索或歷史框架的基礎上瞭解歷史事件的來龍去脈和相互關係，而非單靠資料背誦。

　　課堂以外，歷史教學也可以利用考察活動令學生走出課室，親身考察一些本地古蹟從而學習歷史，如中山史蹟徑、屏山文物徑等。近年，歷史考察更多元化，學生可到中國內地、日本等不同地方進行交流活動，通過考察當地的歷史古蹟，把所見所聞與書本知識互相引證。一些學生會視考察為旅行，這是一種吸引參與的動力，但老師們須於出發前清楚交代考察重點，令他們明白考察與旅行的分別及考察活動的意義。活動之後，老師亦應安排一些後續學習活動，如撰寫報告、進行訪問、拍攝照片或錄像、分享講座等，令學生能將考察所得連結本身的學習，以及引發進一步的思考和研習，令考察活動變得更有意義。

　　一直以來，中史教學也不斷改善求變，提升教學效能。已退休中史老師陳漢森在十多年前已開始試用多種教學方法，如講故事、歷史歌曲、舊曲新詞歷史歌、活動工作紙和電子演示簡報等[15]。另一位中史老師楊寶瓊指出中史教材可與日常生活結合，不要讓學生認為歷史教材是逝去又或書本的事物[16]。

　　從上述的例子可見，中史教育並非守舊不變。教育局早在1997年頒布的《中國歷史科課程綱要（中一至中三）》第5頁明確指出：「本科一向著重思維訓練，不鼓勵背誦式的學習方式。思維訓練學習宜透過教師的引導及學

168-178頁。

[14] 聶幼犁：《歷史課程與教學論》（浙江：浙江教育出版社，2003年），第214頁。

[15] 陳漢森：〈我在初中中史教學上做過的嘗試〉，載於楊秀珠：《老師談教學（歷史教學篇）》（香港：中華書局，2003年），第103-111頁。

[16] 楊寶瓊：〈中國歷史教學的回憶與反思〉，載於楊秀珠：《老師談教學（歷史教學篇）》，第103-111頁。

生的主動研習進行；學生通過認知、理解、歸納、綜合分析及評論等漸進模式學習歷史，點滴積累，自會對史事有深刻的認識。」[17]在2000年，香港教育開始改革，提出學校須培育學生九種共通能力，分別是協作能力、溝通能力、創造力、批判／明辨性思考能力、運用資訊科技能力、運算能力、解決問題能力、自我管理能力和研習能力[18]。中史教育亦有相關的能力培訓，由此可見中史學習的原意絕非單單背誦，默寫資料，更是重視思維培訓。

　　在政策與教學方式的配合下，中史科為何仍是社會眼中沉悶的代表？筆者與兩位中史教師會成員李偉雄老師及黃家樑老師曾接受《大公報》[19]的訪談時，指出現在的中史教育當中面對的問題，如：「初中課程最大問題是『兼教』，很多中史科老師，大學並非選修中史，因為每間學校老師的堂數要平均化，不少老師（特別是術科老師）被校方要求兼教『用廣東話、中文授課』老師於非中史專修的情況下，即使教學方法進步了，在欠缺專業知識情況下亦只能按書本的記載教學，難以有所變化。」另外：「中史科推行的是螺旋式課程，即初中課程先教一次，再於高中教一次，容易令學生感到沉悶。」初中的接觸留下沉悶的印象，令學生於選科上更傾向於選擇其他學科。為解決這一種沉悶的現象，除去爭取專科專教以外，電子教學的應用亦成為了其中一項出路。

三、中史電子教學的現況

　　近十年，教育界興起電子教學，為提高學生興趣及優化學與教。中史科也不例外，為瞭解中史電子教學的現況，筆者訪問了教育局高級課程發展主任李淑賢女士，以及兩位於課堂中運用電子教學的現任中史科教師黃家荃老師以及施卓凌老師。

　　教育局高級課程發展主任李淑賢指出，中史老師使用電子教學的情況比其他學科起步較遲，幸好過去一年中史科使用電子教學發展急速。儘管她指出現時中史科的電子教學當中存在硬體與軟體兩大問題。硬體方面，部分學校的資訊科技支援不足，一些老師在課室使用電子教學時會遇到不少困難。

17　《中國歷史科課程綱要（中一至中三）》（香港：香港教育局，2001年）。
18　〈基礎教學課程指引〉，《香港教育局》，網站：http://cd.edb.gov.hk/becg/tchinese/glossary.html，瀏覽日期：2020-08-31。
19　〈課改死結？內容沉悶？兼教出事？中史慘變夕陽科！〉，《大公報》，2016-0510。

如無法連接網路，以及登入戶口或密碼出現錯誤等，有關技術人士有時未能即時支援。而軟體方面，一些老師仍未掌握電子教學程式的相關技術，需要在課餘時間進修。但她仍對前景表示樂觀，指出待新中史課程推出後，會有新的中史電子教科書，有助推動電子教學發展，而且近年優質教育基金亦增加了申請中國歷史科電子教育的計畫，增加資源投放有助推動中史電子教學在各校普及應用。

前線老師對電子教學亦表認同，指出是發展方向。透過對兩位現任教師的訪問，他們皆一致指出中史科電子教學應用有優點，也有缺點，但整體上優多缺少。首先是教學應用上，低年級中史教學上最常見便是利用電子教學戶外考察功能，透過全球定位系統進行考察，可進行訪問、錄音、拍照等增加學習互動性。老師亦透過電子學習收集學生的習作，處理數據亦變得便利。有些學校更利用遊戲模式[20]，將功課與網上角色扮演遊戲結合，學生能完成功課之餘，又能培養自己的遊戲角色，更會投入學習。部分學校會利用一些軟體，如網龍公司的一套自製動畫體件，由學生分析解讀歷史中的留白，透過製作動畫的過程去思考、瞭解、分析歷史事件，大大加強參與度，提高對科目的興趣。

基智中學施卓凌老師指出，電子教學於中史教學中扮演著重要的角色，透過YouTube影片、網上資料蒐集等不同方式，令學生能於課堂前利用電子教學工具先對繁重的歷史資料進行處理、分析與理解，亦方便進行預習、溫習。他指出中史科作為人文教育學科，於沉悶資料處理背後是分析、評論等的思維培訓，這亦是中史教育的精華所在。電子教學能令學生先於課前預習相關內容，令課堂有限的時間便能得到善用，令學生能集中於分析討論，令課堂內容變得生動有趣。

然而於日常應用上，仍存在一些問題有待解決，比如香港教育以應試成績優先。高中的公開試教程緊張，一些老師也曾表達：「事實上，在課堂上應用這些技術，會否拖慢教學進度，反而是前線教師所擔心。」[21]其次，學校內部考評等問題亦令老師們擔心，班上應用電子教學耗時較長，但未必能在成績角度反映其成效，而且一些老師對電子教學的使用都不熟悉，令高年級中史教學或出現老師拒絕使用電子教學的情況。而電子書的使用上，學生要擁有iPad等電子器材較佳，如家中沒有相應的產品便較難於家中使用。此

20　〈學生：中史課堂更具趣味〉，《星島日報》，2018-09-04。

21　〈中史教學博覽 難解配套問題〉，《星島日報》，2017-11-22。

外，電子書製作困難，耗費大量時間，然而使用相同的教科書，一式一樣的內容又無法滿足老師的需要，因此在普及上仍存在一定的困難。

四、電子教學的種類

　　教育局高級課程發展主任李淑賢，指出過去一年中史科使用電子教學的情況發展急速，大致可分成四個類別。第一類是翻轉教室。翻轉教室能夠加快教學進度，學生須先在家中觀看老師準備有關課堂的材料，如影片，然後在課堂上與老師共同完成作業和進行討論。這種方式能增加課堂互動性和鼓勵學生自主學習。「EDpuzzle」是一個能達至翻轉教室的軟體，老師可在這個軟件中添加線上影片，並加入錄音來說明內容，更可增設問題，讓學生來回答。這個軟體特別之處是問題會在指定的時間出現，以確保學生觀看完影片才回答問題，理解到影片的重點。「PlayPosit」是免費的軟體，功能與「EDpuzzle」相似，老師可利用內置功能來編輯影片長度，刪除影片中多餘的內容，讓學生能夠領悟到重點。翻轉教室的軟體非常方便，學生在上課前便對課程內容有大概的認識，在課堂上可順利進行討論和完成作業，有疑問時能及早向老師提出，老師亦容易掌握學生的進度。學者潘奕叡曾指出：「相較以往，數位時代下的教師在面對資訊充斥的知識型社會時，必須清楚地瞭解新世代的學習形態轉變、教與學的角色轉換，以及思考提供學生有意義的知識內容之策略方法。」[22]老師希望以此引發學生主動學習，加強參與性。

　　第二類是課堂教學，老師利用軟體在課堂上進行教學。中史老師常用的軟體有「Nearpod」、「Kahoot」。「Nearpod」跟簡報的用途相似，老師可加入選擇題、回答題、投票、繪畫等學與教活動，讓學生多參與課堂，加強互動性。老師更能即時評估學習成果，得悉學生對課堂內容的認識情況。而「Kahoot」是一個充滿趣味性的軟體，讓學生在愉快中學習，提升學生對中史的興趣。他們可以用這個軟體進行問答比賽。在看到問題和選項後，他們需要選擇出正確答案，回答速度更快可獲得更高分數。完成比賽後，會有一個排行榜顯示最高分數的學生。與此同時，老師更夠得悉各問題的正確回答率，瞭解學生不熟悉的內容，並進行針對性的教學。

---

[22] 潘奕叡：《翻轉教室的理論與實務》（臺北：五南出版社，2016年）。

　　第三類是戶外學習。學生可走出課室，並透過戶外活動進行學習。使用電子教學進行戶外學習十分簡單，只需要一部平板電腦和安裝戶外學習軟體便可，例如「EduVenture」。這是一個由香港中文大學所研發的電子教學軟體，操作簡易，老師可在EduVenture® Composer根據學習內容設計個性化的戶外學習教材，可以加入選擇、問答、填充、錄音、數據蒐集、影像、概念圖等多種題型[23]。現時，EduVenture® eXplorer支援在iPad或iPhone上使用，這個軟體的優點是即使在沒有網路的情況下也能如常運作。學生須通過GPS系統來解鎖題目，到達目的地時才能回答已預先設定的問題，答案亦會被自動儲存於應用程式中。EduVenture® Retriever可讓老師閱讀、批改學生的學習成果，方便進行討論。

　　第四類是學習平臺。電子教學為學生和老師帶來不少便利，電子教學軟體使老師收集學習數據變得更方便，優化學與教，有利於同學進行活動。現時中史老師常用的學習平臺有Google Classroom、Office 365 Team、Schoology等。老師可上載課堂筆記或額外資料至學習平臺，抑或是上載練習讓學生進行操練，他們可隨時隨地下載和查看筆記，以便於溫習。

　　不同形式的電子教學讓中史老師們優化學與教。近年，中史老師更利用AR及VR優化學與教。根據傳媒報導：「近年利用AR與VR技術進行歷史考察，確是愈見普遍，比如當局已開發流動應用程式，利用AR技術，讓學生在平日到長洲考察太平清醮，即使不是醮期，亦可看到如實物大的包山棚。相信利用VR技術，可讓學生不用出境，便能置身故宮、長城等歷史遺跡，外地也有同類技術重構古戰場，猶如置身實景。」[24]電子教學日新月異，中史老師們為了改善教學，不斷付出。現時，中史教學電子化已日趨普及。

五、電子教學與傳統教學的關係

　　隨著科技的進步，不少中史老師開始嘗試使用電子教學，使用軟體來教授課程。在施卓凌老師的訪問中，他提及到電子教學的方式為有助於傳授歷史知識，促使學生投放更多時間在學習上，他們需要在家做練習或觀看影片。電子教學軟體愈趨多樣化，透過這些軟體，老師可在課堂上即時得知學

---

[23]　〈EduVenture®系統簡介〉，《香港中文大學學習科學與科技中心》，網站：http://ev-cuhk.net/about. php，瀏覽日期：2018-12-23。

[24]　〈中史教學博覽 難解配套問題〉，《星島日報》，2017-11-22。

生的學習進度，以及對教學內容的理解有多少，這些都是傳統教學較難實現的事情。

2018年，香港教育公布《中國歷史科（中一至中三）修訂課程大綱》，內文談及課程建議有：

- 個別課題設有延伸部分，讓學生可對某些課題做進一步深化學習。教師可按教學進度、學生能力和興趣選擇是否教授延伸部分，又或協助學生自學，培養其自學能力。
- 採用探究式學習方式，幫助學生達到「學會學習」的目標。透過研習史事，讓學生學會運用各種歷史研習的方法，如整理資料、辨識觀點、比較史事等，以提升個人的思維能力，並培養自主學習的能力[25]。

以上這些都能以電子教學的方式來實現，同學可在課堂上進行更多的討論，達至深化學習和鼓勵學生學習的作用。加上電子學習的方式多樣化，可使學生瞭解不同的探究方式。

傳統教學方式是老師講書，寫筆記在黑板上，學生只需要聽書，互動性較低。老師通過提問方式加強課堂互動性。一些老師會在課堂中加入討論，讓學生投入課堂學習，主動研習分析史事。可惜，中史課程浩劫，老師們為了追趕課程，以講授為主導，減少提問和討論，加上中史科教學內容大都屬於資料性質。若中史老師講授欠吸引力，或會出現沉悶的單向式課堂，令學生很容易出現分心，甚至在課堂中昏昏欲睡。當一天課堂完結後，學生對中史教學內容的記憶便變得模糊。

若增加電子教學的環節，既能提升互動性，教學變得更有趣味，令學生投入課堂，增加對課程內容瞭解，掌握到課堂內容重點，留下更深刻的印象。老師亦可以上載課堂筆記至學習平臺，方便學生進行複習。最重要能突出學與教的重心是分析探究，不停留於記憶史事。

或許有人認為電子教學會使學生分心，他們會在課堂上使用電子產品進行娛樂活動，其實這個問題是可以得到解決的。老師可利用軟體來監察學生使用電子產品的情況，例如「Screen Time Parental Control」[26]，在不需要使用電子產品時便禁用，以防止學生分心。

---

[25]《中國歷史科（中一至中三）修訂課程大綱》（香港：香港教育局課程發展議會個人、社會及人文教育委員會，2018年），第7頁。

[26] 林子聰：〈沉迷玩Apps？家長監控必殺技〉，《昔日東方》，網站：http://orientaldaily.on.cc/cnt/lifestyle/20160726/00300_001.html，瀏覽日期：2018-12-23。

　　電子教學與傳統教學目標也是一致，令學生有優質的中史教學。兩者應該並存的，使用電子教學並非完全拋棄傳統教學，只是增加電子教學的環節，以多種形式出現。中史科有些課題適合以電子教學的方式來教授，學生會更容易明白，這不但令課堂變得更加輕鬆，學生也能容易地吸收知識，使用電子教學，老師和學生都能夠得到益處。傳統教學較重視師生關係、情感的交流，具有教育意義，故兩者不都可缺少。

六、小結

　　社會對於中史科的印象，一般沿自於教學上的誤解。初中的中史教學須於短時間內教授數千年的歷史。受時間所限，其內容便只能不斷濃縮，集中於皇朝更替之上，忽略了不少如文化史等吸引學生的內容。而初中高中螺旋式的教法，學生須對重複的內容進行學習。而昔日以背誦方式為主的考試評估，都令學生產生中史科等同於背誦的誤解，忽略了其人文學科背後的變化、分析、比較、歸納、綜合等各方面能力培訓。

　　自傳統教學開始，中史教育的先輩一直推陳出新，發展推動多元化的中史科教學，增加學生學習認識中史科的興趣。而近年日新月異的科技發展，更是進一步推動教學方式進行變化，而成長於電子世代的年輕一代更是習慣於接觸各種電子工具。透過電子教學的運用，學生能減少處理資料上的困難，而課堂以外對於歷史資料的接觸，更是有效結合了傳統教學的方法，令他們能於課堂上集中於對分析、討論等學習，亦會學習更廣泛更深入的內容。

　　電子教學與傳統教學當中的結合與取捨，仍有待中史老師們的實戰研究，但無容置疑的一點是，無論是傳統還是電子教學，最終目的也是希望學生透過分析史事，提升史析能力。而有效利用電子教學以配合傳統教學，是令中史擺脫沉悶刻版印象的第一步，亦是令學生從繁瑣的資料中解放，於課堂上更集中培訓史析能力的解決方案。

第八章　香港中史發展現困局：淺論現況與願景

香港歷史及文化教育協會
梁延敬

　　本會理事會成員和會員均是資深及前線的中國歷史科同工，我們十分關切本科的整體發展，以及致力於透過各類的教學活動，以提升學生的課堂興趣。現時初中中國歷史科的課程修訂於早前完成第三階段諮詢，但高中方面卻存在很多流弊，未能從中互相有效地銜接，加上一直以來多番表達意見，但未獲有關局方正視，致問題愈趨惡劣。

　　首先，初中方面，有關的「課程宗旨」及「學習目標」是值得支持及贊成，但在執行上會有極大困難。

　　其一，課時問題。因為課程內容增加，課時卻不增加，仍然維持為3年150小時，即一年50小時，平均每星期只能教授一堂（約40分鐘）中史，所以教師們為完成教授所有課程內容，只能以水過鴨背或填鴨的方式教授學生，難以深度去教，令學生提不起興趣學習中史。

　　有教師更表示，1997年中史科的課時已經是150小時，就算前線的中史科教師多年來不斷爭取，也只是維持不變。不論是理事會成員及會員，以及友好的中史科同工，也不約而同地反映現時課時相對不足，現有的課程也好，或是局方諮詢的課程修訂內容也好，確是不能在期限內教完，為了趕及進度，走馬看花，部分課題甚至會出現略教和避教的情況[1]，這只會令學生未能掌握一些高階的題型訓練，影響整體教學質素，加上校內繁多的行政工作，使同工負擔百上加斤，士氣低落。再者，課時可喻為一所房屋，修訂課程的內容好比為傢俬，而擺放傢俬的室內設計亦可比喻為學習重點，但多好的傢俬都要有足夠的空間擺放，否則只會雜亂無章，故此大前題是增加課時。修訂課程的內容縱然豐富，但若講求成效，必須加時；若不講求成效，

---

[1]　如元代(中二課程)、中華人民共和國成立至改革開放(中三課程)等。

何苦要推陳出新。

過往的大綱中，香港史並非融入國家主體歷史發展過程，而是獨立成一個課題或單元來教，如在「清末至民國時期的香港」，未有把香港在革命運動內所扮演的角色此項放回辛亥革命此課題，香港的抗日活動亦沒有放回在「日本侵華與抗日戰爭」，在學習過程中會因為課題重覆或歷史時序並不是順序式講述，引起學生有感混亂，破壞在中史教育加入香港史部份的原意，幸局方最終也有接納意見。

其二，學習動機問題。大多初中學生在讀中史時欠缺學習動機，並不代表他們不想學，現今世代資訊科技發達，中史科也應順應趨勢，多元化並豐富課程或教學方法，除了探究式學習，加強活動外，局方可否提供文化史教材的仿實物教材套，予中學老師租借或購買？本會這幾年一直積極與各大電子科技公司、出版社共同研發教學軟、硬件，如AR中史互動平台、敦煌教材等，以回應同工們的訴求，但作為民間團體，在各方面資源均有限的情況下，成效難免大打折扣。當教授課改中一些艱澀的課題，如京城建築、唐宋人民生活、宋元交通等，可利用虛擬教室，定必使中史教學革新面貌，提高學生興趣。歸納而論，單調乏味的初中課程只會令投入學習人數的減少，最終到了高中，只會是強迫修讀的學生，造成質素下降，引來惡果，因此課堂的學習趣味必須重視。

其三，資源投入問題[2]。教育局在這方面絕不輕手，雖向各中學撥款十五萬港元[3]，予老師們推動歷史學科發展，但當中使用這筆撥款的限制較多，形成「錯投」。津貼最重要是不能用去聘請中史科教學助理或教學人員[4]，中史科同工現時除了在校內負責自身的教學工作外，亦要處理繁重的行政工作，難以有多出來的時間去設計具趣味性的教學活動，或是發展電子學習，說到底，是人手短缺問題，在大學修讀歷史系的學生，甚少在畢業後投身教育行業，現職中史科老師大多已是四十歲或以上，有些更直正退休之年，青黃不接，形成斷層。初中問題其實更大，在學校裏，專科（大學歷史系畢業）的老師通常大多有兩位，一位主力高中，一位主力初中，這造成另

---

[2]　教育局向每所公營及直接資助計劃（直資）小學和中學（包括特殊學校）分別發放10萬及15萬元的一筆過津貼，以支援小學常識科、中學中國文學科，以及中、小學的中國語文科、中國歷史的教師改善教學，以加強中國歷史和中華文化的學習。
[3]　全稱「發放推動中國歷史及文化的一筆過津貼」。
[4]　文件列明不恰當運用一筆過津貼的例子，如聘請教學或非教學職員。

一種問題，就是初中會出現兼教，本會曾做過相關調查[5]，發現中文科老師兼教中史最常見，其次是音樂科、英文科、體育科老師都須兼教，在講授課堂內容，專業知識未免貧乏，影響整體教學質量。

其次，高中方面，考評模式不變，依然是過份僵硬、欠缺分析及發揮空間的試題大前提下，初中課程改革中提及的多度思考，顯得格格不入，極欠說服力，高中沒市場，初中怎樣改革也是徒勞無功的，且前線老師已經怨氣沖天，哪來動力及心情替初中進行改革呢？

其一，課程方面。高中的中國歷史科課程內容十分繁重，除了古代史、近代史、現代史及當代史四階段的歷史（即卷一所考內容[6]）要教授外，還有選修單元歷史專題部分（即卷二所考內容），當中雖然有六個單元可供選讀，但大部份學校多只集中三個單元，分別是「時代與知識分子」、「制度與政治演變」及「宗教傳播與文化交流」[7]；學生對於這些歷史專題多不感興趣，各單元的評分標準也不一樣，部份單元可能較易取得高分，這樣對考生並不公平，讓學生與老師們的負擔非常大。再者，繁重的學習內容，學生愈學愈跟不上，於是採消極態度，被自然淘汰，他們也會言及中史科太難讀，會首先自動放棄此科，最終本科選修人數每況愈下，至 2018 年已跌破六千（歷屆修讀人數見表二）。另外，與中史科相類近的世史科，它整個課程只考一百年[8]，但中史科卻考五千年，兩科性質相若，但要求卻是天淵之別，故本會建議局方要優化教學質量，減輕師生負擔。

表2　中史科歷屆修讀人數

2013年	2014年	2015年	2016年	2017年	2018年
8167人	7459人	6928人	6824人	6373人	5998人

其二，文憑試考核方面。多年來卷一評核方法太僵化，評分準則較高，而卷二選修部分，各單元難度不一，造成不公，難以拿捏得分位，讓考生難以取得佳績，同時使獲取 5* 及 5** 人數不多，因此令中三同學在選科時無不卻步，更甚的是於高中選擇修讀後，才切身體會到繁重的課程內容和僵化的

5　2017年所做，約八成受訪老師是兼教。
6　包括甲部：上古至十九世紀中葉及乙部：十九世紀中葉至二十世紀末。
7　還有「二十世紀中國傳統文化的發展：承傳與轉變」、「地域與資源運用」及「女性社會地位：傳統與變遷」。
8　課程包括二十世紀亞洲的現代化與蛻變、二十世紀世界的衝突與合作。

考評方法，決定於中段退修，以致應考本科人數進一步下降。再者，文憑試中史科考卷欠缺分析及發揮空間，取分關鍵往往取決於史實豐足程度，另外考評局喜歡出一些意料之外的問題，或對某問題問得專門而深入，考生每每囫圇吞棗，形同「背書機器」，試問如何培養香港學生習史興趣，更遑論體現新高中學制精神。本會建議應大刀闊斧改革現時的考核方式，若不革新，尖子生定認為本科屬死記硬背學科，有辱智慧，寧願選擇他科，而能力稍遜者，又因本科課程太冗長，傾向選世史科，致使本科進退兩難，發展不良。

其三，文憑試試題方面。文憑試第一、二屆的中史科試題仍然有開放式，讓考生可以多些思考然後回答的題目，但第三屆以後便出現九成以上的題目是要靠「死記硬背」才能獲取分數[9]，於是逐漸對中史科失去興趣，再加上評卷員的評分準則不一，全無客觀標準，而且相當「手緊」，有時甚至是有心留難，不像歷史科般評分較為「手鬆」，讓學生容易得分。

正如上文所言，取消選修部分的卷二，藉以減少學生需要修讀及溫習的課程內容，並考慮將部分試題的題形回復到會考年代的選擇題形式，而評分方面亦可略為寬鬆，讓學生可較為容易取得分數，不會打擊同學們選修中史科的意欲。此外，如能將中史科列為高中的必修科則更佳，惟問題是究竟應該將現時的四科必修科中哪一科剔除。

---

[9]　公開試多問及析論某歷史事件的原因和影響。

第九章　初中非華語學生學習中國歷史的課堂研究

保良局唐乃勤初中書院中國歷史科
陳漢成

一、引言

　　本文透過初中非華語學生（Non Chinese Speaking，簡稱「NCS」）[1]學習中國歷史的課堂研究，期望分享教授初中非華語學生學習中國歷史的教學經驗，並對初中非華語學生學習中國歷史的教學經驗略作回顧與前瞻。香港特別行政區政府指出非華語學生是香港的一分子，應認識中國歷史和文化，瞭解他們身處的社會發展及文化特色，欣賞及尊重不同歷史與文化的承傳，融入華人主流社會中，這對他們將來在本地升學及就業，甚至到內地發展亦有幫助[2]。

　　本人於2011年4月獲邀出席香港浸會大學歷史系與香港樹仁大學歷史系合辦的歷史教育學術會議，發表〈非華語學生學習中國歷史的課堂研究〉學術論文，輯於鮑紹霖等編（2012）：《第二屆廿一世紀華人地區歷史教育論文集》（香港：中華書局，第248-258頁）。

　　在2015至2016年度，本校共有十七名非華語學生，六名為中一學生，十一名為中二學生，本人設計關鍵字聯想法，並進行了初中非華語學生學習中國歷史的教育研究。

　　本人認為作為前線中國歷史老師，可多思考如何協助學校利用學習架構、評估工具和學習材料，調適初中非華語學生學習中國歷史課程，推動初中非華語學生學習中國歷史的學習方式。本文提倡的「教少圖多讀寫通，學

詞評簡師生懂」正是從上述的理念發展出來。

二、研究背景

2017年《施政報告》宣布落實中國歷史在初中成為獨立必修科，讓所有中學生均能整全及有系統地學習中國歷史。我們教授中國歷史的教學語言是廣東話（粵語）、書面語和繁體字。對非華語學生（例如巴基斯坦、印度、印尼、尼泊爾、菲律賓或泰國籍的學生）而言，中文可能是他們第二、第三或第四語言[3]。以本校大部分的非華語學生為例，他們的母語是烏都語、泰國語、印度語、印尼語、尼泊爾語、他加祿語，第二語言是英語，第三語言才是中文。由此可見，初中非華語學生學習中國歷史確實有一定程度的挑戰。

三、回顧部分

保良局唐乃勤初中書院於2009年招收的首名非華語。他的國籍是巴基斯坦籍。他於2009年8月來港定居，直接入讀保良局唐乃勤初中書院中一級[4]。他有一年零六個月學習中文的經驗。基本上，他在日常與校內師生溝通方面主要是以英語為主，他只能聽懂少量粵語。因此，老師經常鼓勵他在校內多說目的語（粵語），而非烏都語（Urdu）[5]。

2011年，本人開發初中非華語學生中國歷史教材及在歷史教育學術會議發表〈非華語學生學習中國歷史的課堂研究〉學術論文。至今，本人已有八年教授初中非華語學生的中國歷史教學經驗。

---

[3]　陳漢成：〈非華語學生學習中國歷史的課堂研究〉，《第二屆廿一世紀華人地區歷史教育論文集》（香港：中華書局，2011年），第249頁。本文是指教學語言是粵語、閱讀和寫作的是書面語，書寫的是繁體字。轉引自關之英：〈語文學習的鷹架：中文作為第二語言教學的課堂研究〉，《中文教師學會學報》，2010年第45期，第68-69頁；亦參見陳漢成：〈透過「關鍵字聯想法」開發非華語學生的中國歷史教材提升他們學習中國歷史的能力〉，《教育研究報告彙編2015至2016》（香港：香港教師中心，2016年），第29-51頁。

[4]　陳漢成：〈非華語學生學習中國歷史的課堂研究〉，《第二屆廿一世紀華人地區歷史教育論文集》，第249頁。同時亦參見保良局唐乃勤初中書院：〈2009至2010年度學校週年校務報告〉（香港：保良局唐乃勤初中書院），第3頁。根據保良局唐乃勤初中書院〈2009至2010年度學校週年校務報告〉2.1項顯示：2009至2010年度的學生人數紀錄——保良局唐乃勤初中書院中一級共收生218名。男生共145名，女生共73名。他是校內首位非華語學生。

[5]　陳漢成：〈非華語學生學習中國歷史的課堂研究〉，《第二屆廿一世紀華人地區歷史教育論文集》，第249頁。Urdu譯作烏都語，是巴基斯坦的官方語言。轉引自關之英：〈語文學習的鷹架：中文作為第二語言教學的課堂研究〉，《中文教師學會學報》，2010年第45期，第68頁。

2015年，本年度本校共有十七名非華語學生，六名為中一學生，十一名為中二學生。因此，本人認為這是一個珍貴的機會，可較全面進行非華語學生學習中國歷史的教育研究。

在2017至2018學年度，本人增設初中非華語學生中國歷史課程重點溫習表，並以Kahoot比賽形式，為五名非華語學生進行初中中國歷史部分的課程溫習。從教學錄影及五名非華語學生的課堂表現分析，他們對於本人設計關鍵字聯想法的教學模式，初步已掌握初中中國歷史部分課程的重點。

四、文獻探討

本研究在教學設計的理念是參考語境效應（context effect）對詞辨識的影響。

塗爾芬和郭德（Tulving & Gold, 1963）研究發現：一個詞的辨識速度與準確性會受這一個詞在句子中的脈絡的影響及語境對於詞義學習的影響。例如重複閱讀語文句脈絡中的生詞，可以逐漸學習生詞的意義[6]。本人的教學理念是在進行本研究時持斷強化此理論。例如初中非華語學生在中國歷史課堂，均以同一形式要求學生持續書寫重要的詞語，使非華語學生建立語境效應和增強對詞辨識的能力。

此外，本研究亦曾參考以下教學理論模式。簡述如下：

（一）浸入式（Immersion）教學模式

浸入式（Immersion）教學模式是指以第二語言作為教學語言，給學生提供大量的第二語言環境，讓學生在使用的過程中掌握第二語言。兒童早期第二語言的學習亦應是直接學習，運用第二語言認識自我，認識他人，認識社會和自然環境，不需要母語做仲介。非華語學生對中國歷史的認識則仍是初探階段，從課堂及課後補課分析，老師並沒有運用仲介語，而是全部使用粵語教授。教學設計理念是為了非華語學生接受粵語教學，希望於學校的課

---

[6] 陳漢成：〈非華語學生學習中國歷史的課堂研究〉，《第二屆廿一世紀華人地區歷史教育論文集》，，第251頁。劉英茂：〈文句脈絡對詞義學習的影響〉，《中華心理學刊》，1978年第20期，第29-37頁。轉引自謝家浩：《中國語文教學心理學：詞義學習》（香港：香港教育學院語文學院論文，2011年），第4頁。

堂及課後補課期間營造一個全粵語教學的語境，讓非華語學生更全面接觸粵語。使用重複的浸入式教授初中非華語學生，在中國歷史課堂，讓非華語學生能夠較輕易地朗讀或背誦，理念是以「聲入心通」的原理，透過此原理，便可以在初中非華語學生的中國歷史課堂中應用。

（二）同儕鷹架（Peer Scaffolding）教學模式

　　從宏觀的教學設計理念而言，本人已建構小老師協作學習的模式，因此，由2011年開始，非華語學生在課堂已進行協作學習的模式。最初階段是以融合式方法上課，本人邀請一名中國歷史成績較為優秀的學生，在課堂協助非華語學生學習中國歷史[7]。在2014年開始，非華語學生以小班教學方式上課，每節上課，他們均會學習中國歷史生字，在完成了抄寫生字後，讓學生互相批改，老師可知悉他們對本節的字詞，在書寫方面的掌握程度。

（三）關鍵字聯想法（Keyword Method）教學模式

　　根據學習記憶理論發展出來的詞彙教學法。包括兩個教學步驟：掌握關鍵字（keyword）和關鍵字與目標詞（target）的聯繫[8]。本人希望非華語學生首要掌握中國歷史政治事件或相關國家的概念，因此，數字是首個關鍵詞，其次是名稱，最後是讓他掌握關鍵詞的意思，從而鞏固已有所學。

　　本人初步建立了**陳漢成式關鍵字聯想表**，在2015至2016年度，全面進行非華語學生學習中國歷史的教育研究。中一級實驗組（共三人）進行教學行

---

[7]　陳漢成：〈非華語學生學習中國歷史的課堂研究〉，《第二屆廿一世紀華人地區歷史教育論文集》，第248- 258頁。

[8]　陳漢成：〈非華語學生學習中國歷史的課堂研究〉，《第二屆廿一世紀華人地區歷史教育論文集》，第251-253頁；亦參見香港融樂會：〈非華裔學生教師資源手冊〉（香港：香港融樂會，2009年），第3、5頁；亦參見劉英茂：〈文句脈絡對詞義學習的影響〉，《中華心理學刊》，1978年第20期，第29-37頁。轉引自謝家浩：《中國語文教學心理學：詞義學習》（香港：香港教育學院語文學院論文，2011年），第4頁；亦參見關之英：〈語文學習的鷹架：中文作為第二語言教學的課堂研究〉，《中文教師學會學報》，2010年第45期，第70頁；亦參見強海燕、趙琳：《中外第二語言浸入式教學研究》（西安：西安交通大學出版社，2001年），第71頁；亦參見關之英：〈語文學習的鷹架：中文作為第二語言教學的課堂研究〉，《中文教師學會學報》，2010年第45期，第101頁；亦參見廖佩莉：《談談教材的設計與照顧學習差異》（香港：香港教育學院語文學院論文，2009年），第4頁；亦參見謝家浩：《中國語文教學心理學：詞義學習》（香港：香港教育學院語文學院論文，2011年），第6、7頁。

動研究。現舉一例簡介如下：

課題：三家分晉

關鍵字聯想表理念：數字及國家名稱聯想──（三）數字、（家）諸侯國家
　　　　名稱（韓、趙及魏）分晉。

重複名稱聯想：韓、趙及魏（在戰國七雄的國家再次出現）齊、楚、燕、
　　　　韓、趙、魏及秦。

國家或政治事件順序聯想：三家分晉→戰國七雄→七國之亂→八王之亂

相關教學內容（可參附件一）。

（四）2015至2016年度課堂研究的重點

　　研究主要透過開發初中非華語學生的中國歷史教材，目的是提升他們對於學習中國歷史的能力，以及在應用**「關鍵字聯想表」**，提升初中非華語學生對於學習中國歷史的興趣。

研究設計的方法與工具

　　本研究設計方法與工具，簡述如下：

（1）分組理念

　　本年度本校共有十七名非華語學生，六名為中一學生，十一名為中二學生。

　　中一級共六人，一班為實驗組（共三人），一班為控制組（共三人）。分組的次序是根據2015年10月下旬統一測驗的成績分組，按成績分成兩組非華語學生，以1A、2B、3B、4A、5A、6B的方式平均方配，減低學習能力的差異。

　　中二級共十一人，一班為實驗組（共五人），一班為控制組（共六人）。分組的次序是根據2015年10月下旬統一測驗的成績分組，按成績分成兩組非華語學生，以1A、2B、3B、4A、5A、6B、7B、8A、9A、10B、11B的平均方配，減低學習能力的差異。

（2）研究設計（方法與工具）

　　簡述如下：

　　本研究應用浸入式（Immersion）、同儕鷹架（Peer Scaffolding）及關鍵字聯想法（Keyword Method）教學模式，作為製作非華語學生教育影片。

　　教育影片的理念是以浸入式（immersion）教學模式、同儕鷹架（Peer Scaffolding）教學模式、關鍵字聯想法（Keyword Method）教學模式，並以可唱、易記和有趣的方向構思內容（**請參附件一及二**）。

　　中一教育影片連結如下：

　　https://www.dropbox.com/s/mwokarf3i9gxip7/20160428164436.mp4?dl=0

　　中二兩段教育影片連結如下：

　　https://www.dropbox.com/s/3fv01gmxk39jk04/20160510-1.mp4?dl=0

　　https://www.dropbox.com/s/151dohukngmblrw/20160510-2.mp4?dl=0

五、研究結果及分析

　　第一，本人初步建立了**陳漢成式關鍵字聯想表**，在實驗組進行教育行動研究後，研究結果及分析如下：

　　中一級研究課題：戰國七雄的教學方式，現以對話式簡述如下：

　　　　老師：「當你們聽到戰國七雄，你們記得什麼？」
　　　　非華語學生：「1, 2, 3, 4, 5, 6及7，齊、楚、燕、韓、趙、魏及秦。」

　　教學理念：此方式可加強師生互動及強化非華語學生的投入感，當建立了常規後，他們對數字及國家名稱進行聯想──（七）數字、（國）戰國時代國家的名稱。

　　重複名稱聯想：在戰國時代曾出現的七個國家，非華語學生可應用已有知識三家分晉（韓、趙、魏）作為關鍵字聯想，讓他們可組織內容作答。

　　國家或政治事件順序聯想：三家分晉→戰國七雄。

　　（請參附件七中一教育影片）

　　第二、從考試的成績可見，中一級的同學在戰國七雄及七國之亂兩部分的成績理想，而他們在這部分的表現，亦相比他們在試卷其他部分優勝，由此可見，這是他們勤於溫習的成果。

　　根據本人的分析，在應用已有所學時，仍然出現執筆忘字的情況，如有

再進行相關研究時，應加入書寫答案旳短答題。同時，亦可部分反映觀看教育影片對鞏固非華語學生學習中國歷史的重要性。

（一）反思

非華語學生學習中國歷史的教育研究是值得探討的題目。根據研究結果及分析，本人已可初步確定透過開發中一級及中二級非華語學生的中國歷史教材是可提升他們對於學習中國歷史的能力和興趣。

非華語學生在學習中國歷史科容易出現缺乏信心的情況，本校大部分非華語學生在2015年9月至10月的中史課節表現並不理想，例如他不敢回答老師的問題。此外，在課後補課的過程中也出現了不少問題，例如他們的學習態度較被動及對中國歷史的學習興趣不足。有鑑於此，本人便進行教育研究。

非華語學生完成關鍵字聯想表的課堂學習，此教學成效是可引用自我導向（Self-direction）的理論說明：學生主動去選擇學習一些想學或自己感到需要學的東西。Gage/Berliner（1992）指出，學生學習自己感到有意義的題材，才符合學生的內在學習動機和探究精神[9]。

本教育行動研究的意義在於從開發非華語學生中國歷史教材及應用相關理論，是可達到本教育研究的目的。本研究的初步發現：「老師開發中國歷史教材是能提升非華語學生對於學習中國歷史的能力和興趣，老師宜進行相關的教育行動研究，加上教育影片做出教學個案分享。」

（二）成果

中一級及中二級非華語學生完成**能夠應用已有知識，進行中國歷史的基礎學習，在認知層面上，大部分**非華語學生**在下學期的期考中，已有進步。**

---

[9]　陳漢成：〈非華語學生學習中國歷史的課堂研究〉，《第二屆廿一世紀華人地區歷史教育論文集》，第254頁；亦參見關之英：《小學中國語文課程（非華語學生）單元教學設計及教材開發》（香港：香港教育學院語文學院論文，2011年），第2、3頁。

六、建議

　　保良局唐乃勤初中書院重視教與學的成效，因此，本人初步建立的**陳漢成式關鍵字聯想表**，對於協助初中非華語學生學習中國歷史，並配合小步子教學進度，可能是一種合適的教學方式。在2016至2017年度，本人將會進行全校三級非華語學生的行動研究，持續優化非華語學生學習中國歷史的教學工作。

　　此外，本人已將2014至2016年度獲得的教育研究獎勵計畫的獎金，在2016至2017年度，在本校設立非華語學生學習中國歷史獎學金，獎勵在中國歷史科成績優異的非華語學生，本人期望非華語學生，在本校享有一個良好愉快的學習環境，鞏固已有的中國歷史知識。設計中史目的語和識字表，處理非華語學生能寫不能讀的基本問題。

七、小結

（一）前瞻部分（非華語學生學習中國歷史教學設計舉隅）

　　根據個人、社會及人文教育學習領域中國歷史科（中一至中三）修訂課程大綱，課程是將國家歷史分為九個歷史時期，使學生能依照時序宏觀地瞭解中國歷史的發展。在教授非華語學生學習中國歷史九個歷史時期的關鍵字聯想表，設計理念是：數字及國家名稱聯想——數字（1、2、3、4、5、6、7、8、9）是代表九個歷史時期。1代表史前、夏、商及周；9是代表中華人民共和國。有利於非華語學生理解九個歷史時期。

非華語學生初中中國歷史科的課程架構九個歷史時期關鍵詞表（中一級）

建議課節				重點
1（10）	史前	夏	商（3）	周（7）	政治演變
2（14）	秦（5）	漢（9）			文化特色
3（10）	三國（4）	兩晉（4）	南北朝（2）		政治演變
4（16）	隋（5）	唐（11）			文化特色
	香港發展				文化特色

非華語學生初中中國歷史科的課程架構九個歷史時期關鍵詞表（中二級）

建議課節				重點
5（15）	宋（11）元（4）	明	清	政治演變 文化特色
6（10）	明（10）			
7（25）	清（25）			
	香港發展			文化特色

非華語學生初中中國歷史科的課程架構九個歷史時期關鍵詞表（中三級）

建議課節			重點
8（27）-9（23）	中華民國（27）	中華人民共和國（23）	政治演變 文化特色
	香港發展	香港發展	

　　至於非華語學生學習初中中國歷史的教學內容方面，我認為應與中國文化及科技有關的內容較合適，因為非華語學生較有興趣這類題目，而較理想的測試方法是透過學習圈分享非華語學生的教學設計，以下是本人對兩漢的科技發明（造紙術與天文儀器）的教學設計。

附錄一：非華語學生工作紙

中一級中國歷史科　教學設計
課題：兩漢的科技發明（造紙術與天文儀器）
一、建議教節：（以一節40分鐘計算）
　　造紙術與天文儀器（3節）。
二、預期學習成果：
　　完成本課題後，非華語學生能：
　　（非華語學生在學與教活動的設計上，須借助額外的文字圖片資料，以輔助學生理解中國文化及培養學習中國歷史的興趣。）

1. 學習本課題後，初步瞭解天文儀器與造紙術，對中國文化及科技的影響。（知識內容、概念）
2. 透過學習天文儀器與造紙術，讓非華語學生認識及欣賞古人的科學智慧。（情意、態度）
3. 應用天文儀器與造紙術的工作紙，內容包括圖像、圖表、繪圖、供詞填充、選擇及比較表，透過學習天文儀器與造紙術，讓非華語學生欣賞中國天文科技發展的成就，從而提升非華語學生對學習中國歷史及中國文化的興趣。（情意、態度）

三、教學建議：

1. 具體教學流程建議見教師版工作紙內的指引。
2. 本示例以瞭解兩漢的造紙術與天文儀器的發明為主題，應用不同的工作紙內容，包括圖像、圖表、繪圖，選擇及比較等較直接簡單的工作紙作為「因材施教」的原則。「因材施教」乃重要原則，水準一般的非華語學生，可多選取繪圖及選擇題型；水準較高的非華語學生，可多選取供詞填充及比較表等具理解性的題型。
3. 本教學設計共有三個設計理念：
   3.1 設計理念一：從學習兩漢的造紙術與天文儀器的發明組成的課堂工作紙。
   3.2 設計理念二教師可按非華語學生能力及興趣選取並調適課堂工作：紙。

3.3　設計理念三：本課程採用多元化教學策略，讓非華語學生從兩漢
的造紙術發明過程中學習中國文化發展，並採用視聽媒體等非文
字性質的教材，以提升非華語學生學習中國歷史及文化的興趣及
效能。

四、教學重點：

教學設計的一個學習重點：習本課題後，初步瞭解天文儀器與造紙術對
文化與科技的影響。

最後，有關任教非華語學生的老師支援方面，我認為應參考關之英博士
的建議，設計非華語學生觀課表[10]，以下是本人設計的非華語學生中國歷史
教學觀課表，讓任教非華語學生的老師在觀課表現的評分，得到更準確的表
現評估。

---

[10]　關之英：〈香港中國語文教學（非華語學生）的迷思〉，《中國語文通訊》，2014年第93卷第1期，
第51至55頁。

非華語學生中國歷史教學觀課表

非華語學生中國歷史課題內容：＿＿＿＿＿＿＿＿＿＿＿＿＿＿＿＿＿＿

＿＿＿＿＿＿＿＿＿＿＿＿＿＿＿＿＿＿＿＿＿＿＿＿＿＿＿＿＿＿＿＿＿＿

教學設計

□在學與教活動的設計上，是否已借助額外的文字圖片資料，以輔助學生理解中國文化及培養學習中國歷史的興趣。

□課程是否採用多元化教學策略，並採用視聽媒體等非文字性質的教材，以提升非華語學生學習中國歷史及文化的興趣及效能。

□「因材施教」乃重要原則，水準一般的非華語學生，是否採用繪圖及選擇題型。

□水準較高的非華語學生，是否採用供詞填充及比較表等較具理解性的題型。

任教老師

□教學態度是否充滿熱誠

□是否使用非華語學生明白的歷史詞彙

□是否善用關鍵詞聯想法

非華語學生表現（班別：　　　　　）

□學習態度是否投入

□是否參與課堂活動

□是否善用關鍵詞聯想法做回應

教材及教具

□學習教材是否與輔助非華語學生理解中國文化有關

□學習教材是否與非華語學生培養學習中國歷史的興趣有關

□教具是否幫助非華語學生應用關鍵詞聯想法以做回應

教學活動

□教學活動能否引起非華語學生的學習動機

□教學活動是否有安排學生互相學習

□教學活動是否有安排師生互動

對非華語學生中國歷史本節教學內容建議：＿＿＿＿＿＿＿＿＿＿＿＿＿

＿＿＿＿＿＿＿＿＿＿＿＿＿＿＿＿＿＿＿＿＿＿＿＿＿＿＿＿＿＿＿＿

＿＿＿＿＿＿＿＿＿＿＿＿＿＿＿＿＿＿＿＿＿＿＿＿＿＿＿＿＿＿＿＿

＿＿＿＿＿＿＿＿＿＿＿＿＿＿＿＿＿＿＿＿＿＿＿＿＿＿＿＿＿＿＿＿

觀課老師姓名及簽署：＿＿＿＿＿＿＿＿＿＿＿＿＿＿＿＿＿＿＿＿

授課老師姓名及簽署：：＿＿＿＿＿＿＿＿＿＿＿＿＿＿＿＿＿＿＿

日期：＿＿＿＿＿＿＿＿＿＿＿＿＿＿＿＿＿＿＿＿＿＿＿＿＿＿

附錄二：陳漢成式關鍵字聯想表（中一教學內容）

陳漢成式關鍵字聯想表

	1	2	3	4	5	6	7	8
三家分晉				韓	趙	魏		
戰國七雄	齊	楚	燕	韓	趙	魏	秦	
七國之亂	吳	楚	膠東	膠西	趙	淄川	濟南	
八王之亂	齊王	楚王	河間王	東海王	趙王	長沙王	汝南王	成都王

隋朝、唐朝三省

	1	2	3
隋朝	內史	門下	尚書
唐朝	中書	門下	尚書

隋朝、唐朝、明朝六部

	1	2	3	4	5	6
隋朝	吏	戶	禮	兵	刑	工
唐朝	吏	戶	禮	兵	刑	工
明朝	吏	戶	禮	兵	刑	工

陳漢成式關鍵字聯想表（中二教學內容）

年份／戰役名稱	1	2	3	4	5	6	7	8
1840-1842 鴉片戰爭	英國							
1856-1860 英法聯軍	英國	法國						
1883-1885 中法戰爭		法國						
1894-1895 中日戰爭			日本					
1900-1901 八國聯軍	英國	法國	日本	美國	德國	俄國	義大利	奧匈帝國

附錄三：非華語學生選擇題

中一題目及選擇題樣本
題一（三家分晉）
根據上表資料顯示，三家分晉後，哪一國被韓、趙及魏瓜分？
A晉
B燕
C燕
D魏

題二（戰國七雄）
承上題，戰國七雄中，哪一國能夠統一全國？
A秦
B齊
C燕
D魏

題三（七國之亂）
七國之亂是發生在哪一個朝代？
A夏朝
B西漢
C東漢
D新朝

中二題目及選擇題樣本

題一（五場戰役統計分析）
根據上表資料顯示，哪兩個國家和中國爆發合共三次戰爭？
A英國與法國
B英國與日本

C日本與英國

D德國與英國

題二（五場戰役統計分析）

承上題，哪個國家和中國爆發兩次戰爭？

A俄國

B日本

C美國

D德國

七國遊戲咭

遊戲方法說明：

1. 請7位非華語學生參加本遊戲

2. 老師隨機派發七國遊戲咭

3. 老師解釋遊戲方法

　　7位非華語學生獲得的七國遊戲咭

　　正面是七國名稱

　　齊、楚、燕、韓、趙、魏及秦

　　背面是阿拉伯數字：1, 2, 3, 4, 5, 6及7

4. 老師帶領全班學生一起讀出阿拉伯數字

　　1, 2, 3, 4, 5, 6及7

5. 參加七國遊戲的7位非華語學生，開始將阿拉伯數字排序（鼓勵全班參與及沒有參加本遊戲的同學可做溫馨提示）

6. 7位非華語學生將阿拉伯數字排序全部完成後，橫排成一直線

　　老師指引全班學生一起讀出阿拉伯數字：1, 2, 3, 4, 5, 6及7

7. 老師指引7位非華語學生將七國遊戲咭轉為正面（七國名稱）

　　老師帶領全班學生一起讀出七國名稱

　　齊、楚、燕、韓、趙、魏及秦

8. 由於七國名稱已排序，老師請參加本遊戲的7位非華語學生，交回七國遊戲咭

9. 老師隨機再派發七國遊戲咭

在開始排序前，老師帶領全班學生一起再讀出七國名稱

10. 參加七國遊戲的7位非華語學生，開始將七國排序（鼓勵全班參與及沒有參加本遊戲的同學可做溫馨提示）

11. 7位非華語學生將七國排序全部完成後，橫排成一直線

12. 老師帶領全班學生一起再讀出七國名稱

13. 配合Keynote的鞏固題目做測試

14. 例如：老師問戰國七雄的第一個次序？負責齊國的非華語學生便會踏前一步，老師帶領全班學生一起再讀出齊國名稱

15. 老師請負責齊國的非華語學生回到原來位置

16. 全班完成了共四條測試題後，老師再鞏固一次關鍵詞聯想表

17. 老師帶領全班學生一起讀出阿拉伯數字：1, 2, 3, 4, 5, 6及7
老師帶領全班學生一起再讀出七國名稱

18. 全班掌聲鼓勵7位非華語學生參加本遊戲的同學，並請他們交回七國遊戲咭

19. 請其他非華語學生完成工作紙，再請個別同學到白板書寫七國
最後，解釋阿拉伯數字7字的重要性，7字代表秦國，戰國七雄中，秦國最終統一全國，所以，Keynote顯示的數字7是最大的

非華語學生評核方式建議初稿

	讀	寫	聽	說
1）分班試	✓	✓	✓	✓
2）課前預習	✓	✓	✓	
3）關鍵詞聯想表	✓	✓	✓	✓
4）說歷史故事	✓	✓	✓	✓
5）教學電視	✓		✓	✓
6）課堂習作	✓	✓		
7）關鍵詞朝代表	✓	✓	✓	✓
8）同儕互評	✓	✓	✓	✓
9）課後補課	✓	✓	✓	✓
10）師生觀課表	✓	✓	✓	✓
11）Kahoot	✓	✓	✓	
12）獎學金數據	✓	✓		✓

第十章　淺議20世紀20年代中小學歷史教育的旨趣與取法

揚州大學社會發展學院歷史系
朱煜

　　二十年代，在胡適、顧頡剛等新派學人宣導的史學新典範，以及杜威實驗主義教育觀的影響下，中小學歷史教育的旨趣與取法出現了轉向「事實之學」的革新趨向。中小學歷史教育的旨趣從清末民初注重發揮「致用」功能轉向「求真」與「史法」之訓練，教育方法亦由傳統的側重「記誦」與「講授」轉至「問題之研究」。這場革新運動是由民間教育社團主導的，雖編寫出新歷史課程綱要並出版了新歷史教科書，且在部分學校進行實驗，然而新歷史課程綱要只是參考性文本，各校教員之歷史教育，亦未必奉之為準繩。不過歷史教育趨新也是事實，而且對二十年代後期的中小學歷史教育仍帶來一定的延續性影響。

　　二十年代的中國史學界，占據學術主流地位的胡適、顧頡剛等新派學人，受歐美近代實驗主義和清代漢學家治學方法的影響，其所揭櫫的史學旨趣，意在不要涉及價值判斷、道德教訓，提倡以「科學方法」整理國故，崇尚歷史研究應注重「事實」而非「價值」，強調歷史學的「求真」屬性，主張學術與致用分開，由此形成了迥異於20世紀初梁啟超等宣導史學須彰顯致用功能的史學新典範[1]。這是學界大致的認識[2]。不過在這種史學新風下，中小學歷史教育是否也在一定程度上反映了這種史學新理念？具體實踐情形

---

[1] 20世紀初，梁啟超將「喚起精神」、「以助愛國思想之發達」作為史學之職志。不過二十年後，梁啟超亦改倡「為歷史而治歷史」，強調史家治史不宜於歷史之外「徬懸一更高更美之目的」。五年後，再變為主張學用統一論。參見許冠三：《新史學》（長沙：嶽麓書社，2003年），第17頁。

[2] 參見王汎森：〈民國的新史學及其批評者〉，羅志田主編：《20世紀的中國學術與社會（史學卷）》（上）（濟南：山東人民出版社，2001年），第31、89、129頁；張越：〈五四時期中國史學的轉型〉，《史學史通論與近現代中國史學研究》（北京：北京師範大學出版社，2011年），第128-132、138-141頁；王學典：《新史學與新漢學》（上海：上海古籍出版社，2013年），第35-71頁。

如何？既往研究未有足夠關注[3]，本文擬就此進行初步的探討。

一、由致用轉向求真及史法之訓練

中國史學歷來有「學以致用」的傳統，所謂「道德之提倡，資鑑之供給，愛國心之激發，乃舊日學者研究撰史之主要目的」[4]。20世紀初，基於反對君主專制和救亡圖強的時代背景，梁啟超宣導「新史學」，其主要特點之一，就是突出強調史學應突顯民族主義和愛國教育等社會功能。梁啟超認為，史學的功用在於「國民之明鏡」、「愛國心之源泉」。章太炎也明確指出，歷史最大的用處，是能夠激發人們的愛國心。這種認識成為當時學界的主流觀點。即使與梁啟超等猛烈抨擊舊史學的態度判然不同的「國粹派」學人，也主張運用歷史來激發國人的愛國主義和民族精神[5]。

在此背景下，20世紀初的教育界將實施愛國教育和發掘史學社會功能作為歷史教育的基本宗旨。1904年清政府頒布的中小學堂章程將歷史教育的要義確定為「養國民忠愛之本源」，「養成國民自強之志氣」，「省悟強弱興亡之故，以振發國民之志氣」[6]。同年，上海《教育世界》雜誌刊登〈歷史教授法〉一文，認為史學側重社會目的，學校的歷史一科，具有陶冶兒童的各種功用，「其陶冶情意言則為效益著」。「一則鼓舞愛國之精神，以為國民的教育之資助。一則啟發兒童之良心，以副道德的教育之要求。」指出教

---

[3]　雖然一些學者的研究涉及到歷史教育，如劉龍心討論了新史學對歷史教育的影響，不過是基於大學史學教育的視野。劉龍心：《學術與制度：學科體制與現代中國史學的建立》（北京：新星出版社，2007年），第541-580頁。陳寶雲對《史地學報》學人群的史地教育觀念有所闡發，然在教學實踐層面也多聚焦大學史地教育。陳寶雲：《學術與國家：《史地學報》及其學人群研究》（合肥：安徽教育出版社，2010年），第239-259頁。李帆論述了顧頡剛、傅斯年等民國史家求真與致用的雙重情懷與糾葛，對二十年代顧頡剛編初中《本國史》教科書風波做了深入解剖，不過主要是從學術史角度的探討。李帆：〈求真與致用的兩全和兩難──以顧頡剛、傅斯年等民國史家的選擇為例〉，《近代史研究》，2018年第3期，第4-22頁。

[4]　齊思和：《齊思和史學概論講義》（天津：天津古籍出版社，2007年），第29頁。外國史學也難以迴避「現實適用性」問題，歷史學與民族認同、公民責任感等政治性議題關係綿密。參見約翰・托什：《史學導論》（北京：北京大學出版社，2007年），第43頁；安東莞・普羅斯特：《歷史學十二講》（北京：北京大學出版社，2012年），第261-265頁。

[5]　張越：《新舊中西之間──五四時期的中國史學》（北京：北京圖書館出版社，2007年），第32、44-47頁。

[6]　〈奏定初等小學堂章程〉、〈奏定高等小學堂章程〉、〈奏定中學堂章程〉，課程教材研究所編：《20世紀中國中小學課程標準・教學大綱彙編（歷史卷）》（北京：人民教育出版社，2001年），第5-7頁。

授歷史「在藉歷史上理法事實，以達其教育兒童之目的」[7]。由此可見，20世紀初的歷史教育強調發揮史學的愛國教育和道德教化功用，其實質是注重歷史的「致用」功能。

　　20世紀初編輯的歷史教科書頗注意及此。被梁啟超譽為「晚清思想界革命的先驅者」的夏曾佑，在其1904年由商務印書館出版的《最新中學中國歷史教科書》卷首的〈敘〉中說：編纂現代歷史教科書應「文簡於古人而理富於往籍，其足以供社會之需」，教科書應致力於實現其社會教育的功能[8]。作者特別強調教科書須富含「理」，也就是「觀念」，體現歷史教育的「致用」性質。1906年上海震東學社印行的黃明鑑編《高等小學西洋歷史教科書》的〈序〉也說：「小學校教授歷史一科，必由鄉土故事始以其見聞習熟易於詳晰；次由一鄉推之一國，凡取可忻可感之事實，以引起兒童愛國心；次由一國推之列國，檢其關係尤切事理易明者，以廣其學識，並於讀本國史時有互證參觀之助。」[9]這些都旨在說明歷史教育尤其是本國史教育的「現實意義」，觀念傳遞、愛國心激發在其中占據了極為重要的地位。可以說，這些「歷史教授之法」與「新史學」的學風如出一轍，或者說是「新史學」觀念在歷史教育領域的運用與實踐。

　　但是到了二十年代，在五四新文化運動及多種複雜因素的作用之下，「新史學」[10]的「致用」觀念遭遇到胡適宣導的「注重事實、尊崇證據」[11]的「求真」觀念及「大膽的假設、小心的求證」的「科學方法」衝擊而逐漸淡出主流史學圈。1919年以後，以胡適為代表的新文化學者轉向「整理國故」，主張「用精密的方法，考出古文化的真相」，「重新估定一切價值」[12]，開始了以「再造文明」為標鵠的整理國故運動。這場文化運動從清

---

[7]　〈歷史教授法〉，《教育世界》，第72期〔光緒三十年二月下旬（1904年3月）〕，第1、4頁。按，此文未署作者姓名，但研讀其內容，不難發現該文與1914年6月「希甫」發表在《中華教育界》上的〈歷史教授法之研究〉的文字有很多相同之處，由此推斷兩文的作者似為同一人。

[8]　夏曾佑：《最新中學中國歷史教科書》，第1冊（上海：商務印書館，1904年），第1頁。

[9]　黃明鑑編：〈序〉，《高等小學西洋歷史教科書》，第1冊（上海：震東學社，1906年）。

[10]　「新史學」是一個含義多重的概念。就20世紀中國而言，「新史學」有狹義和廣義的指稱。狹義上，專指世紀初梁啟超開創的追尋「公理公例」、注重史觀和致用的新史學；廣義上，指從梁啟超以後各種新的史學思潮、流派的總稱。1941年周予同作《五十年來中國之新史學》、1986年許冠三著《新史學九十年》，其研究對象均為廣義的「新史學」。本文的「新史學」指20世紀初梁啟超開啟的注重史觀和致用的新史學，另以「史學新典範」指稱胡適等開創的注重求真與科學方法的史學新風氣。

[11]　胡適：〈我的歧路〉（1922年），《胡適文存二集》，卷三（上海：亞東圖書館，1929年），第100頁。

[12]　胡適：〈整理國故與打鬼〉（1927年），《胡適文存三集》，卷二（上海：亞東圖書館，1930

代樸學家的考證方法中提取科學精神，又借鑑西方的自然科學方法，形成一種「中西合璧」的「科學方法」[13]，並以之來研究歷史，形成了五四以後推重史料考訂與科學方法運用，致力於探尋「真確的事實」[14]的史學新風氣。

另一位被傅斯年歎為「在史學上稱王」的「古史辨」派創立者顧頡剛，並無胡適、傅斯年等新派學人的留洋履歷，也非新文化運動領袖，然其石破天驚地提出「層累地造成古史」說，其名聲不僅迅速蜚聲國內，而且遠播海外。學界甚至認為他在民國史學界「事實上長期坐第一把交椅」[15]，其學術聲望可見一斑。顧頡剛認為：「過去的乾嘉漢學，誠然已具有科學精神，但是終不免為經學觀念所範圍，同時其方法還嫌傳統，不能算是嚴格的科學方法。要到『五四』運動以後，西洋的科學的治史方法才真正輸入，於是中國才有科學的史學可言。」[16]可見顧頡剛是很重視「史法」對史學意義的。誠如王晴佳所言：「在顧頡剛眼裡，後期（按，指民國成立以後）史學的進步，主要表現為科學方法的運用，而科學方法運用之成效，在於發現和擴充了史料。」[17]

在五四以後注重「求真」和「科學方法」的史學新潮下，歷史教育亦明顯地由重「致用」價值、道德教化而轉向探尋歷史的「真相」和「史法」之訓練。換言之，即從「致用之學」轉向「事實之學」。

要論二十年代轉向「事實之學」的新歷史教育，不能不提及何炳松。因為他對新歷史教育有宣導之功[18]。1920至1922年，他在北京大學史學系主講《近世歐洲史》課程時，以當時美國著名史家魯濱遜（James Harvey）和俾耳德（Charles A.Beard）二人所著《歐洲史大綱》及《現代歐洲史》為藍本撰寫的《近代歐洲史》講義雖然認為研究歷史的目的在「通今」，「研究過

年），第211頁。

[13] 二十年代，「新史學」的提倡者梁啟超也講」科學方法」，然指「社會科學方法」，與胡適、傅斯年等人主張以「自然科學方法」治史的取向不同。

[14] 提倡唯物史觀在史學上價值的李大釗也指出歷史家的任務，在於「在故紙裏中」，」找出真確的事實」，「尋出那些事實間的理法」。可見二十年代強調求真、注重「事實」之史學風氣之盛。參見李守常：《史學要論》（北京：商務印書館，2000年），第30、69頁。

[15] 王學典、孫延傑：〈小引〉，《顧頡剛和他的弟子們》（濟南：山東畫報出版社，2000年），第2頁。

[16] 顧頡剛：〈引論〉，《當代中國史學》（上海：上海古籍出版社，2002年），第2-3頁。

[17] 王晴佳：〈《當代中國史學》導讀〉，《當代中國史學》（上海：上海古籍出版社，2002年），第19頁。

[18] 二十年代何炳松不僅向國人譯介了美國魯濱遜的《新史學》，而且翻譯了體現杜威實證主義教育理念的亨利·約翰生的《歷史教學法》，發表了滲透新歷史教育觀的〈歷史教授法〉文章。

去方可以了然於現在」，不贊成新文化運動後許多新派學人所持的「為學問而學問」的態度，不過顯然他所闡發的歷史學旨趣並不注重道德教化、愛國教育等「致用」功能，而是強調「歷史為研究人類過去事實之學」[19]。1925年他在一篇文章中更加明確地說：「歷史是我們對於人類過去的一種知識，他的功用在於幫助我們明白我們自己的現狀，所以歷史對於我們是一種常常變化的東西。」「以為歷史是一種前車之覆，是一種軍人政客的考鑑。」「歷史除在幫助我們明白現狀外，沒有別的效用。」歷史教育要「養成學生自動研究的習慣」[20]。可見何氏反對教化的或史觀的教育，不認為歷史教育應具有垂訓的、資鑑的或愛國教育的價值，而提倡「研究問題」，釐清史料中的「偏見」，這些觀點與胡適、顧頡剛等新派學人的立場不謀而合。

　　學界一般認為，新文化運動以後史學界分成以北京大學的新派學人和南京高等師範學校（後改稱東南大學）傳統派學人為中心的所謂北派和南派[21]。不過在歷史教育方面，南派學人並不保守，兩派在歷史教育功用上的認識大致趨同。

　　當然，相較於北派學人某些觀點的「激烈」，南派學人表現得可能「溫和」與「柔性」一些。1921年，素有「東南學術重鎮」之稱的南高歷史系主任徐則陵[22]在《教育彙刊》發表〈歷史教學法〉一文，指出歷史雖然有提倡愛國教育的一面，但是絕對不宜專講愛國主義，愛國主義「不過歷史所包含的一種」目的，「倘使偏重於此端，就有流弊」[23]。次年，他在〈學校設歷史一科應以何者為目的〉一文中對歷史教育的目的做了更為詳盡的闡述。他舉德國、日本的歷史教育為例，指出兩國歷史教育「專以忠君愛國為

[19] 何炳松編譯：《近代歐洲史》（1924年），劉寅生、房鑫亮編：《何炳松文集》第1卷（北京：商務印書館1996年），第365、381頁。

[20] 何炳松：〈歷史教授法〉（1925年），《歷史研究法》（上海：上海古籍出版社2012年），第83、90頁。

[21] 所謂的北派，大抵指胡適、顧頡剛、傅斯年等為中心的新派學人；所謂的南派，大抵指以南京高師（後稱「東南大學、中央大學」）為主的傳統派學人，如柳詒徵、吳宓、繆鳳林、陳訓慈、張其昀等，他們以辦《學衡》、《史學雜誌》等期刊與北派相抗衡。不過所謂新派、傳統派只是相對的概念，真正的舊派並不多。參見王汎森：〈民國的新史學及其批評者〉，載羅志田主編：《20世紀的中國學術與社會（史學卷）》（上）（濟南：山東人民出版社，2001年），第32-34頁。

[22] 徐則陵，本字仰丘，後改養秋。此說見吳宓著、吳學昭整理：《吳宓自編年譜》（北京：生活・讀書・新知三聯書店，1995年），第228頁。關於徐則陵的名號，筆者2006年電話詢問徐則陵的三女徐緯英，據她說「養秋」是徐則陵的號。1920至1927年徐則陵在南高（東大）的任職情況，見徐則陵自撰的〈徐養秋生平〉，徐緯英、徐畹芬主編：《徐養秋追思錄》（廣州：廣東省語言音像電子出版社，2006年），第169頁。

[23] 徐則陵講，潘之賡、衛士生記：〈歷史教學法〉，《教育彙刊》，第2集（1921年8月），第1頁。

目的」，教材極力「推崇王室」，以「引起國民崇拜之心理」，甚至不惜「顛倒史事」、「偽造歷史」，「以愚民也」。他將此種歷史教育斥之為「妄」。他認為古今社會情勢不同，問題也各異，今日如仍將歷史視作「資鑑之工具」實為「泥古之談」，並言：「歷史上所謂善人者，未必真善。所謂奸佞者，未必真惡。」因此假若歷史可以訓練「道德裁斷」，養成道德觀念，若非故意「抑揚」、「褒貶」是不可能的。他將此種歷史教育名之為「虛」。他認為以「妄」與「虛」為歷史教育目的，是不恰當的。

歷史教育應以何者為目的呢？徐則陵列舉出十四條具體目的，其中雖有「發展正當國家觀念」、「發展國際正誼之觀念與國際同情」等關涉價值意義、道德教化的內容，不過這些側重「致用」的目的僅占二三條，多數目的突顯的是「學術眼光」，如「發展對於過去之同情」、「涵養知識活動之興趣」等，特別是認為歷史為「事實之學」，因此歷史教育應「訓練整理事實自下結論之能力」，提倡關注「事實」，訓練學生的「判斷力」、「想像力」，從材料出發得出結論的能力。換句話說，徐則陵的歷史教育目的觀更傾向於使學生領會「事實之學」[24]。

徐則陵的學術名望雖不及胡適、顧頡剛等人，然有留美經歷，從其發表的論著看，他對近代西洋史學潮流相當熟稔，且服膺實驗主義、考訂之學[25]。更應注意的是，他受新學制課程標準起草委員會委託，起草〈高級中學公共必修的文化史學綱要〉，將探尋「史象」因果，「指示研究途徑」，給予「研究之機會」作為高中歷史教育的重要目的與方法。在這篇更能引起教育界關注、更具引領作用的課程綱要中，通篇未見「愛國」、「道德」等字眼，其所提示的「教法」，旨在引發學生的研究興趣，課堂教學大部分時間採用「共同研究式」、「參用問題式」，使教學活動處於「問題」和「研究」之中，教科書的作用也只是「研究之始基」[26]。事實上，歷史教育由愛國教育與道德教化為核心轉向注重「追溯事物的原委」、瞭解歷史事件真相為目的的「事實之學」，是二十年代新學制中小學歷史課程標準綱要的共同價值取向，表現為此一時期歷史教育的基本特徵。當然，歷史教育的重心轉向「求真」與「史法」的養成，在二十年代的「新史家」看來並不意味著

---

[24]　徐則陵：〈學校設歷史一科應以何者為目的〉，《教育彙刊》（南京），1922年第4集，第2-6頁。

[25]　參見徐則陵：〈近今西洋史學之發展〉，《史地學報》，第1卷第2期（1922年4月），第6頁。

[26]　徐則陵起草：〈高級中學公共必修的文化史學綱要〉（1923年），全國教育會聯合會新學制課程標準起草委員會編：《新學制課程標準綱要》（上海：商務印書館，1924年），第93-94頁。

不要愛國，更非絕對排斥史觀，只是反對將世俗需要、政治目的作為歷史教育的宗旨。徐則陵即指出歷史教育「非專講愛國主義的」，不過愛國仍應提倡[27]。顧頡剛認為歷史教育應當注意「事實」[28]，不過也要建立「正確的歷史觀念」，「把進化的跡象指示出來」[29]，而進化即是一種史觀。

　　值得注意的是，二十年代的史學新典範並不囿於學理探討，實際上多少已經走出「象牙塔」而借助歷史教育向公眾普及與傳播。除了新學制歷史課程標準綱要外，更具典型意義的是新學制歷史教科書的編寫。胡適校訂、顧頡剛與王鍾麒編輯的《現代初中教科書本國史》（商務印書館1923、1924年初版），就「隱晦」地將作者的疑古心得編進了教科書。這套書在二十年代非常暢銷，1927年該書上冊已出到五十五版，發行累計二十五萬冊[30]。正因為該書蘊含著作者運用史料考證方法重新認識古代文明的疑古觀念，極大地衝擊了人們既有認識，以至於1929年春招致國民政府教育部的封殺[31]。此書的結局固然反映政府「思想控制」的一面，卻也昭示顧頡剛疑古思想乃至五四以後史學新典範對歷史教育的影響。

　　另一位曾與胡適同期留美，編纂了流布極廣的《新學制高級中學教科書西洋史》而出名的陳衡哲於1924年說道：「歷史不是叫我們哭的，也不是叫我們笑的，乃是要求我們明白他的。我們研究歷史時，應該採取這個態度。」可見她並不把歷史當作所謂「觀念」教育的載體，而是作為一種學術加以對待。她認為，現代的歷史學是19世紀中葉以後因為借助了相關自然科學手段而真正形成為一門學術的[32]。從陳衡哲對其撰寫《西洋史》的動機、態度等內容的描述，我們已經很難看到20世紀初「新史學」所追尋的「公理公例」、「學以致用」的痕跡，有的是「為學問而學問」、注重「科學方法」的取向。之所以有這樣的變化，正是二十年代史學研究之風由重「價值」、「致用」向重「求真」與「史法」轉移，由重觀念闡釋向重史料實證

---

[27]　徐則陵講，潘之賡、衛士生記：〈歷史教學法〉，《教育彙刊》第2集（1921年8月），第1頁。

[28]　參見顧頡剛、王鍾麒編輯：〈編輯大意〉，《現代初中教科書本國史》（上海：商務印書館，1925年），第1頁。

[29]　顧頡剛：〈中學校本國史教科書編纂法的商榷〉，《教育雜誌》1922年第14卷第4期，第8頁。

[30]　《民國時期總書目（中小學教材）》（北京：書目文獻出版社，1995年），第217頁；顧潮編著：《顧頡剛年譜》（北京：中國社會科學出版社，1993年），第172頁；顧潮：《歷劫終教志不灰·我的父親顧頡剛》（上海：華東師範大學出版社，1997年），第77-79頁。

[31]　顧潮：《歷劫終教志不灰·我的父親顧頡剛》（上海：華東師範大學出版社，1997年），第78-79頁。

[32]　陳衡哲：〈導言〉，《新學制高級中學教科書西洋史》，上冊（上海：商務印書館，1926年），第2、4頁。

演變的結果。教育與學術關係之綿密由此亦可見一斑。

二、從記誦與講授轉至問題之研究

　　如前所述，二十年代中小學歷史教育轉向「事實之學」並不限於學人的研討，實際上已經從學理範疇進入實踐層面，新學制歷史課程標準綱要以及不少新式教科書中均有鮮明體現。不僅於此，「事實之學」也不僅止於歷史教育旨趣的重建，在學校歷史教育方法方面，隨之亦由傳統的注重「記誦」與「講授」，趨向於適合「求真」與「史法」訓練的「問題」之研究教學法。

　　中國傳統的歷史教育大體上採取「口耳相傳」以及記誦與講授式的教育方法。清末廢科舉、興學校以後，歷史教育的方法仍然注重記誦與講授。馮友蘭在〈三松堂自序〉中回憶清末在家鄉接受啟蒙教育的情形說：

> 男孩子從七歲起上學，家裡請一個先生，教這些孩子讀書。女孩子七歲以後也同男孩子一起上學，過了十歲就不上學了。在我上學的時候，學生有七八個人，都是我的堂兄弟和表兄弟。我們先讀《三字經》，再讀《論語》，接著讀《孟子》，最後讀《大學》和《中庸》。一本書必須從頭背尾，才算讀完，叫做「包本」。[33]

　　可見清末的蒙學教育注重背誦《三字經》以及「四書」等啟蒙教材，而歷史教育就蘊含在所記誦的這些教材之中。

　　曾任國民黨中央宣傳部長的張道藩回憶其早年讀書情形也說：

> 我十多歲的時候，前清的科舉考試廢除了，各省先後興辦了新的學校（當時一般人都稱之為「洋學堂」），⋯⋯我在十四歲以前讀的書就是《千字文》、《龍文鞭影》、《千家詩》、《幼學瓊林》、《對子書》、《四書》、《詩經》等書。當時的老師只教學生們讀而不講。我的悟性又差，所以讀了許多書都不能完全暸解，也得不到讀書的樂趣。[34]

---

[33] 馮友蘭：《三松堂全集》，第1卷（鄭州：河南人民出版社，2001年），第6頁。
[34] 張道藩：《酸甜苦辣的回味》（臺北：傳紀文學出版社，1981年），第4頁。

從張道藩所憶可見其時小學校的教學方法大都讓學生記誦課文，教師講授較少。

不過也不盡如此。錢穆曾述及早年在家鄉無錫蕩口鎮的新式小學——果育學校高級班的教學情形：

> 顧師學通新舊，尤得學生推敬。師又精歷史與地之學，在講堂上喜講三國兩晉，於桓溫、王猛常娓娓道之，使聽者想見其為人。師之輿地學兼通中外，時發精闢之論。……余中年後，治學喜史地，蓋由顧師導其源。[35]

錢穆所述的「顧師」指的是果育學校的國文老師顧子重。由錢穆的回憶可見顧老師上課注重講授、議論。其講歷史人物栩栩如生，學生有如臨其境、如見其人的感覺。錢穆又回憶曾就讀的常州府中學堂的歷史教育情形說：

> 余十三歲入常州府中學堂，時為清光緒末年之冬季。……當時常州府中學堂諸師長尤為余畢生難忘者，有呂思勉誠之師。……任歷史、地理兩課。……誠之師不修邊幅，上堂後，盡在講臺上來往行走，口中娓娓不斷，但絕無一言半句閑言旁語羼入，而時有鴻議創論。同學爭相推敬。

在錢穆筆下，當時為中學堂歷史教員的呂思勉知識淵博，上課娓娓道來，且內容精煉，贏得學生們的敬重。可見講授是當時中學歷史教育的主要方法。雖然中國古代教育思想寶庫中不乏啟發誘導等先進教學理念與方法的智慧，但是由於長期受科舉考試的束縛與影響，使清末的歷史教育方法過於注重發揮教師的作用，不太關注學生的學習興趣，也不提倡問題式的研究。

大致說來，清末初小的文史教學側重記誦，隨著學生年齡的漸長，理解力的提高，高小以後的歷史教育就以教師講授為主了。

清末民初隨著西方赫爾巴特教育理論的輸入，講究記誦與講授的歷史教育方法開始受到衝擊。1914年《中華教育界》的一篇文章就反映了時人對歷

---

[35] 此段及下段引文，見錢穆：《八十憶雙親・師友雜憶》（北京：生活・讀書・新知三聯書店，1998年），第48、58頁。

史教育方法革新的認識。作者認為，歷史教育要運用講演、問答、談話、討論等多種方法。文章說：

> （一）講演體。講授本文指旨目的時用之。依次講演無問答。（二）問答體。預備時用之最多。……教師問矣，學生已答。學生之所答，未必盡合，而有待乎質證矣。即盡合矣，他生之心或以為未是，或以為未足。不為懇切詳明之解釋深印兒童之腦中，使其久而不忘，則猶未得為已盡教授之職也。……（三）談話體。教師與學生為自由之談話，……以練其推理力、判斷力。（四）討論體。令生徒自相辯難，教師惟如主席，然監察其上。於比較段最為適宜。[36]

　　這篇文章至少提示我們，民初學界注意到歷史教育方法除傳統的講演（講授）外，還有問答、談話、討論等新方法，通過談話和討論，能啟發學生的思考，培養推理、判斷的能力。

　　如果說赫爾巴特教育理論開啟了中國近代歷史教育方法革新序幕的話，五四以後傳入的杜威現代教育理論則使二十年代的歷史教育方法發生一個「革命性」的轉向，即由傳統的偏重「記誦」與「講授」轉至注重「問題」與「研究」。杜威在繼承和批判傳統教育思想的基礎上，形成了與傳統教育觀截然不同的現代教育觀。杜威主張教育應該按照學生的思維過程進行，要給學生以更多的機會進行獨立活動和思考，要按照學生思維發展的脈絡和特點安排教學內容，展開教學過程[37]。杜威現代教育理論的核心即是實驗主義的方法。杜威認為科學的發明和發現都是按照暗示、問題、假設、推理、驗證等步驟進行的，因此它是科學方法。他認為新教育就是盡量運用科學方法發展學生的經驗，教育必須以經驗為基礎[38]。事實上，胡適宣導的以「科學方法」研究學術的觀念即來自於杜威的實驗主義。晚年胡適曾回憶說：「我治中國思想與中國歷史的各種著作，都是圍繞著『方法』這一觀念打轉的，『方法』實在主宰了我四十多年來所有的著述。從基本上說，我這一點實在得益於杜威的影響。」他認為杜威是對他其後一生的文化生命「有決定性影

---

[36] 希甫：〈歷史教授法之研究〉，《中華教育界》，三年六月號（1914年6月），第16-17頁。

[37] 參見田本娜主編：《外國教學思想史》（北京：人民教育出版社，1994年），第373-374、381頁。

[38] [美]杜威：〈經驗與教育〉，載姜文閔譯：《我們怎樣思維‧經驗與教育》（北京：人民教育出版社，2005年），第297頁。

響」的學者[39]。因此二十年代歷史教育方法的革新絕非單純的教學法進步，實與胡適等推動的以「求真」及「科學方法」治史的研究旨趣相輔相成。時人曾感歎說：「現在頗有一種趨向，以為『注入』總是不對的，『啟發』總是好的」，「我國近來厭故喜新」已經成了「一種大毛病」[40]。這從側面印證二十年代歷史教育方法趨新的情形具有相當的普遍性。

1923年由全國教育會聯合會組織起草的新學制歷史課程綱要，即呈現了以「探尋事實」、「研究真相」為目的的歷史教育方法革新趨向。如提出小學歷史應「注重以表演或其他發表方法為目的的設計教學」，「高年級並注重問題研究」，「以聽講、閱書、調查、思考、證驗等為研究過程」[41]。初中歷史應「隨時以研究歷史的方法指導學生，以養成學生讀史的興趣和習慣」[42]。高中歷史須「指示研究途徑，對與學生以自己研究之機會」，教師「為研究引端時得用講演式，此外當以分綱共同研究式為正軌，參用問題式以維持興趣」[43]。

二十年代初，何炳松將傳遞「科學化歷史」觀念的美國魯濱遜《新史學》譯成中文出版，其致力於傳播「新史學」的努力清晰可見[44]。不過他的另一面則往往被學術史所忽略，就是他受到杜威實驗主義教育理論的影響。1925年何炳松在《教育雜誌》上發表〈歷史教授法〉一文。他指出：「我國差不多自從開始講授歷史起到了中學畢業為止，所謂歷史課程就是教科書」，「使用教科書最普通的方法，就是讀同背」。他認為這種教學法必須改革。教師的講授「固然亦有好處」，且「是一個最容易的方法」，然它「只能當作教授法上的一部分看」，他提倡問題與研究式的教學法，認為「教學法上的趨勢在於養成學生自動研究的習慣」。革新歷史教育的方向是

---

[39] 胡適口述，唐德剛譯注：《胡適口述自傳》（桂林：廣西師範大學出版社，2005年），第98、100頁。

[40] 何炳松：〈歷史教授法〉（1925年），《歷史研究法》（上海：上海古籍出版社，2012年），第81頁。

[41] 朱經農、丁曉先：〈小學歷史課程綱要〉（1923年），《新學制課程標準綱要》（上海：商務印書館，1924年），第17頁。

[42] 常乃德：〈初級中學歷史課程綱要〉（1923年），《新學制課程標準綱要》（上海：商務印書館，1924年），第45頁。

[43] 徐則陵：〈高級中學公共必修的文化史學綱要〉（1923年），《新學制課程標準綱要》（上海：商務印書館，1924年），第94頁。

[44] 1920年何炳松在北大史學系講授《歷史研究法》，即以魯濱遜的《新史學》英文書為課本。房鑫亮：〈何炳松年譜〉，劉寅生、房鑫亮編：《何炳松文集》第4卷（北京：商務印書館，1996年），第678頁。

養成學生的問題意識和研究習慣[45]。

　　需要注意的是，何炳松的這篇文章發表在《教育雜誌》上，而該雜誌由商務印書館出版，在民國時期的教育界影響很大。它從清末創刊以來即注重輸入國外現代教育理論與方法，引導中國的教育改革與實踐，某種意義上它已經中國教育的風向標。因此何氏文章的導向意義及其所產生的社會影響可以想見。四十年代顧頡剛曾對若干現代中國史家有些評論，他認為「何炳松與其說他是歷史學家，不如說他是教育家」[46]。此說儘管含有批評何氏史學成就的層面，不過它恰恰也從一個側面說明何氏在教育方面的突出貢獻。

　　當時史學界、教育界的學者中與何炳松持相同或類似觀點的大有其人。顧頡剛就認為，在中學歷史教育中，「引起趣味可說是教學法中最重要的一條」，並說：「想使學生發生趣味，樂意求學，自然應從他們的所知入手，對他們說些他們所能瞭解的東西。」[47]他反對教員只顧念課本的舊歷史教育方法，他說：

> （教師）未講書之前，要指定範圍使學生預習，每課出些簡短的問題讓學生試答，這樣可以幫助他們讀得明白；又要教學生自己懂得讀歷史，不光是靠耳朵聽。除教本外，應指定些補充讀物給他們自修，教他們做劄記和論文。……在堂上考問學生，共同討論和教學生做筆記都是不能少的手續。

　　不僅是中學歷史教育，小學歷史教育亦趨向於注重「問題」式教學法。1928年，朱智賢撰成了《小學歷史科教學法》一書。該書對小學歷史教育有嶄新的闡述。朱智賢指出，歷史的功用「在使人明瞭過去和現在的由來和大趨勢，與將來進化的傾向」。他認為：「歷史上有許多材料，可以激發愛國思想，而卻不能說這愛國功用，便是歷史唯一的功用。」「處今估定歷史的功用，不可存絲毫主觀，而要用客觀冷靜的態度來細心研究。」為此，他提倡小學高年級的歷史教育應重視問題解決式的教學方法。即「注意兒童所懷

[45]　何炳松：〈歷史教授法〉（1925年），《歷史研究法》（上海：上海古籍出版社，2012年），第88-90頁。

[46]　蔣星煜：〈顧頡剛論現代中國史學與史學家〉，《文化先鋒》，1947年第6卷第16期，第6頁。

[47]　此段及下段引文見顧頡剛：〈中學歷史教學法的商榷〉，《教與學》，1935年第1卷第4期，第8-10頁。

疑的問題」，或根據兒童的年齡智力水準提出問題，蒐集資料，提出證據，以求問題的解決[48]。

　　這股以「問題」與「研究」為導向的歷史教育方法革新之風，並非僅是理論上的闡述或高堂講章，實際上已經滲透到實踐層面。在北方，1921年，北京高師附中公布的〈中外歷史教授法大綱〉就明確地將「教授時宜用問答法引起其興味」作為歷史教育的一條原則[49]。1923年施行新學制以後，天津南開中學的歷史教育注重預習、討論等方法。「堂上功課多半由教員作問答式之講授，或參中而酌外，或引古以證今，其遇有可討論之點，則教員必與學生以充分時間，發揮意見，而己則從旁補充之、糾正之。」[50]在南方，施行新學制教育改革以後，東大附中歷史課程教學目標之一就是「養成學生理解力，使其能利用歷史事實，作為判斷是非，解決問題及應付環境之工具」[51]。該校基於各級課程程度深淺不一，歷史教學方法亦因之而異。初中仍重講演，但高中則以學生自習為主。江蘇省揚州中學的歷史教育方法似乎更明顯地反映出一種「體現個性」、「科學方法」、「注重研討」的新取向。據撰寫於1937年的揚州中學〈十年來史地教學概況〉一文介紹：

> 本校高中本國史教師，十年來屢有變更，而教學方法，則始終一貫，即用演繹歸納等科學方法研究歷史事實。在研究過程中，雖不能如自然科學，可置諸試驗室中，求得一定之結果，然歷代政治之演化，制度之沿革，風俗之良窳，經濟之榮枯，溯流窮源，即因求果，亦自有軌跡可尋，十年來教師以是啟示，學生以是研求，俱覺興趣橫生，……此本校歷史教學之經驗，敢告諸教育同志者也。[52]

　　由上可見，二十年代以後，無論是北方抑或南方的學校歷史教育均重視運用問題、討論、研究等新教育方法，教師注意激發學生的學習興趣和學習的主動性，給予學生充分的發展思維能力的空間。教師上課雖然仍有講授，

[48]　朱智賢：《小學歷史教學法》（上海：商務印書館，1930年），第2、5-6、26-27頁。
[49]　《北京高師附中本學年新訂各科教授法一覽・中外歷史教授法大綱》，《教育叢刊》，1921年第2卷第6集，第11頁。
[50]　〈史地學科〉，見《天津南開中學》（北京：人民教育出版社，1998年），第166頁。
[51]　廖世承等編：《施行新學制後之東大附中》（上海：中華書局，1929年），第157頁。
[52]　〈十年來史地教學概況〉（1937年），《江蘇省揚州中學》（北京：人民教育出版社，1997年），第131-132頁。

然而傳統的灌輸式、注入式的講授顯然已經落伍，而多注意採用「問題」式教學法，並引導學生進行適當的討論。換言之，歷史教育方法已由傳統的以「講授」與「記誦」為主向注重探尋「事實」真相的「問題」之研究路徑轉移。

三、中小學歷史教育革新之思考

上述分析可見，二十年代中小學歷史教育的旨趣與取法之所以轉向「事實之學」，乃受胡適、顧頡剛等宣導的史學新典範影響，同時與杜威實驗主義教育觀在中國的傳播也不無關係。這是基於史學與教育學術背景的觀察，也是導致二十年代歷史教育重塑與轉型的兩個主要因素。不過如若深入探尋其背後的思想與文化動因，並將視野放寬至當時整個中國社會，我們便不難發現，歷史教育的轉向與五四時代胡適等新文化運動領袖宣導對傳統文化持「評判的態度」的新思潮密切相關。這種新思潮的目的是「再造文明」，而「研究問題」與「輸入學理」則成為其主要手段[53]。空前規模的討論各種向來不成問題的問題，其本質即是對傳統文化的懷疑與挑戰。而雜誌報紙大規模的「輸入學理」，介紹西方的新思想、新學術、新文學、新信仰，使五四時代猶如先秦時期的諸子之百家爭鳴，雖難免良莠不齊、魚龍混雜，但對於打破中國傳統的儒家思想至尊地位，無疑具有重要的意義。新思潮的核心要義是「重新估定一切價值」，胡適發起的整理國故運動，包括顧頡剛創建的「古史辨」派及大規模清算古史的運動，皆為這種新思潮的產物。其目的即在「重新估定」數千年來傳統文化的價值。正是這種對傳統文化的懷疑態度，才導致五四以後以「求真」為旨趣的史學新典範的形成，也為二十年代中小學歷史教育轉向「事實之學」提供了重要的契機。

北洋政府時期相對寬鬆自由的教育環境也是不宜忽視的一個方面。孫任以都即指出：民初「政府長期軟弱無能，為中國的教育革新者提供了一個難得的機會」。加之處於軍閥割據混戰的年代，教育界由此「較少直接受到政府和官方正統觀念的控制」。這種比較自由的教育環境「不僅得益於中央政府的軟弱，也得益於帝國主義列強的多元化影響」[54]。在這當中，留學生群

---

[53] 胡適：〈新思潮的意義〉（1919年），《胡適文存》卷四（上海：亞東圖書館，1921年），第163-164頁。

[54] 孫任以都：〈學術界的成長，1912-1949年〉，費正清、費維愷編：《劍橋中華民國史》下卷，高

體在輸入西方尤其美國的學術、思想方面發揮了重要作用,而且他們在五四前後史學界、教育界具有較高的地位,不少人不僅是二十年代史學新典範或新學制改革的創立者、組織者或參與者,而且亦成為此一時期中小學歷史教育革新的「弄潮兒」。

由於北洋政府的統治軟弱和在教育上的「無為而治」,二十年代的中小學歷史教育革新多是在民間教育團體的策劃下展開的。在這方面,全國教育會聯合會和中華教育改進社這兩個民間新教育社團扮演了極為關鍵的角色。1922年10月,全國教育會聯合會於濟南召開的會議,決議「新學制系統草案」,並決定組織新學制課程標準起草委員會,胡適等五人為起草委員會委員,負責延聘各科專家起草各學科課程綱要。次年6月,編成《新學制課程標準綱要》一冊。小學歷史課程綱要由朱經農、丁曉先起草,初中歷史課程綱要由常乃德起草,高中文化史課程綱要由徐則陵起草[55]。如前所述,這些課程綱要體現了轉向「事實之學」的新歷史教育理念,由於新學制系統已於1922年11月以大總統黎元洪名義頒布並通令全國實施,故此新學制課程綱要也成為推動歷史教育旨趣與價值轉換的重要工具。與此同時,中華教育改進社下設歷史教學委員會及年會歷史教學組的成員,如徐則陵、陳衡哲、朱經農、何炳松、顧頡剛等學者,亦通過年會的決議或起草課程綱要或編纂新教科書等形式促進歷史教育的變革。

雖然二十年代的新歷史教育運動為民間教育社團所推動與主導,也可以說是教育界的「自發行為」,北洋政府未正式頒布新學制課程標準綱要,綱要僅是供各地學校參考性的文本,不過歷史教育轉向「事實之學」的趨向清晰可見。全國教育會聯合會及中華教育改進社,對當時的教育走向起著權威的引領作用,由這兩個教育社團的學者編輯的歷史課程標準綱要所要確立的新歷史教育的主流價值取向,對當時的歷史教育影響也不難想見。幾年之後,比北洋政權更擅長民族主義政治手法的南京國民政府[56],在內憂外患的交迫下,更期望加強思想控制,因此實施三民主義教育。歷史教育的「致

士華、董卉譯(北京:中國社會科學出版社1994年),第360、365頁。

[55] 起草歷史課程標準綱要的朱經農、常乃德、徐則陵等不僅受託於全國教育會聯合會新學制課程標準起草委員會,而且朱經農、徐則陵也是中華教育改進社的社員,常乃德為中華教育改進社的年會會員。常乃德參與該社年會之事,參見〈第四屆年會職員一覽〉,《新教育》,1925年第11卷第2期,第332頁。

[56] 參見羅志田:〈自序〉,《亂世潛流:民族主義與民國政治》(上海:上海古籍出版社,2001年),第1-5頁。

用」價值也明顯增強。1929年教育部頒行的歷史暫行課程標準滲透了抵禦外侮的民族主義意識，如將激發民族精神，喚醒在民族運動上責任的自覺，激起國民解除帝國主義束縛，完成解放的勇氣與努力等等作為歷史教育的重要目標[57]。儘管如此，從1929年官定的歷史教育目標中我們仍然可以見到其沿襲二十年代初歷史教育革新理念的一面。如強調歷史教育培養「無征不信」的態度、「自由研究」的習慣等，這些觀點與徐則陵、顧頡剛等人提倡的新歷史教育觀念是一脈相承的。可見歷史教育轉向「事實之學」並不囿於北洋政府時代，對二十年代後期的歷史教育仍帶來一定的延續性影響。

　　不過也必須指出，二十年代初開始的中小學歷史教育旨趣的轉移，只是在史學新典範和實驗主義新教育理論傳播背景下，由民間教育社團宣導並推行的，雖然在一些學校主要是新學制實驗學校有所施行，然而新學制歷史課程綱要畢竟是一種參考性文本，對歷史教科書的編纂並沒有「法規性」的制約作用。北洋政府時代雖然規定了教科書的審定制度，然採取聽任坊間自由編纂的態度，教育部設立的教科書審查機構也幾乎形同虛設，未經審定的教科書不在少數。政府「雖經明文規定，非經審定者，不准採用」，然國人「往往藐視國家法令，而政府亦從未實力加以取締」。更有甚者，「未當依據課程標準，隨意編輯，不送審查，擅自發行者」，亦有都市中學的外國史地等科選用外國原本，「捨本國審定之教本」等情形不一而足。不同版本教科書，不但「教材之詳略不同」，其宗旨亦「純駁互異」，差別甚大[58]。換句話說，體現新歷史教育理念的教科書未必就能成為學生案頭的讀本，更何況歷史教員的教學實態呢！1929年教育部在起草新的暫行課程標準時即曾指出，以往全國教育會聯合會編訂的課程標準，「頒行雖已數載，而教科書之據以編訂者，其內容既與原定標準不盡相符，各校教員之從事教學，亦鮮奉為準繩」[59]。此也大體說明其實施的真實情形。

　　綜上所述，二十年代有關中小學歷史教育的觀念與實踐發生明顯的變化，教育旨趣由「致用」轉向「求真」與「史法」之訓練，教育方法亦從側

---

[57]　〈初級中學歷史暫行課程標準〉，《中小學課程暫行標準》，第二冊（1930年4月），第25頁；
　　　〈高級中學普通科外國史暫行課程標準〉，《中小學課程暫行標準》，第三冊（1930年1月），第53-54頁。

[58]　鄭鶴聲：〈三十年來中央政府對於編審教科圖書之檢討〉，《教育雜誌》，1935年第25卷第7號，第39-40頁。

[59]　〈初級中學暫行課程標準說明〉（1929年），《20世紀中國中小學課程標準·教學大綱彙編（課程教學計畫卷）》（北京：人民教育出版社，2001年），第120頁。

重於「記誦」與「講授」轉至「問題之研究」。當然，這種趨新潮流後來也引起一些質疑之聲，尤其是認為歷史教育不同於歷史研究，應有自身特質與功用。金兆梓指出：「歷史研究的對象，是歷史的本體，其態度是科學的。至於歷史教學卻不然，那是要有一個預定的教育的目的或作用。」換句話說：「歷史教學的對象是歷史的作用，其態度是教育的。」[60]徐映川也批評說，小學歷史教科書「處處避免國家字樣，卻不免矯枉過正了」。他認為歷史等學科「為培養兒童國家觀念的最主要科目」，「以現在本國的國情論，非培養國民正當的國家觀念不可」[61]。不過，推崇「事實之學」的史學新典範畢竟是二十年代的主流學術，不僅開啟了實證主義的史學新風，也影響歷史教育的旨趣與取法，這也是客觀的事實。

---

[60]　金兆梓：〈歷史教學的我見〉，《教與學》，1935年第1卷第4期，第59-60頁。

[61]　徐映川：〈讀現行小學歷史教本以後〉，《中華教育界》，1926年第16卷第2期，第15頁。

第十一章　歷史學習與深度認知

香港樹仁大學新聞與傳播學系
林援森

一、引言

　　日本推理小說的先驅江戶川亂步的作品《阿勢登場》，其故事講述一宗離奇的兇案。案情是這樣的：大屋中的木箱被發現一具男性屍體。探員發現從木箱留下抓痕，從而猜想到死者臨終前對死亡的恐懼；但是細心想想，這些抓痕可以是死者留下的破案線索。後來又發現字樣疑似死者妻子阿勢之字跡。到底他死前忘不了阿勢，還是死前留下兇手線索？這固然是一宗推理懸案，但跟研究或學習歷史如出一轍，我們必須學懂想像力。然而，想像力本身是一種力量，其隱含著我們先驗和經驗的能力。先驗者，如康得所言，我們沒法討論；但經驗則是我們盤古初開以來之知識之全部，我們透過學習和分析，還是會有所得著的。對於經驗之學問，歷史可能是一扇啟發之門。

二、歷史學

　　「建國君民，教學為先。」教育自然是一項政府施政和制度中的頭等大事。但教育的方針和內容如何定奪，教育在政府施政中之分量和層次又如何釐定，這是重大且富爭議性的課題。同時，我們在教學中如何設計課程之主次先後、教學重點和方法又是如何的模樣，都是重中之重的事件。教育這碼子事，千頭萬緒。歷史學是教育議題中重中之重的課題。

　　歷史學之為歷史學，本身已見嚴謹論述。哈佛大學學者艾維澤‧塔克（Aviezer Tucker）相信，歷史學隱含著過去所發生的事情和歷史家的史觀；同時，狹義歷史觀，乃包括所有人類文明和獲得實證的所有事件；至於廣義論，歷史是人所有的過去的事件。塔克進一步指出，若從一種哲學觀而

言，歷史之治學態度包括陳述方法、價值觀、知識論等，其往往影響著歷史之呈現。哲學本身之不同於歷史之治學者，乃前者論述一種純思想之討論，但後者則是伴隨事實之討論[1]。

何兆武在《歷史與歷史學》一書中指出，所謂歷史者有兩層意義，一是意指已發生的事件，二是我們對已發生事件的理解和看法[2]。他又說明我們對歷史認識之進步，或者歷史學能否有所提升，其受限於三個條件：一是新資料；二是歷史的詮釋往往因為時代改變有改變，我們不能固步自封；三是我們的成長和學習背景往往影響著我們對一種歷史的看法[3]。第一點是客觀的條件，是否找到新資料，不在歷史家個人意志來定奪，但後兩者則是一種治學態度，每天每刻每分每秒都影響著我們。客觀，一點不容易。但亦有學者提出近乎「不客觀」或「主觀」的堅持。

克羅齊（B. Croce）提出所謂真歷史。他以為編年史是假歷史，因為編年史以基本資料為客觀事實，平鋪直敘地交代或整理資料，這是沒有靈魂的歷史[4]；相反，如果我們投入或全面瞭解，甚至認同一種想法，才可真正地瞭解歷史的真相，這才是真歷史。他舉例而言，我們討論法國大革命，如果我們不認同自由和博愛，根本沒法了解法國大革命[5]。筆者對這種想法有所保留。但是，筆者以為克羅齊並非以一種歷史的觀點說明這個問題。但克羅齊不是本文之焦點，不贅。姑勿大家是否認同克羅齊，但西方史學之發展遠源遠流長，自成體系，也是一門百科之學問。

三、中國史學之發展

西方史學如是，中國史學同見其橫向維度，也見其縱深之發展。中國史學發展，由來已久，也是一個民族的前世今生，以及未來之總總切切。中國史學早於先秦之際已見其史學之點滴和影子。章學誠論：「六經皆史。古人未嘗離事而言理，六經皆先王之政典。」[6]如《尚書》者，便是商周時

---

[1]　Aviezer Tucker. *A Companion to the Philosophy of History and Historiography.* (Canberra: The Australian National University, 2008).

[2]　何兆武：《歷史與歷史學》（武漢：湖北人民出版社，2007年），第Xiii頁。

[3]　同上註，第xiv-xv頁。

[4]　同上註，第159-160頁。

[5]　同上註，第160-161頁。

[6]　金毓黻：《中國史學史》（石家莊：河北教育出版社，2001年），第33頁。

代之歷史文獻，從《尚書》所載亦可見當時社會之一二[7]。又見《春秋》，其作為一部魯國之國史，亦是中國編年體寫作之先驅。其他者如《左傳》、《公羊傳》、《穀梁傳》。其時亦斷代之論述，見《國語》和《戰國策》等[8]。

　　秦漢時期，我們可從司馬遷《史記》與班固《漢書》可見這個時代之光芒，這兩部史學巨著除了作為經典本身，也映照中國史學發展之金戈鐵馬。司馬遷更提出了一些史學理念。他道：「究天人之際，通古今之變，成一家之言。」筆者以為「通古今之變」，更是史學之精髓，也道出中國史學之靈光。史公著述以本紀、表、書、世家、列傳體裁來撰寫，也是一個時代的作品。《史記》共一百三十卷，從黃帝至漢武帝，足足數千年光景[9]。

　　至於班固《漢書》，針對西漢，但論述詳細，其八十萬字則以西都之首末為要。《史記》與《漢書》兩部著作文風各異，寫作也不一樣。范曄《後漢書》曾對《史記》與《漢書》寫道：「大義燦然。」[10]劉知幾則對《史記》論道：「《史記》疆宇遼闊，年月遐長。」[11]劉氏對《漢書》則言：「《漢書》言皆精密，事甚該密。」[12]可見兩書同為經典，但各有所長，也大不同。

　　其後，史學論著到了後漢和南北朝時期，也見長足的發展，重要的著作如《三國志》、《後漢書》、《後漢紀》等。魏晉至唐初流行私人修編史籍。早期重要的作品早已散失，《後漢書》和《後漢紀》是重要存留者[13]。至於有關三國時期的著作，見存留者有《魏略》和《三國志》，然其兩者也不齊全，《魏略》為輯本，《三國志》則遺失〈敘錄〉一卷[14]，不是足本版。當時亦見一些類傳之作品，《佛國記》、《高僧傳》、《世說新語》、《顏氏家訓》、《洛陽伽藍記》、《水經注》。也有一些地方誌，如《華陽國志》[15]。至於其時之官修史，則見《晉書》、《梁書》、《陳書》、《周書》、《北齊書》和《隋書》。

---

[7]　同上註，第32-33頁。

[8]　同上註，第32-33、36頁。

[9]　同上註，第54-72頁。

[10]　同上註，第63頁。

[11]　同上註，第65頁。

[12]　同上註，第65頁。

[13]　同上註，第73-75頁。

[14]　同上註，第82-83頁。

[15]　金毓黻：《中國史學史》，第73-110頁。

　　中唐以還至乾嘉，王朝設置史館，修史制度也成形。纂修實錄成為皇家的重要軼事之依據存留。所謂實錄，以編年（日記）方式記錄每一位帝王的每日起居生活的點滴，其亦曲線見重要的朝政點滴。唐宋代實錄已散佚，明清兩代實錄則保存完整。雖然其真實性備受爭議，但其作為官方皇家之正式紀錄，其可視作為基本史料。著名史學黃仁宇更詳讀《明實錄》，以立一家言；他明言讀了多遍《明實錄》，畢生受用。

　　除了治史之實錄外，唐起亦見官方修的正史，唐朝有兩部正史，即《舊唐書》和《新唐書》。各朝相沿，又見諸如《遼史》、《金史》、《宋史》和《元史》。清代所述之二十四史中，最後九部正史記述了從唐朝到明朝這一時期的歷史。這九部內容合起來，形成了一個歷史系列。如楊聯陞所言，其代表618年至1644年間各朝歷史之官方紀錄。至於這些正史之編修原則，其也有著一些共同的特點。按楊聯陞論：「第一，每一部正史都是在隨後的朝代內編修起來的，或者更確切地說，是在隨後的朝代內彙編起來的。」[16]他續說道：「這件事本身還是頗有意義的，其意義就在於其以國亡史為寫作原則，始終未變。」[17]

　　如上述司馬遷提出「通古今之變」後，歷代之史學繼承這個思想，從考察、研究、撰寫史書之時，亦著重歷史之變化因果，及其承先啟後的意義，並編成別類之史書。我們也見一些新類史書之出現。中唐以後，通變致用之史論應運而生，也是私修專史之開端[18]。如杜佑《通典》、鄭樵《通志》、馬端臨《文獻通考》等，還有後來司馬光之《資治通鑑》。前三部更稱「三通」，可稱一個史學時代，在中國史學史上有著重要之地位和影響。至於司馬光之《資治通鑑》，其為一部編年之通史。《資治通鑑》其實是集體創作，除了司馬光任總編以外，還有劉恕、劉攽、范祖禹等人之參加、編修、協助。通鑑之成一類起始於司馬光，但通鑑其實編年體和紀事的合體，因此可算上溯至《春秋》[19]。司馬光論道：「伏念臣性識愚魯，學術荒疏，凡百事為，皆出人下，獨於前史，粗嘗盡心，自幼至老，嗜之不厭。每患遷固以來，文字繁多，自布衣之士，讀之不遍；況於人主，日有萬幾，何暇周覽？臣常不自揆，欲刪削冗長，舉撮機要，專取關國家興衰，繫生民休戚，善可

---

[16]　楊聯陞：〈中國官方修史的組織：唐朝至明朝正史編修的原則和方法〉，《海交史》，網站：https://haijiaoshi.com/archives/2236，瀏覽日期：2020-08-31。

[17]　同上註。

[18]　金毓黻：《中國史學史》，第182-183頁。

[19]　同上註，第276頁。

為法，惡可為戒者，為編年一書，使先後有倫，精粗不雜。」我們可見其通鑑者，以削冗長、撮機要、善可法、惡可戒等為基本理念[20]。宋代史學成就不凡，通鑑成類實在美事。難怪史家陳寅恪曾言道：「中國史學，莫盛於宋。」[21]

明代前期，史學之成就似乎略遜於唐宋。但到了明末，環境改變，矛盾變得更激化，社會紛亂，亂世見英雄，史學反見生氣。被視為明代怪人李贄（卓吾）曾言，以史經世。李贄之言仿然為明代初期史學之沉悶氣氛打開新局。李贄為人奇怪，一般人摸不著，但其實他卻異常務實。史家黃仁宇在《萬曆十五年》曾論述李贄，他說李贄是自相衝突的哲學家。對於時人多言是思想前後不一，有違哲學家或思想家之完整性，但黃仁宇對此不以為然。他相信別人的看法不過李贄對自由之一種獨特的看法而已。其實維根斯坦也見其前後期思想之大不同。

回到史學觀點，李贄主張治史勿空談。這種近乎實證或蘭克化的治史主張，對明中後期之史學發展無疑帶來新氣象。如是，後來者如黃宗羲、顧炎武、王夫之等，仍以經世致用來治史，並以社會發展之事實為基本，也以解決社會問題為治史之前設。他們的論述或見諸於顧炎武《日知錄》、黃宗羲《明儒學案》和《明夷待訪錄》、王夫之《宋論》等。

清一代承接明代制度，同時以皇權封建為管治主調，對於知識分子剛柔並重。朝廷以考據之學，讓讀書人鑽入書海；結果，許多學問博而不通。當然，考據之學也見優良之一面，至少疏理了不少前代的學術問題。因此，當中亦見好作品；如王鳴盛《十七史商榷》、錢大昕的《廿二史考異》、趙翼《廿二史箚記》等。

四、西方史學之發展

西方史學同樣看到其長且深的縱橫角度，其學術發展與歷史學一衣帶水。希羅多德（Herodotus）被譽為西方史學之父，其著作《歷史》一書更是首部西方史學著作。然而希羅多德該書之爭議也不少，但他提出因果史觀為西方史學研究奠定了方向；同時其利用口述史料作為依據，也為歷史學拓

---

[20] 同上註。《資治通鑑》。
[21] 桑兵：〈為什麼陳寅恪說宋代是中國學術文化高峰？〉，《明清史研究》，2019年3月8日。

出選材和史學寫作的態度[22]。史學發展其經過悠悠千年，當中亦經歷了經院時代。到了文藝復興則見其轉捩點。

文藝復興後，西方由神學領域解放，過去一千年（西元後500年至1500年）來，智慧長期受到教會控制，一下子狂飆式發展，先後有浪漫主義及理性主義等支配近代初期的學術發展，同時科學主義成為時尚顯學[23]。

18世紀是史學世紀[24]。部分學者開始對科學主義的支配感到不滿，期望以人文學科打破科學主義的「學術壟斷」。懷海德指出，近代科學化的影響涉及宇宙論、技術應用、知識專業化和行為動機等[25]。科學對人類社會之發展之重要性毋庸置疑。但凡事不過相對，科學亦對人類精神文明造成為一種憂慮。人文學問之發展成為出路，當中以史學為缺口，成為新史學。他們以實證方式發展新史學，即以「實際發生的事情」為依據。如德國史家蘭克（1795-1886），其更成為蘭克學派（Rankean School））的開創者，其歷史被視客觀主義史學，凡事以實證為依據，以分析歷史[26]。18世紀後的四大人文學科，分別是歷史、政治、經濟、社會。歷史成為一門關注的學問。

其後，歷史主義之橫空出現。歷史主義者相信歷史是當時人對事件的看法，也就是所謂的歷史的觀點，但這些事件是無法在當代以客觀的方法來明辨是非。其意味著歷史本身存在命定論，超越人類的智慧。威科（Giambattista Vico, 1668-1744）可算是歷史主義的原創大師。威科著作《新科學》備受關注。威科提出，人類歷史為人類所創造，所以人能夠認知自己的歷史，並且描述歷史。威科又說天知論，引入了神學元素，令威科的史學存在濃厚的神學意念。卡爾・波帕（Karl Popper）在《歷史主義的貧困》（*The Poverty of Historicism*）一書中批評歷史主義的「命定論」。波帕認定了所謂歷史主義者乃歷史之發生必然有著一種必然性和規律，甚至可以預言未來[27]。但是波帕斬釘截鐵地表明反對這種觀點，歷史沒有必然性[28]。

法國年鑑學派是一個法國學者主導的史學運動。法國學術刊物《年鑑》（*Annales d'histoire économique et sociale*）橫空出現，這份刊物在1946年改名

---

[22]　張廣智：《西方史學史》（上海：復旦大學出版社，2000年），第15頁。

[23]　同上註，第98頁。

[24]　同上註，第162頁。

[25]　懷海德（A. Whitehead）：《科學與近代世界》（北京：北京師範大學出版社，2017年）。

[26]　張廣智：《西方史學史》，第209頁。賴建誠譯：《年鑑學派管窺》（臺北：左岸文化事業有限公司，2003年），第55頁。

[27]　何兆武：《歷史與歷史學》，第224頁。

[28]　同上註，第224頁。

《年鑑‧經濟‧社會‧文明》（*Annales. Economies, sociétés, civilisations*）。年鑑學派主張以社會科學的歷史觀分析歷史，同時主張從生活及社會視角看歷史[29]。費弗爾（Lucien Febver）提出了三個歷史研究向度，分別是跨學科、重視實踐、借鑑前人的研究[30]。布勞岱爾（Fernand Braudel）的研究更成為經典，如《菲利浦二世時代的地中海和地中海世界》。

五、歷史學之運用

　　進入二十世紀學問之變化一日千里，但歷史學仍是重要的一門學問。何史達德（Richard Hofstadter）在《美國的反智生活》（*Anti-intellectualism in American Life*）一書中指出，教育是國家要事[31]。我們提供何種教育，我們的下一代便是何種級數的人民。美國思想家懷海德（A. Whitehead）指出，智慧是平衡發展的結果，教育的目標就是達至平衡[32]。

　　何史達德又提到，中學教育是教學環節中至為重要的，因為中學老師是學生們的所認知和理想專業的學習形象[33]。因此，中學教育對學生而言，這是攸關人生未來的學習階段。大學生活固然重要，但大學生一般已是成年人，他們對某種人生理想或看法已成形，有些想法或東西已是沒法改變。

　　但歷史僅僅是一文科生的專利課程，數學和任何科學都有著他們自身的發展史；不然，學問不可能一夜之間走到今天的水準。

　　英國劍橋大學教授埃爾頓（Geoffrey Elton）在《歷史學的實踐》（*The Practice of History*）一書指出，判斷力、建構力、想像力。判斷力乃我們對某一事實的基本看法是否接受，又如樹仁大學歷史系羅永生副教授所言，我們首先判斷真假。建構力則為我們如何重整這段歷史的來龍去脈。人類的原始記憶是沒有系統的過去，把過去系統地整理起來，便成為專門的歷史學。我們學習歷史，筆者學懂一套基本框架以分析問題，這套分析問題的方法，首先是設定原因，原因可分成遠因、近因、導火線；然後是經過，接著是事件的影響；其影響亦可從政治、經濟、社會、文化等方面切入和分析。

---

[29] 張廣智：《西方史學史》，第275、60頁。
[30] 同上註，第275頁。
[31] Richard Hofstadter. *Anti-Intellectualism in American Life*. (New York: Vintage Books, 1963), p. 303.
[32] 懷海德（A. Whitehead）：《科學與近代世界》。
[33] Richard Hofstadter. *Anti-Intellectualism in American Life*, p. 303.

　　至於想像力，學者賴特・米爾斯（Wright Mills）指出，想像力是需求和感覺；當我們有所需之時，我們便有所感；其會產生一種力量幫助我們利用不同的資料，以理性來分析，以達至一個結論，其存在於世界之間，甚至是我們的內心[34]。賴特・米爾斯表示，想像力可以讓我們明白重大的歷史事件之餘，也同時瞭解當中的內在和外在的情景[35]。米爾斯稱，歷史學家往往熱切地重寫過去的事件，以為有助於我們在一種意識形態中明白我們的當下[36]。歷史學家必然地利用所有事實及社會中實體，詮釋並寫成一種論述[37]。

　　至於埃爾頓所言想像力，則是更大的亮點所在。如上述人類的原始記憶是沒有系統的過去，如何重整這段過去或歷史，我們有了基本證實的資料後，我們必須以無限的想像力，找出事件之點子，才可以對我們當下或未來有所啟發。有時這個過程是非線性的。我們從高錕教授之回憶中可知其點滴。

　　高錕教授在其自傳中提到，他首次渡過蘇伊士運河，突然興奮起來，如斯偉大的建築，讓他瞠目結舌之餘，腦海所想到者，並不是任何力學和物理現象，而是昔日埃及、敘利亞和約旦等國，這些帝國如何於過去的歷史洋河中建立了一段輝煌的過去；但與之同時，這片土壤又在二次大戰其間如何成為烽火連天的無情戰場，心情起伏，不能自已。他乘坐巨輪在蘇伊士運河浩浩蕩蕩地前行，想到一段變幻莫測的歷史，也留下了一段沒齒難忘的記憶[38]。高錕作為科學領域的大學者，面對一條運河，所想所感者卻是一個又一個的歷史的故事。

　　我們透過歷史學之分析，有了這段認可之歷史，我們才可以鑑往知來，讓我才可以在無數學人努力所建構的的基礎下，迎來新生之未來，才可讓我們立足於天地之間。歷史感也讓處世於今天的你我他，面對任何人和事都有一種深度的認識。美國輿論常以「沒有第二頁」來批評電視文化。「第二頁」便由學習歷史開始。人一旦失去歷史感，便如無舵的方舟，永遠沒法走到彼岸。

---

[34] Mills, C. Wright. *The Sociological Imagination* (New York: Oxford University Press, 2000), p.5.

[35] 同上註，頁83.

[36] 同上註，頁5.

[37] 同上註，頁144.

[38] 高錕：《高錕自傳》（香港：三聯書店，2018年），第87頁。

我們成長的過程中，筆者所知道有的核心科目中，以中英數為基礎，文理分科則於中四始實行；因此，小學和初中課程大致相若，但當時我們都有歷史作為共同課，縱使日後選修文科，或文科中不修歷史，但多多少少也有著歷史的基本學習，也有著一份歷史記憶。

六、小結

學問不是一頁平面的白紙，而見深層厚度的認知。如果學習理論只會從公式學理切入，只能明白一種點對點的學理，若要明白始終究竟，必須建立一種因果觀，因果本身已存有著一份歷史觀。我們當年學習歷史之時，總會以遠因、近因、導火線、經過、影響，這套基本的歷史概念來學習。這套想法本身是一套學理，但同時也是一種隱性歷史觀和分析方法；其也會影響和建立了我們觀察和分析任何問題時的方法論，也讓我們的認知變得更有深度。

正如黃仁宇在討論張之洞「中體西用」之時，他帶著對歷史和認知，還有不同社會的環境和思想史之點滴，從而說明並同意張之洞之說明。如是，他相信這種史觀有益於我們中國未來之發展云云[39]。「體」和「用」其實是十分抽象的概念，「中」和「西」則尚見體之呈現，但四者合在一起，必然地需要我們發揮想像力，才得以推衍出一種想法。同時，張之洞和我們的世代差了逾百年，明白已是一種界限，再把這種分析成為我們當下的得著，這不是一件信手得來的事情。

懷海德表示：「偉大的征服者，從亞歷山大到凱撒，從凱撒到拿破崙，對後世的生活都產生深遠的影響。但是，從泰利斯到現代一系列的思想家，其導引著思想的轉變，能夠移風易俗，影響更見深層。前者比後者，又顯得微不足道，這些思想家表面看來是無能為力的，但最後卻是世界的主宰。」哲學以一種方法解釋世界和人者之所為世界和人的道理，思想家以一種抽象思維說明這一種概念，但這概念其實有著必然的先驗時空，在這個時空之下才是歷史的框架。黃仁宇曾言道：「歷史觀點其實是一種人生哲學。」[40]這句話值得細味。

[39] 黃仁宇：《新時代的歷史觀》（臺北：商務印書館，1998年），第5頁。
[40] 黃仁宇：《萬曆十五年》（北京：三聯書店，2001年），第280頁。

第十二章　歷史教材的書寫：民族主義在香港史[1]

香港樹仁大學社會學系
張少強

一、為什麼要講歷史書寫？

　　歷史書寫告訴我們這個世界曾經發生什麼，因而歷史書寫可以控制我們對事物的認知、立場和判斷。要瞭解當前的中港矛盾，除了務須認識得到盛行已久的殖民主義香港史學之外，就是不可忽視大陸的民族主義歷史書寫是怎樣講香港的，讀了之後可能令人有什麼想法。

　　不知道大家有沒有接觸過大陸的香港歷史學著作。如有的話，你會發現他們所書寫的「香港」往往都跟香港人在一般理解或生活經驗中的香港有很遠、很遠的距離。如果你過去沒有接觸過由大陸學者所編寫的香港歷史，一會兒我所做的研究報告，對你來說可能會感到詫異，然後發現原來他們是這樣理解香港的，你甚而可能感到難以明白為何他們可以這樣說的，簡直好像天方夜譚。但，你要知道，大陸人要認識香港，包括當權者和普羅大眾，都不是好像香港人那樣，每天都有真實經驗做基礎，大量不同資訊做參考，不同的知識做對照。他們的認識往往要以閱讀文字為主，翻看歷史書籍，所以歷史如何編纂，極之可以決定大陸人對香港的認識。我自己就是嘗試從這個脈絡去進入今天討論的話題，這解釋了為何我本是一名社會學家竟會走去搞歷史研究，還要搞歷史書寫，並認為在理解今日香港上，這是很重要，這是有需要認識大陸人對香港的史觀。為了全面一點起見，我會先從英人的殖民主義香港史學說起，然後再到大陸的民族主義香港史學。我希望這個研究報告可以有助大家：

---
[1]　這篇研究報告源自筆者於《社會學學會公開講座》（2014年8月1日），旨在進行公眾交流，所發表的研究報告，再經筆者修改而成的文字紀錄。特此鳴謝羅永生的建議和支援，以及劉麗凝提供的逐字稿。本文曾以「香港史與民族主義」為題於電子期刊《思想香港》刊載。

1. 識別大陸的香港史學有什麼主要特點。
2. 探究大陸對香港有何認識。
3. 反省歷史編纂中知識與權力的關係。

二、香港史學的發展概況I：殖民史學

知識總是要在判斷事物孰對孰錯，指出事物的應有秩序。知識的運作可以具有發言權和認受性在於它可以穿上中立的外衣，有指出真相的作用和說明事理的能力。可是，實情乃是，知識既會受到權力直接或間接干預，亦對權力帶來衝擊和影響[2]。特別是歷史知識更是可以變成主權的宣示[3]。例如：我們會覺得釣魚臺是中國的，因為有歷史可證，但日本亦是以歷史可證來說東閣諸島（釣魚臺）是他們的。話雖如此知識與權力難以分開，但並不代表兩者沒有分別。我舉個例：好似政治宣傳那樣，往往都是不做論證，沒有提供資料和證據就說出來。但知識並不該是這樣衍生出來的。故此，兩者雖然經常連在一起，相互滲透，但也不代表知識沒有自己的獨立運作及法則，知識是有自身的領域，與權力構成有出入的地方，談論知識並不可以只講權力。

我接著在述評香港史學與現實政治的互動之時，我的首要關注都是在知識的應有實踐之上，並以此為討論準則，或者這樣說會清楚一點，我要討論的並不是政治正不正確，而是學術正不正確。所以，若然你是一個強烈的親共民族主義者，你聽我講到大陸的民族史學之時，你可能會覺得我今日是在胡說八道，好像以香港史為例唱衰這些民族史學。但我自己是清楚知道的，民族主義可以代表大義凜然，大義凜然就是不能質疑，我卻走來反覆質疑它，可能會令這一類民族主義者感到頗不舒服。所以，我要先做聲明。

香港的歷史書寫、歷史知識，很長時間是受到由外國人所寫的香港歷史所支配的，而且由外國人所寫的香港歷史的支配程度，早已超越學院，成為普羅大眾的常識。最明顯的例子就是：香港在自我扣連上是有「漁村變成國際大都會」這種講法。殖民主義的歷史書寫例必須要在民族主義之外做文章，它宣揚的也只是香港怎樣在西方的文明之下，由一個落後的地方變得繁榮。因而，我們長時間聽到的香港歷史發展都是這個故事，就連見到的也

---

[2]　Foucault, Michal, Paul Rabinow, ed.. *The Foucault Reader* (London: Penguin Books, 1991).

[3]　Thompson, Paul.. *The Voice of The Past: Oral History.* (Oxford: Oxford University Press, 1988).

是這個故事[4]。例如，你曾參觀香港歷史博物館的話，你一進場就先看到一艘捕魚小船，然後是以不同展品帶出香港如何逐漸變成國際大都會。簡單來說，這類香港歷史編纂就是演敘了西方殖民主義的文明使命，就是直接或間接頌揚英國殖民政府如何成功地令香港有驚人發展。

這類在骨子裡演敘殖民主義文明使命的香港歷史編纂，其實可以追溯到Eitel，早在1895年，所寫的 *"Europe in China: The History of Hongkong from the Beginning to the Year 1882"*[5]。一般來說，如果要數香港的第一本重要史籍，都會認為是這一本，亦對其後的香港歷史書寫有較大影響。雖然現有考證，在Eitel之前，已有兩本香港歷史著作[6]。可是這兩本歷史著作似乎未被廣泛閱讀或使用，幾近只是有其名字在紀錄而已。

Eitel在這一本書，要寫的是香港歷史，可是對於此書首先要講的應是它的書名，竟然叫做 *"Europe in China"*。香港在此是完全看不見的，或者，以我曾經提出的講法來講，就是沒有出現在消失之中[7]。直接來說，Eitel的視野是以西方帝國主義的宏大視野來書寫香港歷史的，他最關注的是歐洲如何走入中國、如何走下去，香港只是一個拿來提供說明的例子，香港自身並不重要，重要的是整個西方殖民使命在中國的發展。此書最終用了五百多頁的史料來闡發的一句也是：「這塊英國殖民地在中國的官員和子民面前，豎立了一個值得嘉許的榜樣，有自由貿易原則也有人道管治。」[8]

這句話該是相當似曾相識的，它亦早已成為後來大量香港歷史的編纂主線，演敘史料的綱要，衍生了大量相似的香港斷語。Geofferey R. Sayer寫的香港史書如此[9]，George B. Endacot寫的香港史書也如此[10]，直至去到英國撤出香港前夕，很多後殖民研究對歷史書寫已做批判，由Frank Welsh在1993年寫的 *"A History of Hong Kong"* 仍然有這樣話來為英國殖民主義護航：「當殖民主義和帝國主義都到了被人視為邪惡到無藥可救的時候，民主被視為解

---

[4]　Ngo Tak-Wing. ed., *Hong Kong's History: State and Society Under Colonial Rule.* (New York: Routledge, 1999).

[5]　Eitel E. J., *Europe in China: The History of Hong Kong from the Beginning to the Year 1882.* (Hong Kong: Kelly & Walsh, 1985).

[6]　Tarrant, William, *Hongkong. Part 1, 1839 to 1844, (1861)*; Hurlimann, Martin, *Hong Kong*, (1862)

[7]　Cheung Siu Keung, "Hong Kong: Geopolitics and Intellectual Practice." *Inter-Asia Cultural Studies*, 2012, No.3: 1-19.

[8]　Eitel E. J., *Europe in China: The History of Hong Kong from the Beginning to the Year 1882*, p.575.

[9]　Sayer, G. R., *Hong Kong 1841-1862: Birth, Adolescence and Coming of Age*, (Hong Kong: Hong Kong University Press, 1975).

[10]　Endacott, G. B., *A History of Hong Kong.* (London: Oxford University Press, 1958).

決所有社會疾病的特效藥，但香港這個地方卻是反其道的，既成功而又令人可以愜意生活。」[11]

　　這些由外國學者寫的香港史籍，其流通量在香港是比較高的，也曾成為標準的香港歷史教材或參考書本，因而其影響力亦都較強。就連今日香港特區政府的高級官員，如：歷任特首和財政司司長如有提及香港故事之時，都有保留「漁村變成國際大都會」這樣的殖民主義者調子來講香港的歷史特性。對殖民史學進行檢討，現有研究已有不少，我的討論也到此為止，略作簡述都應該是夠了，好讓可以多講一些大陸的民族史學所寫的香港歷史有什麼問題性（problematic）。

三、香港史學的發展概況II：民族史學

　　香港人可能不太熟識大陸學者所寫的香港歷史，但大陸一直都有學者編纂香港歷史。早在五十年代，大陸學者當中就有丁又寫了一本香港史籍名為《香港初期史話》[12]。因為當年在大陸要找香港資料該是相當不容易的，這本書頁數不多之餘，往往又是找到什麼資料就寫什麼出來似的，其內容都是比較散雜的，亦都有較多明顯的虛言空論。

　　就大陸的民族史學進行探討，我想以1980年代作為分水嶺。這是由於1980年代之前，乃是毛澤東年代，1980年代之後，才是鄧小平年代，也是中國放低了冷戰的年代。更重要的是，1980年代同時就是中英兩國就香港前途完成談判並決定中國可於1997年重申香港主權的年代。既然歷史書寫往往涉及主權宣示，以1980年代作為分水嶺就可比較有效指出知識／權力如何在香港歷史編纂出現。

　　事實上，這也是在1980年代，大陸研究香港歷史的學者和書籍有即時增加的趨勢。當中有三本在1995年出版的香港史籍，我覺得特別值得拿出來討論。這三本書分別由余繩武、劉存寬、劉蜀永三人撰寫的《割占香港島》[13]、《割占九龍》[14]、《租借新界》[15]。雖然在此之前已有劉蜀永的

[11] Welsh, Frank, *A History of Hong Kong.* (London: Harper Collins Publishers. 1993), p.2.
[12] 丁又：《香港初期史話：1841-1907》（北京：新華書店，1958年）。
[13] 余繩武：《割占香港島》（香港：三聯書店，1995年）。
[14] 劉蜀永：《割占九龍》（香港：三聯書店，1995年）。
[15] 劉存寬：《租借新界》（香港：三聯書店，1995年）。

《香港歷史雜談》（1987）[16]、元邦建的《香港史略》（1987）[17]、李宏的
《香港大事記》（1988）[18]、金應熙的《香港史話》（1988）[19]、劉澤生
的《香港古今》（1988）[20]、余繩武和劉存寬合著的《十九世紀的香港》
（1994）[21]、余繩武和劉蜀永合著的《20世紀的香港》（1995）[22]等學術或
通俗書籍，可是《割占香港島》、《割占九龍》、《租借新界》這三本書的
出版，卻是更明顯地令人看到大陸，由黨國帶動的知識活動在當時，有急於
製造大量民族史學來奪取香港歷史話語權的傾向。這三本書嚴格來說並不是
書，反而如其系列名稱那樣，屬於「資料選評」，內容並不完整，結構也是
鬆散的，好像是把自己用過的研究筆記和資料再拿出來似的。作為資料彙
編，這三本書提供的檔案資料又是太少，還要在資料前後急於做大量政治
正確的民族史學詮釋，阻礙了審閱資料的過程。雖然如此，這三本書同樣
是有大陸的民族史學在書寫香港歷史上的常見特點。根據王宏志的觀察，這
就是：

1. 「借助香港歷史論述來確立回歸的合法性和正確性」，
2. 「認定自己的工作肩負了這種重要和神聖的政治任務」，
3. 「所有論述都套在一個相當完整和嚴密的國家論述框架裡，個別作者
   並沒有多大自由發揮或闡述的空間。」

讓我讀出這三本書在編前部分的即可看到，這些民族史學如何斷定歷史
研究就是為權力效命：

> 「1984年中英聯合聲明簽署標誌著香港歷史的歷史問題已解決了，已
> 成定局。1997年7月1日香港將回歸中國，成為中華人民共和國一個特
> 別行政區，在這個時候把這段史實的真相向世人交代，相信是恰當的
> 時機。」[23]

---

[16] 劉蜀永：《香港歷史雜談》（石家莊：河北人民出版社，1987年）。
[17] 元邦建：《香港史略》（香港：中流出版社，1987年）。
[18] 李宏：《香港大事記》（北京：人民日報出版社，1988年）。
[19] 金應熙：《香港史話》（廣州：廣東人民出版社，1988年）。
[20] 劉澤生：《香港古今》（廣州：廣州文化出版社，1988年）。
[21] 余繩武、劉存寬主編：《十九世紀的香港》（香港：麒麟書業有限公司，1994年）。
[22] 余繩武、劉蜀永主編：《20世紀的香港》（香港：麒麟書業有限公司，1995年）。
[23] 王宏志：〈出版說明〉，《歷史的沉重：從香港看中國大陸的香港史論述》（香港：香港牛津大學出版社，2000年），第ii頁。

　　這是史學在挪用政治來自我鞏固，抑或政治在挪用史學來自我鞏固，已是難以說得清楚。只不過，這可以用來說明為什麼我們有不少人抗拒修讀歷史，怕它要人死記資料，特別是對年月日式的歷史書寫，感到沉悶，但歷史亦都總被視為重要，國民都應認識，有重大的「現實意義」，或多或少都是它跟國家主權有密切的共生關係。

　　我的估計是，這些大陸學者對香港所寫的民族史學在香港的流通量，以目前的情況來講，應是遠遠低於外國的殖民史學。可是，我仍想追問，這些有明顯政治色彩的民族史學所寫的香港歷史是怎麼樣的，它們不惜千篇一律、放棄自我，以至濫竽充數，都要追隨的「國家論述框架」確如王宏志所言是「相當完整和嚴密」嗎？這就是我想繼續討論的問題。但在討論之前，我需要提一提，除了殖民史學和民族史學，也有一些是由本土學者寫的本土史學，我是未介紹的，但我真的沒有時間多講，只可略說一句，他們的史學往往較接近殖民史學的詮釋，在編纂上較多書寫香港有什麼現代性，或以今日的用語來講，較多演敘香港有什麼核心價值。

　　就我對大陸的民族史學想要繼續討論的問題，我選了在2007年出版，由張連興撰寫，屬於簡體字版的《香港二十八總督》作為我的主要討論對象[24]。我選用這一本書的主要原因在於，以我所知它該是最新近的一本。我最感興趣的是：這本大陸新出的《香港二十八總督》與大陸以往書寫香港的民族史學究竟有沒有不同？答案當然可以是沒有不同，但這都是要認真檢視過之後才可說的。其次，從這一本《香港二十八總督》自己提供的出版背景資料可見，此書原定要在1997年出版，在時間上要跟香港回歸同步問世，但終在2007年才可藉回歸十年之勢出版。到底當中出了什麼問題或發生了什麼事故就不得而知了，但這一本史書曾有可能是中國重申香港主權的統戰工作之一，這是明顯的。最重要的是，這一本《香港二十八總督》確是探討知識和權力在大陸如何二合為一的一個好例子。從我自己尋找所得的資料可見，《香港二十八總督》的〈序言〉是由劉大年寫的，劉大年是大陸著名史家、中國科學院學部委員及近代史研究所原所長。這一本書是有來自大陸學界自身的資深學者支持。與此同時，由於在大陸出版這類書籍應是需要通過官方審查，這一本書的作者張連興亦曾長期在人民日報不同部門工作，並多年專門負責港澳臺宣傳報導。以這一本書作為主要的討論對象，理應可以更加有

---

[24]　張連興：《香港二十八總督》（北京：朝華出版社，2007年）。

效地顯示大陸的史學知識與政治宣傳的關係，亦讓我們可以跟進大陸史學發展的情況。

　　我的主要發現是：大陸學者對香港所寫的民族史學確是困在國家論述框架之內，常以政治正是凌駕學術正確。可是，這個國家論述框架其實亦有欲蓋彌彰的缺口，無法避免的權力／知識破綻，由此而來的民族史學，對香港歷史進行民族主義演敘之時，亦經常過火到可以產生大量的副作用，甚至相反效果。

四、民族史學的內在弔詭：訓導與雜異

　　這些大陸學者對香港所寫的民族史學所以經常出現副作用和相反效果，是跟民族史學自身總是擺脫不了一個內在弔詭相關的。嚴格來說，中共所講的是愛國主義不是民族主義，是以認同政權為核心而不是民族為核心，但政權總是要說自己代表民族整體利益，為民族整體效力，來建立自己的認受性，因而愛國主義跟民族主義是分不開的，或者可以說是，只是一種被政權收緊之下的狹義民族主義。今日我在使用民族主義這個字眼之時，我是把它包括愛國主義在內的。事實上，中共亦都長期利用民族主義來召喚華人的認同。假如你看過大陸的近代中國歷史論述或官方所稱的主旋律電影，這類在文本上或於光影中的歷史編纂，經常都在闡發中國人在晚清之時，有長期捱打受辱的「百年國恥」，直到毛澤東革命才使中國終於可以「站起來」，走出「百年國恥」[25]。就連前中國國家主席江澤民於1997年7月1日，正式向世界宣布中國終於重申香港主權之後，他公開在香港特區成立慶典上，以及在首都各界慶祝香港回歸大會上，都是直接訴諸「百年國恥」的歷史講法，強調「香港回歸」乃是「中國人民洗雪了……百年國恥」[26]，透過華人在近代歷史中的集體苦難，放大受到外敵侮辱的民族記憶，來號召華人對其權力的認同。

　　既然愛國主義是要民族主義支撐，那麼民族主義的基本特點又是怎樣的？歸根究柢，民族主義乃是一個講出來的故事，以中華民族來說，這個故事一般都由「三皇五帝」講起，然後以「炎黃子孫」四個字來強調每一個華人都是「同出一源」，縱有差別，都總是「多元一體」，我們始終都是一脈

---

[25]　何瑜：《世紀回首：百年國恥錄》（北京：中國書店，1999年）。

[26]　劉再明主編：《香港回歸紀念畫冊》（香港：香港文匯出版社有限公司，1997年），第93頁。

相承、血濃於水、同氣連枝、榮辱與共、憂戚與共、同根生來的華夏兒女，黃皮膚、黑頭髮、黑眼睛的龍的傳人。這就是說，民族主義是以訴諸歷史建構來把「雜異」混成「同體」，將本是個別的民眾變成都有共同的源流、背景、文化和身分。當中的必然弔詭就是，既要在民族整體之內容納個別民眾，但同是又要以民族整體之名壓倒個別民眾。

　　舉一個實例，孫中山的革命在開始之時，本為一個以漢族為中心的反清革命，但在成功之後，孫中山就不能迴避中國領土內部是有其他族群的同時存在。所以，當時是有一起涉及重大象徵意義的歷史插曲，這就是在未有「青天白日滿地紅旗」作為民國國旗之前，其實曾經出現過一面「五族共和旗」作為民國國旗[27]。在民族政策上，「中華民族」亦都變成一個可以包含不同族群的統稱，使這些不同族群都成為中華民族的部分，將不同的人都納入同一個身分。到了中共年代則以大寫的「人民」，即「中華人民共和國」當中的「人民」來統稱內部的不同群體。

　　對於民族主義，我們需要進一步留意的是，民族雖然是由個別民眾組成，但民族一旦形成，這就不是個別民眾為民族之主而是民族為個別民眾之主，或者名為以民眾之主，實為以代表民族的國家權力為主。大家在讀書的時候，都好有可能聽過「犧牲小我完成大我」這一句話，用這一句話來解釋這一點就最好不過了。「大我」很大程度上就是意謂國家民族，「小我」則是意謂個人。這兩個我雖說同時都是我，可是小的一個在這個講法當中，就是要為大的一個做出包括賠上生命的犧牲。可見民族主義對人的呼召是可以去到生死的，從小就要我們對民族要有超理性的絕對認同。就連文學創作和流行文化，從小說到電影，都可以經常看到為了「大我」而要放棄「小我」的情節，在民族大義面前，家庭考慮應要放下，兒女私情應要放下，個人福祉應要放下。所以，民族主義是有這樣的弔詭性質。這也是何故岩巴（Homi Bhabha）認為民族主義所做的歷史書寫例必同時具有演敘（performative）部分及訓導部分（pedagogical）[28]。演敘部分要個別民眾作為主體（subject），有分投入整體歷史的構成過程；訓導部分則要個別民眾作為客體（object），認同其命運與整體歷史一致，然而兩者同在就總令民族史學存在大量缺口，於演敘與訓導之間胡亂扣連，於主體與客體之間進行

[27]　〈國旗的由來」〉，《孫中山學術研究資料網》，網站：http://sun.yatsen.gov.tw/content.php?cid=
　　S01_02_03，瀏覽日期：2014-09-04。

[28]　Bhabha, Homi K, *Nation and Narration*. (London: Routledge, 1990).

的書寫自相矛盾。

在《香港二十八總督》一書當中，大陸的民族史學竟在正文之前，未對香港歷史做出演敘之先，已見急於要在編前和編後部分做出歷史訓導。例如：由劉大年所寫序言，其首句就是：「1997年7月1日，我國恢復行使香港主權……。」[29]就連在書背出現的文字都跟一般的書本做法不同，不是提供作者簡介，內容簡介或作品推介，而是節錄了《中英聯合聲明》中表示英國將把香港主權交還中國的頭兩項共同協議：

> 「一、中華人民共和國政府聲明：收回香港地區（包括香港島、九龍和『新界』，以下稱香港）是全中國人民的共同願望，中華人民共和國政府決定於一九九七年七月一日對香港恢復行使主權。
>
> 二、聯合王國政府聲明：聯合王國政府於一九九七年七月一日將香港交還給中華人民共和國。」

主權宣言和政治決策都在這一本書成為首要的香港歷史知識，使得政治宣傳變成學術知識之同時，學術知識也變成了政治宣傳。對應中國得以取回香港主權的歷史講法：「香港自古以來就是中國的領土」，這一本《香港二十八總督》則跟其他大陸的香港史書一樣，從秦朝算起，在編後部分的「香港大事記」以這樣的一句來把香港編入中國歷史，使之成為中華民族歷史的部分，國家主權的範圍：

> 「西元前214年（秦始皇三十三年），秦始皇平定南越，設南海、象郡、桂林三郡。香港地區屬南海郡番禺縣範圍。是香港有正式郡縣隸屬之始。」[30]

有些時候，大陸的民族史學者還會在「領土」之前加上「神聖」一語來表示不應受到任何侵犯。可是，這類訴諸歷史來界定領土主權的知識／權力操作其實總是有不攻自破的地方。例如：我們小時候都應聽過老師講黃帝和蚩尤的故事，黃帝在統一中原之前是要打走蚩尤的。若然這是真的，那麼這也可以說是黃帝是「入侵者」，蚩尤是「被殲滅者」。黃帝搶了蚩尤的

---

[29] 張連興：《香港二十八總督》，第1頁。
[30] 同上註，第397頁。

領土主權。同樣道理，若然香港屬於中國的領土是秦朝開始，那麼秦朝之前香港又是屬於誰的領土？答案可能永遠都找不到，但可以肯定不是屬於秦朝，不是民族史學中所認可的這一個正統皇朝。我只是在思辨的層面提出這些反省，可能會被人質疑我只是自己想得太多。這就讓我舉出一個現有的重要歷史發現來討論一下。直到目前為止，歷史學者或考古學家都是沒有在古籍、地圖或文物找到「香港」這個地方名稱，充其量只是好似以上一段引文那樣，以別的地方來推斷香港是在中國範圍之內。但這亦變相指出，中國古代根本沒有一個地方叫香港。即使香港的現有範圍在古代確是在中國之內，但這一個地方實為別的地方，沒有今日那樣的一個的香港在古代的中國出現過[31]。

　　從《香港二十八總督》，我們也可見到，大陸的民族史學對自身的中共歷史書寫其實有隱諱，有斷層，總是不盡不實，既無法完全跟舊的國家論述框架決裂，但又要以新的國家論述框架來作歷史訓導，因而常常在歷史演敍上自亂陣腳。讓我們再看看劉大年寫的〈序言〉繼續在講什麼：

> 「新中國代替舊中國，故國新生，大踏步走上復興的道路。香港得以收回，就是由於今天中國是在復興的道路上行進。……香港回歸可以從各方面去認識，但是歸根到底，我以為不外乎幾個大字：社會主義，改革開放。」[32]

　　整個毛澤東年代的國家論述框架都只是在「新中國代替舊中國」這一小句之中，殘留些微的痕跡，讓人有點可能想到曾在毛澤東年代出現過的一句名句：「沒有共產黨就沒有新中國。」緊接下來，立刻已是跳到以鄧小平年代的國家論述框架，來解說中國重申香港主權的歷史背景：「社會主義，改革開放。」現實政治的變化已令大陸的民族史學，在追求（政治）正確的歷史書寫上同樣出現變化，不再也不宜採用毛澤東思想來做歷史訓導而是採用以鄧小平思想來做歷史訓導。若然我們比較一下丁又的《香港初期史話》和張連興的《香港二十八總督》，最明顯的不同就是，《香港初期史話》在書寫上是要穿插毛語錄來述評香港歷史。結果，毛澤東思想成為書寫香港的

---

[31]　張少強：〈香港：地緣政治與香港研究〉，載呂大樂、吳俊雄、馬傑偉 合編：《香港‧生活‧文化》（香港：香港牛津大學出版社，2010年），第302-330頁。

[32]　張連興：《香港二十八總督》，第2頁。

標準歷史訓話，香港歷史亦都幾乎全被拿來證明毛澤東思想的絕對正確。可是，在《香港二十八總督》的內文當中，莫說毛語錄沒有出現，就連「毛澤東」這三個字都沒有出現，完全在民族史學所寫的香港歷史消失。無變的是，《香港二十八總督》仍有要向權力做出誇讚，總要抬舉領導人成為權威。例如：周恩來在《香港二十八總督》中是有出現的，他所定下的香港政策方針：「長期打算，充分利用」則被如此刻意褒獎：

> 「後來的歷史表明，新中國的領導人對於香港問題所做出的決策是無比正確的，即使把『遠見卓識』、『高瞻遠足』這類詞彙全都搬出來加以形容，也實在不過分。」[33]

鄧小平同樣也有在《香港二十八總督》中出現，他更被褒獎到好似一個先知，早已預見在重申香港主權的最後時刻，英國人會起變卦，在當時發生過的所有事情，就連英國因形勢有變，改派彭定康來港，成為香港最後一任港督，推動被中方認為「三違反」的政改方案，都只是在應驗鄧小平講過的這一類說話：

> 「對於中英聯合聲明，我們不僅相信我們自己會遵守，也相信英國人會遵守，更相信香港同胞會遵守。但應該想到，總會有些人不打算徹底執行，某種動亂的因素、不安定的因素，是會有的……。」[34]

五、殖民主義的過度批判

要替政權確立取回香港主權的認受性，大陸學者對香港所做的歷史書寫亦都如同蔡榮芳的觀察那樣，有以下七大特徵[35]：

1. 以馬列思想作歷史判斷，反帝國主義及殖民主義入侵中國和剝削華人，
2. 傾向書寫軍事占據過程，
3. 著力描繪中英外交角力，

[33] 張連興：《香港二十八總督》，第272頁。
[34] 張連興：《香港二十八總督》，第385頁。
[35] 蔡榮芳：《香港人之香港史1841-1945》（香港：香港牛津大學出版社，2001年）。

4. 突顯華人對香港經濟發展之貢獻，

5. 宣示香港自古以來是中國的神聖領，港人有愛國主義傳統，一直都有反帝反殖行動，

6. 預設香港與大陸利益一致，

7. 中國本位的香港史學詮釋。

《香港二十八總督》並無例外，在算數殖民主義的劣蹟上更是過之而無不及。若然你想知道英國人的殖民統治如何亂來、曾經出現什麼失當、說過什麼歪理、做過什麼壞事，這一本《香港二十八總督》可說是做足功夫，是極佳的參考書籍。它亦跟中共在意識形態上的政治宣傳一樣，總是傾向把帝國主義、殖民主義和資本主義混為一談，做大量情緒化的猛烈攻擊，特別是跟領土主權相關的歷史部分，更是陷入了歇斯底里那樣。對於英國人在香港的歷任港督，這一本《香港二十八總督》無不力圖做出貶抑。由於這類書寫在書中數量太多，我無法盡錄了。但單以這一本書選用的部分標題為例，都已足可見到這樣的書寫特點。例如：此書對早期的港督就有以下一類標題：

港督　　標題
璞鼎查：「強占香港島」、「行伍出身，行政無能」
大衛斯：「鴉片專賣、開拓財源」、「開徵妓捐」、「草菅人命」
寶　靈：「挑起第二次鴉片戰爭」、「英倫藉機生事」、「袒護貪官」
羅便臣：「割占南九龍」，「聚財斂寶話匯豐」，
麥當奴：「助餉開賭」，「『豬仔』貿易興盛」，
堅尼地：「密擬攫取新界計畫」。

由1887年，德輔上任港督開始，到1925年，史塔士離職港督為止，前後共有七任港督，《香港二十八總督》對這一段約有四十年的殖民統治時期，則一併描述為香港人在戰前的「黑暗時期」，還使用了在舊式國史寫法中，往往拿來形容亡國的措詞來繪述這一段時期：

> 「其間天災人禍接連不斷，既有瘟疫蔓延，又有大火、暴風、狂雨襲擊，更有港英當局對香港人民的殘酷鎮壓，百姓塗炭，民生倒懸。」[36]

---

[36] 張連興：《香港二十八總督》，第129頁。

　　我相信在此書之中的這些歷史書寫並不至於是無中生有。可是，這樣立場露骨的歷史編纂，以大量指向同一結論的史實來攻擊殖民主義，可以帶來過度論證而導致物極必反，令得史實不再好像史實，也令人變得要去追問：香港若然曾是如此「黑暗」，何以總有大量華人在香港生活？為什麼殖民主義沒有提早覆亡？殖民主義是否真的如同這一本書所言那般？

　　但，最弔詭的是，《香港二十八總督》在骨子裡對殖民主義，其實是有大量反向認同，甚至直接認同。即使這一本書對殖民主義做了大量攻擊而又確是有人深信不移，可是這一本書在書寫體例上，是以歷任港督為主線串連香港歷史。這就在未下筆之前，已接受了香港歷史的主角是西方殖民主義的統治精英，令全書的歷史敘述都是反轉過來指出香港的整體命運如何由英人總督主宰。新近的香港歷史學家提出要對殖民史學進行反省，原因之一就是由於殖民史學多以這種以統治精英為主的書寫體例來編纂香港歷史。即使單就中文的香港史籍來說，這樣的書寫體例仍可如劉大年所言「尚屬僅見」。不過，若以中國的史學傳統來說，這樣的書寫體例根本由來以久，全無新意。早在晚清之時，梁啟超亦已做過類近的反省，指出二十四史實為「二十四姓之家譜」[37]。《香港二十八總督》竟是繼續無知下去，也難免令其書寫在體例與目的之間南轅北轍，跟殖民主義好像是有一段孽緣似的，總要欲拒還迎，雖知情根錯種，但又欲罷不能。

　　由於在現實政治中，昔日的意識形態之爭已被今日的發展主義掩蓋，《香港二十八總督》在時下的國家論述框架當中，就是務須棄用冷戰的措辭，不再抨擊香港的城市經濟發展，把它打成階級剝削、資本主義壓迫，然後呼籲全世界無產階級團結起來。這就令到《香港二十八總督》在歷史書寫上充滿思想錯亂，神經失調，時而惡形惡相，大罵殖民主義的侵略行為，但又時而心平氣和，細說殖民主義帶給香港的現代性，並在有意無意之間認同了殖民者自稱出來的「文明使命」。例如，在《香港二十八總督》當中，沒有被猛烈批評的港督，或批評比例較少的，真是寥寥無幾。第八任港督港督軒尼詩可說是幸運的一個，他所得的稱讚就是在於他能以西方的現代價值來管治香港，糾正中國傳統惡習：

　　　「軒尼詩是『最沒有種族歧視』的一任總督。在任期間，他努力使中

[37]　梁啟超：〈中國之舊史〉，《梁啟超史學論著三種》（香港：三聯書店，1980年），第4頁。

> 國人能享受到和歐洲居民同樣的自由和平等的地位，既廢除了殘酷的
> 笞刑，又成立了保良局。也因此而不受香港的歐美人士所歡迎。」[38]

　　另外，我們正在進行這個講座的地點是位於彌敦道的。既然如此，我也想在彌敦道上講講彌敦。彌敦是香港殖民時期的第十三任港督。雖然他上任港督一職只有三年左右，但《香港二十八總督》卻是引述了《香港與中國》一書，稱彌敦為「開埠英雄」，讚他能在三年任期成就「彌敦之治」，「是歷任港督最有遠見和對香港工商業發展頗有貢獻的一任」[39]。值得注意的是，「政治正確」在中國已是前後不一了，這樣的歷史書寫沒有上綱上線，批判由彌敦推動的香港工商業發展乃資本主義的可惡擴張，屬於香港同胞進一步受到帝國主義和殖民主義的殘酷壓迫，在毛澤東年代可以是極不「政治正確」的。只不過，時至今天，中國自己都在追求自稱的「和平發展」，由彌敦推動的香港工商業發展才有在歷史敘述中有可被稱許的空間。整體來說，《香港二十八總督》對於殖民主義之下，香港的城市經濟發展都是較少批評的，也在書寫上屬於主要的對象，占頗多的篇幅，就連作者張連興對自己這一本史書的整體評價也是在於：「可以（讓人）看到香港從一個荒島漁村發展成東方現代化國際商業大都市的歷史進程，其中凝聚著一代代香港人的心血與汗水。」[40]

　　這一本書根本沒有擺脫殖民史學對香港歷史的書寫軸心，即使其書寫目的是以大陸的民族主義來爭奪香港歷史的話語權，但結果卻是糊裡糊塗，總是在殖民主義的話語當中打轉，先接受了殖民主義的歷史訓導，然後才是在自己的香港歷史演敘當中，再做（錯亂的）民族主義的歷史訓導。

六、民族主義的過度發放

　　這並不是說，《香港二十八總督》完全沒有在殖民主義的歷史話語之外，直接以民族主義話語來講香港歷史，相反，它的一大書寫傾向是跟其他大陸的民族史學是一致的，舉凡大大小小的香港地方事故，只要帶有華洋敵對成分，都一律被上升到民族層面。這些事故亦被編成全屬民族整體一起抗敵的

---

[38] 張連興：《香港二十八總督》，第107頁。
[39] 同上註，第167頁。
[40] 同上註，第438頁。

延伸，我甚至覺得去到了胡亂發放民族主義的地步，極難教人認同。我先以蔡榮芳針對其他民族史學著作，曾經做過討論的一個有趣例子來說明這點。

香港早年曾發生一起「三元里事件」。簡單來說，三元里事件是指1841年之時，在三元里這個地方，有一批華人圍打英國兵士的一起事件。如果你讀由大陸學者所寫的香港史書，他們會把這起事件理解為「抗英事件」，甚至把它形容為「寫下近代史上反帝鬥爭光輝的篇章」[41]，但按蔡榮芳轉引佐佐木正哉編纂的歷史資料[42]，當時有一名相關官員所寫的書信卻是這樣描述事件的：

> 「初十日，四方炮臺賊，偶出泥城、三元里。村眾因（英夷）淫掠，憤極鳴鑼。一時揭竿而起，聯絡百餘鄉，男婦數萬人，圍之數重。夷眾僅止千餘人，冒死突圍，死者八九十人，殺死兵頭二人，受傷無數。百姓亦有受傷者。然人眾可恃，愈擊愈多。……彼百姓安合知大義，不過因輪姦一老婦人，忿激而起，雖人眾真烏合耳。」[43]

這條原始歷史資料可說真夠精彩到不得了。第一，正如蔡榮芳指出，這名官員在縷述民眾起事的動機應是比較切實之外，當中提及的死傷人數都是存在誇大成分。第二，我懷疑就連「輪姦一老婦人」這一句指出起因的講法，都是帶有這名官員自己要以書寫來醜化英國殖民者的成分，在文本上訴諸變態的性侵犯來增大父權民族主義者對殖民主義的憤恨，因而需要強調受害者是「老婦人」。第三，雖說如此，但按這條原始歷史資料顯示，這起三元里事件本身是根民族主義完全無關，也算不上什麼民族抗爭。參與者在當時的權力精英眼中，也不是「義民」而是「烏合」，只是大陸學者自己總想要在民族層面書寫香港歷史，結果稍有可以拿來一用的事件，就立刻不以史料來決定書寫而是以書寫來決定史料，穿鑿附會一大堆民族主義宣言出來。由這些民族史學所寫的香港歷史也見在發放民族主義上，帶有更加危險的歷史訓導而不只是這樣尚可一笑置之的歷史誤導。

「黑社會也有愛國的」這一句曾在中國官員口中說出來的話，雖然沒有在大陸的民族史學出現，但對香港歷史曾經出現的海盜卻有相同的講法。例

---

[41]　李宏：《香港大事記》（北京：人民日報出版社，1988年），第14頁。

[42]　佐佐木正哉：《鴉片戰爭の研究：資料篇》（東京：近代中國研究委員會，1964年）。

[43]　佐佐木正哉：《鴉片戰爭の研究：資料篇》，第18頁。

如：《香港二十八總督》就是這樣闡述早年香港的海盜徐亞保：

> 「在外國資本主義武裝侵略中國的嚴峻局勢下，也有一部分富於正義
> 感和愛國精神的『海盜』，把鬥爭矛頭指向外國侵略者，成為中國人
> 民反抗外國侵略的一支民間力量。應該說，徐亞保就是其中的一個典
> 型。外國侵略中國，掠奪百姓，政府腐敗無能，懼怕洋人，又不許百
> 姓抵抗，怎麼辦，出路只有一條，鋌而走險，在海域周旋。」[44]

　　然而，這樣的歷史書寫究竟是在弘揚民族主義，抑或在敗壞民族主義？
增強民族主義的號召力，抑或削弱民族主義的以公信力？這是有很大疑問
的。理由在於這樣的歷史書寫根本令到民族主義接近了犯罪行為。只要因民
族主義之名，本是危害別人生命財產安全的犯罪行為都可在道德高地上化為
義舉，變成應要欣賞的行為。我不禁懷疑，這已不是民族主義被犯罪行為濫
用才出現變質，而是民族主義本身就是可以容許並採用犯罪行為來攻擊民族
敵人。就香港曾在1857年發生的一起「毒麵包事件」，這些大陸的民族史學
所做的中共民族主義發放，更是可以令人極為咋舌而又寒心。

　　這起毒麵包事件始於由裕盛辦館提供的麵包含有砒霜，結果四百多英人
住戶中毒，包括時任港督寶靈的家人。其東主張亞霖則在事發的同一天，舉
家去了澳門，因而大有畏罪潛逃的嫌疑。可是，張亞霖終於被捕之後，卻在
調查之中發現，他與家人一起去澳門是早已安排的外遊，純屬巧合；事發當
日他的家人也有吃辦館的麵包而中毒，明顯不是張亞霖下毒，法庭最終亦都
宣判張亞霖無罪釋效。嚴格來說，這起毒麵包事件性質不明，在歷史書寫上
也應就此收筆，不應再做推斷。可是，早在1958年，丁又已在《香港初期史
話》一書中竟然繼續做出演敘，把此起毒麵包事跟民族主義串連一起：

> 「可以肯定，是有愛國分子在麵包中暗下毒藥企圖殺死全港西人，不
> 過手段是很幼稚的，但在惡劣的環境下也沒有其他可行的辦法。」[45]

　　我首次讀到這一段歷史書寫之時，實在不禁在本應肅靜的圖書館內格
格大笑但又搖頭歎息。從頭到尾，就連英國人都是無法肯定這是不是華人下

44　張連興：《香港二十八總督》，第39頁。
45　丁又：《香港初期史話：1841-1907》，第104頁。

毒，但丁又竟然自己走去承認責任，認定這是愛國分子所為，以民族主義來支持毒殺西人的攻擊行動，雖有一句「手段是很幼稚的」做點回筆，已見令人驚訝到無話可說，原來民族主義在行動上可以去到鼓吹任何形式的殺人，並在論述上可以照樣得到學術的歷史知識支持。我不得不問，下毒殺人光彩嗎？值得驕傲嗎？認了可以威風嗎？為什麼在民族主義之下，連下毒殺人都是可取的做法，同樣得到肯定。就此，丁又好像完全不知自己已在失語，或者民族主義確是能夠令學者都是盲目，他竟是繼續假歷史之名，在書寫上繼續發放教人譁然的瘋狂民族主義：

> 「反英鬥爭不斷地，普遍地展開著。在香港和廣州一帶，英人的住宅經常忽然被人放火燒掉；井水、麵包、食物裡面也常常被人施放毒藥，英印人在郊外偏僻的地方，也常常被人襲擊、綁架或擄殺。……從頭到尾香港的同胞，因為離開祖國懷抱，受到外族的壓迫，不得不自動起來，用一切可能的方法，對侵占者做鬥爭。」[46]

全以一句「離開祖國懷抱」就是做什麼都可那般，這樣的民族史學已不單把大量犯罪行為化為「反英鬥爭」，這樣的民族史學且是已將民族主義推向發動恐怖主義襲擊，但求推動民族主義去到完全走火入魔。其後的大陸史家雖說確有做過反省和修正，但仍沒有擺脫丁又的影子。

例如：元邦健（1987）認為：「裕盛辦館毒麵包案真相如何，究竟誰是放毒者，至令仍無充分歷史材料可詢，但這個案件的發生，對於在香港久經英國殖民統治壓迫的華人，確實是一件大快人心的事。」雖然元邦健改用保留口吻，但仍預設這是一起下毒事件，帶有華人反抗殖民主義的色彩，並肯定此事有助華人宣洩民族主義。需要留意的是，現有歷史傳聞，當時運送麵粉給裕盛辦館的船隻，曾同時運送砒霜，因而「毒麵包事件」有可能不是一起下毒事件，而是麵粉在運送過程受到砒霜污染。有見及此，劉蜀永（1998）在評論此事之時，在書寫上明顯更加再謹慎並認為：「毒麵包究竟是有人下毒還是意外事故，至今還是一樁疑案。」可是，劉蜀永還是預設這是下毒事件，是華人的所為，並試圖反怪受害者（blameing the victim），以這樣的一句：「即使確實是中國人放了毒，也是英國的侵

略行徑引起的後果。」把事件跟國仇家恨串連一起，總要拿來申張一下民族主義。

　　直到張連興在《香港二十八總督》書寫此起「毒麵包事件」，原來都是沒有在立場和判斷上出現改變。為了令人覺得此起「毒麵包事件」乃是民族鬥爭在香港的延伸，張連興先是刻意從英國發動第二次鴉片戰爭講起，作為事件的背景，繼而插敘他所認為的其他反英抗爭，指出當時香港內部的愛國主義行動，最後才對此起事件做出敘述，令此起事件看起來是跟二次鴉片戰爭相關，同樣都有愛國主義色彩。直至結論部分，張連興則照抄劉蜀永的講法之外，還要重回丁又年代，鼓吹義和團式的排外主義和集體仇殺：

> 「即使確定是中國人放了毒，也是由英國的侵略行徑引起的，當時正是第二次鴉片戰爭剛剛開始，廣東和香港人民對英國侵略者仇恨萬分的時候。難道只許你侵占我領土，掠奪我財物，殺害我同胞，就不許我反抗復仇。」[47]

　　民族主義在其黑暗一面最令人卻步的弊端，差不多全都在這些民族史學所寫的香港歷史暴露出來。這樣的歷史書寫除了盲目的狂熱者之外，也該難以做到自身要為國家鞏固主權的書寫目的，反而可能導致國家形象看來更加可怕，大陸的愛國主義聽來更加寒心，香港的本土大眾心存更多抗拒，其結果偏偏就是「人心」更不「回歸」。

七、小結

　　前九七香港，英國殖民者長期審查中小學教科書，禁制學校教材宣傳反殖民主義的民族主義。大陸的民族史學所寫的香港歷史沒有在大眾中流通，也在冷戰之下往往被打成屬於中共的洗腦宣傳。後九七香港，這些禁制都已被解除。我不肯定這些大陸的民族史學將來會否終有一天流通起來，廣泛滲入香港的自我扣連。但歷史既然讓我活在這一天之前，我就有這個時空釐清一下香港歷史已被大陸的民族史學寫成什麼樣子，把我省思所得的想法發表出來，照用這些民族史學的出版說明來講，「相信是恰當的時機」。

---

[47] 張連興：《香港二十八總督》，第56頁。

第十三章　大陸新課程高中歷史解釋素養目標落實的三個基本問題

北京師範大學歷史學院

侯桂紅

　　2018年教育部頒布了《普通高中歷史課程標準（2017年版）》（以下簡稱「2017版《高中課標》」），規定此後歷史課程的目標為歷史學科核心素養。在歷史學科核心素養的五個方面中，歷史解釋已經公認成為了其中的核心[1]和關鍵[2]。時至今日，即使在CNKI上二百餘篇相關論著的支持下，落實歷史解釋素養的教學實踐仍更多處於經驗總結階段，並不時出現一些小誤區。其中制約的因素較多，而核心的是對歷史解釋的三個基本問題的認識：歷史解釋的重要性何在？歷史解釋要解釋什麼？解釋歷史的方法是什麼？作為史學理論和歷史哲學領域的重要概念，我們十分有必要借助此專業領域加強上位認識，助力新課標的教學落實。

一、歷史解釋的重要性何在？

　　2017版《高中課標》的「課程目標」中規定：「能夠認識歷史解釋的重要性。」[3]此問題是落實歷史解釋素養的天字一號問題，也是要回答為什麼學歷史的問題。它的重要性不是從新課程的考核目標上去理解，也不是從上述其在歷史學科核心素養中的地位去理解，而應從歷史價值及意義上去體悟與認識。史學理論、歷史哲學認為，歷史解釋的重要性在於它對人類歷史的

---

[1]　作者簡介：侯桂紅，北京師範大學歷史學院副教授，碩士生導師，博士，從事歷史課程與教學論、中國近現代政治制度研究。
　　徐藍：〈談談研製高中歷史課程標準的一些體會〉，《歷史教學》，2016年第12期。
[2]　編者按，《歷史教學》（上半月刊），2016年第3期。
[3]　中華人民共和國教育部制定：《普通高中歷史課程標準：2017年版》（北京：人民教育出版社，2018年），第6頁。

存在與發展有重要意義。

（一）人們所知的歷史及其意義因解釋而存在

　　中外研究均不否認客觀歷史的先在性，但皆認為人們所知的歷史實際上就是解釋的結果，歷史研究就是要建構歷史解釋。史學家李劍鳴先生認為：「過去實況是客觀存在的，關於過去實況的紀錄（史料）也是客觀存在的，但史實卻是史家選擇和解釋的結果。沒有史料，無從談及治史；而未經解釋的史料，也不能提供可以理解的歷史知識。史料本身不會說話，史實的意義也不是不言自明的，不同史實之間的關聯通常是深藏不露的，如果不經過史家的選擇、編排、聯絡和闡釋，就沒有歷史知識可言。」[4]英國哲學家、史學家科林伍德認為，歷史學家不是先找到事實，然後再闡釋其中的含義；「在發現證據是什麼時，就已經是在解釋它」[5]。英國哲學家卡爾‧波普爾說：「不可能有一部『真正如實表現過去』的歷史，只能有各種歷史的解釋，而且沒有一種解釋是最後的解釋」，「每一代人都有權利去做出自己的解釋」[6]。史學理論家何兆武先生也認為，「對史實或史料的知識或認定」是史家的理解和詮釋[7]。而筆者認為，今人作為證據的史料也是一種歷史解釋，二十四史等均是古人的選擇性紀錄，即使是歷史參與者、目擊者的回憶錄、口述史也莫不如此，如親歷戊戌變法的梁啟超寫就的《戊戌政變記》和康有為的《我史》也是不能拋卻個人主觀訴求的紀錄。

　　所以，歷史解釋就是「復活」部分歷史。法國哲學家阿隆‧雷蒙認為：「死人留存下來的意義只能靠活人去闡釋，去理解，於是死人也就又活過來了。」[8]反之，「沒有歷史學家的事實則是一潭死水，毫無意義」[9]。最終，「只有解釋才能發現歷史的意義，只有解釋才能完成歷史的重建，只有解釋才能造就偉大的歷史學家」，「建構歷史解釋乃是史學的核心任務」[10]。

---

[4]　李劍鳴：《歷史學家的修養和技藝》（上海：上海三聯書店出版社，2007年），第284頁。

[5]　科林伍德：《歷史學的原則》，第140頁。轉引自李劍鳴：《歷史學家的修養和技藝》（上海：上海三聯書店出版社，2007年），第283頁。

[6]　轉引自朱本源：《歷史學理論與方法》（北京：人民出版社，2012年），第7頁。

[7]　轉引自李劍鳴：《歷史學家的修養和技藝》，第283頁。

[8]　阿隆‧雷蒙著，馮學俊、吳泓緲譯：《論治史：法蘭西學院課程》，（北京：三聯書店，2003年），第185頁。

[9]　愛德華‧卡爾著，陳恆譯：《歷史是什麼？》（北京：商務印書館，2007年），第28頁。

[10]　李劍鳴：《歷史學家的修養和技藝》，第285頁。

（二）當下和未來的歷史取決於今天的歷史解釋

不僅每次解釋歷史都影響著人們對歷史的認識，更影響著對當下問題的解決和未來實踐的走向。這就是常說的論證當代、汲取智慧、鑑往知來，每一代都有自己的歷史解釋。哲學家韓震說：對歷史「理解的每一次實現，都可能成為被理解東西的一種歷史可能性。人們在理解過程中開闊視野，也影響著自己的歷史活動。不同的理解會導致不同的活動，從而塑造不同的世界」；「要想無愧於歷史，首先應該理解歷史。只有理解歷史，才能更加自覺地創造歷史。」[11]這就是人們常問學習歷史有什麼用的答案。由之，「歷史研究的真正任務並不是理解歷史所涉及人物的主觀意向、計畫和經歷。相反，必須理解的是歷史意義的巨大策源地，它要求歷史學家做出解釋的努力」[12]。這再一次印證了歷史認知的終極追求就是建構一種歷史解釋。因此，每個人不僅有解釋歷史的權利，更有這個責任。在此問題上，中學生和史學家並無本質的區別，只是能力水準不同的歷史認知或解釋主體而已，他們的最大差別僅在於後者有這個意識，前者沒有。所以，是否具備『歷史解釋』的意識是歷史解釋這一核心素養的重要標誌[13]，更是能否擔當解釋歷史和創造歷史大任的首要前提。

根據生物學理論，歷史解釋意識的形成需要外部刺激。歷史教師可通過直接告知學生歷史解釋重要性的方法；而更好的辦法是滲透於日常的歷史教學中，通過**認知衝突刺激學生的解釋欲望**。如北師大附屬實驗中學張老師在講〈抗戰記憶和反思〉一課的開始，先公布學生在課前所做的對當前中日兩國高一學生抗日戰爭記憶的調查結果：日本的高一學生記得老師只講了「東京大空襲」、「廣島、長崎的原子彈爆炸」，沒有講過日本侵華和南京大屠殺，教科書上也沒有。然後張老師展示三類抗戰親歷者：南京大屠殺的參加者東史郎、受害者豐子愷、旁觀者拉貝和勃蘭特的戰爭記憶。**顯然**，日本學生的記憶**在史實上與他人有很大的出入，這就給了學生一個儘快獲取真相、自己重新解釋抗日戰爭歷史的欲望。這是初步的歷史解釋意識的來源**。再如

[11] 韓震：〈論歷史解釋的歷史性〉，《求是學刊》，2002年第3期。
[12] 加達默爾，夏振平、宋建平譯：《哲學解釋學》（上海：上海譯文出版社，1994年），第103頁。
[13] 余文偉：〈「歷史解釋」的重要性及其意識的養成〉，《歷史教學》（上半月刊），2016年第3期。
　　戴加平：〈如何涵養學生的「歷史解釋」素養〉，《歷史教學》（上半月刊），2016年第3期。

網上的一個案例，某大學歷史課的第一節，教授站在講臺，上課鈴響後，幾個陌生人突然進入教室，什麼也沒說，將教授摁到講桌後面揮舞一陣拳頭後走了。接下來，**教授站起來捋了捋頭髮，泰然地對目瞪口呆的學生說，請大家拿出一張紙，把剛才發生的事寫出來。教授將學生的紙收上來，然後唸給大家聽。有的寫教授可能因為欠債不還挨揍；有的寫教授或因為偷情挨揍；有的寫教授很勇猛，三下五除二就把歹徒打趴下了；有的寫教授耐性好，等等。最後，教授對學生說，這就是我們今天要講的問題——什麼是歷史？此故事也可啟發學生思考歷史解釋對於認識過去的重要性。**

二、歷史解釋要解釋什麼？

2017版《高中課標》對歷史解釋的內涵是這樣表述的：「人們通過多種不同的方式描述和解釋過去，通過對史料的蒐集、整理和辨析，辯證、客觀地理解歷史事物，不僅要將其描述出來，還要揭示其表象背後的深層因果關係」；在課程目標中對歷史解釋的部分表述是：「學會從歷史表象中發現問題，對歷史事物之間的因果關係做出解釋。」[14]由此一些人誤認為解釋因果就是歷史解釋的主要甚至是全部內容。實際在上文中已觸及這個問題，下面不妨再予詳細展開。

（一）歷史解釋不僅僅是解釋因果

歷史現象的因果關係是歷史學永恆話題[15]不假，但因果解釋並非歷史解釋的全部。有人之所以將二者混同，史學家認為：「這是因為大部分解釋（雖非全部）是在探究原因，乃至人們通常將原因等同於解釋。」[16]實際上原因和解釋是兩種不同的觀念，「如果原因是自然世界中所擁有的一種關係，解釋則是另一回事，……它不是自然關係，……它乃是一種智慧或理性……上的關係」[17]。換言之，解釋包含了更多的智識。不僅如此，事物本

---

[14] 中華人民共和國教育部制定：《普通高中歷史課程標準：2017年版》，第5、6頁。

[15] 包偉民：〈歷史學是什麼〉，網站：https://mp.weixin.qq.com/s/rHok_kIqs_QiisuXYOhCfg，瀏覽日期：2019-04-30。

[16] 邁克爾·斯坦福著，劉世安譯：《歷史研究導論》（北京：世界圖書出版公司北京公司，2011年），第173頁。

[17] 參看 Strawson, 'Causation and Explanation', in *Vermazen and Hinfikka* (1985), p.115.

身無所謂原因與結果，那只是人們為了敘述需要進行的自訂。就如自然科學「把宇宙的現在狀態看作是它先前狀態的效果，隨後狀態的原因」，用「原因」與「結果」這一對概念範疇來描寫這種先行於後繼狀態的關係（科學家拉普拉斯語）[18]。甚至有時在解說的句首加上「因為」不過是一種語言擺設。從積極意義上說，「原因和變化之類概念提供了一種心理框架或心理地圖，賦予了歷史學習的重要性和連貫性」[19]。

　　到底歷史解釋應該解釋什麼？史學大家周一良先生說應包括六個W（who、when、where、what、how、why），何兆武先生說包括歷史學 I（確定史實）和歷史學 II（把史實連結為一個故事或者是對它做出解釋和說明）[20]，西方歷史方法論大家托波爾斯基將歷史解釋分「描述性解釋」（通過敘述歷史事實而回答「是什麼」的問題）、「發生性解釋」（指出給定現象的起源，回答「是怎樣發生的」）、「結構性解釋」（說明某一現象在給定結構中的位置，如某一時間的意義和作用）、「定義性解釋」（給現象提供定義回答「是什麼」和「為什麼」的問題）、「因果性解釋」（說明現象的原因）五種[21]。這些不僅說明解釋歷史不僅止於解釋因果關係，更說明有關歷史的一切表述均是歷史解釋。即使「對『事實』進行多麼簡單的列舉，絲毫不加說明，這本身就已是一種『解釋』」，一系列事件的敘述本身也是解釋[22]。所以，2017版《課標》指出：「所有歷史敘述在本質上都是對歷史的解釋。」[23]換言之，學理地建構一種歷史解釋，其內容包括確定史實、敘述或描述經過結果、分析因果和意義影響、揭示經驗和教訓、發現智慧等有關某史事的全部。

（二）全盤（完整）解釋不可能，關鍵是說清各事件之間的聯繫

　　全盤解釋不僅應將上述悉數納入，還應包括更多，即「關於一件事的全面記述，就必須將有關此事的所有真實歷史描述囊括在內」（美國分析哲學家亞瑟・丹托語）。這在原則上是永無可能的。即使是公認為正確的解釋和

---

[18] 轉引自張耕華：《歷史哲學引論》（上海：復旦大學出版社，2004年），第93-94頁。

[19] 海頓等編，袁從秀、曹華清等譯：《歷史教學法》（重慶：重慶大學出版社，2015年），第84頁。

[20] 何兆武：〈對歷史學的若干反思〉，《史學理論研究》，1996年第2期，第39頁。

[21] 托波爾斯基著，張家哲譯：《歷史學方法論》（北京：華夏出版社，1990年），第525-528頁。

[22] 盧卡奇著，杜章智、任立、燕宏遠譯：《歷史與階級意識——關於馬克思主義辯證法研究》（北京：商務印書館，1992年），第52頁。

[23] 中華人民共和國教育部制定：《普通高中歷史課程標準：2017年版》，第5-6頁。

妥當的解釋也僅是全盤解釋的一部分。但其中不可或缺的有三：其一，解釋必須反映的是歷史的真實。「一個正確的解釋絕不只是我們知識和信仰體系中的一部分，它還須建立在形而上學基礎（亦即立足於它以往及現今的實際情況如何）上。」（大衛‧魯本語）[24]其二，是相對完整的解釋。因為解釋的合理或正確與否實際是聽眾取向，如政治人物給提問者的解釋，這種解釋是提供給聽眾的，因聽眾不同而不同。為此，歷史研究者將涵蓋所有論點，滿足所有發問，足以抗衡所有合理反駁的解釋稱為發現了全部真相，權作相對完整的解釋。

值得一提的是，在相對完整的解釋中，起關鍵作用的是要解釋歷史過程中發生的事件之間環環相扣的歷史邏輯鏈條，即說清各事件之間的聯繫。「建構一種歷史解釋，就是要圍繞一個具體的歷史問題，按照各種事實之間的實際聯繫將它們組織成一個系統，形成對這個問題的解答。」[25]因此，「絕大多數的史學研究實際上既不是關於歷史事件的，也不是關於這些歷史事件的當前影響即證據，而是關於連結事件和證據的過程」[26]。所以，2017版《課標》學業品質水準2也規定：學生「能夠在敘述歷史時把握歷史發展的各種聯繫，如古今聯繫、中外聯繫等，並將歷史知識與其他相關學科如地理、語文、藝術等知識加以聯繫」[27]。而史實之間的各種聯繫向來都是深藏不露的，如何找到各種聯繫呢？史學理論研究給的答案是，尋找不同事實之間的實際關聯，需要綜合運用歷史的方法和邏輯的方法（詳述於後）。

（三）歷史解釋不能缺少細節

細節在歷史解釋中十分重要。其一，上述在完整中起關鍵連結作用各種聯繫存在於細節中；其二，決定著解釋對象即歷史的真實，「我們回歸具體語境的程度，將決定我們理解文本真實內涵的程度」[28]；只有歷史細節，才能「使已經逝去的歷史重現出有血有肉、有聲有色的原狀，使學生感受到歷史的真實」[29]。其三，細節決定著歷史解釋所傳遞的歷史教育功能的實現，

24　轉引自邁克爾‧斯坦福著，劉世安譯：《歷史研究導論》，第188、189頁。

25　李劍鳴：《歷史學家的修養和技藝》，第305頁。

26　塔克爾：《我們關於過去的知識　史學哲學》（北京：北京師範大學出版社，2008年），第101頁。

27　中華人民共和國教育部制定：《普通高中歷史課程標準：2017年版》，第42頁。

28　張曜：〈從文本中心主義到歷史語境主義：語境、概念與修辭〉，《理論月刊》，2013年第5期。

29　葉小兵：〈細節的重要〉，《歷史教學》，2015年第9期。

認識始於理解，「具體、有細節、有發展過程的歷史知識」才是有教育意義的歷史知識，「教育價值的實現，最終都是依託史事，從具體事例中發掘出歷史的教育功能」[30]。近幾年高考命題也注重對歷史細節的考察[31]。2007年以後，新課程高考命題關注的即是微觀，從內容上看，關注長時段、大地域、眾多人參與的重大事件減少，而關注個體的、小範圍的局部事件增多[32]。

　　而在細節中，尤其不要忽視一些司空見慣、「常識性」的問題。如講二戰結束，必講美國投擲原子彈，那麼美國為什麼選擇在廣島、長崎投擲原子彈？對此要能解釋出細節：廣島是日軍南方司令部所在地，並集結了實力可觀的防禦部隊，作為工業中心的長崎還有兩個重要的兵工廠；同時，這兩個城市的兵工廠和部隊均配置在市區中心[33]。再如，為什麼把挺進大別山作為人民解放軍的從內線轉向外線、由戰略防禦轉為戰略進攻的主攻方向？其細節：一是這裡是敵人鉗形攻勢的中間薄弱部分，易於突破和進軍；二是這裡曾是一塊老革命根據地，有經過長期革命鬥爭鍛鍊的廣大群眾，並有游擊隊一直堅持鬥爭，容易立足生根；三是此地跨越鄂、豫、皖三省交界處，劉鄧大軍南下到這裡重建根據地，就可以東懾南京，西逼武漢，南扼長江，瞰制中原。蔣介石必然會調其進攻山東、陝北的部隊回援，同人民解放軍爭奪這塊戰略要地，從而易於達到中共中央預期的戰略目的[34]。沒有細節，這些表述就是死的書本知識，也就是人們常說的沒有歷史味兒；學習者無從體悟中共的正確戰略決策及對扭轉戰勢的重要價值和原子彈對加快日本投降、結束二戰的意義所在，更無從窺知該事件之於長時段歷史的意義何在。

三、解釋歷史的方法是什麼？

　　2015年歷史解釋這一核心素養被提出後，相關的很多論文提及亨普爾－波普爾覆蓋律模式，這給了某些人一個錯覺：歷史解釋是有模式（模型）或規律可照搬的。事實上，每種解釋模式、理論都有利有弊，我們要客觀認

[30] 鄭林：〈歷史課應回歸史學的教育功能〉，《歷史教學》，2017年第19期。

[31] 童綏寶、魏志剛：〈指向學科素養的歷史解釋的基本特徵與教學路徑〉《歷史教學》，2018年第19期。

[32] 黃牧航：〈十年新課程歷史科高考命題改革的回顧與分析（下）〉，《中學歷史教學》，2016年第9期。

[33] 何成剛、沈為慧、張克州：〈歷史解釋：事實判斷與價值判斷的統一——以二戰中的「原子彈轟炸事件」為例〉，《教育科學研究》，2018年第8期。

[34] 王光霞編著：《中原解放區財政經濟簡史》（武漢：湖北人民出版社，2007年），第22頁。

識，辯證使用，歷史地解釋歷史。

（一）不要生硬套用解釋的模式（模型）、理論

　　歷史解釋模式「是指最一般的對歷史的理解範式和解釋框架，主要包括歷史觀和方法論」[35]。首先說各種方法論的解釋模式。著名的覆蓋律模式（也稱概括律理論、因果律模式）是四十年代美國科學哲學家亨普爾（也譯亨佩爾）和英國哲學家波普爾先後提出的，主張按照規律、普遍法則進行解釋。實際上的「歷史解釋簡直極少以一種和亨普爾所描述的模式相當的形式提出來」[36]。其原因是這一模式完全不是基於歷史的，「亨普爾所說的普遍規律，是指歷史以外的各種法則，包括自然科學的定理和日常生活的常識，……與中國學者所理解的『歷史規律』是不一樣的」[37]。究其深層原因在於他們是「從哲學角度討論歷史解釋的學者，本人大都沒有從事具體歷史研究的經驗和體會，他們所談論的理論，也不是對專業史學實踐的總結，而是用一些零碎的例子為材料所做的純粹思辨，與歷史研究的實際有著明顯的距離」[38]。「一旦觸及具體的歷史解釋過程，這些模式的簡單化和無操作性就暴露無遺了。」[39]所以，他們以那種對自然科學起重要作用的普遍法則來解釋歷史事件是一種錯誤，因為它忽略了兩種對象在性質上的根本區別[40]。不同於生物學等的功能、意圖（意向）和「有機整體」等概念的解釋，歷史的解釋要從人類行為的目的、動機或理由去解釋歷史現象；因果關係的分析只有間接地相關性，因為人性行為的理由（意向）與行動及其結果之間的關係也非完全的邏輯演繹關係；所以「歷史學的許多解釋往往很難基於普遍規律」，即使典型的歷史解釋也僅僅是「準因果的」[41]。

　　此後，又陸續有不同名目的模式或理論面世，但均有一定的弊端。六十年代狄爾泰駁斥覆蓋律後提出以移情理解來窺探人的意圖和動機的理性解釋

---

[35] 張正明：〈「宏觀歷史解釋模式」及其批判〉，《北方論叢》，2010年第5期。

[36] 周建漳：〈當代西方哲學關於「歷史解釋」的方法論思考〉，《廈門大學學報》，1994年第2期。

[37] 李劍鳴：《歷史學家的修養和技藝》，第287、289、290頁。

[38] 愛爾頓：〈前言〉，《歷史學的實踐》，第7頁。轉引自李劍鳴：《歷史學家的修養和技藝》，第293頁。

[39] 李劍鳴：《歷史學家的修養和技藝》，第287、289、290頁。

[40] 嚴建強、王淵明：《西方歷史哲學——從思辨的到分析與批判的》（杭州：浙江人民出版社，1997年），第183頁。

[41] 李劍鳴：《歷史學家的修養和技藝》，第287頁。

模式（也稱設身處地empathy模式[42]或理解模式）。這一模式雖是針對歷史學的，但此模式建基的一個必要前提是人性同一原則，即在不同民族和種族中，「同樣的動機總能產生同樣的行為；同樣的事件伴隨著同樣的原因」。而實際人的意圖、動機等與行為不僅不是一一對應的線性關係，而且不同歷史文化和傳統背景下的人，即使有相同的動機，也不大可能有相同的行為。如近現代中國人因不滿外來侵略這一動機而採取武力反抗方式，印度也有這一動機，卻採用了非暴力形式。可見，「瞭解了主體行為動機只是做出正確論斷的必要前提，而不是充足條件」。合理的歷史解釋，不但要描述出行動者的思想動機，行動者自身的能力和他所處的實際處境也必須考慮進來[43]。六十年代中晚期，美國歷史哲學家威廉・德雷提出三種具體的模式：（1）事件的連續性模式（不必引入普遍規律，只要把歷史事件按時間先後依次排列，事件的起源就自然得到了解釋）；（2）可能性解釋模式（解釋歷史事件如何可能發生，而不是做出必然的判斷）；（3）概念解釋模式（通過普遍概念可以把一些個別事件綜合為一個整體，注意的不是事件的共性，而是事件的聯繫）。托波爾斯基提出五種解釋方法。但前者「往往是遷就歷史事件的表面排列」[44]，後者的五種方法中有四種是「明顯的交叉重疊，在某種情況下是很難區分的」[45]。七十年代，英國歷史哲學家阿特金森提出三大類歷史解釋模式：「規則性解釋」（或稱法則解釋，借助規律或定理來解釋歷史現象）；「理性解釋」（注重人類行為背後的思想動機或理性邏輯）；「敘事性解釋」（通過敘述事件的過程來進行解釋）。有學者指出，他的這種劃分，是對歐洲學者關於歷史解釋的各種理論的歸納，也不是對歷史學家的解釋建構方式的總結[46]。

　　進入九十年代後又有新的解釋模式，但不論為何，本質上「將歷史解釋歸納為不同的模式，只是一種理論性的描述，並不是對歷史解釋的實際方式的寫照。……即便是有效的模式，也僅僅涉及歷史研究的一角」[47]。而追根究柢，它們又基本是宏大理論盛行的產物，宏大理論能製作出諸多上述針對普世的抽象模型，但其反歷史主義特性註定其不能解釋歷史的多樣性和特

---

[42] 邁克爾・斯坦福著，劉世安譯：《歷史研究導論》，第195頁。

[43] 轉引自王學典主編：《史學引論》第二版，第257頁。

[44] 韓震：《西方歷史哲學導論》（濟南：山東人民出版社，1992年），第540頁。

[45] 李劍鳴：《歷史學家的修養和技藝》，第279頁。

[46] 李劍鳴：《歷史學家的修養和技藝》，第286頁。

[47] 李劍鳴：《歷史學家的修養和技藝》，第293頁。

殊性[48]。所以，愈是普世的模式愈有可能背離歷史的真相。在哲學上，也確實將這種歷史解釋模式稱為宏觀歷史解釋模式，並認為它不可避免帶有四個「局限」：「把複雜的歷史簡單化」、「單向的線性時間觀」、「因果決定論」、「過於依賴自然科學和實證科學的方法」[49]。而「在目前實際的歷史研究中，學者從事歷史的解釋和分析，既不立足於宏大的普遍規律，也不僅僅依靠直覺和移情，而是更多地借助於相關的社會科學理論」[50]。「西方現代史學運用社會學、政治學、經濟學、人類學等社會科學的理論方法進行研究已經成為一種常態」[51]。我國歷史教科書中沿用了政治學中的國家利益、社會學中社會階級構成和社會發展模式等概念就是當前史學研究這一狀況的反映。

其次，再說其他基於史觀的解釋某類歷史內容的單一理論。不可否認，歷史解釋離不開理論，「沒有無解釋的敘述；也沒有無理論的解釋」（美國歷史理論家梅耶霍夫語）[52]，但要認識到「歷史事實紛繁複雜，不易納入某種理論框架或解釋模式；公理和理論的主要作用是為尋找解釋的切入點提供引導，或者作為論述的輔助工具，而不能支配、更不能代替歷史解釋」[53]。甚至有學者提出，即使「作為解釋歷史的學理的唯物史觀自然有其無可爭辯、不可替代之處，但它也不能直接用來解釋某些既定的歷史現象，或者說它只可以從歸根到底的意義上去揭示某種現象的起源，但無法解釋這種現象本身」。他舉的例子是三十年代的經濟危機，他說用唯物史觀解釋，它起源於私人占有制與社會化大生產之間的矛盾，但危機本身非用經濟學研究才能解釋明白；還有洪秀全晚年對神學的膜拜和精神失常、中國古代貨幣的演變，用唯物史觀的社會存在決定社會意識和經濟政策是一定的經濟基礎與社會生產力的反映無法直接講清這些問題，非得用相應的精神病理學和貨幣理論才能解釋清楚[54]。

總之，「理有概然，勢無必至」（金岳霖語），所有解釋的模型、理

---

[48]　陳恆、王劉純主編：《新史學》第十四輯（鄭州：大象出版社，2015年），第101頁。

[49]　張正明：〈「宏觀歷史解釋模式」其批判〉，《北方論叢》，2010年第5期。

[50]　王學典主編：《史學引論》第二版，第268頁。

[51]　王學典主編：《史學引論》第二版，第269頁。

[52]　H. Meyerhoff. *The Philosophy of History in Our Time: An Anthology Selected ,and with an Introduction and Commentary ,Garden City*, (New York: Doubleday, 1959), p.20.轉引自朱本源：《歷史學理論與方法》，第97頁。

[53]　李劍鳴：《歷史學家的修養和技藝》，第281頁。

[54]　王學典主編：《史學引論》第二版，第248頁。

論、規律都不能生搬硬套，它們在歷史的特殊性和複雜性面前都不是萬能的，應當運用具體的社會科學原理和方法，這是歷史的解釋歷史的必由之徑，唯其如此，才能避免空洞，不失真實及意義。

（二）歷史的與邏輯的方法結合，避開某些誤區

所謂歷史的方法，就是探明事實之間的時間聯繫和空間接觸，從而揭示它們的關聯；邏輯的方法則是根據原理、常識和經驗推導出不同事實之間的關聯。在歷史解釋的建構中，邏輯的方法通常是不能單獨運用的，必須與歷史的方法相結合才能產生合理的效果[55]。在歷史認知中，由於史料的殘缺，史家有時無法找到連結不同事實的中間環節，在這種情況下，使用邏輯的方法合理推測就成了一種有用的方法。這就是陳寅恪所說的「猜出可能」[56]。同時，我們也要知道，歷史邏輯不是思想、思維邏輯的外化。邏輯的方法實質上是對比與比較、分析與綜合、歸納與演繹等思維方法在歷史研究中的運用，是撇開了偶然因素的歷史方法。離開歷史方法的純粹邏輯推理不是歷史邏輯。上述的解釋模式、理論均是邏輯方法的產物。離開歷史的，只採用邏輯的方法，就會陷入經驗主義、空洞的認識，甚至錯誤。如歷史教科書在敘述工業革命的原因時提到，歐洲國家進行海外殖民掠奪，促進了資本的原始積累，有利於工業革命的發生。這個觀點的得出，就依靠的完全是邏輯的方法[57]。對此，學生不容易理解，只能死記硬背。

所以，解釋歷史要採用歷史與邏輯相結合的方法，這是歷史的解釋歷史的必然要求，具體講，就是要「追隨歷史發展的曲折過程，分析重大的歷史事件，考察與之有關的有血有肉的歷史人物及其活動，甚至還要考察歷史發展中的某些偶然的因素和細節」[58]。而以下常見的現象均屬非歷史的解釋歷史，應該避免。

1. 以己推人、穿鑿附會、以今非古

認知總是從已知的進入未知的，「『解釋』就是參照已知的事物來說

---

[55] 李劍鳴：《歷史學家的修養和技藝》，第305-307頁。
[56] 楊聯陞：〈陳寅恪先生隋唐史第一講筆記〉，載張傑、楊燕麗選編：《追憶陳寅恪》（北京：社會科學文獻出版社，1999年），第187頁。
[57] 李劍鳴：《歷史學家的修養和技藝》，第311頁。
[58] 汪信硯：〈4.3.4《邏輯與歷史》〉，《馬克思主義哲學原理精粹九講》，中國大學MOOC。

明未知的事物，從而使未知的事物變得可以理解」[59]。史學家進行歷史解釋的首要參照也是自身的歷史觀、現實觀和未來觀[60]，教師從自己出發去解釋歷史有其必然性。但如此「最易流於穿鑿附會之惡習，……著者有意無意之間，往往依其自身所遭際之時代，所居處之環境，所薰染之學說，以推測解釋古人之意志。……其言論愈有條理統系，則去古人學說之真相愈遠」[61]。托波爾斯基也認為：「利用一個人的自己的經驗去把前人的行為的活動『翻譯』成他們的動機，那就要造成時代的錯誤。」[62]如分析美國1787年憲法時，有教師按中國人的邏輯大力褒揚它宣導的人人生而平等，批評其對婦女和有色人種選舉權的無視。實際人人生而平等早已多次提出，只是此次正式寫進了法律；同時就選舉權而言，西方早在盧梭提出的人的定義時即已明確是指有財產的白人男子，婦女和有色人種不屬於人人生而平等的範疇內，也就沒有選舉權。換言之，他們說的人人不是我們理解的意思。再如，下面這道大家很熟悉的試題，大部分學生錯選B而不選正確答案A，就是以今非古、用今天對民主的認識與標準去看待古代雅典民主的結果。

「想參加陪審團的公民按先後秩序依次進入，直到既定的人數到齊為止，……開庭審理前，陪審員對案件一無所知，他們瞭解整個案情、進行判決的唯一依據是訴訟人的演說陳述。」古雅典的這一制度（　　）

A.體現了其民主的運作方式　　　B.表明公民只享有形式上的平等

C.保證了案件判決的公平公正　　D.為後世提供了完備的司法程序

2. 變成歷史的辯護人、奴僕

「從對方的立場來看事情，以別人的心境來思考問題」[63]，這一「理解的過程是建構歷史解釋的關鍵」[64]。這也是學術先賢所提倡的「瞭解之同情」（陳寅恪語）、「必敬以恕」（章學誠語）、「遙體人情，懸想事勢，

---

[59] 李劍鳴：《歷史學家的修養和技藝》，第278頁。

[60] 王學典主編：《史學引論》第二版，第244頁。

[61] 陳寅恪：〈馮友蘭中國哲學史上冊審查報告〉，載陳美延編：《陳寅恪集‧金明館叢稿二編》（北京：三聯書店，2001年），第279-280頁。

[62] 托波爾斯基著，張家哲等譯：《歷史方法論》，第531頁。

[63] 錢茂偉：《史學通論》，第130頁。

[64] 李劍鳴：《歷史學家的修養和技藝》，第294-296頁。

設事局中，潛心腔中」（錢鍾書語）[65]、「移情體驗」（柯文語）、「心通意會」（狄爾泰語）、「情景主義」（貝林語）等。但「同情」不是「同意」[66]，也並不意味著認可；更「不是讓研究者變成歷史的參與者或辯護人」[67]，更不意味著屈從於古人，成為歷史的奴僕。如有人研究李鴻章，就只看到李的優點，認為李的很多賣國行為均是有苦衷的。再如有人研究環境史，不自覺中開始誇大環境對歷史的決定作用，講希臘民主就出現了地理環境決定論。

3. 事後諸葛亮（馬後炮）、後見之明、逆斷、反事實假設

　　這些都是從已知的結果出發去思考、推斷過去的歷史，有時甚至按照現在的價值立場刻意放大某些人物和事件的歷史意義[68]。史學研究指出：「研究者對結果的瞭解乃是『情境史學』的最大障礙」[69]，容易從結果追溯到假定或似是而非的「原因」，忽略歷史史事的過程，只考慮其因果關係，而且會過高或過低地估計結果，過於簡化因果關係，甚至直接由結果倒推原因，學界也稱之為「逆斷」[70]。如有中學老師問：「假如斐迪南大公那天沒有開敞篷汽車去，還會被刺傷嗎？還會爆發一戰嗎？」「如果沒有清軍入關，中國也會進入資本主義社會嗎？」諸如此類。

　　可見，解釋歷史，既要懷著敬畏、服膺之情躬身審慎地探察歷史，又要持有求實、創新之責客觀、辯證地建構歷史解釋。

（三）側重歷史敘事的方法

　　歷史敘事既是一種方法論，又是一種認識論。理論界有的把敘述和敘事通用，如有學者說：「敘述在歷史中具有其他解釋方法所不能取代的優先地位。換言之，一切歷史解釋首先和必然是敘述的。」[71]筆者在此是從方法論

---

[65] 錢鍾書：《管錐篇》第一冊（北京：中華書局，1979年），第166頁。

[66] 愛德華‧卡爾著，吳柱存譯：《歷史是什麼？》，第26-27頁。

[67] 李劍鳴：《歷史學家的修養和技藝》，第300頁。

[68] 汪俊傑：〈應用史學爭鳴培養學生的「歷史解釋」素養——以「八年抗戰」與「十四年抗戰」爭辯為例〉，廣州：《中學歷史教學》，2017年第11期。

[69] [美]伯納德‧貝林：《論歷史的教學與寫作》，第53頁。轉引自李劍鳴：《歷史學家的修養和技藝》，第299頁。

[70] 李劍鳴：《歷史學家的修養和技藝》，第324頁。

[71] 王學典主編：《史學引論》第二版，第267頁。

角度來使用此概念。歷史敘事就是用講故事的方式把某一歷史人物、歷史事件、歷史制度的來龍去脈敘說清楚。[72]

　　敘事和分析是治史或曰建構歷史解釋中常用的兩種方法。但沒有敘事，就沒有歷史（克羅齊語）[73]。「一是敘事乃是最為常見的歷史（著述）形式，二是所有歷史都有不可化約的敘事元素。」[74]修昔底德、李維、塔西佗等所做最早的歷史著作都是敘事的。而19世紀末期以來，分析性史學逐漸占據主導。至今國內學界仍有認為就事論事、只講述事件的敘事是低層次的史學，一篇沒有多少思辨分析的文章，基本不被刊發。敘事的式微導致現代史學著述成了乾癟、冰冷的「研究報告」，或「假設－材料－理論」的刻板模式[75]。目前教科書和教師輕過程重背景與評價導致歷史課沒有溫度和活氣兒與此一脈相承，這也最終成了今天中學教師歷史解釋素養實踐所面臨的最大瓶頸[76]。

　　所以，很多史學家提倡敘事的方法，「而不是一般的講述宏觀義理和規律」，「如果歷史學大講理論，忽視史實的陳述，史學將失去其特性，不成其為史學」[77]；要在歷史的故事化表述中，來盡力呈現歷史的狀態[78]。所以，中學教師的講課還應更多是「記敘文」而不是「議論文」。2017版《高中課標》中通史體例的回歸和「近幾年高考試題側重於揭示制度、經濟、思想文化發展的縱向演變過程，特別是政治制度的變異、經濟發展道路的選擇、經濟發展模式的轉型、思想文化的演變、社會習俗的變遷等」[79]等重變化、重過程的現象，應是當下史學研究的敘事轉向在中學歷史教育中的反映。

　　綜上，不難發現，作為歷史哲學和史學理論領域中的一個重要且很抽象的概念，歷史解釋的「專業性很強」，普通漢語詞典都沒收入，因此，要想落實好這一素養目標，「必須將其置於歷史哲學的界域（或語境）之中，

---

[72] 黃牧航：〈中學歷史課堂教學的好課標準研究評述〉，《歷史教學》（上半月刊），2015年第1期。
[73] 轉引自焦佩鋒：《唯物史觀與歷史主義》（上海：復旦大學出版社，2013年），第213頁。
[74] 邁克爾・斯坦福著，劉世安譯：《歷史研究導論》，第88頁。
[75] 李劍鳴：《歷史學家的修養和技藝》，第312、317、319-320頁。
[76] 徐繼寬：〈歷史解釋的三重境界〉，《中學歷史教學參考》，2018年第6期。
[77] 馮爾康：〈「說故事」的歷史學和歷史知識大眾化〉，《河北學刊》，2004年第1期。
[78] 滿永：〈新史學的歷史敘事〉，《中國圖書評論》，2007年第11期。
[79] 童綏寶、魏志剛：〈指向學科素養的歷史解釋的基本特徵與教學路徑〉，《歷史教學》，2018年第19期。

否則只能是隔靴搔癢，難以解決問題」[80]。所以，類似如上問題的理論探討需要更多專業人士的參與和指正，才能從上位認識上促動高中歷史新課程改革。

---

[80] 馮一下：〈試說歷史哲學界域中的歷史解釋——「歷史解釋與歷史教學」專題研究之四〉，《中學歷史教學參考》，2017年第5期。

第十四章　法律知識與專題研習：向學生教導香港法律史

公法里程

吳文堅

一、引言

　　通識教育科旨在透過探究各類議題以擴闊學生的知識基礎，加強學生對社會的觸覺，對學生個人、社會和世界均具有重要意義，也能幫助學生聯繫不同範疇的知識，擴闊視野，涉及不同處境下的人類境況，藉此幫助學生理解現今世界的狀況及其多元化特質。在現今香港通識的課程指引中，「今日香港」占了一個單元，在這個單元內，列有教導香港法律的課題，這課題的宗旨讓學生能夠對香港的法治加深瞭解，從相關的議題中學習，有助學生啟發思考，對現今環境有一定的認識，培養獨立的思考能力[1]。

　　香港是以華人為主體的社會，具有深厚的中華文化根基。在1997年前，香港經歷英國人的管治和現代化的過程，中西文化的交融形成了香港獨特的文化和社會風氣。回歸後，香港在「一國兩制」下面對新的機遇與挑戰，公眾的生活和社會發展出現新的面貌[2]。

　　基礎教育的學習經歷，已使學生對香港的社會大背景有一定的認識。本文透過法律的教學的內容，既探討現今社會備受關注的議題，例如中華人民共和國憲法與基本法的關係、香港特別行政區法律的根源，以及人大釋法，更藉此法律課題，成為中學通識科的教案，以便在香港一地中學推動法律教育的情況，也表述了香港一地怎樣把法律專業知識傳往中學，把法律知識普及教的情況。

---

[1]　《通識教育科課程及評估指引（中四至中六）》（香港：香港特別行政區政府教育局，2007年），第20-21頁。

[2]　同上註。

二、設計教學內容

本課題的教學內容及其課堂活動設計，是基於公法里程委派的代表，向學生演講的內容進一步延伸，藉此向各學生教導以下有關法律基礎知識：

（一）認識法律體系

法律是國家所制定，用以約束社會生活的規範與準則，「法律面前，人人平等」。法律為社會帶來人權自由與保障、公義和責任。以公平和公正為存在的基礎，以保障人民權益及維持社會秩序為目的。

法系是西方法學中常見的概念。一般認為，凡是在內容上和形式上具有某些共同特徵，形成一種傳統或派系的各國法律，就屬於同一個法系。在世界上的法系主要分為大陸法系和普通法系。

1. 大陸法系

大陸法系又叫歐陸法系，或羅馬法系，或民法法系。大陸法系沿襲羅馬法，重視編寫完整、獨立的法典，是成文法[3]。「大陸法系」一詞中的「大陸」指歐洲大陸，故又可稱之為「歐陸法系」。這個法系現時主要由歐洲大陸的國家及其他受上列國家影響的國家或地區採用。法官嚴格按照法律條文審判，證據是以書證為主，審判採取審問模式，由法官主導[4]。

2. 普通法系

普通法系又叫海洋法系、英美法系，亦即是案例法，又可被稱為不成文法，是一套由12世紀開始，在英格蘭地區發展出來的法律體系[5]。以英國普通法為基礎發展起來的法律的總稱，後擴大到曾經是英國殖民地、附屬國的許多國家和地區。是與大陸法系並列的歷史悠久和影響較大的法系。其特點是法官可以通過判詞闡述或創立法律原則，以判例作為法律，證據是以人證

---

[3]　吳文堅：〈人大是否可以釋法〉（公里法程，2019年2月28日）演講稿，第3頁。
[4]　同上註，第4頁。
[5]　同上註。

為主，審判採取對抗訟辯模式，由律師主導[6]。

（二）香港司法體制之發展及源流[7]

1842年8月29日，清朝與英國簽訂《南京條約》，將香港島割讓給英國，正式開始香港的殖民地歷史。

但早於1841年1月25日，英軍在今天的上環水坑口位置登陸，占領了香港島，而香港的司法體制沿起於1841年4月30日，由義律上校（Captain Elliot）在澳門委任威廉堅上校（Captain William Caine）為香港的總裁判司（Chief Magistrate of Hong Kong）。

由於受英國殖民統治的歷史原因，香港的法律制度屬於普通法系，法律來源主要由立法會制定的成文法條例，與及法院的判例組成。

香港在1844年成立最高法院。1997年7月1日香港回歸中國後，最高法院在1997年7月1日改稱為高等法院，現時高等法院由原訟法庭及上訴法庭組成。

香港高等法院或以上的判例，對下級法院具有約束力，判例是法院判案的重要根據。

香港回歸中國後施行《中華人民共和國香港特別行政區基本法》，以取代英國殖民地時代管治香港的憲制性文件《英皇制誥》及《皇室訓令》。

根據《基本法》第81條，香港在1997年7月1日設立終審法院。

（三）中英聯合聲明

1. 中英談判過程及內容

《中華人民共和國政府和大不列顛及北愛爾蘭聯合王國政府關於香港問題的聯合聲明》，簡稱《中英聯合聲明》，是中英就香港問題共同發表的一份聲明，於1984年12月19日由中國國務院總理趙紫陽與英國首相戴卓爾夫人作為兩國政府首腦在中國北京簽訂。兩國政府在1985年5月27日互相交換批准書，並向聯合國祕書處登記，《中英聯合聲明》正式生效。該聲明指出：「收回香港地區（包括香港島、九龍和『新界』）是全中國人民的共同願

---

[6]　同上註。
[7]　同上註，第5-6頁。

望，中華人民共和國政府決定於1997年7月1日對香港恢復行使主權。聯合王國政府於1997年7月1日將香港交還給中華人民共和國。」聲明也列出了中國對香港的基本方針，在「一國兩制」的原則下，中央政府會在正常情況下確保其社會主義制度不會在香港特別行政區實行，香港特區本身的資本主義制度和生活方式維持「五十年不變」。這些基本政策，後來都由《香港特別行政區基本法》加以規定[8]。

2. 中英就香港前途談判時序表[9]

1979年3月24日港督麥理浩爵士訪問中國
1982年9月22日英國首相戴卓爾夫人訪問中國
1983年7月12日中英兩國開始第一輪會談
1984年9月26日草簽《中英聯合聲明》
1984年12月19日簽署《中英聯合聲明》
1985年5月27日《中英聯合聲明》生效

（四）回歸後的香港法律是否受到影響？

8　〈中華人民共和國政府和大不列顛及北愛爾蘭聯合王國政府關於香港問題的聯合聲明(1984年12月19日)〉，《香港特別行政區政府政制及內地事務局》，網站：https://www.cmab.gov.hk/tc/issues/jd2.htm，瀏覽日期：2020-08-31。

9　吳文堅：〈人大是否可以釋法〉（公里法程，2019年2月28日）演講稿，第7頁。

全國人大常委會解釋香港基本法（在香港被簡稱為「人大釋法」），是指中華人民共和國的常設立法機關全國人民代表大會常務委員會對最高國家權力機關全國人民代表大會制定的香港特別行政區憲制檔《中華人民共和國香港特別行政區基本法》做出立法解釋。

1. 人大釋法的法律依據[10]

（a）《中國憲法》第31條

第31條：國家在必要時得設立特別行政區。在特別行政區內實行的制度按照具體情況由全國人民代表大會以法律規定。

（b）《中國憲法》第62條第（14）項

第62條：全國人民代表大會行使下列職權：

　　……

　　（14）決定特別行政區的設立及其制度——

　　根據中華人民共和國憲法，人大對香港區擁有包括設立及制度實施的決定權。

（c）《中國憲法》第67條第（4）項

第67條第（4）項：全國人民代表大會常務委員會行使下列職權：

　　（4）解釋法律——

　　根據中華人民共和國憲法，人大常委會可以行使解釋法律的職權，包括《基本法》。

（d）《中英聯合聲明》第3段第12條

第3段：中華人民共和國政府聲明，中華人民共和國對香港的基本方針政策如下：

　　（12）關於中華人民共和國對香港的上述基本方針政策和本聯合聲明附件一對上述基本方針政策的具體說明，中華人民共和國全國人民代表大會將以中華人民共和國香港特別行政區基本法規定之，並在五十年內不變。——

---

[10] 吳文堅：〈人大是否可以釋法〉（公里法程，2019年2月28日）演講稿，第8-12頁。

中華人民共和國全國人民代表大會將根據中華人民共和國憲法制定並頒布中華人民共和國香港特別行政區基本法（簡稱「《基本法》」），規定香港特別行政區成立後不實行社會主義的制度和政策，保持香港原有的資本主義制度和生活方式，包括「港人治港，高度自治，五十年不變」。

（e）《基本法》第158條：

本法的解釋權屬於全國人民代表大會常務委員會。

全國人民代表大會常務委員會授權香港特別行政區法院在審理案件時對本法關於香港特別行政區自治範圍內的條款自行解釋。

香港特別行政區法院在審理案件時對本法的其他條款也可解釋。但如香港特別行政區法院在審理案件時需要對本法關於中央人民政府管理的事務或中央和香港特別行政區關係的條款進行解釋，而該條款的解釋又影響到案件的判決，在對該案件做出不可上訴的終局判決前，應由香港特別行政區終審法院請全國人民代表大會常務委員會對有關條款做出解釋。如全國人民代表大會常務委員會做出解釋，香港特別行政區法院在引用該條款時，應以全國人民代表大會常務委員會的解釋為準。但在此以前做出的判決不受影響。

全國人民代表大會常務委員會在對本法進行解釋前，徵詢其所屬的香港特別行政區基本法委員會的意見。

表3　歷次人大解釋香港《基本法》[11]

日期	條款	事項	形式
1999年6月26日	（1）第22條第4款 （2）第24條第2款第3項	港人在內地所生子是否擁有居港權	行政長官提請（終審法院判決後）
2004年4月6日	（1）附件1第7條 （2）附件2第3條	2007年以後行政長官及立法會產生辦法	人大主動釋法
2005年4月27日	第53條第2款	補選行政長官任期	行政長官提請
2011年8月26日	（1）第13條第1款 （2）第19條	國家豁免規則或政策	終審法院提請
2016年11月7日	第104條	立法會宣誓	人大主動釋法

---

[11] 吳文堅：〈人大是否可以釋法〉（公里法程，2019年2月28日）演講稿，第13頁。

2. 人大釋法所帶來的影響

（a）正面影響

　　支持人大釋法的意見認為，人大釋法使香港法律體系更加完善，對香港特區有正面影響。前中聯辦法律部部長王振民在一個研討會上表示[12]，人大釋法解決的基本都是憲制層面的問題，並不是普通的刑事案件民事案件，與一般意義上的「司法獨立」不是一樣的。香港特區的司法獨立在過去二十年不斷提升，說明釋法並未影響香港法治。事實上，引致人大釋法的主因，是香港特區法律上有待優化，讓一些人藉此機會影響香港特區法治。由於中央政府主張「兩制」不得逾越「一國」，使原有自治範圍之言論自由及選舉權與被選舉權，如有損及國家主權或涉及政治問題時，即將其視為中央與特區關係之事務而主動介入，為衝擊現實意義之「一國兩制」[13]。人大釋法促進香港特區法律制度的完善，以釋除社會上的憂慮。由此可見，人大釋法使香港特區法律制度更加完善。

（b）負面影響

　　反對人大釋法的意見認為，除《基本法》158條第3款外，並無其他條文說明有其他人或機構（包括全國人大常委會本身）能提出或主動啟用此解釋權，香港特區法院是唯一在《基本法》內列出有權提請釋法的機構。

　　因此由終審法院以外的個人或團體，包括由行政會議、由人大常委會本身等非司法機構提請人大釋法，均屬違憲。而人大做出的五次釋法中，僅有一次是有由香港終審法院提請，其餘四次則是由香港行政機關和署理行政長官提請或人大常委主動釋法。這都是破壞香港特區法治精神和司法獨立，亦不尊重本地法院的終審權。

　　亦有反對的意見認為，人大釋法破壞了香港特區的司法獨立，觸及本地法律，使得釋法等同於修改香港法律，架空法院及本地修法程序。在高等法院就宣誓事件審訊期間，人大就提出釋法，即無視香港特區法院。香港特區法院的權威和獨立受到挑戰和威脅，這等同於收回香港部分自治權利，縮小香港之自治範圍[14]，也削弱香港的法治精神，讓香港法治只達到「有法可

---

[12] 馬靜：〈專家：人大釋法更好維護港法治〉，《文匯報》，2017-4-23。

[13] 王志誠：《「人大釋法」對香港司法之影響》（臺灣：行政院大陸委員會委託研究，2017年），第41頁。

[14] 同上註。

依」和「有法必依」的層次。由此可見，人大釋法對香港特區法治完成，對香港特區法治及司法獨立造成一定衝擊。

其實這些批評忽略了第158條第1款的規定，即：「本法的解釋權屬於全國人民大會常務委員會」，第158條並沒有訂明由終審法院提請人大釋法是唯一的釋法程序；從另一個角度去看，對《基本法》具有最權威解釋權的人大常委會接納和採納其他的釋法程序，已在行動上確認有關的釋法程序符合第158條。

根據大陸法系原則寫成的《基本法》，是香港的憲制文件，第158條是香港法律的一部分，執行第158條會破壞香港特區的司法獨立或削弱法治精神是自相矛盾的說法。

延伸閱讀：解釋法律條文的比較

普通法系	大陸法系
司法機關擁有解釋權。	立法和司法機關都擁有解釋權，但立法解釋居於權威和主導地位。
狹義解釋： 注重條文的遣詞用字，以嚴格的文字含義做字面解釋，推斷立法原意。（Construction）	廣義解釋： 目的為本，不拘泥於法律條文，以較自由靈活方式解釋，填補不足和漏洞。（Interpretation）

給同學思考問題：

（1）人大常委會對基本法有沒有主動解釋權？

（2）是否只有由香港終審法院提請人大釋法，人大才能夠釋法？

為使加強同學的思考，本教案也希望以個案分析，使同學更瞭解法律在生活中運作的情況：

例子一：劉港榕訴入境事務處處長（1999）2 HKCFAR 304[15]

終審法院在1999年12月3日做出以下裁定：

> 人大常委有一般權力解釋《基本法》。這權力源自《中華人民共和國憲法》第67（4）條。在該條例下人大常委有權解釋中華人民共和國的法律，包括屬於國家法律的《基本法》。這權力亦包含在《基本法》第158（1）條。第158（1條）所賦予解釋權的形式是全面及無限

15　〈基本法條文第24條〉，《香港特別行政區政府《基本法》案例資料庫》，。

制的。它不受第158條（2）及（3）條所約束或限制，亦不限於解釋免除條款。第158（2）條給予特區法院的權力來自人大常委的一般解釋權力。第158（3）條將這權力延展，但藉免除條款須做司法轉介來限制法院的權力。因此，人大常委有權做出解釋，而該解釋對特區法院亦有約束力。

活動討論

通識課程的「學與教」部分[16]，希望協助學生透過聆聽授課、閱讀燈，從中學習。通過與他人的互動、對話建構知識，從而培養學會學習的能力。學生代入持份者的角色，進行活動討論，能夠從中體驗在真實情境中的學習，累積學習經驗。以辯論的形式進行教學，有助同學瞭解正反兩方所持有的觀點進行分析，幫助同學瞭解這個議題的內容以及訓練學生運動批判思考能力，從多角度考慮。

教師可就人大釋法這個議題作為辯論題目，將學生分成正反兩方進行討論，一方是支持釋法，另一方則是反對釋法。學生可以就以下論點進行討論，而討論內容不單只是限制以下觀點，學生需再思考，找出一些新穎的論點。

你認同人大釋法嗎？

支持	反對
➢ 憲制的規定	➢ 損害法治，破壞三權分立，司法獨立
➢ 解決社會紛爭	➢ 降低香港政府認受性
➢ 維護國家主權地位	➢ 損害普通法制度

支持一方：

（a）憲制的規定

按《基本法》第158條，全國人民代表大會有權對《基本法》做出解釋。

（b）解決社會紛爭

完善香港特區法律制度，堵塞漏洞，平息社會上不必要的紛爭，不是衝擊司法獨立的問題。

---

[16]　見黃永和：《情境學習與教學研究》（臺北：國立編譯館，2009年），第1-19頁。

（c）維護國家主權地位

　　保護「一國兩制」，中央政府擁有最終的解釋權，能夠對基本法做出全面解釋及闡述，澄清事實，顯出中央的主權地位。

反對一方：

（a）損害法治

　　香港回歸之後享有自治，香港特區享有獨立的司法制度，如果人大釋法，只會對香港的司法制度做出干擾，令終審法院有名無實，侵犯香港特區司法終審權，破壞法治，更有違「高度自治」的承諾。

（b）降低香港政府認受性

　　《基本法》規定了人大釋法的程序，特首或政府主動提請人大釋法，變相鼓勵中央干預本港司法制度，使香港政府的認受性下降。

（c）損害普通法制度

　　香港特區與內地的法系不同，以內地的法系解讀香港的法系，只會損害香港普通法制度。

三、小結

　　香港通識課程的架構能讓同學全方位發展，助他們成為一名具分析力、多元思考的未來棟樑。然而，在現行的課程下，學生對香港特區法律的認識較不大深入，希望透過次教學建議，加深學生對法律體制的認識，以及對中港產生的議題進行探討，藉此善用獨立專題探究的機會，讓同學進行對此議題有更深瞭解。此類型的專題可使學生逐步關心社會，從多元角度思考香港特區法律與生活的關係，此也是符合通識課程的指引。

第十五章　中學通識教育：法律下的言論自由

公法里程

劉嘉華

一、引言

　　高度的言論自由是香港引以為傲的制度特色之一，然而在近年卻被濫用，成為有心人士挑戰特區政府管治的武器。《2019年逃犯及刑事事宜相互法律協助法例（修訂）條例草案》（俗稱「逃犯條例」）的推出，因修例包括了對中國內地的引渡條款，觸碰港人神經，發動了一連串的示威破壞活動，引起社會出現分歧與撕裂，亦反映了港人對內地的不信任。暴力衝突期間，示威者、政治人物有不少攻擊政府官員、執法者甚至意圖發出分裂國家的言詞及口號，由此，本文尤以香港中學現行通識課程內，給學生思考法治下言論自由的課題。

　　以「言論自由應否被限制」為題材的教案適合通識教育科的多個單元。通識教育提及的「今日香港」、「現代中國」及「全球化」三個單元中，「今日香港」單元涵蓋學生身處的情境；「現代中國」單元涉及國家的發展及中華文化的現況；「全球化」單元則探究至今仍極具爭議的全球化發展趨勢和不同個人和群體的回應，以上單元均可以「言論自由應否被限制」為題，引領學生多討論。

　　基礎教育的學習經歷，已使學生對香港的制度體系有一定的認識。是次教學主要是講解分享方式，透過教學內容，探討現今社會備受關注的問題，更藉此課題，成為中學通識科的教案，以便在香港中學推動法律與公民教育。

二、專題研習架構

　　是次學與教課題的設計對象，主要是三十至四十名修讀通識科的中學

學生，計畫分為兩大部分：一是公法里程委派代表、律師等具有專業法律知識的人士，義務往中學進行演講，分享基礎法律知識；二為通過每位學生蒐集資料，以各地個案為例，議訂研習課題、習作題目及評估，以加強學習成果，如撰寫學習紀錄。

通過講座講解及分享所得，除了令學生對本課題有基本認識，更重要的是訓練學生的獨立思考能力。獨立思考是通識教育尤為強調的一環，因此，舉辦講座分享的目的為向學生講解基礎知識，包括言論自由的定義、起源，並舉出香港以至世界各地的個案分享，盡量令學生通過自身理解，得出個人看法。

進行個人專題研習時，學生可由此學習自行蒐集和選取資料，並通過組織資料和歸納推理，培養學生學習能力，根據〈學會學習：學習領域個人、社會及人文教育諮詢文件〉指出：「跨學科的專題研習，讓學生在不同的學習經歷中，將知識、技能、態度與價值觀聯繫起來和應用。」[1]專題研習目的是令學生可從中培養對持續自學的興趣，並以積極的態度改進自己的學習，專題研習適用於任何一個學習階段，包括中學或小學。目前已有不少學校將專題研習歸入課程內，並分配特定時間進行。專題研習不但能推動學生自主學習，亦促進學生把知識、技能、態度和價值觀結合起來，進而培養學生的基本能力，例如批判性思考、創造力、溝通能力、解決問題、運用資訊科技等。

對教學而言，講解基礎資料及知識分享有助確保學習成果水準；專題研習能為教師提供有關學生學習情況及相關訊息，成為學生學習成果參考，還能因應學生的表現給予恰當建議，通過研習，進而訓練學生蒐集資料的途徑、篩選資料的策略和表達的方式等難以從課本中學習的技巧及經驗。

三、專題研習教學內容

期望通過講解，學生應能掌握以下有關言論自由課題的基本知識：

民主理論家認為，自由、公開的辯論通常導致形成最佳意見，並更可能避免重大失誤。因此人民的言論自由、集會自由、表達自由應得到最大程度的保障，其定義如下：

---

[1]　詳見〈學會學習：學習領域個人、社會及人文教育諮詢文件〉（香港：課程發展議會與香港考試及評核局，2000年），第17頁。

言論自由（**Freedom of Speech**）

言論自由指個人或團體在表達自己的觀點和想法時，不必擔心遭受審查或法律制裁。

表達自由（**Freedom of Expression**）

相近於言論自由，但包括尋求，接收和傳遞資訊和想法的任何行為，亦包括是通過何種媒介。

集會自由（**Freedom of Assembly**）（**Freedom of Association**）

指人們聚集在一起，共同表達、促進，追求和捍衛集團或共同思想或理念的個人權利。

有關言論自由的起源，最早起源於古希臘（Greece）時期。至近代，言論自由的進程有了重大的發展：1776年〈美國獨立宣言〉、1789年〈法國大革命的人與公民權利宣言〉、1791年《美國憲法第一修正案》等都表達對言論自由的重視。至1948年〈聯合國世界人權宣言〉第19條指出：「每個人都有見解和言論自由的權利，這項權利包括不受干涉地持有意見的自由，以及通過任何媒體和不論國界尋求，接收和傳播資訊和思想的自由。」《聯合國公民權利和政治權利國際公約》第19條：「人人有權享有言論自由，這權利包括尋求、接受和傳遞各種資訊和思想的自由，無論如何邊界、口頭、書面或印刷品、藝術形式，或通過他選擇的任何其他媒體。」值得注意的是，後來經修改為附加「這些權利具有特殊職責和責任，並在必要時因此受到某些限制，包括尊重其他人的權利或聲譽，或保護國家安全或公共秩序、公共衛生或道德」。

在現時中學通識課程內，要求教師向學生講解香港特區政府已有保障言論自由的政策，《香港特別行政區基本法》已有相應條文保障人民的言論自由，如《香港特別行政區基本法》第27條文，已指出：「香港居民享有言論、新聞、出版的自由，結社、集會、示威的自由，組織和參加工會、罷工的權利和自由。」《香港特別行政區基本法》第39條，已指出：「《公民權利和政治權利國際公約》、《經濟、社會與文化權利的國際公約》和國際勞工公約適用於香港的有關規定繼續有效，通過香港特別行政區的法律予以實施香港居民享有的權利和自由，除依法規定外不得限制，此種限制不得與本

條第一款規定牴觸。」《香港人權法案條例》383章第8條、《香港人權法案》第16條指出：

（一）人人有保持意見不受干預之權利。

（二）人人有發表自由之權利；此種權利包括以語言、文字或出版物、藝術或自己選擇之其他方式，不分國界，尋求、接受及傳播各種消息及思想之自由。

（三）本條第（二）項所載權利之行使，附有特別責任及義務，故得予以某種限制，但此種限制以經法律規定，且為下列各項所必要者為限：

（甲）尊重他人權利或名譽；或

（乙）保障國家安全或公共秩序，或公共衛生或風化。

從以上條文及資料，已見言論自由和表達自由是可以受到法律限制的。即使是Amnesty International U.K.（國際人權組織）也認為言論自由可以受到限制。原因在於政府有責任禁止民間流播仇恨和煽動群眾運動的言論。如果限制言論，是可以保護特定的公共利益或其他人的權利和聲譽，那麼這些限制也是合理的。對言論自由和表達自由的任何限制必須在法律中規定，而法律必須清晰簡潔，以便每個人都能理解。施加限制的人（無論是政府，僱主還是其他任何人）必須能夠證明他們的需要，而且他們必須是相稱的。所有這一切都必須得到保障措施的支援，以製止濫用這些限制並納入適當的申訴程序。

四、專題研習建議題目

為使學生更深入瞭解言論自由的特點，教案會訂立建議的研習方向，如個案或法例，讓學生自行蒐集資料、製作專題作品及分享，建議題目及內容如下：

（一）《英國人權法》第10條

《人權法》第10條對言論自由的內容講解為：

1. 每個人都有言論自由的權利。這項權利應包括自由持有意見、接受和傳播資訊和思想，不受公共當局和國界的干涉。本條文不得妨礙各國要求獲得廣播、電視或電影企業的許可。

2. 行使這些自由——因為它帶有責任和義務，應受法律所規定的程序、條件、限制或懲罰的約束，在民主社會中是必要的，為了國家安全、領土完整或公共安全的利益，為了防止混亂或犯罪，保護健康或道德，為了保護他人的名譽或權利，為了防止祕密收到的情報的洩漏，或為了維護司法機關的權威性和公正性。

根據1998年《人權法》第10條：「人人有權享有言論自由。」但法律規定，這種自由「應受法律所規定的程序、條件、限制或懲罰的約束，在民主社會中是必要的」。這些限制是「為了國家安全、領土完整或公共安全的利益，為了防止混亂或犯罪，保護健康或道德，為了保護他人的名譽或權利，為了防止祕密收到的情報的洩漏，或為了維護司法機關的權威性和公正性」。

（二）美國國家安全法

1947年，美國設立《1947年國家安全法》，該法自成立以來，主要任務是協助總統處理外交及安全事務並制定相關政策。該安全法於1947年7月26日由美國總統哈里•杜魯門簽署後，國家安全概念成為美國外交政策的官方指導原則。該法案經1949年修訂，創造了美國國家安全的重要組成部分，如國防部的前身，使軍事部門服從國防部長新的內閣級職位，建立了國家安全委員會和中央情報局。2010年，美國白宮提出了一個包含「安全」、「繁榮」、「價值」和「國際秩序」的國家安全戰略。美國政府也把四個價值目標稱為「四個相互密切關聯的永久性國家利益」。

（三）德國納粹活動

近年屢有中國遊客在海外旅遊時出醜，更有內地遊客訪德時因無知而惹禍。兩名中國男遊客在德國柏林的國會大樓外，因效法納粹敬禮的姿勢而遭警方拘捕。兩人面臨刑事調查，或被控以「使用非法組織的象徵」。一旦罪名成立，可能被罰款或判監三年。據報該兩名分別四十九歲及三十六歲的男

遊客，在國會大樓面前擺出納粹敬禮姿勢，並互相用手機拍照，被當地警員看見，於是拘捕他們。兩人一度被帶往附近警區問話，其後獲准以每人五百歐元（約四千六百港元）保釋。對於涉及納粹的宣傳，德國一向嚴格管制。根據德國法律，在該國內行納粹式敬禮，最高可判監三年或罰款。傳播或在公開場合使用違憲組織標誌，可判三年以下監禁或罰款，當中列明旗幟、圖形、制服、口號、問候禮都屬於「標誌」的表現形式。德國政府亦禁止持有與傳播可用於復辟納粹組織的宣傳品，違者可判處三年以下監禁或罰款。納粹符號、「希特勒萬歲」口號、納粹舉手禮、納粹黨歌等都屬於管制範疇。

（四）方國珊將軍澳堆填區官司

西貢區議員方國珊聯同兩名男助理，於2014年5月旁聽立法會工務小組委員會審議「三堆一爐」撥款期間，在公眾席舉標語並叫口號抗議，令會議一度中斷，同月13日三人再闖進立法會會議廳範圍示威。三人於2015年10月在東區法院被裁定違反立法會行政指令及阻礙立法會人員執行職務罪成，各判罰款二千元。她不服判決，上訴至終審法院，指有關行政指令不合比例地限制市民的表達自由和不清晰，因此牴觸《基本法》和《人權法》。終院押後判決。

代表方國珊的資深大律師潘熙陳詞稱，立法會《行政指令》第11及12條中，列明不得在公眾席展示標語，及必須遵從立法會人員為維持秩序而發出的任何指示，這些指令侵犯了方國珊的言論自由。私人地方和公眾地方不同，潘引用紐西蘭和英國的案例，指如公眾獲准進入議會大樓等公眾地方，應享有表達的自由和權利。處理方國珊將軍澳堆填區官司的常任法官霍兆剛質疑，公眾是去旁聽立法會的公開會議，而非獲邀在該處發言。首席法官馬道立指出，立法會有權訂立規矩，確保會議不受干擾。常任法官李義也指方國珊的示威，干擾會議進行，最終要轉換場地，損失會議時間。潘熙則反駁，是保安出手阻止方國珊展示標語，才造成混亂。

因方國珊上衣標誌上有納粹圖案，進一步引起爭議。潘大律師稱，案發時方國珊只是脫下外套展示上衣上的標語，因為她是西貢區議員，希望為居民發聲。法官則指方還有展示納粹標誌。潘大律師澄清指若不是保安上前阻止，方國珊展示上衣標語後不會展示納粹標誌，而納粹標誌是想諷刺政府

極權。案情稱，方國珊與兩名議員助理案發時旁聽立法會工務小組審議將軍澳堆填區擴建的「三堆一爐」方案時，先後展示有納粹圖案的標誌，並寫上「毒氣集中營堆填區」的紙條，另大叫「無恥」，反對擴建堆填區。立法會保安阻撓時又拉著保安的手試圖阻止。

（五）黃之鋒、羅冠聰、周永康公民廣場官司

「雙學三子」黃之鋒、羅冠聰及周永康於2014年9月重奪「公民廣場」，分別被判社會服務令和緩刑。上訴庭後來由改判三人入獄六至八個月，三人不服因此提出「終極上訴」。終審法院6日頒下判詞，裁定三人上訴定得值，維持原判無須入獄服刑，即時釋放。

終審法院首席法官馬道立表示，同意上訴庭制定的判刑原則，也認同上訴庭指出「暴力的非法集結，是不會被寬容」，法庭亦有充分理由，將來可以判即時監禁的刑罰，罪責較大的就是那些煽惑、鼓勵他人參與暴力的人。但對黃之鋒、羅冠聰、周永康公民廣場官司，終審法院認為不適宜運用上訴法庭的指引，套用在他們於指引發出前做出的行為，因為當時上訴人（雙學三子）所犯的罪行並沒有既定的判刑指引或標準，因此裁定三人上訴勝利。但終院強調，未來若有牽涉暴力成分的大規模非法集結的罪犯，就會根據上訴庭制定的新指引而做出判刑。黃之鋒、羅冠聰及周永康三人因涉及2014年9月26日「重奪公民廣場」行動，被裁定非法集結和煽惑他人參與非法集結罪成，分別被判社會服務令八十小時及一百二十小時，周永康則被判囚三週，緩刑一年。律政司其後覆核刑期，上訴庭8月17日改判三人入獄六至八月，控訴除非法集結等罪刑成立外，嚴正打擊社會存在以追求理想為名、肆意違法的歪風。

（六）劉炳章批評理工大學如黑社會促報案

香港理工大學在民主牆風波下勒令學生退學、停學爭議愈演愈烈，理大校董劉炳章昨日兩度開腔抨擊涉事學生行為囂張、予人「黑社會」感覺，並認為學生涉禁錮，如有刑事行為會督促校董會報案，形容判決遲來但合適。學生反駁劉炳章指控嚴重且帶誹謗和誣賴，又指報警如把學生置諸死地，想學生永無翻身機會。與被勒退學學生何俊謙有聯繫的「學生獨立聯盟」昨日

發聲明，要求校方公開處罰機制，否則會有行動。教協和十多個學生組織發聲明，指理大處分過重。理大四名學生因民主牆風波分別被罰六十及一百二十小時「社會服務令」、停學一年和勒令退學。據何俊謙獲理大所發信件，他貶斥大學職員「你哋收共產黨錢收得咁過癮，舐共舐得你哋咁開心呀啦，屎忽鬼」，不尊重教授且用無禮字詞侮辱；何亦被指破壞民主牆上紙張，屬破壞大學財產；並對有關行為無悔意，很大可能重犯。被罰即時停學一年的學生會前會長林穎恆，亦被理大指推跌教授令對方受傷，並阻止教授離開現場，如再犯或被勒令退學。

（七）紐西蘭禁公開清真寺恐襲槍手宣言

紐西蘭政府宣布，禁止公開基督城清真寺恐襲槍手行兇前發布的宣言，斥該宣言旨在煽動更多殺戮與恐襲，呼籲持有宣言者將之銷毀或刪除。

有關宣言陳述槍手塔蘭特（Brenton Tarrant）的個人信念，包括白人至上主義與反移民等主張。他在2019年3月15日行兇前曾將之刊載於各大社交網站，又電郵至總理阿德恩等多名官員手中。紐國首席審查官尚克斯（David Shanks）宣布將有關宣言列為「令人厭惡」（objectionable）類別，紐西蘭禁公開清真寺恐襲槍手宣言，要求任何人銷毀或刪除宣言的任何副本，包括相關的帖文及超連結。他指出，需要將一般人反感但仍可合法公開的「仇恨言論」與故意藉以引發更多殺戮與恐怖主義的出版物分開，而槍手的宣言「推廣、鼓勵、合理化針對等定群體謀殺與恐怖主義暴力」，已超越底線，應拒絕發布有關宣言，以免助紂為虐。總理阿德恩上週二在國會發言表示，她再也不會說出槍手的名字，誓讓槍手成為「無名氏」。

紐西蘭基督城於4月舉行追思會，紀念恐襲五十名死難者，並宣揚反種族主義資訊，約一萬五千人出席。眾人在伊斯蘭教士帶領下禱告，並一一讀出死者的姓名。不少非穆斯林女性亦帶上頭巾，以示對穆斯林社群的支持。

五、小結

近年香港特區政府推行通識教育，強求從生活中學習，不只是限於課本上獲取知識，亦重視學生自學成果，從而達致「學會學習」的目標，通過是次有關法律下言論自由課題的研習，必然可加強學生認識言論自由的課題，

更期望學生可由此瞭解言論自由的可貴與限制，進而把個人心得應用在通識教育其他課題，以至各種科目之上；學生也應理解言論自由不應濫用，在某些情況下，可以受到限制，從而在日後成為更具質素的公民。

第十六章　法律知識與通識課程：基本法第23條

香港樹仁大學歷史系
吳佰乘

一、引言

　　2003年，特區政府推行《基本法》第23條立法，就叛國、顛覆及分裂國土等罪行進行諮詢，令港人憂慮本來擁有的人權和自由會因立法而受到中央干預及影響，因此不少港人在該年7月1日上街遊行表示反對。是次事件反映港人對中央的不信任，成為當時特區政府自回歸以來最重大的管治危機。

　　在現時香港教育局推行《通識教育科課程及評估指引（中四至中六）》內，開列一項為「今日香港」課題，又在「今日香港」課題下開列「法治與社會參與」的學與教課題，其教學的重點如下：

> 法治和社會政治參與香港的政治和社會的發展歷史和現況；中央和香港特別行政區的關係；中華人民共和國憲法與香港特別行政區基本法對香港居民的重要性；香港特別行政區法律的根源；香港特別行政區的管治；香港特別行政區政府的功能及其與香港居民的關係；香港居民的身分、權利和義務；香港居民在社會和政治事務上的參與等。[1]

　　有關第23條立法事件與「法治與社會參與」的教學重點相為配合，可以作為通識教育中「今日香港」課題的教案，是次風波是對一國兩制制度的一次挑戰；其有關人民自由與國家安全的衝突更是世界性的議題。因此，通識教育提及的「現代中國」、「今日香港」、「全球化」課題，亦與此教案甚

---

[1] 《通識教育科課程及評估指引（中四至中六）》（香港：香港特別行政區政府教育局，2007年），第20頁。

有關係。本文以筆者就「公法里程」副主席鄧菲烈先生於2018年11月27日，有關香港法律文化的演講稿內容，經鄧菲烈副主席同意，以他講稿為教案，以闡述通識教學專題研習設計上，怎樣為學生進行《基本法》第23條的法律文化教學。

是次教案期望學生通過對第23條立法的瞭解，並從相關的議題中學習，而啟發思考，培養學生思考香港推行法律與自由，二者之間關係的課題。此外，又可以擴闊學生的法律的基礎知識，加強學生對社會的觸覺，理解中國內地、香港特區及世界普世價值，三者互動關係的課題。

二、教案架構

本計畫對象主要是三十至四十名中學學生，內容流程為：（1）「公法里程」委派代表往中學進行演講，而獲委派代表為資深律師或退休資深公務員；（2）由中學教員與講師協作，帶領學生進行個人專題研習；（3）學生通過學習所得，自行議訂若干辯論題目；（4）辯論分為正方及反方，各以十名學生為代表，其餘學生做評估；（5）最後就辯論成果做反思，令學生對課題有進一步思考。

辯論不是為了分勝負，更重要的是提出不同的想法及意見，帶領同學有更深刻的思考，因此宜制定以下評分表為學生評分做參考：

表4　整體評分的類目：評核學生在辯論活動中的整體表現

等級	評分準則	內容
表現較優（A）	5	同學在辯論期間認真投入學習活動，積極發表意見，提出各種啟發的問題，能與各組員保持融洽及相處，充分掌握課題，提出有效的建議，對學習有深刻的體會，提出及找到新的意義及學習方法，使同學學習新的知識，帶動小組同學進行討論。
表現良好（B）	3	同學雖願意發表意見，及提出可行的問題，也與組員保持良好的關係，並已掌握課題，但對學習只是有一定的認識，沒有給其他同學提出啟發性的意見，也未能帶動小組成員討論。
表現屬於良可者的同學（C）	1	未能認真參與活動，也較少參加討論及提出問題，對課題沒有充分理解，未能對學習感到興趣，沒有花心思為討論做準備。
表現屬於較差的同學（D）	0	對辯論活動完全沒有投入；希望老師盡可能不給予此分數，要多鼓勵同學完成此計畫。

三、教學目標

是次教學目標是希望通過學生準備工作、討論、反思等活動，對第23條有基本的認知，並透過培養其獨立的思考能力，對此課題有更深入的個人見解。因此先會在中學演講進行簡單講解，令學生可認識到第23條立法的背景、第23條法律條文的內容，以及就學生個人分析，表達學生們對第23條立法的意見。

（一）背景

2003年，香港經歷沙士（SARS），經濟跌入谷底，特區政府的管治進退失據，令市民對政府十分失望。以此為背景下，政府推出第23條立法，引來不少反對聲音，不少市民在7月1日回歸六週年當天，走上街頭表達不滿。據民主派組織「民間人權陣線」估計，當日有五十萬人參與[2]，是回歸以來最多群眾參加公開示威活動的數目。

（二）《基本法》第23條內容

根據《基本法》第2章，有關「中央和香港特別行政區的關係」的最後一條，即第23條的內容全文如下[3]：

> 香港特別行政區應自行立法禁止任何叛國、分裂國家、煽動叛亂、顛覆中央人民政府及竊取國家機密的行為，禁止外國的政治性組織或團體在香港特別行政區進行政治活動，禁止香港特別行政區的政治性組織或團體與外國的政治性組織或團體建立聯繫。

---

[2]　警方從維園正門出發的人數統計則是三十五萬人，香港大學、科技大學等及後亦推算出遊行人數接近五十萬人。見〈如何統計「七一大遊行」人數〉，《香港電台》，網站：https://app3.rthk.hk/mediadigest/content.php?aid=185，瀏覽日期：2020-01-28。

[3]　《中華人民共和國憲法　中華人民共和國香港特別行政區基本法》2018年7月版（香港：香港特別行政區政府，2018年），第47頁。

四、教學重點討論——第23條應儘快立法還是不用急於立法？

　　整個教學活動的核心圍繞在學生能否通過個人的獨立思考能力，得出對第23條立法的立場，並應有相應的論點及論據做支持，以下是建議討論方案及預期論點：

　　以下部分內容取材自「公法里程」副主席鄧菲烈先生於2018年11月27日的講稿（詳見附件）。

（一）儘快立法？

　　首先，社會穩定，才能發展。中國經歷了列強入侵、鴉片戰爭、反清革命、抗日侵華、國共內戰，再加上文革動盪之後，已失去了百年青春。過去四十年中國嘗試用自己獨創的方法尋回失去了的歲月，世界因此見證了中國的經濟奇蹟。假設中國走前蘇聯的道路，今天近十四億人口絕大部分可能仍生活在苦困之中。在這歷史過程中，產生了很多腐敗。中國反貪的力度已觸及政治局及軍隊高層了。中國正處於歷史的十字路口，不進則亡。因此，中國需要的是穩定國家局面，才能繼續走改革開放之路。

　　其二，立法有助打擊「港獨」分子的分裂國家行為。香港雖然與內地有著不同的法律體系，但香港的高度自治體制必須建基於「一國」原則之上。只要中國不亂，除非十四億人民願意，否則港獨必不可能；假設中國亂，理論上共產黨或許未能繼續執政，港獨分子也就失去提倡港獨之理由，則不用港獨；又或列強入侵、軍閥割據，實行軍法統治，亦無法港獨。況且，常被港獨分子針對的國內民主情況會不斷改進。現時仍有六億農民，等到中產及大學畢業生人數愈來愈多時，民主便會發展起來。因此，香港無可能實現「港獨」，而立法是勢在必行之事。

　　其三，立法有助促進內地與香港特區聯繫。內地與香港是一脈同承，本來就不應互相仇視，香港有不少居民都在內地出生、生長，不少人心繫祖國。在歷史上，香港更自秦朝起已屬中國版圖，與內地有不可分割的關係。而且，內地與香港在經濟上的合作關係愈來愈密切，中央政府為香港特區帶來了極大經濟收益及支援。背靠祖國是香港特區發展的巨大優勢，而立法則加速兩地的融合與合作，也能吸引更多的經濟機遇。

（二）不用急於立法？

首先，現時法例已可提供一定保障。以《刑事罪行條例》為例，此法例已大致上禁止第23條開列的罪行[4]：

《刑事罪行條例》（第200章），第2條規定：

(1) 任何人有下述行為，即屬叛逆——

    (a) 殺死或傷害女皇陛下，或導致女皇陛下身體受傷害，或禁錮女皇陛下，或限制女皇陛下的活動；

    (b) 意圖做出(a)段所述的作為，並以公開的作為表明該意圖；

    (c) 向女皇陛下發動戰爭——

        (i) 意圖廢除女皇陛下作為聯合王國或女皇陛下其他領土的君主稱號、榮譽及皇室名稱；或

        (ii) 旨在以武力或強制手段強迫女皇陛下改變其措施或意見，或旨在向國會或任何英國屬土的立法機關施加武力或強制力，或向其做出恐嚇或威嚇；

    (d) 鼓動外國人以武力入侵聯合王國或任何英國屬土；

    (e) 以任何方式協助與女皇陛下交戰的公敵；或

    (f) 與他人串謀做出(a)或(c)段所述的事情。

(2) 任何人叛逆，即屬犯罪，一經循公訴程序定罪，可處終身監禁。

《刑事罪行條例》（第200章），第9(1)條規定：

煽動意圖是指意圖——

(a) 引起憎恨或藐視女皇陛下本人、其世襲繼承人或其他繼承人，或香港政府，或女皇陛下的領土其他部分的政府，或依法成立而受女皇陛下保護的領域的政府，或激起對其離叛；或

(b) 激起女皇陛下子民或香港居民企圖不循合法途徑促致改變其他在

---

[4] 〈香港大律師公會就《基本法》第 23 條立法的意見書〉，網站：https://www.hkba.org/sites/default/files/20020722-chinese.pdf，瀏覽日期：2020-01-28。

香港的依法制定的事項；或

(c) 引起對香港司法的憎恨、藐視或激起對其離叛；或

(d) 引起女皇陛下子民間或香港居民間的不滿或離叛；或

(e) 引起或加深香港不同階層居民間的惡感及敵意；或

(f) 煽惑他人使用暴力；或

(g) 慫使他人不守法或不服從合法命令。

《刑事罪行條例》（第200章），第10(1)條規定：

任何人——

(a) 做出、企圖做出、準備做出或與任何人串謀做出具煽動意圖的作為；或

(b) 發表煽動文字；或

(c) 刊印、發布、出售、要約出售、分發、展示或複製煽動刊物；或

(d) 輸入煽動刊物（其本人無理由相信該刊物屬煽動刊物則除外），即屬犯罪，第一次定罪可處罰款$5,000及監禁2年，其後定罪可處監禁3年；煽動刊物則予以沒收並歸予官方。

以上法例已基本上確保個人或組織進行「叛國」、「分裂國家」、「煽動叛亂」、「顛覆中央人民政府」等活動時，會受到法律所制裁。

其二，立法的時機是否需要因應當時民意所向？如「香港大學民意研究計畫」在2003年6月中進行的電話民意調查中，曾就第23條立法事宜進行意見諮詢，是次調查共訪問了一千零四十三人[5]。在「原則上是否支持立法」這個議題上，政府和研究組對公眾意見彙編資料中約八千份獨立意見書的分類所得結果相若，即支持者約占50%以上，反對者約35%。但如果分析的資料包括所有意見書、標準信件及簽名表格（共三十七萬人次），研究組發現支持者只有35%，反對者卻占60%。

儘管如此，既然第23條立法是香港特區的憲制責任，特區政府亦須儘快處理。畢竟坊間已有意見認為，鑑於特區政府遲遲未能落實第23條立法，不排除中央政府會把國內有關國家安全的全國性法律通過納入《基本法》附件

三應用於香港特區。

五、活動跟進與反思重點

經過辯論後，學生應該要對第23條立法有更深刻的見解。首先，應基本瞭解本地立法須考慮的要點——無論應否儘快為《基本法》第23條立法，就國家安全這個問題而言，似乎還有必要澄清中央在香港特區進行反間諜行動這必要的角色。雖然現有法例並無著墨，然而合理的期望是，以外國為例，有關反間諜行動應獲立法保障。我們相信有關規管對中央和特區雙方皆有利。

香港的有關法例跟進明顯已落後於其他地區。自《基本法》第23條未能於2003年通過本地立法實施，其後澳門特別行政區在2009年制定了《維護國家安全法》，而中華人民共和國亦在2015年通過了《國家安全法》。澳門更為維護國家安全成立了「維護國家安全委員會」，商定制度和組織建設工作。

另一方面，英國首相在2015年11月向國會提交的國家安全戰略與戰略防務與安全評估報告，涵蓋了從網路安全到軍事能力、文化聯繫和經濟安全等廣泛的國家安全關切，在某程度上反映了《中華人民共和國國家安全法》所涵蓋的範圍，因而帶出香港特區是否已涵蓋所有範圍這個問題。

自2015年《中華人民共和國國家安全法》通過後，現時對國家安全有一個更明確的定義和更廣闊的規範，以至更高和更嚴謹的要求。值得注意的是，國家安全這表述在《中華人民共和國國家安全法》出現約一百五十次，相比這表述於以前的版本（1993年）出現約六十五次，和在《中華人民共和國刑法》（2015年修正版）出現約十次。反映國內對國家安全的意識也有所提高。

其二，學生應該關注更多可能性，找出「平衡點」。最重要的方式在於關注各方意見，例如對於現任特首林鄭月娥表示，要創造有利的立法條件實在十分困難，建制派又擔心影響選情。另一方面，全國政協香港區委員劉兆佳直言，對中央來說這些都不是拖延立法的理由。「如果你是中央，作為國家安全第一責任人，當國家安全受威脅，是你林鄭月娥負責，還是習近平負責？」他強調，香港民意是否支持不是中央所關心，國家安全不能只從香港角度出發，倘若香港「搞唔掂」，中央就會出手[6]。

6　〈占中4週年——錯估時勢　劉兆佳：錯失良機，機會難再來　泛民誤判形勢政改陷死局〉，《頭條日報》，網站:http://hd.stheadline.com/news/daily/hk/717178/%E6%97%A5%E5%A0%B1-%E6%B8%AF%E8%81%9E-%E4%BD%94%E4%B8%AD4%E5%91%A8%E5%B9%B4-%E9%8C%A

　　而自由黨榮譽主席田北俊認為，若就第23條立法，一定會是2003年的「加辣版」，但「加辣」到什麼情況，中央認為可行，香港人又接受到，是關鍵問題[7]。他指出，當年提出的第23條，不能以言入罪，行為要達到暴力才觸犯法例，處理不到大學生在校園張貼港獨標語的問題，相信再就第23條立法，會比當年「辣」。田北俊說，未來香港對中央的利用價值會愈來愈小，如果跟北京討價還價，不如現時訂立較好，如果到2047年才立法，到時可能是國安法。

　　近年有聲音以《香港人權法案》為由，反對第23條之推行，該法案第16條指出：

（一）人人有保持意見不受干預之權利。

（二）人人有發表自由之權利；此種權利包括以語言、文字或出版物、藝術或自己選擇之其他方式，不分國界，尋求、接受及傳播各種消息及思想之自由。

（三）本條第（二）項所載權利之行使，附有特別責任及義務，故得予以某種限制，但此種限制以經法律規定，且為下列各項所必要者為限：

（甲）尊重他人權利或名譽；或

（乙）保障國家安全或公共秩序，或公共衛生或風化。

　　從上述《人權法案》第16(3)(b)條可見，人權法案雖保障意見和發表的自由，但仍然有一定程度之限制，包括國家安全和公共秩序。此外，有關意見和發表的自由亦受香港其他法律所規限，如《國旗及國徽條例》（文件A401）、《種族歧視條例》第602章、《誹謗條例》第21章、《淫褻及不雅物品管制條例》第390章、《電視通用業務守則－廣告標準》等。

　　既然有關國旗和國徽的法例在言論自由（意見和發表的自由）方面（即使不涉及暴力）亦有所限制，國家統一和安全自然更應該得到保障。因此，

F%E4%BC%B0%E6%99%82%E5%8B%A2-%E5%8A%89%E5%85%86%E4%BD%B3-%E9%8C%AF%E5%A4%B1%E8%89%AF%E6%A9%9F-%E6%A9%9F%E6%9C%83%E9%9B%A3%E5%86%8D%E4%BE%86-%E6%B3%9B%E6%B0%91%E8%AA%A4%E5%88%A4%E5%BD%A2%E5%8B%A2%E6%94%BF%E6%94%B9%E9%99%B7%E6%AD%BB%E5%B1%80，瀏覽日期：2020-01-27。

[7]　〈田北俊指23條立法後取消議員資格等問題反而有法可依〉，《香港電台》，網站：https://news.rthk.hk/rthk/ch/component/k2/1428605-20181116.htm，瀏覽日期：2020-01-27。

第23條立法的確存在其必要性，然而就立法細則及時機，則存在一定的商榷空間，留待同學們去發掘其中的可能性。

六、小結

希望透過是次教學建議，加深中學生對《基本法》第23條的認識，繼而就立法過程產生的議題進行探討及討論，同學們藉此獨立專題探究的機會，可對香港的法律體系與進程有更深瞭解。通過多方面探討本地政治和社會議題，期望中學生能夠更全面掌握不同事實和觀點，好能更理性地關心社會，進一步提升其公民責任。

附件：《基本法》第23條，公法里程演講稿（2018年11月27日）

鄧菲烈　公法里程副主席

《基本法》第23條：香港特別行政區應自行立法禁止任何叛國、分裂國家、煽動叛亂、顛覆中央人民政府及竊取國家機密的行為，禁止外國的政治性組織或團體在香港特別行政區進行政治活動，禁止香港特別行政區的政治性組織或團體與外國的政治性組織或團體建立聯繫。

（一）儘快立法？

《基本法》第159條：《基本法》的任何修改，均不得同中華人民共和國對香港既定的基本方針政策相牴觸。

《基本法》序言：國家對香港的基本方針政策，已由中國政府在中英聯合聲明中予以闡明。

中英聯合聲明沒有涵蓋的《基本法》條文（例如第23條），理應可以修改甚至刪除。然後根據《基本法》第18條，人大常委會可以把有關國家安全的全國性法律納入《基本法》附件三，在香港特區公布實施。

中國經歷了列強入侵、鴉片戰爭、反清革命、抗日侵華、國共內戰，再加上文革動盪之後，已失去了百年青春。過去四十年中國嘗試用自己獨創的方法尋回失去了的歲月，世界因此見證了中國的經濟奇蹟。假設中國走前蘇聯的道路，今天近十四億人口絕大部分可能仍生活在苦困之中。在這歷史過程中，產生了很多腐敗。中國反貪的力度已觸及政治局及軍隊高層了。中國正處於歷史的十字路口，不進則亡。因此，中國需要的是穩定。

中國不亂，除非十四億人民願意，否則無法港獨。中國亂，理論上共產黨或許未能繼續執政，則不用港獨。又或列強入侵、軍閥割據，實行軍法統治，亦無法港獨。現時仍有六億農民，等到中產及大學畢業生人數愈來愈多時，民主便會發展起來（美國需時二百年；女性一百年前／非裔美國人五十年前才有權投票）。

（一）為何要仇視十四億人民呢？

需要他們支援，需要支援他們。

（二）香港已被拋離

經濟、文化。

（二）不用急於立法？

為了中央和香港特區雙方的利益，值得考慮這個論點：《基本法》第23條事實上早已通過本地立法實施。這個論點建基於香港回歸條例於1997年7月1日午夜後經三讀通過，申明香港原有法律，即普通法、衡平法、條例、附屬立法和習慣法，已被採用為香港特別行政區的法律而繼續適用（因此亦包括有關保護國家安全的本地法例）。該些條例在《基本法》於1997年7月1日午夜生效後，由於被採用為香港特別行政區的法律，亦隨即生效。這個論點亦建基於其後對該些條例所做的修訂。

(a)社團條例；(b)公司（清盤及雜項條文）條例；(c)刑事罪行條例；(d)公安條例；(e)官方機密條例

刑事罪行條例（第200章），例如第2條規定：

(1)　任何人有下述行為，即屬叛逆——
 (a)　殺死或傷害女皇陛下，或導致女皇陛下身體受傷害，或禁錮女皇陛下，或限制女皇陛下的活動；
 (b)　意圖做出(a)段所述的作為，並以公開的作為表明該意圖；
 (c)　向女皇陛下發動戰爭——……
 (d)　鼓動外國人以武力入侵聯合王國或任何英國屬土；
 (e)　以任何方式協助與女皇陛下交戰的公敵；或
 (f)　與他人串謀做出(a)或(c)段所述的事情。
(2)　任何人叛逆，即屬犯罪，一經循公訴程序定罪，可處終身監禁。

第9(1)條規定：

煽動意圖是指意圖——

(a) 引起憎恨或藐視女皇陛下本人、其世襲繼承人或其他繼承人，或香港政府，或女皇陛下的領土其他部分的政府，或依法成立而受女皇陛下保護的領域的政府，或激起對其離叛；或

(b) 激起女皇陛下子民或香港居民企圖不循合法途徑促致改變其他在香港的依法制定的事項；或

(c) 引起對香港司法的憎恨、藐視或激起對其離叛；或

(d) 引起女皇陛下子民間或香港居民間的不滿或離叛；或

(e) 引起或加深香港不同階層居民間的惡感及敵意；或

(f) 煽惑他人使用暴力；或

(g) 慫使他人不守法或不服從合法命令。

第10(1)條規定：

任何人——

(a) 做出、企圖做出、準備做出或與任何人串謀做出具煽動意圖的作為；或

(b) 發表煽動文字；或

(c) 刊印、發布、出售、要約出售、分發、展示或複製煽動刊物；或

(d) 輸入煽動刊物（其本人無理由相信該刊物屬煽動刊物則除外），即屬犯罪，第一次定罪可處罰款$5,000及監禁2年，其後定罪可處監禁3年；煽動刊物則予以沒收並歸予官方。

叛國

個人行動：現有法例禁止(c)

集體／組織行動：社團／公司受現有法例禁止(a), (b), (c), (d)

分裂國家

個人行動：現有法例禁止(c)

集體／組織行動：社團／公司受現有法例禁止(a), (b), (c), (d)

煽動叛亂

個人行動：現有法例禁止(c)

集體／組織行動：社團／公司受現有法例禁止(a), (b), (c), (d)

顛覆中央人民政府

個人行動：現有法例禁止(c)

集體／組織行動：社團／公司受現有法例禁止(a), (b), (c), (d)

竊取國家機密

個人行動：現有法例禁止(e)

集體／組織行動：現有法例禁止(e)

禁止外國的政治性組織或團體在香港特區進行政治活動

個人行動：N/A

集體／組織行動：外國的政治性組織或團體受現有法例禁止(a), (b)

禁止香港特區的政治性組織／團體與外國的政治性組織／團體建立聯繫

個人行動：N/A

集體／組織行動：社團／公司受現有法例禁止(a), (b)

　　儘管如此，既然第23條立法是香港特區的憲制責任，特區政府亦須儘快處理。畢竟坊間已有意見認為，鑑於特區政府遲遲未能落實第23條立法，不排除中央政府會把國內有關國家安全的全國性法律通過納入《基本法》附件三應用於香港特區。

（三）本地立法須考慮的要點

　　無論應否儘快為《基本法》第23條立法，就國家安全這個問題而言，似乎還有必要澄清中央在香港特區進行反間諜行動這必要的角色。雖然現有法例並無著墨，然而合理的期望是，以英國為例，有關反間諜行動應獲立法保障。我們相信有關規管對中央和特區雙方皆有利。

　　自《基本法》第23條未能於2003年通過本地立法實施，其後澳門特別行政區在2009年制定了《維護國家安全法》，而中華人民共和國亦在2015年通過了《國家安全法》。澳門更為維護國家安全成立「維護國家安全委員會」，舉行了首次全體會議，商定制度和組織建設工作。

　　另一方面，英國首相在2015年11月向國會提交的國家安全戰略與戰略防務與安全評估報告，涵蓋了從網路安全到軍事能力、文化聯繫和經濟安全等廣泛的國家安全關切，在某程度上反映了中華人民共和國國家安全法所涵蓋的範圍，因而帶出香港特區是否已涵蓋所有範圍這個問題。

　　英國首相在2015年11月向國會提交的國家安全戰略與戰略防務與安全評估報告，內有以下章節：

第四章　保護我國人民
　　A.保護英國，海外屬土和英國國民
　　B.我們的武裝部隊
　　C.核威懾
　　D.打擊極端主義和恐怖主義
　　E.網路安全
　　F.嚴重和有組織的罪行
　　G.危機應對和復原力

第五章　投射我國的全球影響力
　　A.全球影響力
　　B.盟友、合作夥伴和全球參與
　　C.加強基於規則的國際秩序及體制
　　D.解決海外衝突和建設穩定

第六章　促進我國繁榮
　　A.經濟安全和機遇
　　B.創新
　　C.防務和安保行業和技能

《中華人民共和國國家安全法》（2015年）有以下章節：

第一章　總則
第二章　維護國家安全的任務
第三章　維護國家安全的職責
第四章　國家安全制度
　　第一節　一般規定
　　第二節　情報資訊
　　第三節　風險預防、評估和預警
　　第四節　審查監管
　　第五節　危機管控

第五章　國家安全保障
第六章　公民、組織的義務和權利
第七章　附則

　　自2015年《中華人民共和國國家安全法》通過後，現時對國家安全有一個更明確的定義和更廣闊的規範，以至更高和更嚴謹的要求。值得注意的是，國家安全這表述在《中華人民共和國國家安全法》出現約一百五十次，相比這表述於以前的版本（1993年）出現約六十五次，和在《中華人民共和國刑法》（2015年修正版）出現約十次。

　　頭條日報：「由民主黨創黨主席李柱銘稱遺憾錯過『雙查方案』，到〇三年拒絕接受本來已被『剝大牙』的二十三條草案，普選特首方案又失諸交臂，劉兆佳批評民主派不成熟，往往高估自己實力，又曲解港人不同訴求的優次，錯誤理解中央對維護國家安全的意志，『焉有不失敗之道理』。他指即使『八三一』方案可只得建制派參選，但特首選舉一旦引入民選成分，整個政治生態會改變，民意重要性將大幅提升。」

　　「雙查方案」：立法機關的直選議席，第一屆占27%，第二屆增至37%，第三及第四屆50%；第一任行政長官由四百人組成的推選委員會產生，第二及第三任由八百人組成的選舉委員會選出；在第三任行政長官任內，進行全民投票，決定第四任行政長官是否普選，以及第五屆以後的立法機關是否百分百直選；如果第一次全民投票未贊成過渡到普選，則這種全民投票每隔十年舉行一次。

　　頭條日報：「對於林鄭月娥稱要創造有利的立法條件，建制派又擔心影響選情，劉兆佳直言，對中央來說這些都不是拖延立法的理由。『如果你是中央，作為國家安全第一責任人，當國家安全受威脅，是你林鄭月娥負責，還是習近平負責？』他強調，香港民意是否支持不是中央所關心，國家安全不能只從香港角度出發，倘若香港『搞唔掂』，中央就會出手。」

　　RTHK：自由黨榮譽主席田北俊認為，若就《基本法》第23條立法，一定會是2003年的「加辣版」，但「加辣」到什麼情況，中央認為可行，香港人又接受到，是關鍵問題。他指出，當年提出的第23條，不能以言入罪，行為要達到暴力才觸犯法例，處理不到大學生在校園張貼港獨標語的問題，相信再就第23條立法，會比當年「辣」。田北俊說，未來香港對中央的利用價值會愈來愈小，如果跟北京討價還價，不如現時訂立較好，如果到2047年才

立法，到時可能是國安法。

　　　　《香港人權法案》第16(3)(b)條：

　　（一）人人有保持意見不受干預之權利。

　　（二）人人有發表自由之權利；此種權利包括以語言、文字或出版
　　　　　物、藝術或自己選擇之其他方式，不分國界，尋求、接受及傳
　　　　　播各種消息及思想之自由。

　　（三）本條第（二）項所載權利之行使，附有特別責任及義務，故得
　　　　　予以某種限制，但此種限制以經法律規定，且為下列各項所必
　　　　　要者為限：

　　　　（甲）尊重他人權利或名譽；或

　　　　（乙）保障國家安全或公共秩序，或公共衛生或風化。

　　公共衛生或風化不涉及暴力，亦有所限制。

　　有關言論自由（意見和發表的自由）的限制，有《國旗及國徽條例》
（文件A401）、《種族歧視條例》（第602章）、《誹謗條例》（第21
章）、《淫褻及不雅物品管制條例》（第390章），及《電視通用業務守
則－廣告標準》等，僅舉幾例。

　　既然有關國旗和國徽的法例在言論自由（意見和發表的自由）方面（即
使不涉及暴力）亦有所限制，難道《基本法》第1條（國家統一）不應比國
旗和國徽更重要嗎？

　　由於歷史原因，例如在歐洲，宣揚納粹主義是刑事罪行，德國和奧地利
等國均有法律禁止。

（四）結語

（一）如何為《基本法》第23條立法？（平衡點）

（二）現有涉及保障國家安全的法例（勿以身試法）

（三）是否需要為反間諜行動立法？

http://www.plm.com.hk/trad/home/

https://www.facebook.com/2017plm/

第十七章　北美華人學者探討大中華地區 歷史教科書與博雅教育精神之 「中華性」軟實力

美國史丹福大學東亞研究中心、聖約瑟學院文學院

陳明錄、鄭華君

一、引言：理念與定位

　　本文探討主題的涵蓋範疇是超越中華人民共和國內地，而涉及香港、澳門特區、臺灣和其他華人地區，本演講內容的領域範圍，也許可更好地用上「大中華」（Greater China）的理念與定位。而1997年主權回歸中國以前的英治香港及現時的香港特區，與1999年中國回復管治權以前的葡治澳門及現時的澳門特區，加上北京當局尚未有效管轄的臺灣，可以在理念上被視為「離岸中國」（offshore China）區域，或「離岸中華社區」（offshore Chinese communities）。

　　若以英治舊香港為例，英式典章體制、其環球聯繫、官方語言、公共文化、課程內容和生活方式，香港與中國內地在很多方面有重大和深刻的差別差異。占香港土地近七成的新界，是在1898年清廷和英方訂定九十九年時限的「租借地」（leased territory），因此，外國觀察家常引用著名報人Richard Hughes所謂「香港是在借來的時間，借來的地方」（Hong Kong is a borrowed place on borrowed time）。自1841英占香港迄今，香港居民絕大多數（95%以上）都是血緣上的華人（ethnic Chinese），在六十年代以前，在香港出生的本地居民甚至未達到總人口的半數。因而香港的華人是否也是「借來的人口」（borrowed people），即使他們在英治時代，持「香港身分證」，在法律上是否仍然是中國人（citizen of China）？或持某類別的英國護照，但他們是否真正的英國／英籍人士（British subject）？他們或許應更準確地被稱為另一特殊類型的「中國人」（nationals of China）或「華人」

（Chinese）。為此，講者小心翼翼提出以這特殊分類的用詞來描述「華人」和「中國人」。

依此模式類型的考慮，同時或可也適用於被視為「中華性」（Chineseness）和「中國性」（Chineseness）這種類分。從基本理念分析角度來看，「Chineseness」定位問題應更準確地說是「華人」文化心態本質上的「中華性」，但不必應該或必然一定是「中國性」。在國際民間交流及文化軟實力（cultural soft power）的層面而言，世界性的「華人」和「中華性」內涵文化，似乎更能形容中國大陸以外的華人及他們所樂於接受、嚮往、認同、傳承的，而源於中國大陸河山和社會的中華文明、歷史及風俗傳統沉澱的中華文化，而不必勉強放入必然和無可避免的，有政治性制度意涵（國家／政權）困擾束縛之「中國性」規範。因此，涉及探討大中華地區歷史教科書與博雅教育之理念和問題，這或應該是更準確以「中華性」來描述分析「華人」文化與精神心態上的基本定位。

二、中港歷史融合並進新課程

現香港回歸後的二十年，中國高官常抱怨，1997年只是主權、憲政和領土的回歸，但不少香港華人居民，尤其是較年輕的一輩，心態上未完全回歸。近年在民間層面，港人與內地來港人士間的摩擦衝突，在政治層面的爭議，陸港之間的不信任浮現，以至在香港年輕人中普遍興起的強烈本土情緒意識，甚至極少數人的所謂「抗拒大陸化」傾向。這種不理想現象的成因很多，其中一原因是1997年回歸後，特區政府教育官員決策嚴重失誤，竟廢除特區初中的中國歷史為必修科，遺害深遠。英殖時代當局在官方認可的中小學課程及教科書，刻意迴避國民身分認同，而在更廣泛的社會及對外層面，故意虛化國家定位，以香港為自由港／國際城市，亞洲商貿重鎮等，並將本地居民概稱為「市民」而並非「國民」或「公民」。回歸後，香港大環境的轉變，特區中小學課程及教科書，應有適切的檢討和重新定位。但可惜特區的教育高官，將中學的中國歷史科變為支離破碎，不倫不類，令香港現在年輕一代對中國歷史的認識極不足。

在2007年香港嶺南大學召開歷史學會議及2013年香港樹仁大學舉辦歷史教科書研討會，均以多元化的觀點角度切入時局，更積極提倡大中華歷史因素，如何更深切全面融入香港本地的歷史教科書，和推動中港歷史的雙軌

並進新課程方案，來挽救香港特區中學歷史教學及歷史教科書的嚴重缺憾，以加強香港年輕人對中國國情／香港區情的學習認知。首先，中國近代史課程如以鴉片戰爭為開始，應該根據事實和歷史重要性，要適當地加入甚至強調香港元素（Hong Kong Elements）。然後同時，在香港本地歷史的教研工作，絕對不能忽略最基本的中國因素（China factor）和更廣泛國際層面的環球華人聯繫（global Chinese linkages）。因為鴉片戰爭後英國要掠取香港的原因，就是用作跟中國大陸貿易的入口點平臺。香港人口的來源大都是從中國大陸移居的華人，而香港於英治時代除因大英帝國的系統以外，於商貿實務上的海外交往，很多時是利用散居海外的世界華人網絡，而香港亦扮演華人海外移民的啟航出發點，亦是與中國內地「唐山」的聯繫和物資供應的港口及管道。香港最大銀行（HKSBC）的中文名「匯豐」銀行可反映海外僑匯的功能作用，所以，如要如實反映一貫以來香港的功能作用，絕對不能降低位於地理邊緣的香港之環球中華聯繫網絡（global Chinese networks），甚至是在環球化的中華本位（Chinese centeredness）核心重要性。近代香港的發展，由英治初期人口逾萬的海島漁村社區，至現今七百多萬人口的國際大都會，亞太經貿金融運輸通訊樞紐，是極其重大的發展轉化成果。雖云這近代香港的故事是在英殖民地政權的制度和重商政策下形成，但一直以來香港基本上始終是一個華人社會，很大程度上依靠中國內地和海外華人的資源、人力、市場，故絕對是一個華人城市和華人經濟體系成功發展的歷史經驗。綜觀自晚清的洋務運動至1979年以來中國內地的開放改革，香港的人才、技術、資金、制度、設施、法規、關係網、長期國際交往和企業經營管理經驗等，均在內地的現代化歷程上發揮作用；而外國資本主義／帝國主義在華的經濟活動，也常藉香港的人、事、物和管道來進行，在中國近代社會和經濟的現代化改革開放的歷史研究，香港當然占不可忽視的重要地位。

並且，於「大中華地區」不同的政權和不同的地域，全部都尊崇19世紀末20世紀初中國最重要的愛國革命家孫中山的事蹟，請不要忘記他的香港元素和聯繫，於孫氏歷史貢獻中扮演的角色。原籍廣東香山縣的孫中山來香港先後就讀高中和華人西醫書院，完成其醫科專業教育並於澳門行醫，他的革命思想和組織於香港萌生發展。香港可以說是中國地理上的邊緣城市，英國殖民統治的國際自由港擁有某些特殊的優勢及條件予以孫中山作為一個很重要的革命啟蒙點，發源地。當然他是利用南方海疆，外國管轄的城市來推翻中國中央的朝廷，當時北京掌政當局認定孫氏的行為是大逆不道的叛國。

當然，現時客觀事實的理解就是孫氏只是反叛滿清帝國的愛新覺羅王朝，並承認他是中國的偉大革命家，愛國主義者，現代化的推動者。香港存有相當大的作用是一個革命家的搖籃，產生刻畫時代，改變中國國家民族命運的偉大人物。所以這正是香港軟實力的另一例證。由1841至1966年之間，歷來的香港群眾，尤其是草根階層，愛國立場的光榮歷史，凡有中英衝突、華洋衝突，香港大部分的華人居民，義無反顧、義不容辭一定是支持華方／中方並與洋方進行抗衡，反對，甚至抗爭行為。可以說從晚清經歷孫中山到1949年為止中國大陸可能改朝換代，當政者的政策都隨時間環境而改變。但愛鄉、愛土、愛中華文化的「大中華效忠」、「大中華的情意結」在香港的主流華人居民中，是從來未中斷，懷疑。所以香港華人一向存有愛國傳統，這是不容質疑的——他們和他們的正是「中華情意結」、「中華化」的認同，他們認同的「中華化」正是對鄉土、血緣親屬、文化風俗、社會等的認同、嚮往和傳承。這個亦是香港能成功扮演最有國際聲譽的華人城市。

如果能以較全面客觀持平的態度，正確無誤史實基礎的中國近代史，含有香港元素，而香港地方史有明顯的大中華框架發展理念，可進一步的反映在歷史課程的優化教科書中，中國近代史和香港發展史應要並軌合流。現今香港青年最需要較全面、較客觀平衡，有絕對可靠可信客觀事實基礎的「中國知識」（China Knowledge）。在教育角度立場上，當有相關的中國知識後，就不需要太過擔心如何推行所謂「國民教育」等，容易在社會、文化、政治環境影響下變得不理想，甚至極度敏感和容易引起反效果的特殊課程。在2012年的「國民教育」爭議，其核心的公眾擔憂，正是沒有一套理想合適，具有教育價值和高學術標準的中學教材，而特區教育局所支助，委託本地某教授所編的該科參考教材內容不達水準，甚至當時特區教育局長也承認其內容偏頗，不適宜作學生和教師參考之用。

三、一帶一路下的「中華性」／「中華意識」與大中華文化世界

20世紀後期的全球化（globalization）運動，以歐美先進資本主義經濟體系為本體，資本無國界為綱領，推動全球經濟發展。踏入21世紀，這種以西方為主導的全球化，雖然在多方面取得了彪炳的成績，但國與國，地區與地區之間嚴峻的經濟不平衡，各國社會內部日益加劇的貧富懸殊等弊病，亦充分地彰顯出來。在這個大現實前提下，中國提倡的「一帶一路」（「新絲

綢之路經濟帶」和「21世紀海上絲綢之路」）的全球化戰略構想，可以說是另一種的全球化命題，以跨國基建為基礎，在一定程度下使資金一方面在本地更能發揮經濟效益和作用，另一方面在國與國，地區於地區之間的經濟更能同步發展。在「一帶一路」的大帷幕下，經濟固然是主幹，但經濟互利共贏發展需要文化領域上的相互認識和理解：「將繼續以共商、共建、共用為指導原則，推動各國政策溝通、設施聯通、貿易暢通、資金融通、民心相通。」這道理是不難明白的，講者前面提出的在海外應多提「中華性」，少提「中國性」，其實就是源於同一脈絡。在中國境外推廣中華性，培植中華意識，不是找地盤，不是建霸權，而是在新全球化模式下，中國向世界賦予的文化分享和貢獻。如果說「中華性」或「中華意識」是一種軟實力的話，那就是因為它的本質是開放的、外向的，它的意圖是在包容並全，對話的基礎上獲取對中國的認識和理解。

　　「一帶一路」秉持開放合作交流、和諧包容互聯互通下的中華意識給我們思考如何在「大中華」或「離岸中華社區」推廣中華性或中華因素一個重要的啟示。由於不同的歷史原因，在大中華（包括香港、澳門）和海外等地聚居的華人，在血緣上縱有或深或淺的「絲連中國」的情懷，但大都早已落地生根，日常生活上的實質參與和投入，自然是實實在在地植根於當地的社會。另一方面，這些離岸或海外華人社會，與中國大陸的發展因歷史原因有著長時間的脫軌，這也是無可否認的事實。因此，在海外要滋育中華文化歷史意識，首先不能不承認和面對一個事實，即海外華人社會是無可厚非地包含著一定程度的成熟而穩定的本土取向。正如「一帶一路」大帷幕下在各地培植「大中華因素」的原則一樣，在離岸或海外華人社會推廣「中華性」，必須要與這本土取向進行商洽、協調、促進共識。換句話說，要孕育中華性、中華意識、中華因素，只能是一種「軟」的努力，軟實力是不宜硬推銷，需要深耕細作，滲透在日常生活中。

　　值得考慮的是，促進中華性，就以香港為例，其實在軟努力的層次上的成功例子並不缺乏。在文化藝術方面，無論是中國音樂、食品藝術、大眾娛樂等等，港人每每都表現得有所偏愛。每次在香港舉辦的國內文物展覽，市民、學生皆成群結隊參觀。每年港人選擇回國旅行度假，遊覽中國各地山水名勝古蹟，津津樂道，不計其數。這證明了對推廣、滋育中華意識而有所思慮的，其實問題不在於廣義的社會文化面，而主要是屬於制度上的教育範疇。無論是國內或海外的華人社會，教育建制主要以考試為中心，「教」

與「學」往往有二分的現象——即單向性的老師教、學生學，是一種授受關係；考試的作用，在於鑑定學生學了多少老師教的東西，更在於核對所學的是否正確。假若我們接受推廣中華文化歷史意識是一種軟實力、軟功夫的話，那麼跟著下來的問題就不能不是：華人社會固有的教育方式，是否是培養中華性軟實力的理想框架？最近幾年香港常有人說，社會上出現的某些分裂對抗現象，很大原因是因為在學制上中國歷史不再是必修科所致，使年輕人缺乏認識中國的基礎知識。我們相信，在香港要推動「中華性」文化歷史教育，若沒有刻意地把「軟實力」放在視野中心，重新地、認真地思考「軟實力」的教育方法，只做一些課程安排、考核機制、投資撥款等一類的增補性的計畫，能取得的效益不會很大。

四、博雅教育與「中華性」軟實力

從大中華概念出發，華人社會遍布世界各地，也許政治文化環境有所不同，但若在不同程度下受啟蒙（Enlightenment）運動與學術潮流影響的地方，都有一定的基礎性的思維方法和傳統。因此，若要在大中華世界推廣「中華性」或「中華意識」，在教育層次上，講者熱衷於建議作為促進「中華性」歷史教育的有效途徑，就必須認識智力啟蒙之中的「博雅教育」（liberal arts education）精神和方法，從中取得啟導和途徑。

博雅是西方的教育傳統，可追溯到古希臘羅馬時期，經教廷崛起，歷中古世紀，至文藝復興，迄今雖代有興替，其中心思想卻一脈相承而不斷。雖然如此，現代博雅教育，就其主導思想而言，其基礎是建立在18世紀的啟蒙運動。從宗教極權與貴族專政解放出來，思想取得前所未有的自由空間，以理性為解決問題的利器，致力於人類文明的進步，這就是西方常說的「啟蒙（Enlightenment）精神」。現代社會也許不必分東方西方，卻都是這啟蒙精神的產物。博雅教育在現代西方影響深遠，因為它是服務於這啟蒙精神的教育制度和方法。博雅教育在歷史上曾經歷過各種大大小小的挑戰，其中尤以工業革命為最。西方社會經工業革命徹底洗禮，不到百年間整個世界為之改造，在教育上亦模擬工業模式至今以有二百多年，但始終也不能取締博雅教育的理念和實踐。以美國為例，可以說其整個的教育制度，都貫徹著博雅的哲學和方針。今天耳熟能詳的國際著名高等學府如哈佛、耶魯、哥倫比亞等大學，起初都是小規模的「博雅學院」（liberal arts colleges），要到19世紀

中末期，受歐洲尤其是德國新興研究型大學（research university）的影響，開始往專業研究轉型；可是到今天，這些頂級大學的本科部，仍以「學院」（college）為名，有別於大學的研究學院，其課程設計如通識教育、核心課程、科際分布、主修副修等制度，莫不源自博雅教育理念。

　　簡單地說，博雅教育有兩個中心概念：第一，是把教育的焦點，放在學生個人的心智成長上，即是常說的以學生為本位的教育。這學生本位教育，可從西方常津津樂道的蘇格拉底（Socrates）方法看出其精髓。眾所周知，蘇格拉底的教學方法，在於師生之間的問答對話。從教育理念角度看，這教學方法不在於學生能否取得已設定的「正確」的答案，而在於追尋答案的思辨過程，思辨愈嚴謹，能尋取的答案就愈能站得住腳，知識的尋求者就愈能對問題獲得更適當、更合理、更屬於自己的理解。而老師的角色，主要在鼓勵和促進學生思辨的嚴謹性和方向性，是一個促進者，這與現代教育理論中說的「棚架建構」（scaffolding），同出一轍，教育的作用以搭棚架為喻，其目的在於學生這座「大廈」的營造建築。大廈建成了，棚架就再沒有作用。第二，博雅教育一直以來都保持著一個中心假設，即人類知識不同範疇的終極統一性。與古時社會不同，現代社會繁衍複雜，知識領域五花八門，博雅卻要求為學者致力於多方面、多方向的發展，這種看法在崇尚專業的現代社會常有受人批評是以量勝質，蜻蜓點水的教育，這當然是對博雅的誤解。其實現代博雅與專業訓練並無衝突，只是認為專業上的優秀，最能在博雅的基石上達到，這是因為無論經驗和知識如何繁雜，最終來說皆是人類認識和解決問題的思想成果，因此若能探討不同知識範疇之間的連接關係，祈求達到貫通性的理解，思辨就會有更豐富和更深厚的創造資源。

　　歸根究柢，博雅教育的精神，是讓學生對知識做主動性的探討。故此，我們相信，若要在教育的平臺上培育「中華性」、「中華因素」、增強中華文化歷史意識，不適宜著力於制度上的灌輸，而要開拓學生探討的空間。當然，正如開拓空間不能是隨意而為一樣，探索問題亦不能缺乏一定的方向性。在大中華文化世界推廣「中華意識」，我們建議著意以下的引導性的考慮。介紹和引進中華因素，要先從當地的文化生活的切身關聯和情趣出發，著意雙關性，避免與當地華人社會文化的本土取向有所衝突，甚至產生疏離異化的硬感覺。譬如說，在引進一些中華文化歷史項目前，可以先考慮該項目對理解當地某些文化歷史問題有沒有積極作用。舉個例子，美國華僑甚至是土生土長的年輕人常存有一種模糊的中國鄉土情懷，這種「想像的中國鄉

土」（imagined homeland）在華裔作家作品中十分常見。這中國鄉土不光是模糊的，也往往是平面的，要引進中華文化歷史因素，可先考慮這因素是否能豐富這「中國鄉土」的內容，加強其立體性，而更能滿足和提升本地華人固有的鄉土訴求。又例如香港的發展，不能離開人口大量遷徙和流動的歷史經驗，就算是在香港出生的年輕一代，其父母、祖父母輩亦是多從中國大陸移居到港的。香港的移民史，與中國近代的歷史經驗，尤其是廣東地區，有千絲萬縷的關係，這是一個十分複雜而豐厚的探討空間。無可避免地，這個充滿本地與中華關聯性的空間，同時亦提供了適當地突出本地文化歷史中的中華脈絡和中華因素的機會。

在大中華社會促進中華性，介紹中華文化歷史，要著意地採取比較或比較研究的方法來進行。比較研究，就自然而然的彰顯了關聯的重要性。要指出的是，比較研究的方法中，「同」與「異」是同樣地重要，同樣地有價值，「同」固然是關係，「異」也是一種關係。學者指出，二里頭出土的青銅器，似乎表示了在相當於夏時期的中國，已形成一種以夏文化為中心的廣域性的文化統一體，原因是在中國其他地方的考古出土（如三星堆），亦有看到這些中原文化符號的證據。很重要的是，這中原文化符號，在地方上與本地文化同時並存，沒有互相排擠。如果這種看法是正確的話，中華性這一命題，就登時開啟了極為有趣和有意思的比較性的探討空間。上面兩點正好說明，要接受中華性和本土取向之間的複雜性和一定的緊張狀態，在這個認識的前提下，探討這個複雜性和緊張性是正面的，應予鼓勵的；簡單地說，大帷幕下必須有「理解是解決分歧的要道」的信念，要求同存異，就必先辨識同異的內容，尤其是所以同、所以異的根源。

五、小結

作為大中華／離岸中華的的一重鎮，香港具有利的條件，發揮世界華人的軟實力角色。同時香港本身很多制度、經驗、價值觀等是維持香港的環球聯繫，高度有效運作，相對自由開放、多元化、廉潔社會。在這方面，香港將來編的歷史教科書可供其他大中華地區參考，因為香港華人社會的精髓也為構成世界性大中華發展的正面實例。如現屆香港特區政府能夠實踐加強中國歷史、民族文化的教育政策，尤其是將中國歷史科成為初中教育必修科，這樣合適的中國歷史教科書就會成為學界刻不容緩的要務。希望在座各位多

做貢獻，造福中國香港特區之莘莘學子。最誠摯希望大家堅守教育專業原則，以淵博學識及精益求精標準，系統地協助撰寫編繹一套切合香港實際、符合青少年思維心態情緒、適用於中小學、具針對性重點學習的中港整合歷史課程新穎教材。期盼大家能相互促進、集思廣益、凝聚共識，為發展革新優化的中國近現代史－香港史整合課程而努力不懈。以高學術品質、客觀均衡、可讀性高、具公信力的中港歷史課程教材，作為傳播普及「中國知識」的重要範本基石，而同時為加強培養香港青少年的中華民族認同感與中華文化意識的體現，共同來做出具啟發性的更多投入，寄予厚望。

第十八章　古今並用：
以「考現學」作為「考古學」方法

華中師範大學歷史文化學院
周俊基

一、引言

　　始於二十年代日本的考現學，其學說主要是「通過空間和時間的組織性調查及系統性分析，對當代社會內的不同風俗習慣」[1]，以一個較輕鬆及簡易的方法去理解受查對象，繼而串聯剖析社會的周邊現象。而起源於19世紀歐洲的考古學，其主要圭臬是「研究古代人類文化發展變化的學科」[2]。考古學所昭示的，是要「詳細地瞭解過去人類是怎樣生活的，社會為什麼會興衰，社會文化的發展有哪些共同規律」等等[3]。簡單而言，考古學就是透過經田野發掘獲得的第一手材料，用以探索人類過去的生活和發展狀況，並補白歷史文獻上的不足。姑勿論是考現學抑或是考古學，兩者無論在學術理論、研究對象、實際操作方法，以至對受查對象的描述等，均是相異大於雷同，考現學學者甚至認為兩套學說在本質上是互相對立的[4]。扼要而言，考古學的發展至今已經超越兩個世紀，在各個層面上已經達致成熟；考現學則是一種相對較新的學說，在理論及學術層面仍有很大的進步空間，其發展亦局限在小規模式調查層面。即便如是，當我們細心比對兩者，會發現考現學的一些方法與構思，某程度上是可以套用在考古學上，包括利用簡便的繪圖

---

[1]　張展鴻：〈上環考現學〉，《上環印記》（香港：野外動向出版社，2012年），第86頁。

[2]　呂烈丹：〈考古學的一些基本概念──對近日沙中線考古發掘的關注有感〉，《香港中文大學》，網站：http://www.amo.gov.hk/scl/pdf/basic_b5.pdf，瀏覽日期：2020-08-31。

[3]　陳淳：《考古學的理論與研究》（上海：人民出版社，2014年），第56-57頁。

[4]　考現學的始創人今和次郎直言：「時間上考現學與考古學是對立的，空間上考現學則與民族學對立。」參見佐藤洋子：〈今和次郎「考現學」の射程と比較文化〉，《早稻田大學日本語教育研究センター紀要》（東京：早稻田大學日本語教育研究センター，2007年），第158頁。考現學之後更被翻譯成「Modernology」。

分類方式、以突出主題的拍攝方法等，以及對研究對象所做出的假設。本文嘗試利用考現學常用的理論與方法，力圖以一個試驗性質套用在現代考古學之上，從而希望改變一向予人艱深的考古學印象。同時，考現學也可以作為今天高等院校及中學學習考古知識及研究方法的新途徑，更可以把歷史知識普及化。

二、考現學的發軔與概念

考現學的出現，是由日本民俗學家今和次郎（1888-1973）創立。1922年，今和次郎撰寫了一部名為《日本的民家——田園生活者的住家》[5]的著述。該書目的是要調查建於日本早期的民居，從而瞭解日本早期的房屋及社會發展。該書合共調查了日本各地四十所民用住宅，以實地考察的方式，詳細記錄住所及周邊環境，以細緻的繪圖形式闡述傳統民居的布局及屋內建設，這本著述可以視為考現學的濫觴。值得注意是，1923年的關東大地震，成為了考現學的契機[6]。其後，今和次郎與美術家吉田謙吉（1897-1982）合作，共同調查及記錄東京災後至復興的社會狀態，這些調查主要集中民生方面的變化。1927年，他們率先在新宿的紀伊國屋書店舉辦展覽會，之後他們亦就調查的結果發表了《Modernologio考現學》[7]一書，初步奠定了考現學的原型。

就理論方面，考現學主要是針對現代都市化對人類生活帶來的影響所進行的研究，也可視為補充社會學的一門學科。通過對社會各個現象的徹底客觀觀察並從中進行比較，從而捕捉人類的生活模式。考現學通常會預先設定一個題目，透過比對及統計獲得出某種結論。這些調查的範圍通常是較少，目的是希望以有限的資源做出較精細透徹的調查。考現學其後更衍生出一種名為「路上觀察學」的學派，其方法主要是運用建築學及街頭觀測的手法進行觀察記錄[8]。然而，「考現學與路上觀察學既不為了實用，也不是藝術。

---

[5] 今和次郎：《日本の民家——田園生活者の住家》（東京：鈴木書店，1922年）。

[6] 師承日本民俗學之父柳田國男（1875-1962），今和次郎在關東大地震之後著手以速寫的形式記錄災民的服飾及生活細節，並「將他自己的觀察視線，從鄉間田埂轉移至都市的街道，就此建立了考現學」。參見赤瀨川原平、藤森照信等：《路上觀察入門》（臺北：行人出版社，2014年），第17頁。

[7] 今和次郎、吉田謙吉：《モデルノロヂオ 考現學》（東京：春陽堂，1930年）。

[8] 路上觀察學主要是由1986年創立的路上觀察學會所提出，該學會是由美術家赤瀨川原平（1937-2014）及建築史學家藤森照信（1946-）等人創辦。

真的要說起來，在繪畫的領域裡，它的定位大概是比較類似博物館畫」[9]，意思是以一種美術感較強的繪畫形式，為研究對象進行文字以外的詳細記錄，這種記錄手法補充了一些文字上難以交代的內容。

綜上，考現學肇始至今，其研究方向主要是集中圍繞當代的都市建築、日常人類生活模式進行調查。在研究方法方面，與民俗學及人類學有相似的地方，包括進行田野調查及統計。然而，考現學的研究課題往往是趨於細微，因此其研究範圍往往是相對狹窄（例如以一條街或某類人作為研究單位）。很多時候，考現學的研究對象並不是大眾關心的題材，可能只是一些微不足道的東西。職是之故，筆者認為考現學或者可以說是研究當下任何與人類生活有關的一門學說，是一種主要以繪畫保存社會風俗的一門學說。其重要性在於以系統分類研究的對象。誠然，踏入21世紀，數碼相片的普及應用或多或少可以補充考現學以繪畫為主的方法。

三、以考現學概念作為考古的方法

如果考古學是以科學手段去研究人類過去的歷史，那麼考現學就是以實時定點的形式觀察及審視環繞身邊的人與物。前者與歷史學呼應；後者則傾向以社會學、人類學及民俗學等方法究明社會現象。考古學的研究對象，大部分是通過出土物及環境資料，並輔以文獻資料，對過去的歷史進行比對與分析，繼而建構出可信度較高的古人類生活模式。至於考現學，則是透過不同形式的實體定量觀察，對現代生活及都市內的各種人類風俗進行探索。兩者均先透過田野採集，從採集中取的資料中進行分類、分形、統計等，繼而整合出一套結論。兩者的共通點，是「由零散不全的遺證加以觀察、推論、假設，以至重構過去的生活形式」[10]。

此外，考古學首先以發掘出來的器物及遺跡作為分析的切入點，逐步拆解當中所涉及的歷史、人類行為等範疇，再根據被發掘的環境資料進行斷代。考古學著重的，是要通過遺跡及遺物，以「相對年代」及「絕對年代」斷定被發掘地方的年代，從而補白文字紀錄欠缺的資料。誠然，一個遺址年代的跨度可以很廣，一般來說，考古學家是以出土遺物的年代及數量作為斷代的基本指標。考古學從探查、田野發掘、整理，以至最後的報告撰寫，每

---

[9]　赤瀬川原平、藤森照信等：《路上觀察學入門》，第92頁。
[10]　張展鴻：〈上環考現學〉，《上環印記》（香港：野外動向出版社，2012年），第86頁。

一個環節均有既定的程序及嚴格的學術規範。這些規範，是要確保每一個環節不能出錯，因為從器物及遺跡中獲取的考古資料只有一次機會，幾乎完全沒有逆轉的可能性。由是，按2009年國家文物局編纂的《田野考古工作規程》對發掘資料的整理原則是「運用地層學、類型學方法分析考古資料，確認遺存的相對關係」[11]。考古學的最終目標，是要製造合適條件，令公眾從不同方向瞭解考古成果，更甚的，是要增補人類過去的資料，還原歷史。

至於考現學，比較確切一點，是仔細觀察某特定人或物的變化而進行的系統性記錄。調查的對象，可以是某地區某類人的衣著，又或者是某地區內某幢建築物內的間隔及所進行的交易情況，概括來說，就是先透過仔細的觀察，繼而詳細記錄現代生活的點滴。當中的範圍主要是以人的行動為主，包括居住、衣著、飲食等等[12]。考現學的主要調查方式，通常是利用大量精細但簡明的圖像，以寫實方式記錄特定對象，有時候亦會輔以統計表協助調查。考現學的圖像與考古學的分別是，前者的繪圖未必一定按比例表達，所著重的是一種輕鬆而又吸引的表達手法；後者在繪圖方面則需要「忠實於遺址遺跡的實物，不能隨心所欲。要精確地將遺存現象記錄下來，以系統的程式將全部的資料細緻地加工整理」[13]。筆者認為，以下數項是可以從考現學上汲取，用諸於考古學之上：

（一）增加對考古材料的並列表達

考古報告內文字以外的描述，最重要的就是照片及測繪圖。考古報告中的繪圖，一般而言均是按測繪比例標示。在遺跡繪圖的鋪排上，筆者認為可以借鑑考現學的排列方式，把遺跡的平面圖與遺跡細部結合。這種排列方式不僅有助閱讀考古報告人士能夠迅速對應遺跡的分布，亦可以有即時理解各個遺跡的特徵。然而，這方法在一些涉及大量不同類形遺跡的考古遺址，在執行上是有困難的。但只要抽取一些較為重要或具特殊意義的遺跡繪圖與分布圖做並列，對沒有太多考古知識的人來說，在閱讀方面會為他們產生一定的興趣。

另外，就考古器物繪圖而言，一般的考古報告會展示器物正反兩面及

---

[11]　國家文物局編：《田野考古規程》（北京：文物出版社，2009年），第8頁。

[12]　〈今和次郎「考現學」の射程と比較文化〉，第164頁。

[13]　馬鴻藻：《田野考古繪圖》（北京：北京大學出版社，2010年），第2頁。

剖面繪圖。如果利用考現學的表達手法，把同一件器物做多角度的繪畫，可能會帶來一些較佳的視角效果。再者，筆者認為在繪圖上加入一些註解，用以解釋器物的特徵，相信會比傳統的考古器物繪圖更加有效。再者，在統計表的應用上，甚至可以仿效考現學，加入適當的圖像，為單調的數字帶來視覺上的衝擊。統計表輔以圖像，既可以增加耐觀性，亦可令讀者以圖像掌握統計數據。縱使上述的建議沒有太大的學術性，但就提高了考古繪圖的藝術性。採用考現學的繪圖方式，或許可以貫徹著名考古學家嚴文明教授所說的：「科學性與藝術性的完美結合。」[14]

（二）與考古發現有關的軟性資料介紹

很大程度上，考現學注重的是藝術性展示多於學術性的探討。考現學的大多數研究，都是圍繞街頭街尾的一些瑣事。這些看似無關痛癢的事物，事實上也是構成現今人類生活的一部分，反映出某時某地，一些切切實實、人類生活過的痕跡。嚴肅的考古報告，往往就缺乏了一種面向普羅大眾的元素。當然，考古發現的整合資料必須要有系統、有條理及忠實地向人們展示。這些經不同科學技術而取得的數據，往往只有一些經專業訓練的人士才能明白。因此，筆者覺得可以加插一些與該考古發現有關的「軟性資料」，例如利用繪畫形式對發掘概況的描述，或者在發掘期間所遇到的一些特殊狀況提供補充等。這些「軟性資料」雖然無助解讀考古發現，但就有助考古報告閱讀者從另一個側面瞭解整個發掘過程。誠然，由於考古報告閱讀者無法親臨考古發掘現場，屬於個別考古學家及考古工作者的「軟性資料」，往往為有志從事考古事業的人們提供一些獨一無二的寶貴體驗。把考古資料，甚至整個考古界別大眾化，就是要「用大眾能夠接受的語言表達方式進行宣傳」[15]。把內容艱澀的考古報告變成大眾能夠意會的普及讀物，既不能失去其專業性，也要照顧一般大眾在文化上的接受能力，「軟性資料」似乎就提供了一個管道。

---

[14] 同上註。

[15] 王巍、林留根：〈21世紀中國考古學的若干特點及發展趨勢：從「中華文明探源工程」說起——王巍所長專訪〉，南京：《東南文化》，2012年第3期，第12頁。

（三）加強考古的對比研究

現今考古學的趨勢，「絕不會再僅限於數陶片、拼陶片、分類型的時代了，而是走向了一個數據和資訊都越來越豐沛的時代」[16]。更重要的是，通過系統及科學性比較，與各種文化進行交流，達到追本溯源之餘，也可以認識其他文化的異同。考現學的研究態度就是不拘小節，只要是研究者認為有趣的便實行調查，其目的不單是要滿足研究者，亦是透過快速的觀察，記錄快將消失的「今天」。在考古學方面，縱使資源有限，筆者覺得可以在已有的考古資料內，可以先進行地域與地域之間的小規模對比（例如遺址甲與遺址乙的某類器物／地層研究），繼而拓展至更大區域。此舉不單能為研究考古資料的學者提供方便，對於普及考古亦間接地起了作用。由是，相信加強通過對比已有的考古資料，一些新的文化理論會應運而生。

（四）以考現學作為輔助公眾考古的手段

中國的考古事業自五十年代得以迅速發展，但整個考古學界主要是「忙於考古發掘活動、整理撰寫報告，追求學術上的建設，無暇顧及公眾的疑問和需求」[17]。對於公眾考古學的推動，要到了本世紀初才得以正視。雖然考古學家及相關機構已經積極推動公眾考古，但在表達手法方面似乎離不開傳統的傳播方式，包括透過講座、參觀考古發掘工地、在非學術雜誌刊登考古發現等等，這只針對吸引不愛閱讀考古資料的受眾[18]。誠然，考現學的報告形式，可以令考古報告以另一個形象或方式呈現。這一種具考現學特色的考古報告，很大程度上可以吸引一些初次閱讀考古報告的讀者。或許有人認為，考古報告的嚴謹和學術性不應為了吸引一般普羅大眾而刻意做出遷就，但把考古資料和理論普及化是現今的趨勢，考古學家的責任再不像過往般僅

---

[16] 參見〈考古2016青年學者圓桌會議分享之二：青年學者與新時代考古〉，《中國社會科學院考古研究所》，網站：http://www.kaogu.cn/zixun/shoujiezhongguokaoguxuedahui/zthd/20160727/54818.html，瀏覽日期：2020-08-31。

[17] 楊雯、莫揚：〈中國公眾考古傳播理念及形式分析〉，《科普研究》，2013年第8卷，第14頁。

[18] 顧黎敏：〈公眾考古學的發展與社會影響力——以曹操墓考古事件為例〉，《復旦大學2013屆望道學者結題報告與心得集》，第152-163頁。，網站：http://www.fdurop.fudan.edu.cn/upload/stu/docs/pCsTh5_12-Gu-Limin-1397630104.pdf，瀏覽日期：2020-08-31。

限於對考古資料做出專業詮釋，而是要面向群眾，盡量協助他們理解考古資料[19]。此外，考現學提倡的街頭觀察，某程度上亦可以套用在考古學方面。筆者認為一些沒有受過考古專業訓練的考古愛好者，可以透過考現學的方式觀察田野發掘，並進行一些簡單記錄，一方面可以補足田野發掘以外的資料，另一方面可以以觀察形式加深對考古學的瞭解。

四、小結

考現學與考古學兩者看似對立，但當檢視考現學的調查手法、展陳方式以至調查對象等等，我們不難發現箇中有值得借鑑的地方。其中包括仔細的繪圖，縱然未必有太大的學術意義，但對瞭解人類文化有一定作用的研究對象，以及圖像與統計表並列結合的表達手法等。考古學無論在學術理論及科學技術等層面均不斷在推陳出新。然而，有關考古資料的表達與接收，現階段似乎只集中在考古學界中流轉。非考古專業人員透過專業的考古報告所獲得的考古資料，似乎未必可以全部透徹理解。

在提倡多學科、跨學科合作的今天，考古資料要進一步被非考古專業的人有所認識，同時也要增加吸引力。除此之外，在普及層面方面，考古學在資料發布上仍然未能惠及一般群眾。當然，考現學不能完全解決考古學普及化的不足，但至少可以提供一些參考線索，把考古資料以一個較簡易吸引的手法呈現，務求令更多人進入考古的堂奧。「博古通今」是考古學追求的目標，而考現學所針對的卻是捕捉「今天」。兩者如能互相多加利用，必能令彼此更上一層樓。

---

[19] 郭立新、魏敏：〈初論公眾考古學〉，《東南文化》（南京：南京博物院），2006年第4期，第54-60頁。

第十九章　詩歌與道德哲學的教學橋樑：
　　　　竹書〈五行〉篇的情感論

香港樹仁大學中文系
黃君良

　　郭店竹書〈五行〉篇引《詩》共八例[1]，它們順序依次是《詩經・召南・草蟲》、〈小雅・出車〉、〈曹風・鳲鳩〉、〈邶風・燕燕〉、〈大雅・大明〉、〈大雅・文王〉、〈商頌・長發〉及〈大雅・大明〉。據廖名春先生的研究，〈五行〉篇引《詩》有一個特點，引文沒有標明「詩曰」、「詩云」字眼[2]。為述說方便，現將八例列舉於下：

1. 不仁，思不能精。不智，思不能長。不仁不智，「未見君子，憂心不能惙惙；既見君子，心不能悅；亦既見之，亦既覯之，我心則[悅]」，此之謂也。[3]（第9、10、11簡）

2. 不仁，思不能精。不聖，思不能輕。不仁不聖，「未見君子，憂心不能忡忡；既見君子，心不能降」。（第11、12簡）

3. 「淑人君子，其儀一也。」能為一，然後能為君子。[君子]慎其獨也。（第16簡）

4. 「瞻望弗及，泣涕如雨。」能「差池其羽」，然後能至哀。君子慎其[獨也]。（第17簡）

5. 見而知之，智也。聞而知之，聖也。明明，智也。赫赫，聖也。「明明在下，赫赫在上」，此之謂也。（第25、26簡）

6. 和則樂，樂則有德，有德則邦家典。文王之示也如此。「文[王在

---

[1] 李零先生分作八例。見李零：《郭店楚簡校讀記》（北京：北京大學出版社，2002年），第83頁。

[2] 廖名春：〈郭店楚簡引《詩》、論《詩》考〉，見《中國哲學》第二十二輯，第173-174頁。〈五行〉篇引詩的特徵亦見郭丹：〈郭店楚簡引《詩》義例與詩學思想考論〉，福州：《福建師範大學學報》2015年第5期，第39-41頁。

[3] 本文引〈五行〉原文採李零釋文。見《郭店楚簡校讀記》，以後不另標出。

上，於昭]於天」，此之謂也。（第29、30簡）

7. 簡，義之方也。匿，仁之方也。強，義之方也。柔，仁之方也。「不強不絿，不剛不柔」，此之謂也。（第40、41簡）

8. 目而知之謂之進之，喻而知之謂之進之，譬而知之謂之進之，幾而知之，天也。「上帝臨汝，毋貳爾心」，此之謂也。（第47、48簡）

　　我們發現八例中前四例與後四例在文中所起的作用不一樣。首先，我們對5、6、7、8四條材料做簡要介紹。第5例引〈大雅・大明〉「明明在下，赫赫在上」兩句，鄭玄釋謂：「明明，察也。文王之德明明於下。赫赫然著見於天。」簡文以詩句證明「智」、「聖」兩德的崇高偉大，下喻人道，上喻天道。〈五行・說〉[4]謂：「赫赫，聖貌也。」又謂：「明者始在下，赫者始在上。」意指從人道至天道的昇華。第6例引〈大雅・文王〉「文王在上，於昭於天」兩句，鄭玄釋謂：「文王初為西伯，有功於民，其德著見於天。」證明和、樂有德，邦家興起的道理，以「天」表示五德和合達乎天道，周文王乃為其模楷、典範。〈五行・說〉謂：「言大德備成矣。」「大德」指仁、義、禮、智、聖五德所和。第7例引〈商頌・長發〉「不競不絿，不剛不柔」兩句，孔穎達疏謂：「湯之性行，不爭競，不急躁，不大剛猛，不大柔弱，舉事其得其中。」李零、廖名春釋作「不強不絿」，依此說。〈五行・說〉謂：「非強之也，非急之也，非剛之也，非柔之也，言無所爭焉也。」〈說〉的解釋與孔穎達接近，前者指商湯為政合乎中道，後者重心在於無爭。簡文以《詩》論證為政不急不躁、剛柔相濟。第8例引〈大雅・大明〉「上帝臨汝，毋貳爾心」兩句，鄭玄釋謂：「言無敢懷貳心。」簡文稱目而知之、喻而知之、譬而知之和幾而知之四種長進德行的方法，以詩證明專一於修養道德，別無他念（上帝在監督著）。〈說〉指文王由耳目、鼻口、手足的感官，知人類好聲色、好臭味、好佚愉的本性，由此而知人心好仁義，與孟子思想同，當受孟子影響[5]。「毋貳爾心」專指追求仁義、增進道德而言。

---

[4]　本文〈五行・說〉原文採龐樸先生釋文。見龐樸：《竹書〈五行〉篇校注及研究》（臺北：萬卷樓圖書有限公司，2000年）。以後不另標出。

[5]　孟子謂：「口之於味也，有同耆焉；耳之於聲也，有同聽焉；目之於色也，有同美焉。至於心，獨無所同然乎？心之所同然者何也？謂理也，義也。聖人先得我心之所同然耳。故理義之悅我心，猶芻豢之悅我口。」（〈告子上〉）又謂：「口之於味也，目之於色也，耳之於聲也，鼻之於臭也，四肢之於安佚也，性也，有命焉，君子不謂性也。」（〈盡心下〉）

　　從以上論述可見：（一）四例以《詩》論證簡文觀點，乃以《詩》為證的模式。（二）簡文符合所引《詩》的原意，但引文在某種程度上被附會。這種附會的詮釋方法可以理解為賦予引文一層新的思想意義。從宏觀而論，則將詩歌與哲學世界初步和合，為構建系統的形上道德哲學奠下了博厚的人文基礎。（三）〈說〉在〈五行〉經文的基礎上多做思想、哲理的闡發，豐富、發展了對經文的解讀。〈說〉的內涵具有鮮明的思想特徵，使我們一窺先秦思想發展史上詮釋道德哲學原理的珍貴作品。

　　前四例論述如上，現在我們論述1、2、3及4四例。第1例引〈召南・草蟲〉，簡文引《詩》與原詩文句、文意不同，廖名春先生指簡文「將正說變成了反說」[6]。黃人二認為：「竹簡本之論《詩》、引《詩》，有其斷章取義，以成一家之言之一面。」[7]大概，簡文將〈草蟲〉和〈出車〉詩句相混合而成。〈詩小序〉稱：「大夫妻以禮自防也。」朱熹認為〈草蟲〉是婦人思夫之詩，「諸侯大夫，行役在外，其妻獨居，感時物之變，而思其君子如此」。簡文第1例前五句：「不仁不智，未見君子，憂心不能惙惙；既見君子，心不能悅」，「未見君子」四句見〈出車〉，文字頗有不同，「憂心不能惙惙」疑用〈草蟲〉「憂心惙惙」、「我心則降」作「心不能悅」，與〈草蟲〉「我心則悅」相近。簡文引《詩》意指未能達到仁、智的道德修養：未見君子的時候不能夠為此而擔憂，已見君子的時候又不能夠為此而喜悅。詩原文「憂心惙惙」沒有「不能」兩字，「心不能悅」也沒有「不能」兩字。原指思婦憂心的情感狀態。簡文「亦既見之，亦既覯之，我心則[悅]」三句與〈草蟲〉相同，但與上文文義卻相反。我們推測，作者擬表達能否獲得仁、智兩德，憂患及喜悅兩種情感的體認是唯一的準繩。簡文第2例「未見君子，憂心不能忡忡；既見君子，心不能降」見〈出車〉，〈詩小序〉謂：「出車，勞還率也。」鄭玄解作：「遣將率及戍役同歌、同時，欲其同心也。」古今意見多認為〈出車〉是周宣王命仲南出征玁狁，勝利而歸的詩歌，沒有太大爭議。簡文所徵引《詩》四句，孔穎達、朱熹以南仲解君子[8]。高亨解作婦人之夫，意即妻子見丈夫打仗凱旋而歸。〈五行〉作者如

6　見廖名春：〈郭店楚簡引《詩》、論《詩》考〉，第174頁。
7　黃人二：〈從上海博物館藏《孔子論詩》簡文《詩經》篇名論其性質〉，《上博館藏戰國楚竹書研究》（上海：上海書店出版社，2002年），第80頁。
8　鄭玄謂：「君子斥南仲。」孔穎達曰：「以西戎為患，恐王師不至，故憂也。既見君子南仲，我心之憂則下矣。」見《毛詩正義》，《十三經注疏》（北京：中華書局，1991年），第416頁。朱熹稱：「其室家感時物之變而念之，以為未見而憂之如此，必既見然後心可降耳。」見《詩集

何解讀詩句，我們無法得知，不過，無論憂心的人是老百姓、南仲的家室抑或思婦，對出征者的擔心顧慮這種情感應該是簡文的焦點。我們對詩句的理解是，未能達到仁、聖的道德修養：未見君子的時候不能夠為此而擔憂；已見君子的時候內心又不能夠放下（安心）。詩原文「憂心忡忡」沒有「不能」兩字，「我心則降」改作「心不能降」，原意指思婦憂心的情感狀態。此處沒有第1例「既見」、「既覯」、「我心」三句。第1、2例說明仁與智及仁與聖兩項德目的配搭，但引《詩》文句不平衡，原因未明。第1、2兩例藉對君子的懷念的真情比喻及證明成就德性須以期盼君子出現的憂慮及當君子出現後的喜悅為情感標誌。

第3、4例以〈鳲鳩〉和〈燕燕〉詩句說明「慎其獨」的心理狀態。〈鳲鳩〉的主旨有兩種講法——諷刺說和歌頌說。諷刺說以《毛詩·小序》為代表，謂：「〈鳲鳩〉，刺不壹也，在位無君子，用心之不壹也。」鄭玄認同〈小序〉的講法：「刺在位之人不如鳲鳩。」歌頌說以朱熹為代表，認為此詩「美君子之用心，均平專一」。高亨繼承此說，認為是歌頌貴族統治之作。無論諷刺說抑或歌頌說，均重視君子用心專一的態度。詩云：「淑人君子，其儀一兮。其儀一兮，心如結兮。」鄭玄注稱：「言執義一則用心固。」藉鳲鳩養子用心均壹比喻君子專一於威儀。

簡文引《詩》後闡發「能為一，然後能為君子，君子慎其獨也」的道理。此處研究者一致地將「獨」解作專一。詩以鳲鳩養七子用心專一曉諭君子當致力於禮儀。研讀〈五行〉篇的儒生能從母鳥養子專心一意的情感領略追求道德修養的敦篤誠懇。《毛詩·小序》謂：「〈燕燕〉衛莊姜送歸妾。」這是一首送別詩，傳統註釋均認為乃莊姜送陳女戴媯大歸的詩歌。近人如聞一多、程俊英[9]等認為衛君送別妹妹出嫁的詩歌。簡文引詩句「差池其羽」說明「至哀」。鄭玄注云：「張舒其尾翼」、孔穎達為鄭玄解釋為：「往飛之之貌」，意即詩人看見燕子飛翔，想念離別遠行的人。簡文以訣別時悲哀痛極的情感比喻、說明追求道德的真誠極致，最後點出「君子慎其獨」。

前四例與後四例有一個明顯的區別，後四例以聯想手段將詩歌表達的情感與驗證成就道德的情感聯繫在一起。聯想是人類認識、把握世界的思維方

傳》（南京：鳳凰出版社，2007年），第125頁。

9　見聞一多：〈詩經通義〉，《詩經講義稿箋注》（北京：當代世界出版社，2009年），第178頁。見程俊英：《詩經今注》（上海：上海古籍出版社，2013年），第29頁。高亨認為年輕衛君由於環境原因不能與情侶結婚，當情侶要出嫁時，衛君送別。見《詩經譯注》（上海：上海古籍出版社，1980年），第38頁。

法，由於兩項事物表象或內涵的相同、相似或存在著某種關係，將兩者聯繫起來[10]。聯想是發現世界事物之間的共同處，形象一點來說，它就是一道跨越不同領域的橋樑。如柯爾律治（S. T. Coleridge）所說聯想的能力（以想像及記憶）將世界的局部連結成一個整體的呈現[11]。聯想的粘連能力來自兩個方面：（一）歸納事物之間的類同、共通特點；（二）理智及想像力的連結能力。如果將柯爾律治的話做哲學闡釋，則表達了一個經過思想綜合、提煉後而產生的具有本質及普遍意義的產物。這種思想方法在戰國思想發展史上相當重要，它發現了詩歌、道德、禮樂的創造，它們之間潛藏著一種人類本質的生物特徵──情感。在西元前5世紀、4世紀之際，時人深刻認識到情感作為精神世界的本體，由此而建構起關於詩、禮、樂、德四者產生的人性理論，對戰國時代的學術發展影響深遠而且巨大。

　　據我們的統計〈五行〉篇共錄二十三種情感：安14例、悅9例、樂7例、愛7例、戚6例、親6例、敬6例、恭5例、肆4例、嚴4例、尊4例、好4例、憂3例（其中「憂心」2例）、溫3例、果3例、畏3例（其中不畏1例）、直2例、慎2例、獨2例、哀、篤、莊、不驕各一例。詳見附表。〈五行〉篇使用的情感詞彙相當豐富，使用頻率超過一百次，當中占主體部分的屬於道德情感。〈五行〉篇的關於仁、義、禮的道德修養過程呈現三條情感鏈：

仁：思、精、察、安、溫、悅、戚、親、愛、玉色、形
義：直、肆、果、簡
禮：遠、敬、嚴、尊、恭

當中安、溫、悅、戚、親、愛、直、肆、敬、嚴、尊及恭便是情感詞彙。〈五行〉篇成就德性的論證模式有二：

1. W則X、X則Y、Y則Z；
2. 不W不X、不X不Y、不Y不Z。

---

[10] 朱光潛對聯想下了一個定義，他說：「聯想是知覺、概念、記憶、思考、想像等等心理活動的基礎，意識在活動時就是聯想在進行。」見朱光潛：《文藝心理學》（上海：復旦大學出版社，2009年），第75頁。此定義解構聯想的組成元素。

[11] 柯爾律治（Samuel Taylor Coleridge）是18、19世紀之際一位英國詩人、文學評論家、哲學家。他在《文學生涯》一書中對聯想有充分的論述。見氏著*Biographia Literaria*, Volume1, (London: GBR, Elecbook, 2001), p.134.

論證仁德兩種模式俱有：

> 察則安、安則溫、溫則悅、悅則戚、戚則親、親則愛、愛則玉色
> （第13簡）
> 不變不悅、不悅不戚、不戚不親、不親不愛、不愛不仁（第21簡）

論證義、禮兩德以第二種模式：

> 不直不肆、不肆不果、不果不簡、不簡不行、不行不義（第21、
> 22簡）
> 不遠不敬、不敬不嚴、不嚴不尊、不尊不恭、不恭無禮（第22簡）

簡文還有許多第二種模式的論證，列舉二例如下[12]：

> 不形不安、不安不樂、不樂無德（第8、9簡）
> 不聖不智、不智不仁、不仁不安、不安不樂、不樂無德（第20、
> 21簡）

兩種模式均以遞進方式進行，第一種模式指體驗A後就自然產生B，體驗B後就自然產生C，一環扣著一環地往前發展。第二種模式以前提式的論證方法，不體驗A則無法體驗B、不體驗B則無法體驗C。前者是後者的必要前提，不滿足前者，後者也就無法形成。我們還注意到〈五行〉篇有論述情感組合的問題，西方心理學有一派認為人類除了某幾種基本情感外，其餘由不同情感組合而成[13]。簡文有幾處例子：

> 戚而信之，親[也]。親而篤之愛也。（第33簡）
> 肆而不畏強禦，果也。（第34簡）
> 遠而莊之，敬也。敬而不懈，嚴也。嚴而畏之，尊也。尊而不

---

[12] 還有一種論證模式：不（無）W則不（無）X，不X則不Y。第5、6簡謂：「君子無中心之憂則無中心之智，無中心之智則無中心[之悅，無中心之悅則不]安，不安則不樂，不樂則無德。」

[13] 這種綜合情感理論有Circumplex Model及Component Process Theory兩種意見。例如，前者認為興奮包括喜悅與激動、滿足包括喜悅與不活潑。見Michelle N. Shiota, James W. Kalat, *Emotion*, (Wadsworth: Cengage Learning,2012), pp. 27-29.

驕，恭也。（第36、37簡）

　　第33簡二例。第36、37簡四例呈A+B=C、C+D=E、E+F=G、G+H=I模式。「肆」後添上「不畏」（強禦）形成「果」。「遠」後添上「莊」形成「敬」。「敬」後添上「不懈」形成「嚴」。「嚴」後添上「畏」形成「尊」。「尊」後添上「不驕」形成「恭」。兩種情感和合產生一種新的情感。此外，敬、嚴、尊、恭四種情感的形成呈現鏈狀結構，與上文兩種論證模式比較，可以視作第三種論證模式[14]。在此補充說明一點，〈五行〉篇認識到情感具行動傾向特徵，行動分內與外。「安而敬之」（第28簡）、「戚而信之」（第33簡）、「親而篤之」（第33簡）、「嚴而畏之」（第36簡）等均為內在活動，以一種情感為前提驅動另一種情感。這種情感流動轉移朝著成德的目的邁進，即上文所謂情感鏈結構。從內在的情感驅動而成外在的行為，如「知而安之，仁也。安而行之，義也。行而敬之，禮也」（第31簡）。達到「安」的情感後需要往外實踐，此產生義。實踐的過程中懷抱著尊敬，此產生禮。由此而知，義和禮兩德須通過實踐、檢驗展現於外。如情感沒有行動的傾向性：一則道德不可能形成；二則無法表現自由意志，無法彰顯道德的抉擇能力。

　　我們考察〈五行〉篇三種成德的論證模式，可以歸納為兩點：（一）成德必須按既定的情感路徑依次序修養，邁向德性的每一個階段必須以情感體認為成果的標記。情感體認是道德生命形成的鑰匙，簡文以此作為道德行為與非道德行為的分水嶺。（二）情感是道德哲學與人性論的根基與具體內涵，〈五行〉篇展現了一幅琳瑯滿目、豐富多姿的情感圖譜，剖析了情感對於德性產生的具體過程，及論述了情感的組合結構及其行動傾向的特徵。〈五行〉篇將情感體認與讀詩的審美移情結合一起，這種聯想揭示道德哲學與詩歌共同以情感作為基礎，貫通了兩個不同的人文世界。

　　徵引《詩》、《書》論證義理是先秦文獻的常例。〈五行〉篇也不例外，不過，我們發現簡文有四處引《詩》，除了做義理佐證外，還起到道德情感體認的示範功效。此四例可分為二：（一）簡文引〈鳲鳩〉、〈燕燕〉為證；（二）引〈草蟲〉及〈出車〉為證。〈鳲鳩〉、〈燕燕〉兩例說明君子「能為一」及「慎其獨」的修德態度；〈草蟲〉、〈出車〉兩例說明君子

---

[14] 簡文多見這種模式，如第31簡：「知而安之，仁也。安而行之，義也。行而敬之，禮也。」「知」和「行」不是情感，故不列為證。

渴求賢才的心情，兩者均以詩歌作品來喻示道德哲學的實踐方法。如此，文學與道德哲學在情感體認上建築起一道溝通的橋樑。情感體認是道德形成的關鍵點，〈五行〉篇引《詩》入文在教學上及道德實踐上具有情感示範的功效，學習者、實踐者從他們自身的生活、情感經驗領略、體驗尚未掌握成德的條件和前提。

　　文學作品使讀者通過閱讀鑑賞，調動讀者對作品中人物、情景類似的過去生活經歷，從而體驗作者所要表達的情感。這種體驗建立在讀者「被打動」的基礎上。故此，文學的鑑賞活動溝通了作品中的文學世界及讀者的現實生活，鑑賞活動最終獲得一種對待生活的情感認同。簡言之，文學鑑賞活動需要：一個審美的文本對象；情感活動的參與，鑑賞過程中體驗的情感是真實而具體。文學的鑑賞活動與道德哲學的修養功夫在情感上產生轉移，換句話說，在鑑賞活動中所調動起的情感被移植至道德修養的實踐上去。我們姑且將這種現象稱之為「移情」。移情是一個美學詞彙，沃林格認為：「審美享受是一種客觀化的自我享受。審美享受就是在一個與自我不同的感性對象中玩味自我本身，即把自我移入到對象中去。」[15]蔣孔陽指出：「它是要把我們人的主觀情感，移到物中去，使外物生命化，具有我們的感情，因而令我們感到美。」[16]如此，我們要問，為什麼需要詩歌作品的介入呢？我們先討論〈鳲鳩〉及〈燕燕〉兩詩在簡文中的作用。答案是詩歌能提供最佳的情感體驗管道，君子修善、修德的「慎其獨」借助閱讀詩歌時捕捉的「能為一」、「至哀」的情感及意念而得到充分的體驗和認同。我們可以這麼說，這是一種形象、感性、直觀的教學示範。道德修養者從詩歌中直接領會情感的實質內容，由此發揮形象可感的指導作用。〈五行〉篇第9、10、12簡引〈草蟲〉，簡文云：「未見君子，憂心不能惙惙；既見君子，心不能悅。」「未見君子，憂心不能忡忡；既見君子，心不能降。」研究者認為「憂心不能惙惙」、「憂心不能忡忡」是反用其義。讀者從詩歌中體驗到思念所愛的惙惙、忡忡的情感，領會未「聞君子道」、未「見賢人」不能惙惙、不能忡忡的非由至誠、流於表面的浮薄。道德修養者由此獲得具有強烈質感的情感示範。另一方面，修養者對那些不聞君子道、不見賢人卻不憂心的人視作反面教材，起到自我警惕、檢討的作用。

---

[15]　W・沃林格著，王才勇譯：《抽象與移情》（瀋陽：遼寧人民出版社，1987年），第5頁。
[16]　蔣孔陽：《美學新論》（北京：人民文學出版社，1995年），第111頁。

　　這種「移情」不僅見於借用詩歌的審美功效上，而且也見於借用生理欲望的喜愛、厭惡之情。最著名的例子莫過於《大學》「如好好色，如惡惡臭」。好色、惡臭是人的生理本能，此處的「移情」將具體生理本能轉移成一種判別美醜、善惡的主體追求。用一個「如」字巧妙地將「好」或「惡」介入了道德實踐之中。以上幾個例子可見，「能為一」、「至哀」、「憂心」、「好」、「惡」皆為情感，具有普遍意義。我們從情感中性的角度觀察，情感自身並無任何道德價值，它的道德判斷來源於它的情感對象。例如「好」這一情感，自身並無好壞之別。好讀書、好助人為樂是正向的道德判斷，因為「讀書」和「助人為樂」是好的情感對象；「好色」、「好賭」卻是負向的道德判斷，因為「色」和「賭」是壞的情感對象。同樣，「能為一」、「至哀」和「憂心」三者的情感對象在原詩分別為：「鳲鳩養子用心均壹」、別離及思夫。在〈五行〉篇卻轉移為：前者指對五德的修養及後兩者指對賢人的盼求。〈五行〉篇作者徵引詩歌為道德哲學立論，揭示情感是詩歌與道德哲學交通的橋樑。

　　在此補充說明一點，〈五行〉篇引《詩》四例並沒有用「如」字連接，直接嵌入經文。經文及詩兩者的共通點在，道德實踐及審美的主體擁有相同的情感。又以「誠其意者，毋自欺」、「如好好色、如惡惡臭」為例，此例強調的是情感的強烈程度。我們體驗某一種情感較為容易，不過，要把握情感的輕重、強弱並非易事。通過比喻就能以此喻彼。舉一個例子，厭惡A君就如厭惡某人對你欺詐說謊一樣。這是一個譬喻，有一個「如」字串聯兩者，如果不知道如何厭惡A君，那就設想有人說謊欺騙了你，那種感情移植在A君身上就對了。這個比喻與〈五行〉篇引《詩》四例相同。換言之，前後兩種情感可以互換。這種比喻結構有兩項特點：（一）只看厭惡A君，不清楚這種厭惡的程度及特點；（二）「如」字後的描述提供了參考答案。前後兩者有一項相同點：厭惡某人對你欺詐說謊是要具體說明如何厭惡A君，兩個「厭惡」相同。這是一種情感體認的方法。〈五行〉篇舉詩「能為一」、「至哀」和「憂心」務求道德實踐者體認成德和求賢的情感條件。

　　〈五行〉是一篇體系完善的道德哲學專論，它的思想特徵體現在情感於成德過程中的關鍵作用。驗證成德的唯一的方法是情感真實的體認，意即情感體認是德性形成與落實的必要手段及表徵，除此之外，別無他途。情感體認指主體對外物或思想認知的結果，情感產生往往有一個專有對象。如果認知的結果缺乏真情實感（缺乏情感體認），也就無法形成德行。我們發現

〈五行〉篇中有引《詩》四例（上文徵引1、2、3及4例）論證成德過程中情感體認的重要意義。由此四例我們瞭解到古人深刻認識道德哲學和詩歌皆以情感為本質的共同特性，借助文學作品以體會情感並實踐道德。詩歌是人類情感的萬花筒，通過文學的樣式活潑、生動地表達了豐富多姿的情感世界；道德哲學以情感為道德的基石，通過體認實踐道德行為的喜樂努力地構建一個莊嚴有序的道德國度。兩者皆為張揚情性的創造，情感賦予物質世界溫度與色彩，構成人類對世界（包括客觀宇宙及社會人事）的認知和觀念，而道德哲學引導人類走向道德生活，培養和成就德性的關鍵也在於情感的體認。由此，情感乃人類自然及社會屬性的綜合產物，前者所指為喜、怒、哀、懼、愛、惡等自然情感；後者所指為後天植入的道德文化，經情感體認而內化的道德觀念。換句話說，道德的情感體認也就是展現道德文化的特徵。按〈五行〉篇引《詩》四例觀察，詩歌與道德哲學的對話建立在從自然情感延伸至後天文化因素的情感。這種融和自然及社會屬性的情感傾向奠下了古代人性理論的根基[17]。

附表

竹書〈五行〉篇情感詞彙	簡序號	備註
憂	5	
[悅]2、安2、樂2	6	
安2、樂2	8	
憂心	9	
惙惙、悅	10	
悅	11	
憂心、忡忡、	12	
安2、溫2、悅2、戚、親2、愛2	13	
慎、獨	16	
泣涕、哀、慎、獨	17	
安2、樂2、悅2、戚、親2、愛2、直、肆2、果2	21	
敬2、嚴2、尊2、恭2、	22	
安2、敬	28	
安2	30	
敬、溫、悅2	32	
戚2、信、親2、篤、愛3	33	

---

[17] 孟子將惻隱、羞惡、辭讓和是非內化為人類先驗的道德本質。

竹書〈五行〉篇情感詞彙	簡序號	備註
直、肆2、不畏、果	34	
尊賢	35	
莊、敬2、不懈、嚴2、畏	36	
尊2、不驕、恭2	37	
尊賢4	44	
悅、好2、畏	49	
恭、好2、樂	50	

第二十章　口述史是通過大腦記憶進行的當代公眾歷史研究[1]

寧波大學人文與傳媒學院歷史系

錢茂偉

一、引言：理論源於實踐

口述史發展到今日，理論研究並不樂觀。有人提出，口述史理論是國際通用的，不存在中國特色的口述史理論，這個觀點是值得辨析的。從使用角度來說，口述史理論應是世界通用的，沒有國界之分；但從提煉口述史理論的途徑來說，應有不同國家的口述史理論。理論來源於實踐，中國文化與政治背景不同於歐美，具有極大的中國特色，中國口述史經驗肯定不同於歐美，所以得有中國自身的口述史理論提煉。近年，陳墨提出「人類個體記憶庫」[2]概念，為口述史學科的獨立發展奠定了理論基礎，無疑是中國學界在口述史理論研究上的最大突破。這證明，中國的口述史理論探索是有可能超越歐美口述史理論的，這極大地增強了中國學人理論創新的信心。本文擬從公眾史學理論角度思考口述史的基本問題理論，期望在前人基礎上有所創新。

二、口述史的定義及基本特徵

（一）口述史的定義

何謂口述史？這是一個陳舊的話題，但仍不得不再次辨析。在「口述史」這個術語中，「口述」是途徑，沒有爭議，問題是對「史」的理解有

---

[1] 本文係2019年國家社科重大專案「當代中國公眾歷史記錄理論與實踐研究」（19ZAD194）階段成果。

[2] 陳墨：《口述史學研究：多學科視角》（北京：人民出版社，2015年），第2頁。

較大的出入，有的理解為「史料」，有的理解為「史學」[3]。史料、史學，這些概念是建立在20世紀以來科學歷史學基礎上的。在歷史科學視野下，「史料」就是歷史研究的材料，經由研究而建構起來的歷史知識體系就是「史學」。這樣的傳統理解可能是一種錯位。在筆者看來，應脫離歷史科學的軌道，回歸到更基礎的歷史敘事或歷史記錄層面來理解「史」。口述史是「口頭的／口傳的歷史」[4]。至於「歷史」的定義，阿萊桑德羅‧波特利稱：「歷史是指對過去事件的敘述。」[5]這個定義偏重事件。敘述，可以是口頭的，也可以是書面的。歷史是一個特定時空框架的文本建構。即要將所述之事，盡可能與公共紀年月份繫上，盡量把事實放進時空框架中，用邏輯講順，就是歷史了。在「歷史寫作」、「歷史書寫」、「歷史記錄」三個術語中，可能「歷史記錄」最合口述史要求。其他兩者偏重書寫與寫作，就是用文字來表達與寫作。記錄是一個用文字將記憶燒錄在某種載體上的概念，歷史記錄是將聲音記錄下來或將聲音轉化成文字的過程。口述史是方法、路徑，即通過口述的方式讓當代公眾歷史得以記錄下來。

陳墨反覆使用了「記憶」一詞，其實記憶主要是「歷史記憶」，所以使用「歷史記憶」更佳。說白了，歷史就是歷史記憶，不是歷史本身。如此，借用「歷史記憶」來理解口述史，則「史」可以理解為「歷史記憶」[6]。如此，口述史就是「個人記憶的陳說」[7]，更精確地說，是「個人歷史記憶的陳說」，重在「講述自己的生命故事、生活經驗、生平經歷為主」[8]。從受訪人角度來說，口述史採訪就是「搜尋、採擷並記錄個人的記憶」[9]。口述史採訪是一種公共歷史記憶採訪機制，它的任務是將私人的歷史記憶蒐集過來，從而轉化成公共的歷史記憶。如果不採集，只保留在個人大腦記憶中，仍是私人記憶；一旦被人採集出來，就能成為公共歷史記憶的一部分。這樣的理解，增加了「人性維度」，視野更為廣泛，「拓展視野、建立新觀念、

---

[3]　榮維木、全根先、陳墨、徐國利：〈明確基本理論問題，推動中國口述史科學發展〉，《中國社會科學報》，2016-08-02。

[4]　陳墨：《口述史學研究：多學科視角》（北京：人民出版社，2015年），第1-32頁。

[5]　轉引自蔣保：〈被誤讀的口述史〉，《社會科學評論》，2005年第1期。

[6]　陳墨在《口述史學研究：多學科視角》（第11頁）中說：「我們所說的口述歷史，其實並非歷史，只不過個人記憶。」這是將「歷史」與「個人記憶」對立起來了。其實，「歷史」就是「歷史記憶」。

[7]　同上註，第17頁。

[8]　同上註，第22頁。

[9]　同上註，第24頁。

尋找新方法」[10]，有可能突破「歷史」本身附帶的嚴肅與傳統史觀的局限。

　　「口述史」對應「筆書史」或「文獻史」，人類之所以需要口述史，是因為口述史可以從四個方面彌補「文獻史」的不足：一是大眾不會筆書。在生活世界，口述是大眾化，筆書是小眾化。大批的文盲不會寫，某些讀書人不習慣寫，某些老人不能寫，他們只會口述，所以用要口述史的方式來建構歷史。二是筆書文獻不足。現存的歷史文獻數量不足，歷史記憶是對生活的記憶，人類歷史記憶主要儲存於大腦之中，只有一小部分能轉化為文獻，絕大部分沒有成為文本，尤其是過程性的記憶沒有輸出來。「歷史」最核心的特質是「過程性」，所以要充分從大腦記憶中挖掘過程性歷史記憶資訊。三是沒有聲音紀錄。人類在生活世界的主要交流方式是聲音，但因為沒有錄音技術，幾千年來人類只會用文字來記錄思想或聲音，無法直接讓人類的物理聲音代代相傳。今日有了錄音，當然要彌補此不足，將人類的聲音保存下來，世代相傳。四是圖像記錄不足。人類的外形不斷在變，人類還有豐富的肢體動作，古人發明了繪畫，近代發明了照相與錄影。繪畫與照相是靜態的再現，錄影是動態的再現。錄影兼文字、聲音、圖像、肢體記錄於一身，是目前最為先進的複合記錄手段，所以今日口述史提倡用錄影來做。

（二）口述史的基本特徵

　　口述史有何特點？這也是一個陳舊的話題，但筆者仍希望說一點新的看法。蔣保將口述史的特點歸納「即逝性、記憶性、變異性和廣泛性」[11]四條，楊祥銀將之歸納為「民主性、合作性、動態性、跨學科性」[12]四條。他們著眼的角度不同，所以概括也不同。筆者偏重口述史最核心的部分，也將其特徵歸納四條：

1. 個人本位原則

　　口述史的參與雙方（採訪人、口述人）均是個體的人，其講述的內容，主要是人的故事，即使對事、物的敘述也是靠人來敘述的，事、物本身不會說話。它不以組織為中心，不以事、物為中心，完全以個人為本位。由此

---

[10]　同上註，第11頁。
[11]　蔣保：〈被誤讀的口述史〉，《社會科學評論》，2005年第1期。
[12]　楊祥銀：〈關於口述史學基本特徵的思考〉，《鄭州大學學報》，2010年第4期。

可知，「個人本位」是口述史的最大特色所在，所以陳墨將之納入到「人學」[13]範疇加以思考是有道理的。只有想到記錄人的歷史、人的大腦記憶資訊，才會關注、從事口述史。口述史是途徑與領域，主語是公眾，口述歷史是公眾的歷史。公眾史建構的基本路徑是口述史。個人史可以是純粹的個人史，也可以是交往圈群體史。人是處於群體網絡之中的高級動物。人生活在時空網絡關係中，故事是在不同時空中與不同人物交錯後發生的。人際的關係及故事，必須靠當事人的口述來梳理，這是別人無法代替的。通過個人的回憶，打通縱橫向的社會關係及其故事。口述人只講自己熟悉的村人、熟悉的村事。以自己的交往圈為中心，凡認為值得記錄的人與事都可以講。每一個人自己的交往圈，有一個網絡體系。這樣的講述，不同的人就可以交集了。這是多視野的個人交往圈採訪。這樣以個人為中心的交往圈子，相當一個小型網絡群體單位。這樣的建構多了，民間歷史群體就豐富了。這樣的圈就是以個人本位圈，不同於傳統的組織本位圈。組織是靠一定的權力組織起來的圈，而個人本位圈是靠人的交往組織起來的圈。這樣的圈是民間的，組織本位是上層的。個人本位的建構，這是以前的忽視的。個人史容易讓人誤為一個人的歷史，其實是個人本位的群體歷史建構。口述史是一種民間的當代歷史記錄活動，或者是一種當代歷史文本建構活動。自從有了國家組織，組織一直大於個體，組織本位是傳統歷史學的基本建構單位，個體的社會位置被嚴重邊緣化。只到20世紀以來，才逐步提出人為本位新視角。口述史的發展，必須放在人為本位的視野下，才會得到健康的發展。

2. 雙向互動的建構

　　典型的口述史是一問一答的，口述人的講述是在採訪人問題與思路引導下完成的。這是一種全新的當代歷史建構模式。以前的歷史建構，多是單向的，由研究人員完成。

3. 參與人員的低門檻性

　　口述史的參與人員（採訪人與口述人）均可以是非歷史專業的人員，只有具備一定的歷史知識或新聞知識就可從事口述史實踐活動。歷史學專業研究須具備專業的歷史知識才可參與進來，而口述史採訪則人人可參與進

---

[13] 《口述史學研究：多學科視角》，第9頁。

來。從事口述史人員，來自各行各業的專家或準專家。楊祥銀提出，口述史原來是歷史學的分支學科，現在愈來愈走向跨學科與跨領域[14]。跨學科是就內容而言的，不同學科的人均可參與進來。口述史是研究方法與領域，不同學科的人均可參與進來，從事自身學科與領域的當代口述歷史。不同學科的口述史似乎是不同的學科，其實在本質上是相通的。從大歷史角度來說，當代的一切歷程均是當代歷史。內容的不同學科劃分，不同領域劃分，是由當代性決定的。事事可書寫，人人可書寫。口述史讓當代不同學科不同領域的人均可參與進來，擴大了參與者的來源。一旦不同學科的人參與進來，形成不同學科的口述史，就可成為不同的領域。從參與者來說，當代人都可參與進來，參與門檻低。如此不同學科出身的參與口述史，會有不同形態的口述史面貌出現。從實際情況來看，不可能有統一要求，只能根據不同人的不同理解來做口述史。「歷史本身是多元的，相對於傳統史學，口述歷史是對歷史的更多元化的解讀。」[15]口述史最大的意義是提供了或送上了當事人講述歷史的機會與權利。因為說得有一個對象，採訪人主動的話題引導，給了講述者一個講述的機會。作為歷史學出身的人，更注意時空框架與故事意識。「交響合唱與大眾參與，是中國當代口述歷史發展的突出特點。」[16]

4. 當代歷史紀錄性

　　口述史所涉時間段是主要當代百年史。「歷史在口述中永存」[17]，更精確地說，是「當代歷史在口述中存在」。從最終成果來說，口述史作品都是當代歷史紀錄，它是不同學科的歷史部分，如此才有大國家當代史紀錄。當代歷史文本建構，才可以體現口述的本質內涵。口述史是一個獨立的當代歷史紀錄學科。

三、口述史發展階段

　　什麼是口述史，要用動態的眼光來看。「口述」這個中文術語，早在20世紀初就出現了。英文「口述史」則在四十年代末才出現，中文「口述史」

---

[14] 楊祥銀：《走向跨學科與跨領域的口述史》，《中國社會科學報》，2016-08-02。

[15] 楊原：《口述中的歷史記憶》，《光明日報》，2015-06-09。

[16] 戶華為〈歷史在口述中永存——訪中華口述歷史研究會祕書長左玉河〉，《光明日報》，2016-07-04。

[17] 同上註。

或「口述歷史」術語出現更晚，應是六十年代的事。

　　口述史是歷史記憶代代傳承的產物。關於中國口述史的發展階段，前人已有所涉及。陳墨較早涉及了口述史發展階段劃分問題，他將之劃分為自然形態、自發形態、自覺形態等階段[18]。從口述史工具的發展來看，經歷了幾個階段：人與人對話，口耳相傳，這是以自然聲音、大腦為載體為階段，也是最日常普通的形態。代代傳承是無意識的傳遞，或者是直接的口耳傳承。出於久遠傳承目標的敘述，可以稱為口述史。第二階段，「口傳手記」，聽後有文字記錄，這以文字為載體的階段。當年司馬遷的民間採訪，就是一種口述史調查。這兩個階段可以稱為傳統口述史階段。第三階段，進入現代口述史階段。所謂現代口述史，因為多了錄音技術。這是以錄音文本為載體的階段。為什麼要錄音？如果不錄音，所講的內容記不下來，會出現遺忘現象。錄音可以全程記錄，可以重複，可以驗證，而且可以記錄下當事人的講話聲音。這種驗證性，是保證科學性的技術條件。以前用文字記錄下來的口述是無法驗證的。第四是視頻保存，這是以視頻為載體階段。第五階段，錄音錄影保存的長久化與巨量化。早期的口述史雖然使用了錄音，也無法長期保存錄音帶。因為當時錄音帶數量有限，成本高，只能刪了前面的錄音，重新錄製後面的聲音。進入數碼時代，錄音保存方式數位化與巨量化，可以保存在硬碟中、雲端中，不用刪除了，這就徹底解決了當事人錄音永久保存問題。代代傳承是歷史敘述出現的關鍵，只是不同時代的載體方式是不同的。口述史的幾個發展階段，實際上是歷史記憶的幾種外化方式。人類活動發生後，自動存在於大腦記憶之中。大腦記憶經過歷史認知，必須表達出來，進入傳播領域，才可長久保留。也就是說，要用歷史記憶傳播的理念及傳播的方式來理解口述史的產生與發展歷史。

　　有歷史意識的採訪人控制引導了沒有歷史意識的普通人完成口述史建構任務。希望保存某段歷史這樣的歷史意識是口述史成立的核心。現代口述史是在錄音時代出現的，所以現代口述史的成立條件，大家特別關注錄音技術。其實，19世紀末錄音技術以後，並沒有馬上產生現代口述史。只是新聞採訪成熟以後，才產生「舊聞採訪」的口述史。也就是說，是否有意識地將人過往歷史通過口述的方式記錄下來成為文本，這才是口述史成立的關鍵因素。在生活世界中，老人的「搗老古」是無意識地說、無意識地聽，完

---

[18] 《口述史學研究：多學科視角》，第21頁。

全被動，不會追問，本質上屬生活世界的聊天講故事而已。口述史的產生有一個前提，就是當代歷史記錄者的出現。採訪人有意識地提出，當事人也肯配合，就會有口述史的產生。如果沒有這個採訪人，當事人不會想到講述歷史。口述史是在採訪人的引導下進行的，採訪人的歷史意識最為重要。新聞記者轉型為「舊聞記者」，才有口述史的產生。採訪人的出現，給了當事人講述歷史的機會。當然，生活世界中也不是說當事人完全沒有講述歷史的機會。在生活世界，他們也會斷斷續續講給別人聽。但這種模式有幾大缺陷：一是主動權在當事人手中，聽者是被動的無意識的，缺乏採訪人那樣強的有意識。二是容易重複出現，聽者容易產生厭煩心理。三是多為親朋好友，時空過近，沒有記錄歷史的意識。歷史記錄、歷史編纂是在一定時空隔絕下產生的好奇心下支配下產生的。在日常生活世界，親朋聽過算數，只在大腦中自動記錄，沒有想到要記錄下來，沒有養成文本記錄的習慣。歷史是記錄下來的那部分歷史，沒有記錄下來的那部分就永遠消失了。由此可知，採訪人的歷史意識與歷史記錄，主動地聽，主動關注，有耐心聽，也可引導他們系統地講好自己的歷史，這是口述史成立的關鍵。採訪人的歷史意識與文本習慣，這是產生口述史的基礎。當代歷史保存意識，是口述史產生的關鍵。所謂歷史意識，就是用文本保存歷史的念頭。中國人經常會說歷史有二種含義，一是實體歷史，一是文本歷史，實際上主要是文本歷史。因為文本歷史是對實體歷史的建構，它本身已經包含了實體歷史。真正的實體歷史已經消失，是沒有研究意義的。採訪人有意識問，這是口述史成立的關鍵。由於主動權在採訪人手中，口述人容易處於被動與無意識之中，所以有時會講不好自己的故事。反之，如果當事人與採訪人均有歷史意識，有共同的想法，就容易達到理想的口述史採訪目標了。這提出了另一個問題，當事人缺乏歷史意識，要加強口述人的歷史意識、口述史知識培訓。雙方歷史意識的不對稱，導致口述史採訪不理想。採訪人與口述人雙方均懂口述史，這是最理想的境界。反之，口述人對此無意識，有時難以講好故事。採訪人有意識，口述人無意識，可通過引導彌補一些不足。

　　口述史的發展經歷了由組織本位而人為本位兩大階段。在傳統史學的「組織本位」原則下，口述史是補充，為編纂歷史而做的口述史採訪。在公眾史學的「人為本位」原則下，口述史是主體建構，就是讓人民說話，參與歷史的建構。當然，這兩種類型的口述史，至今仍存在。傳統的史料蒐集意識，不把口述人當回主體來看，當工具來看。其惡果就是口述人仍不重視口

述史，以為是別人的事，與己無關，難有積極性。從長遠來說，一定要發揮其主體建構意識。陳墨希望建立一種「以個人為基本單位的歷史思考與書寫模式」[19]，這實際上就是公眾史學的「個人本位」原則。在個體本位原則下，口述史的發展能量將得到無限的釋放。採訪人與口述人的主動性，將直接提升口述史的採集與建構水準。人人參與口述史，應是一個努力的方向。文本是可超時空流傳的，文本之外無可傳歷史。生活中的口耳相傳會受時空的限制，出現歷史記憶傳播的斷裂現象，更不具可研究性。在早期的口述史實踐中，先知先覺的引導最為重要，必須靠他們喚醒普通人的歷史保存意識，從而積極參與到口述史實踐中來。

四、大腦記憶的人文性

　　歷史學或科學出身的人面對口述史，第一關注點往往是口述史內容的可信與不可信問題。從口述史實踐的全程來說，真實性不是口述史的核心問題。之所以會成為人們首先討論的問題，那是因為受到學術研究思維的影響。歷史研究比較嚴謹，關注可信性。要知道，口述史做的是第一手的研究，學術研究做的是第二手的研究，層次不能混了。也受到外行人的影響，沒有做過口述史實踐的門外漢普遍會提出這些置疑。也就是說，這些所謂的問題都是思維處於淺層、表層狀況下提出的。所謂內容的真不真實問題，涉及的是普通人的歷史記憶、歷史認知與歷史表達問題。普通人的歷史認知問題，學界真的沒有好好思考過[20]。

　　口述史徵集到的是普通人的歷史記憶與歷史認知，所以口述史研究的核心問題也是如何看待普通人的歷史記憶與歷史認知。所謂普通人，是非專業的歷史學工作者。記憶學、認知科學，重點研究大腦結構及其記憶是怎麼回事。記憶是多樣化的，我們重點關注的是其中的歷史記憶。歷史記憶是過往經歷的遺存與記錄。我們關注的是人類記憶內容，它是歷史學最大的資源所在，是立身之本。歷史學就是建立在人類歷史記憶基礎上，是一門處理人類歷史記憶的學科。陳墨提出了「人類記憶庫」概念，但對記憶與歷史記憶沒

---

[19]　同上註，第31頁。
[20]　左玉河的〈歷史記憶、歷史敘述與口述歷史的真實性〉討論的是真實的層次性問題，提出四大真實層面，這是一個宏觀的考察。見氏：〈歷史記憶、歷史敘述與口述歷史的真實性〉，《史學史研究》，2014年第4期。

有展開專門的探討，這是筆者想努力改變的。

根據相關的研究，記憶的基本過程是由識記、保持、回憶和再認三大環節組成的。識記是記憶過程的開端，是一個燒錄概念，是對事物的識別和記住，並形成一定印象的過程。保持是對識記內容的一種強化過程，使之能更好地成為人的經驗。回憶和再認是對過去經驗的兩種不同再現形式。大腦具備一種加工功能，認知處於不斷的變動之中。思考的過程是一個思想加工的過程，是一個解釋的過程，大腦的思考會讓人的記憶及表達更有邏輯性。自我認知是一個提升過程，反思讓人活得明白。隨著時空的變化，人類的大腦思考是不斷變化的，人們對同一件事會有不同的看法。任何事的記憶與認知都是在特定的時空中發生的，換一個時空重新審視就會有不同的體認，這就是「溫故而知新」的意義所在。歷史記憶是個人的，歷史認知不完全是個人的，它可能受外界的影響，歷史表述同樣受外界影響。沒有反思的人，歷史記憶與歷史認知是一致的。有自覺反思意識的人，或喜歡與人溝通的人，他的歷史記憶更新，這可以稱為歷史認知的提升。由生活經歷到文本歷史，要經歷五大環節，一是人類大腦的自動及時記憶，二是反覆認知，三是口頭表述，四是文字書寫，五是機械外腦如照相機、錄音、錄影、電腦、手機的機械記錄。認識深化後增加理解力，原來的歷史記憶會增殖。如此，作為人類認知結晶體的歷史記憶，可能是直觀反映而成的簡單認知，也可能是加工過的複雜認知即思想。懷疑口述史的人，往往是一個不切實際的理想成分過多的人[21]。

採訪人的詢問會打開一種永久的記憶。記憶力好壞決定了其歷史講述的成功與否。在記憶的三大環節中，普通人間的差異是相當大的。最簡單的人只有識記，沒有保持，結果時間長了，歷史記憶多數遺忘或者錯誤不少。其次是能做記憶保持的人，記憶力較好，可以記住多數過往的事。其三是能回憶與再認的人不僅記憶力好，而且能較有邏輯地敘述出來的。多數人只有歷史記憶，沒有歷史認知，或者說只有簡單的歷史認知，沒有複雜的歷史認知。

傳統的歷史觀念，只有大人物才有歷史認知能力，只有專家、思想家、領袖的見識是見識。從國家歷史來說，確實如此。不過，從新開闢的民間歷史民眾歷史來說，則小人物也有歷史認知能力。個人的人生經歷，人人有歷

---

[21]　朱桂英：〈口述歷史：記憶並不能為歷史真相把關〉，《新京報》，2011-12-17。

史感悟與歷史認知力。歷史認識是人類特有加工工具，只要有回看習慣就會有歷史認知，歷史認識是人類在回看過程中產生的認知活動。大人物與小人物，接觸的層面不同，所以其關注的歷史視野也不同，所記錄的歷史記憶也不同。基本來說，大人物重在國家歷史，小人物重點在民間歷史。普通人的交流內容，之所以是家長里短的，是因為他們的接觸範圍小。普通人的歷史認知，重點是他們對自己小歷史的獨到觀察與體悟。

　　普通人的歷史認知主要是從生活世界中獲得的，歷史認知是在人生的行進中逐步形成的，闖世界的過程會讓人記錄下豐富的人生記憶。另一個管道就是人與人間的直接溝通，直接的溝通是一個互通資訊、互相學習的分享過程。當然也排除從媒體中獲得間接的認知。在這個歷史認知形成過程中，會有不同的情況。有的人缺乏反思與交流，其歷史認知是在封閉的環境下形成的，認知結果難免不大準確。有的人會歷史反思，這種反思機制會不斷地完善自己的歷史認知。人類有一種反思機制，靜處或遇到挫折的時候會促人反思。當然，從根本的狀況來看，人類想研究自己的難度不小，因為人類的眼睛是朝外的，看別人比較清楚，而要想看自己比較困難，因為沒有直接可觀察的文本。如果大腦的歷史記憶形成了文本，就可直接觀察與研究了。

　　人類大腦的歷史記憶有自身的特點，「任何個人記憶必然受到個人身體、心理、個性、價值觀念、生活閱歷、記憶能力、交流能力和語言表達力等多種因素的影響……個人陳述作為史料，顯然不可全信，當然也沒有理由完全不信」[22]。說口述史某些內容存在硬傷[23]，此說值得反思。憑個人記憶、個人印象說話，顯得不大嚴謹，這是口述的特點。它提供的是粗線條的知識，不是精確的知識。它是人文史學，不是科學史學。某些嚴謹的學者抓住口述史中存在的某些差誤做文章，動輒說口述史存在硬傷，那會挫傷口述工作者的積極性。我們的想法，後人對大腦歷史記憶的懷疑必須有限度，不能泛化成沒有底線的全面懷疑。所謂有限度，指對某些特定人與特定類型的事持懷疑態度，其他不必太懷疑。社會存在決定社會意識，沒有的事情，一般人難以編出來。能編故事的人，主要有二種情況，想顯示自己聰明的人或膽小有忌諱的人，才要編故事。自己的事一般不會錯，別人的事尤其是聽來的別人事不能太相信，只可參考，容易出差錯。口述史，聽聞部分容易出問題，但自己親身經歷部分當不成問題。長篇採訪時容易出現編故事現象，

---

[22]　《口述史學研究：多學科視角》，第16頁。
[23]　汪毅夫：〈口述史的硬傷和硬道理——有關臺灣的幾個口述史問題〉，《臺聲》，2016年第6期。

在短篇採訪中不大容易出現。講人在某些特定大歷史事件如抗戰之類，容易出現編故事現象。當事人的歷史可以分為可以說與不想說兩部分，就可以說部分歷史，當事人自然比旁觀人清楚。當事人迴避不想說的部分歷史，後來的旁觀者有一定的優勢。但這得有一個前提，旁觀者可以通過其他途徑獲得這部分歷史，否則旁觀者也不具有什麼優勢。口述史提供的是第一手資訊，須等待別人來進一步考訂，成為更精確的科學歷史知識。考訂是一項精細化的工作，須花費不少精力。或者說需要某些亮點來照亮，處於盲點中的人是發現不了的。如果把口述史當作第一手資料，當作第一次的歷史建構，自身一定存在種種不足，大家的心態就會平衡一些。「歷史學者或許不會那麼生氣，……而口述歷史工作者也不必誠惶誠恐，無須為個人口述史中的歷史真實性問題百般辯說。」[24]

每個人的大腦會處於不斷地歷史認知過程中，其認知結果偶爾會在口頭上表達出來，但大部分儲存於大腦之中沒有機會表達出來。口述史提供了這樣的機會，讓人表達出自己的歷史認知。口述史的出現提出了一個人類個體歷史記憶、歷史認知的開發與利用領域，這個領域是前人不曾關注或關注不足的。歷史研究者只關注可信問題，而歷史記錄者關注的是有否有記錄下來問題。歷史只有記錄下來才能談可信要求，如果不記錄就無法談可信。「所有關於歷史記憶的聲音都是平等的。因為大眾的歷史記憶提供了普通當事人對該事件獨特的視角和深切的感受，揭示了精英們看不到的另一面。」[25]人人參與，人人留史，記憶直接成史，這是空前的。左玉河稱：「歷史記憶是不可再生的稀缺資源，是歷史當事人對後人寶貴的饋贈。」[26]它直接的後果是可以建立人類歷史記憶庫，從而建立人類歷史記憶之學。

五、口述史的未來保真與當下傳播限制

口述史採訪的過程是一個蒐集個人歷史記憶的過程，要求愈真愈好。口述人講話到底是講真話還是官話？從長遠的歷史要求來說，要講真話；人當下的政治傳播來說，要講官話。未來的保真與當下的傳播要求是不同的。如何在歷史與利益之間保持平衡？要提供兩個不同的版本，歷史版本要全面保

24　《口述史學研究：多學科視角》，第17頁。
25　〈歷史在口述中永存——訪中華口述歷史研究會祕書長左玉河〉，《光明日報》，2016-07-04。
26　同上註。

真，當下傳播的版本要有所篩選。

口述人要講好自己的人生故事。如何做好口述史採訪？前人的思考多站在採訪人邊，其實換一個角度，口述人該如何講好自己的人生故事。如何讓口述人講好自己的人生故事？對這個問題，口述史界涉及較少。普通人的口述史表達，往往是第一次，歷史記錄沒有垂青過這些普通人。現在採訪人突然送上讓他們講述自己一生歷程的機會。這樣的機會來得太突然，他們沒有心理準備，講述的經驗也不足，如此難免講不好。如果是專題採訪，對一個人進行多次的採訪，則會成熟。有人提出口述人口述時自律問題，稱他們的口述有時誇大其詞，這樣的要求是不現實的。口述人的歷史認知有一個借助外來拷問提升精確度問題，存在一個口述表達能力提升培養問題。口述人直接決定講述的品質與效率，所以事前要進行一定的口述史培訓。事前培訓之法有二：一是聯繫電話中或確認短信中，交代口述史的性質與採訪模式。二是採訪開始前幾分鐘，進行簡單的口述史性質與採訪模式的培訓。把自己的歷史記憶講出來，口述史就是這麼簡單的事。口述歷史是口述人的歷史，歷史記錄者是一個催生婆。口述人的講述必須在採訪人的採訪主題主導下進行，否則無法滿足採訪人的口述史要求。口述人缺乏口述史知識，又喜歡強勢操控，則採訪容易失敗。

口述史適宜個別採訪，不大適合集體採訪。集體採訪有兩大短處：一是效率不高，同一個時間段只允許一個人說話，人多並不能增加採訪的容量。二是人愈多，顧忌愈多，話愈不好說。敏感話題的採訪，更應單獨採訪，所以左玉河強調：「口述歷史採訪中應避免他人對受訪者的干擾，主要採用單線採訪的採訪方式。」[27]採訪過程中，最好選擇家庭之外的公共場所，邊上不能有強勢的配偶，她們有時會干涉口述人問話。口述史採訪也要盡量找敢於說話的人，他們知道的事都會說，從而有效地獲得歷史的真相。

口述史要保持適當的口語形態。當事人的歷史感受最深，表述也最精確，語言個性化，別人編不出來。口述史轉錄稿有其自身的特色，會出現「瑣碎、凌亂、囉嗦、跳躍、含糊」[28]等現象。因為講話是即興的，講究效率，要當場回答，不允許多思考。文本的形成，有從容的思考時間，要經過反覆的審核與修訂。口頭語簡單，書面語複雜。文化程度低的人容易接受

---

[27] 〈左玉河研究員應邀出席舊憶・新聲——口述歷史與家族記憶傳承專題講座暨首都高校大學生家史徵文大賽開幕式〉，《北京師範大學新聞報》，2014-11-05。

[28] 《口述史學研究：多學科視角》，第250頁。

口語，而文化高的人則不容易接受。因為文化程度低的人看書少，不知道文字表達的好壞；而讀書多的人熟悉書面語習慣，難以接受顯得「粗鄙」的口語，他們有時會親自動手改稿子。口述史一定要遵循口述的原則，若改成書面語反而沒有味道了。口述史作品是屬於文獻，但因為源於口述，與書寫出來的作品不完全相同。保留一些口語，既可保真，也可解決書面語的過於單一性問題，讓文語的表達形態更加多樣化。

　　將錄音轉成文字稿時，也會出現保真與代言的矛盾問題。多數記錄人或轉錄人受課堂筆記記錄習慣影響，喜歡用自己的文字表達別人的思想。從歷史保真角度來說，要保留當事人的說話語氣與用語。而要達到這樣不折不扣的記錄程度，只有職業速錄師會做到，或者說文化程度更低的人能做到。當然，通過培訓也可使轉錄人改變轉錄習慣。有時，面對表述能力不好的口述人，百分之百地忠實轉錄也會讓人難以接受。也就是說，口述人表達能力好的，主張全部轉錄；反之，口述人表述不好的人，主張做適當的歸納，消除明顯的廢話。畢竟，稿子是給人閱讀的，不是聽的。

　　口述的內容一旦成為有形的文本，個人記憶要進入公共記憶庫，就會出一些不適問題。因為個人歷史記憶的形成與陳說的時空環境與傳播的時空環境是不同的。口述人的想法、口述人的講述，都是小空間內完成的。人人有述評自己，也有述評他人、組織的權利。口述時既可講自己的歷史，也可講別人的歷史，或者說自己與別人交集的歷史。人是受價值支配的高級動物，言及他人必然有個人的看法，只代表了某人的價值觀看法，不一定符合對方的真實情況。生活中對他人與他事的評價，影響面小，傳播圈小，所以自由度比較大。口述史採訪經常是小範圍內展開的，活動空間小，參與人員少，訪談容易私密化，口述人顧慮少，什麼都敢說。當然，人是區分不同性格類型的，有的講話直爽或者說自由度大，有的講話謹慎或有自由度小。文化程度不高的普通老人什麼都會說，有些人天生的政治化，擔心講話對自己不利，講述時會進行人為的限制，會出現邊想邊說現象。即便在生活世界也會面臨選擇，有些話是不能出口，更不可能形諸文字的。個人記憶一旦變成公共文本，個人聲音進入群體中逐漸放大，這意味著更大時空的更多人可以聽到。在口述史文本在當下社會傳播時，個人聲音就會受到社會各界的考量與限制。口述史會受到哪些制約？最大問題就是「不嚴謹」，某些評認人的內容會觸犯別人的利益。口述史面臨著熟人圈的形象建構、利益維護。擺上檯面以後，有些敏感的內容是不能公開的。一旦出口，形成文字，它會傷害

別人的形象與利益。口述史涉及別人的評價，獲得的是私下的評價，不少事與話是不能上檯面的。如果堅持秉筆直書，當事人的親屬、門生故吏往往愛較真甚至打筆墨官司。中國是一個世俗社會，人人講究面子。傳遞正能量，抑制負能量，為尊者諱、賢者諱、親者諱，是中國社會的政治主流導向。在和諧社會輿論下，提倡和諧史學，要講「三諱」。由採訪稿到編輯稿要經歷一個轉型，不是簡單的採訪到什麼就寫什麼，而應有選擇地加以建構。它要盡量維護自己利益，不讓自己受到別人的攻擊，所以文字的表達要求四平八穩。這是私人化與公共化間的矛盾。也就是說，口述人的自由是有限的自由，不是無限的自由。講話的自由空間大，文字表達的自由空間小，這就是嚴謹。

第二十一章　香港中學經濟及歷史科教學未注意的課題：香港廠商的發展

香港理工大學專業及持續教育學院
陳佩玲

一、引言

　　現時香港中學高中經濟及歷史學科的教學，雖已列以香港廠商做其中一個課題，實際上對學生而言，學生難以理解工廠和生產業如何成就香港。然而，現時不少香港商人樂於向學生享其成功經驗，鼓勵學生創業。同時，現時國策中優惠學生往大灣區創業，若同學能於就讀中學時，已對香港的工業發展有一定的認識，這對學生無論在升學或創業，均有很大益處，故此筆者初試邀請港商參與分享計畫，並讓同學往廠房參觀生產線，顯然改善同學對大灣區發展的認知和學習態度。

二、經濟及歷史科教學的遺漏

　　歷史科的主題甲——「二十世紀亞洲的現代化與蛻變」課程，強調學生要在學習過程，瞭解香港經濟及社會的轉變，並分析在不同時期香港與中國內地的關係，以及在亞太地區擔當的角色[1]。而香港工業奇蹟與廠商北移實際上是改變了香港在亞太地區的發展，亦對香港本身的發展有著重要，且不可忽視的影響[2]。雖說如此重要，但在現行的歷史科，既不要求學習一些較

---

[1]　香港教育局：《歷史課程及評估指引（中四至中六）》（香港：教育局，2014年），第7頁；參區志堅等編：《通識教育：今日香港及現代中國》（香港：香港教育圖書公司，2011年）。

[2]　有關香港工業發展書籍甚多，詳參劉蜀永：《20世紀的香港經濟》（香港：三聯書店，2004年）；劉鑑如：《戰後香港經濟騰飛之謎》（香港：利文出版社，1993年）；戴超武：《亞洲冷戰史研究》（上海：東方出版中心，2016年）；馮邦彥：《香港產業結構轉型》（香港：三聯書店，2014年）等。

重要的工業，如紡織業、塑膠業、玩具業等[3]，更往往不要求學校為學生找來港商進行分享[4]，令學生對此課題並不熟悉，甚至無任何興趣。

相似的情況亦在現時香港的經濟科出現，當然在課程的目標中，可見學生要瞭解廠商的商業決定的原因，包括北移[5]，而在必修部分的「廠商與生產」課程中，同學要認識廠商的生產和成本等。筆者無意指這部分的知識應被取代，而是希望指出廠商除了利益外更有很多的經驗、知識值得被關注，如他們中創業經驗、傳承等[6]，故此本文將分享筆者先後兩次與學生到訪港商的工廠並進行分享之經驗。

本人除邀得蘇總裁與呂總經理向學生進行經驗分享[7]之外，同學還透過實地走訪生產過程，更為體會工廠營運之困難，以及成為廠商的諸多挑戰，這些在在令同學們更加清楚掌握港商的發展。

（一）蘇總裁創業之經驗

首先，先分享蘇總裁創業之例子[8]。公司，於1989年由蘇總裁創立，主要以玩具業務為主，包括學前玩具、互動玩具、收藏級別的玩具等類別，與國際大型品牌有密切合作，如Leapfrog、Disney等。近年企業也開拓了文具用品、嬰兒用具、小型家電等市場，令業務範疇變得更多元。

蘇總裁與玩具業結下近四十年的緣分，改寫了他的一生。他在理工學院畢業後，機緣下進入玩具行業。雖然此行業人工低，但他認為玩具能為小朋友創造美好的童年回憶，挺有意義。憑著此信念，蘇總裁決心投身玩具行業。蘇總裁強調，他最先的兩份工作奠下了自己往後的成就。他畢業後在一中型玩具廠工作，起初老闆讓他出任注塑（即塑膠射出）部的工程師，令他對塑膠玩具的製作過程瞭如指掌。後來，他到生產車間出任工程師，這個工作單位時有突發情況發生——諸如機械故障、職工錯誤操作等，必須在短時間內提出應急措施並及時修理好機械，這些狀況培養出他隨時解決困難

---

[3]　參見劉蜀永：《20世紀的香港經濟》（香港：三聯書店，2004年）；黃紹倫：《移民企業家：香港的上海實業家》（上海：上海古籍出版社，2003年）等。

[4]　香港教育局：《歷史課程及評估指引（中四至中六）》（香港：教育局，2014年），第10-25頁。

[5]　香港教育局：《經濟課程及評估指引（中四至中六）》（香港：教育局，2007年），第2頁。

[6]　中華廠商聯合會：《中國改革開放的拓荒者》（香港：經濟日報出版社，2018年），第9-11頁。

[7]　由於部分內容涉及公司利益，商討後決定以姓氏和職銜稱之，如有查詢請與筆者聯絡。

[8]　〈訪問蘇總裁〉，2019年6月20日。（未刊稿）

的能力，亦使得他全面瞭解生產過程、器械等。他更多次向老闆建議改善的方法，促成其後得以協助老闆開分廠。第三年起，蘇總裁為公司開分廠，當時全廠只有兩位管理層，讓他初嘗營辦工廠的艱困，所有的管理均得一手包辦，包括排流水線、管理工人、支薪、生產、招聘等，均要兼顧，成為他創業前的寶貴經驗。

蛟龍不甘久困於淺水，故蘇總裁後來到彩星玩具工作，並進入學前玩具部的一間大廠工作七年。除了管理員工生產外，他認為應變行業旺淡季的措施，成為守業成功的關鍵。他亦憶述工廠曾進行遷廠，大量的盤點、物流、管理等工作，令他倍感壓力，憑著堅毅的精神，完成此重要工作，更獲彩星玩具的董事長賞識，成就他首次創業。

他離開公司後，當時彩星玩具的老闆因賞識蘇總裁，特讓他的初創公司處理以往他的客戶和訂單，讓工廠免去找生意的艱苦過程，多年來所有的生產非常順利，不料卻迎來財務危機。由於當時公司合夥人虧空公款，令公司陷入財困，甚至連累家人一同受苦，故蘇總裁決意離開。期間，蘇總裁因誤信奸佞，糟蹋了彩星的一番好意，故在公司面臨清盤時，以一藉口，把彩星提供的模具全數退回，保障他們的資產，盡力挽回此局面。是次的創業失敗，成為往後繼續創業重要的經驗，他指創業要學懂控制、評估風險，不要輕言放棄，亦不必死心不惜。

後來，蘇總裁重新就業，協助公司開廠，輾轉與合夥人購入公司旗下的中山廠房，並開始第二次創業經營。起初業務發展迅速，但刻苦奮鬥十年後，又面臨極大的挑戰。在業務發展的同時，合夥人有計畫以上市進行大規模集資，蘇總裁並不認同，加上合夥人不滿蘇總裁為員工增加福利，故以股權優勢邊緣蘇總裁，更進而逼使他出售股份。蘇總裁眼見十年心血又可能毀於一旦，他只有盡力保存他心愛的玩具行業。雖然當時陷入極大困境，他幸運地獲得十二位經理級的同事表態支援，並在詳細的市場調查和聯絡客戶後，他毅然以股票換取最初的發跡地——中山廠房。

在創業第二年，他接洽了Starwars的項目，而其生產檔期正是春天，完美地填補了一般玩具業的淡季，令初創的企業得以穩步上揚，更在2007年因合夥人的企業分拆，正式成為獨資公司。蘇總裁總結以往的經驗，強調老闆是建立公司的企業文化、管理制度、發展的重要關鍵，一時的困難可能會令企業衰落，故他於2012年起為公司訂立長遠的目標，為員工進行具系統的企業培訓，希望可持續發展，為企業尋找穩定的營運模式。他三次創業的經歷

得出：「創業者要走著正確的路冒風險。」

　　不少的製造業面臨傳承問題，幸好此煩惱並未在公司發生。蘇總裁本來計畫退休，而兒子關心公司，願意接手。蘇總裁現時希望與兒子共同奮進，近年積極開拓市場。由於他的年齡漸長，故現時公司的業務多由小蘇生策畫，蘇總裁加以提點。他期望往後的數年內可為「小蘇生」總結成功的因素，並盡力革新公司的管理，希望得以除去以往公司的缺失，好讓年輕一代能夠擺脫枷鎖。而小蘇生認為兩父子在企業傳承中的關係，像夥伴，彼此能夠發表自己的意見，相互尊重。

　　然而，小蘇生接任後，便面臨兩大難題，分別為中美貿易戰、成本上漲。公司主要集中於美國出口，故中美貿易戰為企業帶來直接影響。作為公司繼承人，他致力於與客戶一起應付挑戰，共渡難關，共同承擔稅項的增幅，同時也積極開發日本、歐洲、內銷市場，務求減低風險。有見近年廣東的生產成本日增，不少商家開始遷廠至東南亞，但小蘇生認為東南亞並未有完整的玩具生產鏈和足夠的市場信心，可能會為企業帶來打擊。反之，他強調工業內遷是更為可行的方法，故近年也於湖南開設生產中心，以探尋內遷的可行性。他期望能不負父親所望，繼續令業務穩步發展。

　　公司作為具相當規模的企業，向來肩負企業責任。公司多年來致力為香港培訓工業人才，如協助VTC培訓人才，並提供實習，希望為年輕人提供專業訓練。不少精英在工廠學習多年後，轉至大型工廠出任領導層，成為業界的翹楚。企業更多次捐贈產品給慈善機構進行義賣，支援弱勢社群。公司明白工業對環境存有一定的破壞，故近年特意採用可生物降解的環保物料生產部分產品，盡現企業持續革新和關懷社會的愛心。

（二）呂總經理的企業經營之道

　　再來談談呂總經理的企業經營之道。[9]呂總經理更為偏重承傳與再發展。公司為惠東的重要注塑工廠之一，以廚具和家庭用品為主要產品，並出口至世界各地，在業界享負盛名，而現時呂總經理接手進行改革，成就非凡。

　　公司初興之時，由呂總經理的父親所創辦，扎根香港，並以代工生產（OEM）的模式經營玩具業。眼見八十年代後香港工業成本騰飛，恰好遇

---

[9]　〈訪問呂總經理〉，2019年6月22日。（未刊稿）

上改革開放，遂遷廠至惠東。惠東具有相當優勢，一方面土地和人工便宜，另一方面距離主要的重點城市亦不遠，如到深圳僅需一小時，享有相當的地利。呂總經理直言初建廠之時面臨兩大挑戰：其一，改革開放後國內的規範與香港有異，需要花上大量的時間與不同的官員進行協調；起初官員並不理解，也在一些政策與港商存有異議。縱然如此，呂總經理未曾想過離開國內，他僅認為這些都僅是文化上的差異。最終，憑藉著良好的相互理解，公司已在惠東穩定經營二十年。

其二，隨著世界產品需求的變遷，傳統玩具業在八十年代開始步入衰退，企業面臨一定的危機。呂總經理當時在一位朋友的介紹下，開始接觸到家庭用品和廚具的範疇，這在當時改革開放之時較少出現的情況。企業剛轉型時，保持玩具業和廚具業各半的經營模式。在過程中，呂總經理有見家庭用品和廚具業的市場龐大，故逐步放棄玩具市場，開始以美國的家庭用品和廚具業市場為主。如今，公司已經成為中國廚具出口的重要企業之一。

與其他一般企業有所不同，公司的業務種類不多，但在家庭用品和廚具的注塑生產，達到龍頭的地位。呂總經理一直相信營運實業要專注在其行業之上，在小範疇中磨練成為專家。此想法十分睿智，使得公司多年來不曾面臨難以應付的挑戰。呂總經理舉出一例：他的一家原料供應商未能全心專注於本業，反而企圖利用資本在金融業中投資高風險產品，最終在2015年人民幣價格調整下，令經營二十年的企業崩然倒閉。可見，在營商過程中，往往有不少其他行業的投資機會，各商家應衡量自己企業可承受的風險，不應置本業於次位，而該穩步拓展企業。除了穩健外，呂總經理亦強調作為領導者要對世界局勢有所掌握，並加以前瞻，以應對挑戰。近日，世界商貿環境不穩，公司在重視美國市場的同時，亦希望進一步開發內銷市場，並借助一帶一路的機會拓展歐洲市場，以分散客戶群，減低單一市場的風險。

呂總經理又提到公司未曾面對太大的挑戰的另一原因，是用心對待員工。他認為員工是企業的重要資源，必須要善待、信任員工，不能單純以書籍或別人的經驗進行管理，應以企業文化、營商經驗、管理知識等融會貫通，得出最佳的管理模式。同時，企業亦要聽員工的意見。呂總經理現時會定期與行政經理和其他的員工共同檢討公司的福利措施等，以令他們對公司產生歸屬感，在面對困難時員工亦會盡力協助。近年公司致力改建員工宿舍，由以往的大宿舍模式改為八人一房，減少員工在日常生活上的摩擦，以更加凝聚彼此。

近年，工業界興起工業4.0概念，呂總經理明確指出其企業已有不斷引入新的機械和技術，亦成立自動化部門革新生產過程，提高產能，並解決國內人力成本日漸增加的情況。然而，鑑於現時公司不少環節依然依賴人力進行一些工序，故暫時不會全面引入智慧化生產。

當論及在東南亞投資廠房，呂總經理持審慎態度，由於注塑行業需要行業間彼此合作，而東南亞的相關行業發展尚未完善，再者有關地區的地價、人工逐年上漲，暫時未具太大誘因。當然，長遠來說，企業並不會堅決否定任何可能發展的機會。

祖國的同胞向來是港商重視的一群，每當遇上一些意外時，港人、港商往往盡力援助。而對於在內地設廠的呂總經理來說，救助同胞既顯示企業責任，更重要是體現血濃於水的情緣。每逢國內有一些天災或大型意外，公司均會第一時間捐助災民，希望助他們脫離苦痛。同時，呂總經理更長期資助內地山區的兒童教育，令他們憑藉知識改變未來，這已見呂總經理承擔企業責任。

三、成效

蘇總裁與呂總經理毫不保留，把自己經商多年的經驗與學生共享，誠如James Arthur提出教授知識不只是家長、教師等傳統的方式，可採用社會各界的人士經驗教授[10]。於活動結束後筆者採用李克特量表[11]進行測量，發現有超過90%的同學認為廠商分享的故事和參觀的過程能補充課堂的不足，亦有80%同學對廠商的營運感到有興趣，可見有關活動對提升同學興趣極有作用。

同學參與後李克特量表的結果			
活動總人數40位同學			
項目	非常同意	同意	總占比率
是次活動能補充課堂的不足	27	10	92.5%
對廠商的營運感到有興趣	17	16	80%

[10] James Arthur,Citizens of Character: *New Directions in Character and Values Education* (Virginia: Andrews UK Limited ,2013).

[11] Rensis Likert, "A technique for the measurement of attitudes" *Archives of Psychology*, 1932, 22(140), pp.7-13.

四、小結

　　事實上，於《經濟課程及評估指引（中四至中六）》中曾提出邀請校友做分享令學生更瞭解工業[12]，但一方面教育制度中課程過於繁重，並不容許教員為學生安排有關活動，故此有必要進行課程審核，騰空一些課時讓學生親身瞭解有關商業課題，全面提升學生學習動機。

---

[12]　香港教育局：《經濟課程及評估指引（中四至中六）》（香港：教育局，2007年），第59頁。

第二十二章　中國古代四大發明歷史為主題的 STEAM課程

香港理工大學專業及持續教育學院
王志宏、陳凱萱、劉銳業

一、引言

不少學者主張以中國古代四大發明歷史為主題進行多元和互動STEAM教學。本文也提到由於STEAM是跨學科應用，並不是每個課堂或課題都適合用STEAM教育方式進行。所以此STEAM教育計畫提供參與學校的形式可以課外活動進行，也可以分辨那些課題和合適的材料以配合課堂。

二、STEAM課程設計

在提議的STEAM課程當中，學生先學習Scratch編程來製作以中國古代四大發明歷史為主題的動畫故事。Scratch是為八到十六歲的學生設計的可下載並免費的一套電腦圖形化程式語言的編程工具[1]，所以此STEAM課程也以八到十六歲的中小學生為對象，並為參與的中小學老師提供培訓及支援。

由於Scratch編程是採用圖形化程式語言，因而簡化了用複雜的文字化程式語言去編程。Scratch編程是只須把所需的圖形編排，也可導入圖片和音頻或音樂等來創造互動式故事、動畫或遊戲。老師可引導學生運用STEAM創意思維，透過進行探索式的科學實驗設計而建造以中國古代四大發明為題的動畫故事。於此STEAM課程中，學生除了STEM邏輯訓練和編程學習外，也加上藝術的美感，令教學更加生動和形象化和培育學生創意和創新能力。

---

[1] Maloney, J., Peppler, K., Kafai, Y., Resnick, M., and Rusk, N., "Programming by choice: Urban youth learning programming with scratch", *ACM SIGCSE Bulletin*, 2008, 40 (1), pp.367-371.

三、STEAM課程意味

以中國古代四大發明歷史為主題作為STEAM課程是由於這四大發明意味著作為STEM元素的主要四個精神，也望學生在進行探索和搜尋中國古代四大發明歷史資料以編程和製作動畫故事時能夠體會到此精神[2]。此四個精神也是作為科技人才要擁有的條件。這四個STEM元素的精神如下所示：

- **造紙術：**造紙術比東漢時代的蔡倫（63-121年）時期更早就已經存在。蔡倫是不斷改進造紙術，有耐心和堅毅去不斷探索造紙的材料。造紙術的開發是要有耐心和堅毅去不斷開發的精神，這也意味著科技發展是要有耐心和堅毅去不斷開發的精神[3]。
- **印刷術：**印刷術是以工匠在木板上雕刻畫上或寫上而形式雕版，然後在雕版刷上墨，把紙放在刷上墨的雕版上加壓形成印製品。先人運用到木等天然資源，以改良而成為有用的工具。印刷術的發展是要靈活運用的精神，這也意味著科技發展是要有靈活運用的精神[4]。
- **指南車：**指南車是利用天然磁石固定地指向地球的南北兩極。這指南車導航技術的發展是需要有洞察力去發現天然磁石固定地指向地球的南北兩極而成。指南車的發明是基於洞察力去發明，這意味著科技發展是要有洞察力去發明和發現的精神。
- **火藥：**火藥是長期反覆試驗才配製而成。火藥可作為壞的東西，用於炸毀而造成傷害。火藥也可作為好的東西，用於採礦、煙花等。作為科技發展者是要有專業道德去判斷什麼是好的和壞的。這意味著科技發展是要有專業道德去判斷為社會和國家做出貢獻的精神。

四、Scratch編程作為STEAM課程的技術接受模式

這項研究採用定量方法來調查學生是否接受採用Scratch編程進行STEAM學習。為了調查學生對採用Scratch編程進行STEM學習的接受程度，學者會

2　王志宏：〈以中國古代四大發明歷史為本作為STEAM教育的案例〉，《文路》，2019年3月，第12-13頁。

3　同上註。

4　同上註，第12頁。

採用Wong、Wong和Yeung的模式進行調查和研究[5]。Wong、Wong和Yeung的模式是由Davis技術接受模式[6]及其Venkatesh和Davis[7]和Park、Nam and Cha的模式[8]併合而成。

　　根據Davis的技術接受模式理論[9]，學生接受Scratch編程進行STEAM學習的接受程度是由他們對Scratch編程的實際使用行為（Usage Behavior，簡稱為「UB」）表示的，該行為由其使用Scratch編程的行為意圖（Behavioral Intention，簡稱為「BI」）決定。他們的意圖又取決於他們的認知有用性（Perceived Usefulness，簡稱為「PU」）和認知易用性（Perceived Ease of Use，簡稱為「PE」）。PU是學生相信使用Scratch編程可以提高其表現，而PE是個人認為使用Scratch編程的簡易性。這四個構架（即PU、PE、BI和UB）包含在Davis技術接受模式中[10]。例如BI → UB表示BI影響UB，PU → BI表示PU影響BI。此外，其他四個構架，即與主要相關性（Relevance for Major，簡稱為「MR」），主觀規範（Subjective Norm，簡稱為「SN」），自我效能感（Self-efficacy，簡稱為「SE」）和自我可及性（Self-accessibility，簡稱為「SA」）包含在Wong、Wong和Yeung（2019年）擴展技術接受模式中的技術接受模式。MR是學生的一種信仰，認為其的專業與Scratch編程有關。SN認為重要的其他人希望其使用Scratch編程。SE相信自己可以使用Scratch編程。SA是學習時能夠使用Scratch的自主權。如MR、SN、SE和SA影響到Davis（1989年）技術接受模式。在基於Venkatesh和Davis的擴展技術接受模式中[11]，SN和PE是影響到PU。在基於Park、Nam和Cha的一些模式中[12]，MR影響到PU、SE和SA影響到PE。

[5]　Wong, S., Wong, A. and Yeung, J., "Exploring students' acceptance of using mobile device-based student response system in classrooms", *Journal of Interactive Learning Research*, 2019, 30(1), pp.45-64.

[6]　Davis, F. D., "Perceived usefulness, perceived ease of use, and user acceptance of information technology", *MIS Quarterly*,1989, 13 (3), pp.319-340.

[7]　Venkatesh, V. and Davis, F. D., "A theoretical extension of the technology acceptance model: Four longitudinal field studies", *Management Science*, 2000, 46 (2), pp.186-204.

[8]　Park, S. Y., Nam, M. W., and Cha, S. B., "University students' behavioral intention to use mobile learning: Evaluating the technology acceptance model", *British Journal of Educational Technology*, 2012, 43 (4), pp.592-605.

[9]　Davis, F. D., "Perceived usefulness, perceived ease of use, and user acceptance of information technology", *MIS Quarterly,* 1989, 13 (3), pp. 319-340.

[10]　同上註。

[11]　Venkatesh, V. and Davis, F. D., "A theoretical extension of the technology acceptance model: Four longitudinal field studies", *Management Science*, 2000, 46 (2), pp.186-204.

[12]　Park, S. Y., Nam, M. W., and Cha, S. B., "University students' behavioral intention to use mobile learning:

五、小結：Scratch編程作為STEAM課程的技術接受分析設計

　　研究人員會使用問卷調查去測量構架的測量項目（即MR、SN、SE、PU、PE等）。由於參與調查的學生是十六歲或以下，這項調查需要他們的家長的同意。參與調查的學生家長將獲得一份同意書。他們的家長簽署同意書後就可對參與學生進行問卷調查。參與調查的學生將獲得一份問卷，其中包含用於測量構架的測量項目。鑑於Davis技術接受模式中的所有構架，因為所有參與學生在學習STEAM時都擁有免費Scratch軟體具，因此他們具有SA。因此該調查不包括SA。研究人員會使用以下回歸模型（regression models）進行多元回歸分析以研究其餘構架（即MR、SN、SE、PU、PE和BI）的不同影響程度：

　　　1. MR，SN，PE → PU
　　　2. SE → PE
　　　3. PU，PE → BI

　　構架的不同效果（即MR、SN、SE、PE和PU）的發現是為教育管理建立指南於有效地使用Scratch編程去進行STEAM教育。

六、小結

　　本文主要論述以中國古代四大發明歷史為主題的STEAM教育的概念，推行STEAM教育的原因及其課程的技術接受分析設計。在未來的研究。我們會進行大規模的數據收集，從而探究擴展技術接受模式與STEAM教育的關係。我們將會進行大灣區中小學地區性研究，從而提升研究廣泛性。

Evaluating the technology acceptance model", *British Journal of Educational Technology*, 2012, 43 (4), pp. 592-605.

第二十三章 「互聯網+」助力少數民族文化傳播

許波、陳聖日

一、推進民族理解教育的意義

少數民族文化是整個中華民族文化不可分割的重要組成部分。各少數民族文化又以自己獨特的個性，表現出自身存在的價值。它們的凝聚和發展成為中華意識和中華民族燦爛文化中的一顆又一顆明珠，並且作為特殊的思想和文化紐帶，維繫和推動著各民族統一的中國歷史的發展，使各民族之間相互長期融合，密切交流，彼此依存，不可分離[1]。

民族教育是教育事業的重要組成部分，促進各民族文化交融創新，把中華優秀傳統文化融入課堂教學，開設民族團結教育專題課，開展民族優秀傳統文化傳承活動，挖掘民族優秀文化資源，是對青少年素養培養的有益補充[2]。

少數民族地區往往是教育發展相對緩慢的地區，但是隨著教育資訊化的發展和國家寬頻戰略發展，各級各類學校的網路環境與互聯網環境正逐漸為促進教育公平起著基礎保障的重要條件。教育資源的互通共用、跨區域教育交流合作的線上線下聯動發展已經成為現實。

「視像中國」遠端教育專案，發起於2004年，是上海與香港合作的線上教育合作專案，致力於利用網路技術促進跨區域常態化交流的遠端教育專案，十五年來已經組織了東南亞、港澳臺及內地四百多所專案學校以遠端互動的形式開展教育教學交流、多元文化交流等公益活動。2012年視像中國專案與北京師範大學、南京大學等高校合作，探索中學生網路課程在基礎教育領域的實踐，以線上課程助力少數民族文化傳播。

---

[1] 任慧英（遼寧人民出版社社長、總編輯）：《中國圖書評論》（1994年）。
[2] 國務院關於加快發展民族教育的決定。

二、民族理解網路課程開發方法

　　基於上述思考和「視像中國」遠端教育項目既有的積累，我們從2016年開始設計開發《民族理解》系列網路課程，組織專家和志願者團隊深入雲南滄源佤族自治縣，在當地教育部門的配合下，確定了首門課程《佤族》，並在重慶、佛山南海、深圳南山等專案區域實施了第一輪課程教學，為民族理解教育課程的推進走出了堅實的第一步。到目前為止已開發七門網路課程，分別為《佤族》《白族》、《哈尼族》、《苗族》、《蒙古族》、《東鄉族》、《咖啡雲南》，這些課程成為項目學校傳播少數民族文化，開展民族理解教育的抓手。

　　課程開發過程分為三個階段：調研分析、設計培訓、專業開發，通過多角度設計開發適合中小學生年齡特點的網路課程，促使網路課程模組設計更科學，課程內容更豐富，表現形式更加多樣化。

（一）課程設計前期調研

　　為了開發《民族理解》系列網路課程，視像中國遠端教育發展中心網路課程專案組專深入雲南省滄源縣走進佤族，瞭解佤族傳統文化，感受佤族民風民俗。專案組深入到佤族村落，採集開發網路課程的第一手資料，使網路課程的內容更具科學性，同時又原滋原味。召開佤族學校校長座談會，瞭解學校的辦學特色及佤族文化在當地的傳承，同時走進雲南省佤族自治縣民族小學和糯良鄉中心兩所最具民族特色的小學，尋找佤文化課程，協助學校建設校本文化課程。這次的調研讓課程開發小組沉浸在佤族文化中，初步形成了網路課程內容框架。這樣的調研方式已成為每一門網路課程開發的前期工作。

（二）課程開發教師培訓

　　線上課程的開發和實施目前在基礎教育領域仍屬於空白，對於教師來說，缺乏線上課程開發的能力和實施的策略，因此培訓教師具有一定的線上課程開發和管理能力尤其重要。視像中國遠端教育發展中心在2016年開始開

展了「微課程交流共用平臺建設第七期培訓班」，來自雲南滄源等四省五市近四十位教師參與了佤族文化線上課程的培訓。為期二天的培訓採用參與協作，任務驅動的方式開展，教師們學習如何利用微視頻製作開發佤族課程、交流線上課程開發應用理念，研討合作分享計畫，協助建設佤文化的民族理解網路課程。同時這些教師根據學生的年齡特點進行《佤族》課程網路學習活動設計，使課程開發更貼近學生需求。

（三）專業團隊開發課程

七門網路課程分別由北京師範大學李玉順教授和河南大學梁林梅教授帶領研究生團隊開發。系列課程從知識與能力、過程與方法、情感態度與價值觀三個維度確定教學目標：

第一，認識中國多個少數民族，瞭解該民族的風俗和文化。

第二，培養學生網路化環境下自律性、資訊素養、問題解決等能力，培養學生終身學習的能力，促進學生全面發展。

第三，從多元文化視角理解和尊重不同民族的文化，培養民族理解的能力及國家認同感。

開發團隊在已有中學生網路課程開發與實施經驗及前期調研的基礎上，根據七個少數民族提供的原始資料，以模組化的方式設計教學內容，主要包含少數民族的發展歷史、文化美食、服飾歌舞等內容，開發了多個教學模組內容。以「佤族」為例，設計了「走進阿佤山寨」、「佤族的習俗和節日」、「佤族的服飾」、「佤族的歌舞」、「佤族的美食」、「到阿佤山去旅遊」六個教學模組。

每一個模組內容分別由學習導語、以微視頻為主要載體的課程內容、以pdf富文本為主的佤族小知識、以網路個資源為主的拓展閱讀、網上論壇和測驗六部分組成。本課程時長為八週，其中第一週是課程簡介和網路學習指導，第八週是網上考試和作業提交。課程團隊每週五發布新的模組內容，以便於中學生利用週末時間進行學習。在課程的負載量方面，期望學生每週的學習投入大約在一至二個小時。

三、民族理解網路課程混合實施——以《佤族》為例

　　民族理解系列網路課程於2017年3月正式上線以來，來自浙江寧波、重慶、佛山南海、深圳南山等專案區域的中小學生近萬名參與了課程學習。為了使網路課程學習更有實效性，我們採用混合式學習方式：非同步網路線上學習為主，線上導學答疑解惑，再輔以遠端專家即時指導，建立起虛擬的學習社區；同時由學校指導教師開展面對面的教學活動，並依託社會資源開展課程實踐體驗，建立真實的學習環境，促進知識的遷移。以《佤族》為例，淺談各個專案學校如何開展混合學習。

（一）非同步交互，網上自主學習

　　因為不受時間和地域的限制，線上非同步學習交互是網路課程學習的主要形式。在具體實施過程中，學生根據自己的步調參加線上學習活動，包括學習網路課程模組、論壇發表自己的意見、利用社交媒體與導學溝通等，實現知識的內化。專案學校每週利用拓展課程時間集中學生共同學習，同時要求學生在家根據自己的實際情況安排學習時間、內容和進度隨時進網站學習，邀請家長一起參與學習，營造親子學習的氛圍。研究生導學團隊加強線上輔導，通過多種形式為學生提供線上學習服務，及時解答學生提出的問題，並且努力創設虛擬的學習社區，建立濃厚的線上學習氛圍，減少學生學習的孤獨感。以下為線上輔導的形式：

在線輔導工具	輔導形式	學生參與度
平台	發布通知、論壇答疑、交流反饋、測驗	在線參與度高
QQ群	發布通知、論壇答疑、交流反饋、及時相應	學生最喜歡的工具
微信	推送課程小知識、發送重要通知	喜歡看，但沒有手機
郵件	發送重要的課程通知	經常查看郵件

　　每月導學團隊通過後臺資料分析，第一時間掌握每個學生學習情況，同時將這些資料回饋給學生和指導教師，以便教師開展有針對性地督促和輔導，為學生提供個性化指導。

（二）空中課堂，遠程即時指導

網路課程學習中專業知識需要各行各業專家的指導，因此我們蒐集學生在論壇中的問題，開展線上同步課堂。授課的專家團隊有高校教授、職業領域專家和團隊學霸組成。

1. 課始導學

在佤族網路課程實施過程中，導學團隊開設線上講座，將相關參與方式通過郵件、QQ群、平臺公告等多種形式發送給學生，學生在家便可以參加以「如何成為一名成功的網路學習者」為主題的講座。講座分別從「我該怎麼學習MOOC」、「課程內容和平臺使用方法」等多角度、多方位告訴如何做一個成功的MOOC學習者以及大概瞭解《佤族》網路課程。同時學生又通過討論區不斷地線上提問，瞭解學習網路課程的方法和策略。

2. 課中講座

為了讓學生對佤族直過民族的歷史有更深的瞭解，邀請佤族當時的教師直播的方式講解佤族的歷史，同時還現場教授學生佤族的常用語，激發了學生繼續學習佤族網路課程的熱情。

3. 課末交流

網路課程結束後，邀請佤族學校和參與課程學習的學校共同暢談佤族，共同開展交流活動。通過網路課程實施中這樣的直播活動讓不同地區的老師學生能夠進行即時的學習交流，拉近了學生與老師的距離，新型的學習方式也能從很大程度上提高學生的學習興趣，提高學習效率。

（三）課堂學習，實現知識遷移

在網路課程教學中，除採用非同步交互外，重在實驗學校教師面對面指導。為了使每個星期都有集中學習的時間，實驗學校將《佤族》課程納入到學校的課程體系中，有將之作為拓展課程之一的，有使其成為學校民族特色課程的，這樣有力地保證了學習的時間。在此基礎上，每個實驗學校配備

一名落地指導老師，輔導學生熟悉學習平臺的使用，有計畫地組織學生參與線上學習，更重要的是通過各種線下的活動進行交流與分享，促進學生網上知識的吸收與應用。如在學習了所有模組後，指導教師開展最佳佤族旅遊路線設計大賽，讓參與網路課程學習的設計一份旅遊計畫，並寫一寫具體的方案。通過這樣的線下活動，使學生將網上所學的佤族美食、風景、文化等知識進行遷移應用，也是學生綜合能力培養的途徑。

例如南海佛山的旗峰小學，在進行課程的學習設計中，把學生的自主學習作為一種提升能力的方式。為學生安排學習進度，設定時間節點，布置學習任務，讓他們利用在家或學校的社團學習活動中獨立完成課程中的幾個模組學習，每隔一段時間就檢測一次。同時把實驗學生分成若干個小組，設立小組長、記錄員，要求每組組員都要積極參與，討論問題時各抒己見，合作實踐時各施所長。線上上線下小組合作學習時，教師加以評價，適時表揚，增強小組的比拚意識，提高小組的凝聚力。

《民族理解：佤族》網絡課程自主學習任務單

班別		姓名		學習時間	
模塊名稱					
學習內容					
有哪些小知識					
拓展閱讀要點					
模塊學習收獲					

《民族理解：佤族》網絡課程自主學習任務單

班別		成員姓名		合作學習時間	
合作學習內容					
組員分工情況					
解決了什麼問題或展示了什麼成果					

（四）多元評價，學生學習感悟

《佤族》網路課程學習過程中，我們探索採用多元評價，評價方式包括線上測驗、線上學習活動參與情況、線上論壇交流情況、傳統面對面學習的參與情況、成果彙報等。評價標準：線上學習占70%，課堂學習30%，突顯總結性評價和過程性評價並重，關注學生的思考與發展過程。如河南運河

城小學學完《佤族》網路課程後，讓學生根據六大主題：民族美食、民族服飾、民族風俗、民族建築、民族景點、民族歌舞進行分組合作，製作思維導圖和手抄報，在展示環節要求各個小組根據思維導圖對「為什麼選擇這個專題？你都學習到了什麼？」進行講解，其次對自己製作的思維導圖進行展示講解，報形式不限。不僅有利於學生探索到的網路課程資訊在集體內的傳播，有效促進了學生對課程知識的認知，而且還能夠增強學生之間的互動交流，增加學生的學習興趣與學習自信心，使課堂更具活力。

隨著《民族理解‧佤族》線上課程的混合學習的開展，學生的資訊技術素養、線上學習與協作學習能力也得到提升，在模組感悟中分享了學習的進步與喜悅。

> 沈佳瑤：參加了《民族理解‧佤族》的課程學習，不但開闊了自己的視野，瞭解了佤族這個充滿特色民族，更希望有機會去一趟滄源、西盟，去嘗一下他們最著名的美食——雞肉爛飯，看看佤族歌舞，這將會是一場最有趣的研學之旅。

> 王濟廉：佤族的服侍好奇特啊！不同的顏色花紋有不同的代表含義。他們崇尚黃色，以黃為美，被被稱為「黃衣阿佤」。這些內容連媽媽也被吸引了，忍不住和我一起學習起來。耶！耶！媽媽成了我們的組員啦！

> 鄧蘊軒：線上學習真好！課堂上沒有完成的任務，回家還可以繼續學，看不明白的，還可以回頭重複學，老師講的內容可以反覆聽。小組合作學習，讓我有信心完成自己的任務，學會了製作介紹佤族美食PPT，用PPT向同學進行介紹。我感覺自己的能力增強了。

四、民族理解教育都持續探索

為增強混合式線上課程教學實效，「視像中國」遠端教育專案有著成熟的實踐教學經驗，每學期都會組織網路課程中的優秀學生和課程指導老師開展基地實踐活動。為了增進《佤族》網路課程學習實效，持續在設計圍繞課程教學目標的研學旅行活動，組織學生深入網路課程涉及的少數民族，如走進雲南省滄源縣佤族村落，切身感受佤族人民的熱情與好客。在民族教育系

第二十四章　簡論多元文化導向的僑生歷史教育

臺灣師範大學僑生先修部
沈宗憲

一、引言

　　國立臺灣師範大學僑生先修部（以下簡稱「僑先部」）前身為「國立僑生大學先修班」（以下簡稱「僑大先修班」），自民國四十四年（1955年）迄今，係依我國僑教政策辦理先修教育[1]。僑大先修班、僑先部的教育任務係配合國家僑教政策，奠定僑生銜接大學教育的知識基礎，並針對語文程度及學業成績表現不佳的同學，實施「補救教學」。

　　民國九十五年（2006年）3月僑大先修班與國立臺灣師範大學合併，組織轉化為僑生先修部，「教育目標」為：

　　　1. 加強華語文程度。
　　　2. 充實基礎學科能力。
　　　3. 實施大學預備教育。
　　　4. 輔導僑生適應國內學習生活，並深入瞭解臺灣風土民情。
　　　5. 培養對中華文化之認知與關懷。
　　　6. 提升國際視野，發展國際人脈。[2]

　　先前臺灣進行的中小學九年一貫教育改革，希望以能力培養，取代傳統知識教學。當時僑先部慎應潮流，邀請專家學者集思廣益，於民國一〇三年

---

[1] 沈宗憲、宋秉仁：〈從「僑大先修班」到「僑生先修部」──全球唯一的僑生大學先修教育學府〉，收入《興華文集》第一輯（臺北：財團法人興華文化交流發展委員會，2009年），第195-210頁。

[2] 〈國立臺灣師範大學僑生先修部95學年度第2次課務工作會議紀錄〉，民國九十六年（2007年）1月12日。

（2014年）4月29日「教材研修組第二次專家諮詢會議」決議修訂僑生先修部教育目標為：

1. 加強語文運用能力，增進人文社會、自然科學與公民素養。
2. 充實基礎學科能力，養成自主學習態度，銜接大學教育。
3. 培養臺灣社會、華人世界與中華文化的認知與關懷。[3]

　　從僑先部教育目標，可知學生的人文素養、基礎學科能力與文化與歷史教育息息相關。

　　早期僑生先修課程，「歷史」乃各類組必修學科，成績列入結業排序分發。合併後曾舉行多次課程改革，「歷史」是第一類組學生的必修科目，其間一度與公民、地理合併為第二、三類組必選之「臺灣社會與文化」，最後取消。僑大先修班與僑先部的教育內涵也反映我國僑教政策、教育改革的方向。教材須配合時空環景與基本國策，早期臺灣歷史教育強調愛民族愛國家[4]，僑生先修歷史教學目標與教材內容亦相近。僑生歷史教育目標與時俱進，亦根據僑教政策、歷史學而調整[5]。民國八十九年（2010年），僑生先修歷史課本改版後，內容與格式有較大變化，[6]更增加臺灣史課程[7]。

二、以往的調查與教學模式

　　臺灣的僑生先修教育定位為銜接大學教育，性質類似大學預科，參照高中、大學一年級程度編撰教材。僑生先修部的同學來自海外各地，由於各國教育制度、課程內容不同，導致學生的中國歷史知識有不小的差異，學習起點不一。實際上，各國華裔學生來臺之前，大多數未曾修習中國歷史，遑論

---

[3] 〈教材研修組第二次專家諮詢會議〉，《國立臺灣師範大學》，網站：http://www.nups.ntnu.edu.tw/intro/super_pages.php?ID=intro2，瀏覽日期：2019-09-28。

[4] 沈宗憲：〈臺灣中學歷史教科書的文化史教學內涵〉，收入《知識與認同：現代學者論教育與教科書》（香港：中華書局，2017年），第422-426頁。

[5] 沈宗憲、宋秉仁：〈試論臺灣先修教育與歷史教學〉，收入《第二屆廿一世紀華人地區歷史教育論文集》（香港：中華書局，2012年），第57-61頁。

[6] 同上註，第61-62頁。

[7] 鍾豔攸：〈略論僑生先修教育中「臺灣史教材」內容的演變〉，收入梁國常等作：《國立臺灣師範大學國際與僑教學院：2013華僑移民與華僑教育學術研討會論文集》（臺北：國立臺灣師範大學，2014年），第130-135頁。

臺灣史，任課教授往往需要印製課外補充資料。

　　由於學生的成績是未來分發大學的依據，大致說來，每位任課教授必須根據每年大家討論的教學內容與學期進度授課。筆者在每學年開學的第一堂課，介紹完課程要求，發給同學一張簡易的問卷詢問：中學是否上過歷史課？依先後順序寫出中國朝代？舉出兩個與歷史有關的成語？寫出五位最有印象的歷史人物並註明他的朝代或故事？最後請同學談談對歷史的看法。筆者根據當年學生的歷史知識，調整講課的方式。

　　為提升學習興趣，筆者平時課堂口授，以電腦簡報搭配文物圖片，增加學生的印象。其次，為觀察學生的中文程度能否正確閱讀課本，每章摘取一段課文，要求每位同學利用心智圖、組織圖等，架構出該段課文的重點。如該學年時間許可，同學分成若干組，共同討論繪製某一時代特色的心智圖。上課讓同學能觀摩其他組別的成果，檢討改善。

　　為使學生瞭解歷代改革與變法，曾將同學五至八人為一組，指定兩組討論一位改革者，如商鞅、王莽、王安石等。方式為抽籤決定正反方，給一個月時間，查找資料，上臺辯論該歷史人物變法的必要性、方法及利弊。正反方交叉說明、辯論與結辯後，筆者分別質問雙方提出的觀點，一方面觀察同學是否熟悉自己蒐集的資料，一方面訓練演說答辯技巧。

　　為活潑化課堂學習，每學期播放一至兩部影片，上學期如秦始皇、張騫通西域、鄭和下西洋等主題，下學期選擇荷蘭統治時期、二二八等紀錄片或電影。同學撰寫觀影心得，鼓勵同學分析批判影片呈現的角度是否恰當，期末報告是要求同學撰寫對一位歷史人物的看法。上述課堂上、課外作業設計目的係希望同學知道如何查找資料，培養同情的瞭解能力，學習從時空背景瞭解歷史人物與事件的發展脈絡。

　　2017年筆者授課共六十七位同學，有四十三人在初中、高中上過三或六年的歷史課，有在僑先部特別輔導班（華語文加強）上過半年歷史課。例如四位印尼學生完全沒上過中國歷史，僅一人在特輔班上過半年。馬來西亞學生計有四十二人，有二十五人讀過三年或六年。香港同學十位，只有二位沒讀過歷史。三位越南同學中，只一人在特輔班讀過半年。緬甸同學六位，二位澳門同學均上過歷史課。

　　題目一，依時序先後，寫出中國朝代。

　　二十八位答對一半以上的朝代，含六位全對。常見是時序錯置，二十位

同學只答出三個朝代，另有十三位完全不會。寫錯字如「秦」寫出「奏」，「隨」當成「隋」，「唐」寫成「堂」。

　　題目二，寫出五位歷史人物，須註明朝代。

　　可答出五人有四十四位同學，但誤植朝代或未填。答出四位有六人，答出三位有三人，答出二位有三人，答出一位有四人。六位完全空白。僅一人正確寫出四位歷史人物的朝代，有一位回答出六位，但無朝代。特別的是，很多同學回答三國人物，應受戲劇、電玩影響。答唐宋文學家，是國文課的記憶。

　　題目三，舉出兩個與歷史有關的成語。

　　三十一位能寫出兩個，十五位答出一個，二十一位空白未寫。寫錯字的情形很普遍。

　　題目四，寫出對什麼是歷史的看法。
　　本題無參考答案，同學自由發揮。

　　從上述可知，2017年9月入學的同學於正式歷史課程前的歷史基礎，並不理想。正逢僑生先修部自2013年起，積極向計育部申請「提升僑生素質計畫」，分別就各行政、教學、輔導及招生等面向，強化先修教育。2017年「第五期提升僑生素質計畫」籌備期間，歷史科負責執行子計畫「多元文化導向的僑生歷史教育研究」，由鍾豔攸教授主持，楊凡逸教授與筆者協同研究，實際開始執行時間需到2018年。

三、多元文化的歷史教學

　　從臺灣教育思想發展脈絡來看，學者希望從學術的角度討論教育，基於專業知識技能，減少政治對教育的干預。學者陸續引進「以學生為主體」、「全人教育」、「學校本位」等理念，重新審視教育的目的，逐漸丟棄政治意識形態。

　　臺灣前一階段教育改革主旨是實施中小學九年一貫課程，希望以能力培養取代傳統教學的知識累積。教育當局希望藉由學科統整的課程設計，革

除以往分科教育所造成的知識割裂的弊病。隨著新教育政策的推展，各縣市教育機關舉辦中小學教師進修、學生課外學習活動，各校也紛紛設立官方網站；一時之間，討論會、說明會、講習會之成立如雨後春筍！

　　高等教育也陸續制定各院系所的能力指標，僑生先修部專家會議進一步研議制定核心能力指標，包含「人文素養」、「科學素養」、「公民素養」三領域。同年11月28日，教育部公布實施「十二年國民基本教育課程綱要總綱」，新世紀的素養教育不僅寫下我國教育的新頁，也符合世界教改的趨勢。新課綱以「核心素養」，以三面九項為主軸，其「多元文化與國際理解」一項[8]，恰與僑先部新訂能力指標「人文素養」項下之「理解與賞析多元文化內涵的能力」相近[9]。

　　僑生先修教育無法自外於臺灣教育改革趨勢，然僑先部學生又來自全球各地，學習起點不同。前述鍾豔攸教授主持「多元文化導向的僑生歷史教育研究」，計畫構思之初，筆者提出草案如下：

（一）研究回顧：多元文化理論、歷史教育相關成果
（二）發展方向
　　1. 目標：內容多樣到觀點多元，培養學生平等包容及分析能力。
　　2. 課程內容
　　(1) 避免獨大漢族史觀及價值判斷，補充非漢族的成就貢獻。
　　(2) 各朝代政治演變外，講授經濟史或文化史或科技史等一項重要成就。
　　(3) 重視中國、臺灣與外國交流的課題。
　　(4) 走出首都史限制（正史觀點），利用考古、筆記小說資料，觀察歷朝各地發展。
　　3. 教學策略
　　(1) 採取比較史學，選擇中國史、臺灣史若干題目，引導來自各地的同學，思考家鄉有無類似情形。
　　(2) 觀賞紀錄片、電影劇情片，變換授課型態，從不同文本探討

8　〈十二年國民基本教育課程綱要總綱〉，《國家國家教育研究院》，網站：https://www.naer.edu.tw/files/15-1000-7944,c639-1.php?Lang=zh-tw，瀏覽日期：2019-09-28。

9　〈教材研修組第二次專家諮詢會議〉，《國立臺灣師範大學》，網站：http://www.nups.ntnu.edu.tw/intro/super_pages.php?ID=intro2，瀏覽日期：2019-09-28。

歷史。

(3) 史料閱讀(文白對照亦可)，幫助同學貼近古人，達到情意教學目的。

(4) 小組報告，團隊分工，讓各地同學分享不同看法。

4. 評量方式

(1) 統一紙筆測驗，分發用。

(2) 作業——參訪古蹟、博物館、網站及文物圖冊的心得短文。

(3) 心智圖、組織圖整理課文重點，觀察學習能力。

（三）實施限制：時數、分發及基礎學力不一

（四）預期成果

　　筆者並建議可就（二）之2、3、4選擇其中一項，來做計畫。來年再進行延續性研究。

　　主持人鍾教授參考臺師大教育系劉美慧教授等人有關多元文化理論之研究，認同Banks教授提出多元文化教育五面向：內容統整（content integration）、知識建構（knowledge construction）、減低偏見（prejudice reduction）、平等教學（equitypedagogy）、增能的學校文化（An empowering school culture）。該計畫於進行融入多元文化議題歷史教學，採用上述概念作為教學策略，並製作「文化回應教學面向」問卷[10]。

　　其次操作實務面，若教育部核准計畫，執行時間從翌年1月開始，已是學年第二學期，實驗教學得配合僑先部教學進度為清史、中華民國史、臺灣史等主題。因此，上學期計畫成員先討論課堂實施方案、教學主題，同時規劃以臺灣歷史古蹟、原住民族作為簡報競賽的主題。前述活動受到學生們肯定[11]。

　　本計畫安排的校外參訪活動是參觀淡水古蹟，邀臺灣史研究專家莊天賜博士導覽。鍾教授設計完售的導覽手冊，後面附學習單及問卷，詳下：

---

[10] 鍾豔攸、沈宗憲、楊凡逸：《提升僑生素質計畫第五期成果報告書》子計畫四〈多元文化導向的僑生歷史教育研究〉，第106-108頁。

[11] 同上註，第115-119、129頁。

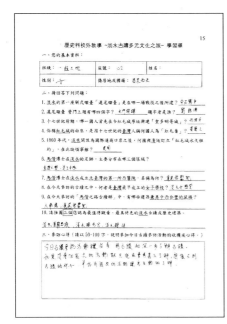

　　校內簡報競賽，採分組、團隊比分的方式進行。筆者任教學生的作品「藝術的民族排灣族」、「阿美族的傳統祭儀」、「臺灣日治時期歷史建築——臺灣國立博物館」、「泰雅族報告」、「西門紅樓」、「阿美族」、「臺北郵局」、「基隆港西岸」、「安平古堡」、「臺灣嘉義火車站建築歷史」、「淡水紅毛城」、「滬尾的時間讀本」、「雅美族（達悟族）」、「深入瞭解排灣族」、「臺灣原住民卑南族的文化」與「卑南族」。

　　計畫執行期間，鍾教授設計十分細緻的前測、後測問卷，並利用電腦分析該計畫對學生研習多元文化的影響。礙於篇幅，僅引重要分析表如下：

「學習背景」題組前後測「整體同意度」比較表

問卷調查題目	前測-整體同意度百分比	後測-整體同意度百分比	增長幅度
12.我瞭解我所居住國家或地方的族群結構。	65%	77%	12%
11.我瞭解我所居住國家或地方的歷史沿革。	59%	68%	9%
13.我瞭解我所居住國家或地方「原住民族」的歷史文化。	35%	42%	7%
14.我認為我所居住的國家或地方是「多元文化」社會。	86%	87%	1%
前 4 題有關瞭解僑居地平均數小計	61%	69%	8%
15.我瞭解臺灣的歷史沿革。	11%	87%	76%
16.我瞭解臺灣的族群結構。	12%	82%	70%
17.我瞭解臺灣「原住民族」的歷史文化。	11%	79%	68%
18.我認為臺灣是「多元文化」社會。	44%	69%	25%
後 4 題有關瞭解臺灣平均數小計	20%	79%	59%
平均數總計	40%	74%	34%

（來源：鍾豔攸等：〈多元文化導向的僑生歷史教育研究〉，第128頁。）

「多元文化理解與應用」題組前後測「整體同意度」比較表

問卷調查題目	前測-整體同意度百分比	後測-整體同意度百分比	增長幅度
20..我會從多元文化角度來思考問題。	61%	77%	16%
19.我了解不同文化的重要性。	72%	84%	12%
22.我知道不同群體的生活方式之差異性。	68%	74%	6%
21.我知道不同群體的文化差異。	72%	77%	5%
平均數總計	68%	78%	10%

（來源：鍾豔攸等：〈多元文化導向的僑生歷史教育研究〉，第129頁。）

「多元文化回應與接受」題組前後測「整體同意度」比較表

問卷調查題目	前測-整體同意度百分比	後測-整體同意度百分比	增長幅度
27.我喜歡與來自不同文化的人進行交流。	78%	84%	6%
25.我會公平對待不同文化群體。	85%	90%	5%
26.我會接納不同群體的行為表現。	74%	79%	5%
23.我會尊重不同文化的價值觀。	88%	92%	4%
24.我會欣賞不同語言的表達方式。	90%	88%	-2%
平均數總計	83%	87%	4%

（來源：鍾豔攸等：〈多元文化導向的僑生歷史教育研究〉，第131頁。）

「學習背景」題組前後測「整體同意度」比較表──依僑居地統計

問卷調查題目	前測-整體同意度百分比	後測-整體同意度百分比	增長幅度
11.我瞭解我所居住國家或地方的歷史沿革。	60%	68%	8%
馬來西亞	60%	67%	7%
港澳地區	67%	86%	19%
緬甸	50%	58%	8%
其他地區	54%	54%	0%
12.我瞭解我所居住國家或地方的族群結構。	65%	77%	12%
馬來西亞	72%	84%	12%
港澳地區	52%	76%	24%
緬甸	42%	50%	8%
其他地區	62%	62%	0%
13.我瞭解我所居住國家或地方「原住民族」的歷史文化。	35%	42%	7%
馬來西亞	29%	40%	11%
港澳地區	33%	57%	24%
緬甸	33%	25%	-8%
其他地區	54%	46%	-8%
14.我認為我所居住的國家或地方是「多元文化」社會。	85%	87%	2%
馬來西亞	91%	91%	0%
港澳地區	86%	90%	4%
緬甸	75%	75%	0%
其他地區	62%	69%	7%
前4題有關瞭解僑居地平均數小計	61%	69%	8%
馬來西亞	63%	71%	8%
港澳地區	60%	77%	17%
緬甸	50%	52%	2%
其他地區	58%	58%	0%
15.我瞭解臺灣的歷史沿革。	11%	87%	76%
馬來西亞	8%	87%	79%
港澳地區	14%	95%	81%
緬甸	0%	75%	75%
其他地區	38%	85%	47%
16.我瞭解臺灣的族群結構。	12%	82%	70%
馬來西亞	9%	79%	70%
港澳地區	10%	95%	85%

緬甸	8%	75%	67%
其他地區	38%	85%	47%
17.我瞭解臺灣「原住民族」的歷史文化。	11%	79%	68%
馬來西亞	8%	74%	66%
港澳地區	14%	95%	81%
緬甸	8%	67%	59%
其他地區	31%	92%	61%
18.我認為臺灣是「多元文化」社會。	44%	69%	25%
馬來西亞	38%	60%	22%
港澳地區	67%	95%	28%
緬甸	42%	67%	25%
其他地區	54%	85%	31%
後4題有關瞭解臺灣平均數小計	20%	79%	59%
馬來西亞	16%	75%	59%
港澳地區	26%	95%	69%
緬甸	15%	71%	56%
其他地區	40%	87%	47%
平均數總計	40%	74%	34%
馬來西亞	39%	73%	34%
港澳地區	43%	86%	43%
緬甸	32%	62%	30%
其他地區	49%	72%	23%

（來源：鍾豔攸等：〈多元文化導向的僑生歷史教育研究〉，第147-148頁。）

「多元文化理解與應用」題組前後測題組「整體同意度」比較表
——依僑居地統計

問卷調查題目	前測-整體同意度百分比	後測-整體同意度百分比	增長幅度
19.我了解不同文化的重要性。	73%	84%	11%
馬來西亞	78%	84%	6%
港澳地區	81%	90%	9%
緬甸	33%	92%	59%
其他地區	62%	69%	7%
20..我會從多元文化角度來思考問題。	60%	77%	17%
馬來西亞	62%	75%	13%
港澳地區	81%	90%	9%
緬甸	33%	92%	59%
其他地區	38%	54%	16%
21.我知道不同群體的文化差異。	73%	77%	4%
馬來西亞	76%	78%	2%
港澳地區	62%	86%	24%
緬甸	42%	67%	25%
其他地區	69%	69%	0%
22.我知道不同群體的生活方式之差異性。	69%	73%	4%
馬來西亞	69%	72%	3%
港澳地區	81%	86%	5%
緬甸	50%	58%	8%
其他地區	62%	77%	15%
平均數總計	68%	78%	10%
馬來西亞	71%	77%	6%
港澳地區	76%	88%	12%
緬甸	40%	77%	37%
其他地區	58%	67%	9%

（來源：鍾鑑攸等：〈多元文化導向的僑生歷史教育研究〉，第150-151頁。）

「多元文化回應與接受」題組前後測「整體同意度」比較表
——依僑居地統計

問卷調查題目	前測-整體同意度百分比	後測-整體同意度百分比	增長幅度
23.我會尊重不同文化的價值觀。	88%	92%	4%
馬來西亞	93%	91%	-2%
港澳地區	90%	95%	5%
緬甸	75%	100%	25%
其他地區	62%	85%	23%
24.我會欣賞不同語言的表達方式。	90%	88%	-2%
馬來西亞	91%	87%	-4%
港澳地區	95%	90%	-5%
緬甸	92%	100%	8%
其他地區	77%	77%	0%
25.我會公平對待不同文化群體。	85%	90%	5%
馬來西亞	87%	89%	2%
港澳地區	76%	90%	14%
緬甸	92%	100%	8%
其他地區	77%	85%	8%
26.我會接納不同群體的行為表現。	74%	79%	5%
馬來西亞	78%	79%	1%
港澳地區	62%	76%	14%
緬甸	83%	100%	17%
其他地區	62%	69%	7%
27.我喜歡與來自不同文化的人進行交流。	79%	83%	4%
馬來西亞	80%	80%	0%
港澳地區	76%	95%	19%
緬甸	75%	92%	17%
其他地區	77%	77%	0%
平均數總計	83%	87%	4%
馬來西亞	86%	85%	-1%
港澳地區	80%	89%	9%
緬甸	83%	98%	15%
其他地區	71%	79%	8%

（來源：鍾豔攸等：〈多元文化導向的僑生歷史教育研究〉，第153-154頁。）

　　經過該年度計畫的實驗教學，學生參加淡水古蹟參訪，從回饋中可見，原本毫無臺灣史知識的海外華裔同學，能清楚體會時代特色。以下是筆者學生回饋。為保護學生個資，茲以代號標示：

0301

　　這次的古蹟參訪，讓我獲益不淺。參觀後，才知道原來淡水有這麼重要的地位。走在那些古蹟，加上老師的講解，彷彿可以看到那些畫面，有些地方真的超美、超好拍照。

0302

　　這次的古蹟參訪活動讓我看到古蹟，和進一步瞭解古蹟。如果沒參加這次的活動，就只能在參考書上瞭解，想像不到古蹟的樣子。幸好有參加這次的活動，讓我生動地瞭解。

0303

　　參加了這次的參訪使我更瞭解，淡水在清末時期，占有重要的位置，感謝講解員和老師們辛苦地為我們講解歷史事蹟，也辛苦老師們帶隊，這次參訪使我獲益良多。

0304

　　覺得這次的參訪，辦得很好。讓我瞭解到很多我沒學過的歷史，謝謝老師們，的帶領與專人的細心解說，真的讓我們獲益不淺。

0305

　　活動很棒！通過今天的校外參訪，讓我們對臺灣歷史有更深入的瞭解，以及更深刻的印象，讓學習過程不再枯燥乏味。我很慶幸，也很感謝自己有機會參加本次活動。也謝謝老師們，辛苦地為我們安排行程。

0306

　　從這淡水的活動中，我瞭解了淡水的歷史以及發展，而且也看到了英國人古早的屋子構造，拍照起來很好看。不止看到了馬偕博士，以及他家人等等的墳墓之外，還看到了日式風格的房子，我覺得這活動很有意義。

0309

　　感謝學校辦了一個很有意義的活動。在今天的活動中，我認識到很多有關淡水，以及臺灣的歷史，也瞭解更多有關臺灣的發展之路，及各國的關係。

0310

　　活動十分有趣，過程非常豐富，每個點都有講解員，令我更加深入瞭解當時地方文化及其歷史，令我對該地方的印象更加深刻。幸好有參加這次活動，不然，就會浪費了瞭解臺灣的大機會。

0311

　　通過這次淡水古蹟多元文化之旅，讓我加深了對淡水的認識，也看到一些學校、醫院、碼頭等建築。同時讓我對中法戰爭更加熟悉，淡水在清朝時期的戰略地位是十分重要。

0312

　　記得之前有去過紅毛城，但那時就只是認為那裡的風景很漂亮，沒想過它為什麼會是長這個樣子、為什麼會是這樣的建築風格，但是參加了這次的文化之旅，我知道了很多關於紅毛城的歷史與建築風格及其原因，讓我比平時更留意周圍的一點一滴，讓這次的旅行有更大的意義。

0313

　　參加了這次的參訪，我能更加理解淡水在清末時期占有重要的位置。老師更在滬尾炮臺，為我講解一些有關的歷史事蹟，這讓我更加明白，歷史課本的課文。雖然當天很熱，但能夠使我大開眼界，也是值得的。紅毛城和真理大學都很漂亮。很感謝講解員為我們講解，老師們帶隊也辛苦了，很榮幸參加這次參訪。

0314

　　覺得很特別，也很有收穫，尤其是在英國領事官邸，房子特別大，四周圍都很漂亮。房子裡面，我覺得拱圈回廊的設計，十分優雅和美麗。

0315

　　我很喜歡淡水古蹟區的整體感覺，尤其是紅毛城和英國領事館，整體狀況都保持得不錯。美中不足的是，如今滬尾炮臺，已沒有當時的大炮。如今我們再也看不到淡水當時候的繁華景象，只能從當時留下來的建築，窺探那段有味道的歷史。

0316

　　安東尼堡的設計很美，在建築上來看，可以經過多年的風雨摧殘，必定是真材實料，而且設計獨特。印象最深的是，呼叫僕人的呼叫鈴。在那時代，沒有如今的電子科技發達，全靠人類的智慧去生活，值得學習。另外，滬尾炮臺確實保留了原始風貌，雖然，炮臺已被移走，但身處當時環境還是能想像出來城門也覺得很神奇，因為以前只能在電視中見過，很不錯的體驗。

0317

　　歷史古蹟反映著當時社會的狀態，承載著人們共同的記憶。若人們對過往只有記憶，而沒有過往的空間或文化造物，那麼是非常抽象的。是個人的記憶只存在個人的想像中，所以我認為這次的參訪能夠讓我實實在在地看見古蹟，是一非常好的體驗。同時也讓我從專業導覽人員口中，學會了不少歷史知識。與此同時，也非常感謝各位歷史老師曬著大太陽，陪同我們參訪古蹟文物。

0320

　　很開心，很好玩。在這之前，其實我自己本身對臺灣歷史沒有一個深的體會，參加了這活動後，我腦裡就被填補了不少空白處。這是一個好的一天，非常感謝老師們的安排。

0704

　　好高興參與此活動，能對臺灣加深一個瞭解。在活動其中，走過具特色以及具歷史價值的建築，感覺身歷其境一樣。

0707

　　這次的淡水古蹟多元文化之旅，重點從見到砲臺，但還能看到算完整的砲臺古蹟，所以這活動值得的了。

0709

　　對於今日在淡水古蹟的參訪，我覺得在滬尾炮臺的收穫最大，因為清朝名臣劉銘傳運用了自己的智慧，在中法戰爭取得了勝利。其印象深刻是劉銘傳聘請德國技師巴思士督造砲臺和大砲。劉銘傳知道臺灣海峽海防較弱，加強了對臺海防禦上的建設性。其中北門鎖鑰在大砲技術，巴思士把大砲做得嬌小，但威力十足，據說當大砲發設至海域時，會形成一道水牆，當大砲發射時的音量，十里外都能聽得見。

0712

　　（無）

0713

　　很開心能夠參加這次的淡水古蹟多元之旅。在這次旅程中，我瞭解到淡水的歷史。此次的活動十分的豐富。所以，如果有機會，我會再次參加。

0714

　　平日很少會去看古蹟，這次出去看，學到了很多東西。一路上有講解員，很細心地講解，讓我們更加瞭解過去的歷史。

0717

　　在這次活動之前，我到過一次淡水，但那時對淡水是陌生的，漫無目的的，對淡水也沒有什麼瞭解。經過這次活動，使我瞭解到淡水的故事，認識到那麼多有意義的古蹟。

0721

　　沒有想到淡水曾經可以容納1000頭大象的船艦。淡水給我的印象是很漂亮，尤其是漁人碼頭。這次活動後，我才知道淡水有那麼多有歷史有故事的古蹟。從課文上的知識，可以聯想到這次的參訪地點，導覽員的講解很好。

0801

　　很開心能參訪和瞭解很多的歷史古蹟，也懂了很多文化，紅毛城的建築有了很多瞭解。歷史人物和文物員來，對我的知識非常重要，我們也深入認識了周杰倫拍攝地點。所有的建築都有他們的的風格，都非常美麗神聖。

0804

　　今天參訪了許多的古蹟，讓我更瞭解古蹟的重要性。今天比較印象深刻的古蹟是滬尾砲臺。那裡雖然沒有真正的砲臺，讓我感到有點遺憾，但是古蹟還是保留得滿完整的。

0805

　　俗語說讀萬卷書不如行萬里路。把課堂上所學所知，能有機會親身領略一番。感謝師長們的用心引導，此次的校外學習，讓我們受益匪淺。

0811

　　今天參訪許多歷史古蹟，感受到了別樣的文化。通過參訪，我對那些歷史上的人物及地點也有了更多的認識。歷史建築也具有一番德特的風格。建築的建法雕刻等都具有濃烈的藝術氣息。

0812

　　很開心能跟隨老師去參訪古蹟，從中可以認識到很多歷史古蹟。

0815

　　說起淡水就想到美麗的夕陽、熱鬧的老街、浪漫的河畔。本次淡水參訪之旅讓我瞭解了淡水不僅有漂亮的景點更有許多歷史古蹟。一路上，有老師們耐心的講解，看著展現歷史痕跡的建築物，對曾經發生過的歷史有了更深刻的認識

0818

　　很開心能夠參訪古蹟，讓我明白以前的人留下來的特色與文化。而這次去到的地方中，其中紅毛城的英國文化可以讓我體會英國人就算來到臺灣，也多珍惜自己故鄉的文化並把它帶到臺灣。所以，覺得對於我們這些學生來

說，可以回憶故鄉的美與好。

0820

比以前更加認識北門鎮鑰裡的古蹟了，更加瞭解淡水古蹟的歷史。

0615

每到一個新地方，老師及導遊都會詳細為大家介紹各景點的事蹟。讓我獲益良多。能有幸參與這次觀光，讓我對臺灣的歷史事蹟有進一步瞭解，這次參與，真棒。

四、小結

綜觀僑先部歷史科2017計畫，實驗教學成果具一定程度的參考價值。有鑑於臺灣於從民國一〇八年（2019年）開始實施強調核心素養的新課綱，放眼三年後進入大學的新生即是新課綱第一屆，未來海外華裔學生進入大學後，其校系同儕均受新教育模式陶冶養成。

因應三年後大學生的學習過程改變，歷史科擬實驗若干教學策略，建立素養導向的課程。因此，實有必要在前一計畫的基礎上，研究如何訓練同學探究歷史的能力並提升尊重多元文化素養的方案，以利僑生同學銜接大學教育。以往有賴教師個人獨力負擔適才適性教學，鑑於政府投入龐大的教育經費，今年實施的新課綱，期待培養具有自主學習、系統思考能力、社會參與的終身學習者。

筆者擬整合僑先部歷史教師人力，共同進行「發展素養導向的歷史教育研究」計畫，期盼經由持續的實驗，建立有效的教學方式。

第二十五章　結合沙維雅模式的情緒繪本共讀流程

香港教育大學
蔡逸寧

一、兒童情緒繪本的類別

　　繪本的題材廣泛，一般的故事內容或多或少都可能與情緒有關，但以情緒為主題的繪本大致可分為四類：第一，繪本的故事情節以情緒主題貫串，此類繪本通常在書目中突顯了情緒的詞語，甚至繪本的內容也會反覆出現與情緒相關的字詞、圖片、對話、人物表情等，例如：《眼淚糖》[1]、《學思達小學堂1：小刺蝟愛生氣》[2]、《我不亂生氣》[3]、《喜歡我自己》[4]、《我和怕怕》[5]等。這類型的繪本有助兒童深刻認知情緒詞彙及其意思。第二，繪本的圖畫與情緒相關，但繪本內容沒有提供任何文字，例如：《你們吵吧，我只想靜靜的欣賞》[6]。這類型的繪本不受文字拘束，讓伴讀者和兒童都有很大的想像空間，著重讓兒童觀察圖畫，學習認知情緒，同時訓練兒童的觀察力、想像力和創造力。第三，繪本的內容與情緒相關，並提供調節情緒的簡單步驟和方法，例如：《小青蛙愛靜坐》[7]引導孩子想像自己是隻小青蛙，透過安靜地坐下，專注於呼吸，從而學習調節情緒，減少衝動，活在當下。這類型的繪本明確列出安靜的具體步驟，讓兒童在嘗試的過程中有法可依。第四，繪本主題與情緒有關，並以系列形式出版，如《小恐龍情緒繪本》[8]、《菲力

---

[1]　三尾千鶴：《眼淚糖》（臺北：小熊出版社，2015年）。

[2]　張輝誠：《學思達小學堂1：小刺蝟愛生氣》（臺北：親子天下出版社，2018年）。

[3]　茉莉・派特：《我不亂生氣》（臺北：小光點出版社，2017年）。

[4]　康娜莉雅・史貝蔓：《喜歡我自己》（臺北：親子天下出版社，2005年）。

[5]　法蘭切絲卡・桑娜：《我和怕怕》（臺北：字畝文化出版社，2018年）。

[6]　李智賢：《你們吵吧，我只想靜靜的欣賞》（臺北：奧林文化事業有限公司，2019年）。

[7]　嚴吳嬋霞：《小青蛙愛靜坐》（香港：新雅文化事業有限公司，2019年）。

[8]　Manisa Palakawong：《小恐龍情緒繪本》（臺北：人類文化出版社，2016年）。

的17種情緒》[9]、《彩色怪獸繪本》與《彩色怪獸情緒著色本》[10]、《我的感覺系列》[11]、《加斯頓七彩情緒繪本》[12]等。這類型的繪本讓兒童在同一系統和模式下認識不同的情緒。

二、沙維雅模式的特點

沙維雅家庭治療模式是一種以經驗人本為取向的健康治療模式，其理論及工具多樣化，既可用於個人諮詢及團體輔導，也可應用在教育現場。以下為將沙維雅理論兩大特質應用在繪本共讀流程的原因：

（一）著重對話、提問和聆聽

繪本共讀的流程中，伴讀者與兒童有著密切的交流，伴讀者可通過提問引導小朋友辨別情緒、為情緒命名，亦可透過提問帶動兒童投入故事內容、代入角色、從角色連結到自身的生命經驗等。沙維雅展開對話，是以「好奇」為出發點，對人好奇，然後針對「冰山圖」各層次進行探索。不同層次的對話、探索、挑戰、陳述與核對，都會創造新的感知，或者出現新的視野，對話者以連結人的生命力為目的，就能開展人的寬闊與深邃[13]。因此，伴讀者要多與兒童對話溝通，當孩子回答時，伴讀者更要抱著積極聆聽、尊重、同感、真誠的態度，如此孩子才能在信任的關係下敞開自己，真誠地面對自己的情緒。

（二）著重體驗性

繪本共讀的流程有如開展一趟探索和冒險的歷程，閱讀者往往不知道過程之中會看到什麼、聽到什麼、學到什麼、感受到什麼。因此，共讀的過程非常重要，尤其是在兒童經驗情緒時，伴讀者需要給予足夠的「停留」，

---

[9]　迪迪耶・李維：《菲力的17種情緒》（臺北：米奇巴克出版社，2014年）。

[10]　安娜・耶拿絲：《彩色怪獸繪本》（臺北：三采出版社，2015年）；安娜・耶拿絲：《彩色怪獸情緒著色本》（臺北：三采出版社，2015年）。

[11]　康娜莉雅・史貝蔓：《我的感覺系列》（臺北：親子天下出版社，2012年）。

[12]　曾荷麗：《加斯頓七彩情緒繪本》（臺北：水滴文化出版社，2019年）。

[13]　李崇建：《閱讀深動力》（臺北：寶瓶文化出版社，2017年），第55頁。

讓兒童有足夠空間關注自己的內在，「停留」亦有助孩子檢視和體驗自身的情緒。沙維雅模式常常強調，體驗性是人改變的重要部分。體驗性與思考不同，是及於內在的感受，不僅止於頭腦上的思辨。體驗性對話的關鍵，在於如何在感受上停頓，並且在這時候進行探索與體驗，往往使人有更深的體驗[14]。而且，體驗性可以啟動人的良善感知，比說教更容易打動人，因為深刻動人的事物，不是以道理打動人心[15]。

三、沙維雅模式工具舉隅

沙維雅模式的工具眾多，引導者可以「5A對話」、「自尊錦囊」和「冰山理論」作為與兒童共讀時的輔助工具：

（一）5A對話

閱讀的過程中，陪伴者可引導兒童從繪本內容延伸到自身經驗。當孩子意識到情緒，先透過深呼吸讓腦袋停頓，找一個小小的空間對話，對話的脈絡是「5A」對話[16]：

覺察（Awareness）：我「感覺」自己有一點兒＿(情緒詞語)＿。（停頓十秒）

承認（Acknowledge）：我「承認」自己是＿(情緒詞語)＿。（停頓十秒）

接納（Acceptance）：我「允許」而且「接納」自己感到＿(情緒詞語)＿。（停頓十秒，甚至更長時間。然後做五次深呼吸，感覺呼吸從鼻腔進，從鼻腔出）

轉化（Action）、欣賞（Appreciate）自己：告訴自己，即使我感到＿(情緒詞語)＿，我依然這樣努力／不放棄／願意承應／願意面對，我很「欣賞」這樣的自己。

---

[14] 同上註，第60頁。

[15] 同上註，第70頁。

[16] 李崇建：《心念——25堂從情緒引導學習的內在課程》（臺北：寶瓶文化出版社，2016年），第208頁。

（二）自尊錦囊

　　體驗情緒絕不容易，兒童除了抱有好奇心，內在也可能存在著其他複雜的情緒，例如：不安、焦慮、羞恥的感受。在探索的歷程中，引導者適當運用不同的「自尊錦囊」，有助小朋友在退縮之中鼓起勇氣，甚至在經歷探險歷程同時提升個人的自尊。這些工具是一種心理儀式，儀式有時只是一種形式，但其心理價值卻不可估計，我們可以將之應用在繪本共讀的過程當中，從而得到最大效果[17]。「自尊錦囊」[18]包括以下幾個：

自尊錦囊	意思	繪本共讀應用場景舉隅
偵探帽	象徵好奇心，是探索的資源。當兒童運用好奇心取代判斷，便能從不同角度看事物。	貫穿於整個共讀流程，伴讀者與兒童處在同等的位置上一起展開探索歷程。
愛心寶石	象徵接觸自己的愛心，藉著感受愛，從而達至內心的和諧一致。	兒童可以借助寶石向自己、向別人表達愛、感恩或欣賞，與己與人連接。
智慧寶盒	象徵智慧和資源，寶盒盛載不同的資源。當兒童有需要的時候，可以從中揀選，並運用所需要的能力。兒童可隨時添加寶盒中的資源，也可將暫時不適用的資源放到寶盒中，好好收藏。	共讀流程中，伴讀者發現兒童有著的資源都可以放進寶盒，如愛心、毅力等。
金鎖匙	象徵信心，在感到迷惘、面對困境、尋求改變時，以金鎖匙開啓可能之門，盡自己最大的可能為自己負責任。	在迷失的困境中，鼓勵兒童打開心扉和頭腦，發揮創意，想出天馬行空的方法，甚至超越界限和常規。
願望棒	象徵夢想，拿著願望棒，代表有追求夢想的資源以及實現夢想的可能。	在困難的處境中，提問兒童最大的願望是什麼，引導兒童調節期望，鎖定目標，想想如何往願望進發。
勇氣權杖	象徵敢於冒險，當兒童步步為營時，需要展現勇氣，面對眼前的未知。	給予兒童勇氣權杖後，請兒童想像自己現在多了一點勇氣，重新想想會否有不同的決定和做法。
雙面金幣	象徵堅定，表達真正的「可以」或「不可以」；「好」或「不好」；「能」或「不能」；「行」或「不行」。	鼓勵兒童在面臨兩難處境時，學習選擇，堅定地實行，並為這個選擇負責。

---

[17] 叢揚洋：《找到意想不到的自己：薩提亞模式與自我成長》（武漢：武漢大學出版社，2015年），第66頁。

[18] 同上註，第66-71頁。

（三）冰山理論

　　伴讀者可透過提問，與孩子一同經驗各層「冰山」。冰山包括水面上層的行為和應對姿態，還包括藏在水面下的感受、感受的感受、觀點、期望、渴望、自我[19]。人與人的相處，較多時候只留意到對方的行為和應對姿態，然而自己對自己的瞭解、自己對別人的瞭解沒有進入「冰山」的各層其實也不可謂之全面。冰山的理論具有條理，層次分明清晰，運用在繪本共讀的程度亦甚具彈性。探索「冰山」的程度和深度可依據兒童語言及心理發展情況而定。當兒童的語言能力有限，探索可能只言及感受的層次，即辨識情緒和確認情緒詞彙，但待兒童的語言能力和心理發展漸趨成熟時，探索可廣及觀點、期望、渴望等層次，引導者甚至可以讓孩子開始學習自己發掘和感悟。

四、結合沙維雅模式的兒童情緒繪本教學示例

　　《蛋頭先生不怕了！》[20]內容是關於主角蛋頭先生在意外之中經歷恐懼，然後他如何將恐懼轉化為成長的勇氣。以下會將沙維雅模式的上述工具結合到《蛋頭先生不怕了！》情緒繪本共讀流程當中：

故事內容簡述	探索性提問	提問的目的	沙維雅工具應用
《蛋頭先生不怕了！》封面	1. 你猜這個故事的內容怎樣的？ 2. 從書中的封面可見，蛋頭先生的外貌是怎樣的？ 3. 書名為《蛋頭先生不怕了！》，你猜蛋頭先生害怕什麼？	● 觀察書本的封面、封底、作者、標題，增加兒童的好奇心 ● 訓練兒童的想像力	● 自尊錦囊： ● 偵探帽（好奇心）
蛋頭先生喜歡站在高高的牆頭上，看著天空自由飛翔的鳥兒。有一天，他從牆上跌下來。	1. 蛋頭先生的外貌有什麼改變？ 2. 蛋頭先生從高處跌下來，你猜他有什麼感覺？ 3. 你有過痛的感覺嗎？痛的感覺是怎樣的？ 4. 如果你是蛋頭先生的朋友，你會跟他說什麼？	● 訓練兒童的觀察力 ● 聯繫兒童的生活經驗 ● 覺察和辨識情緒	● 自尊錦囊： 愛心寶石（表達愛與關懷）

---

[19]　李崇建：《薩提爾的對話練習》（臺北：親子天下出版社，2016年），第42頁。

[20]　丹‧桑塔：《蛋頭先生不怕了！》（臺北：小天下文化出版社，2019年）。

故事內容簡述	探索性提問	提問的目的	沙維雅工具應用
蛋頭先生不斷經過嘗試，排除萬難，成功製作飛機。當他爬上飛機，他感到快嚇死了。	1. 蛋頭先生成功製作飛機，他很想爬上飛機，為什麼他會感到害怕？ 2. 人人都試過害怕，你有什麼害怕的人或事嗎？ 3. 你如何知道自己害怕？ 4. 你害怕時會做些什麼？ 5. 當你感到害怕時，你有什麼願望？	● 聯繫兒童的生活經驗 ● 引導兒童回想害怕的經驗 ● 覺察、理解、表達及體驗害怕的感覺	● 5A對話 ● 自尊錦囊： 智慧寶盒（智慧和資源）； 金鎖匙（信心）； 勇氣權杖（敢於冒險） ● 體驗性冰山模式（著重感受、感受的感受，按兒童的能力依次延伸至對觀點、期待、渴望等層面的理解）
蛋頭先生的手不斷抖顫，他爬上飛機時，不看上面，不看下面，只管一直爬，直到他不再害怕。	1. 蛋頭先生感到害怕的反應是怎樣的？ 2. 蛋頭先生雖然感到害怕，但他怎樣面對害怕？ 3. 如果你是蛋頭先生的朋友，你會如何安慰他？ 4. 如果你再次經驗害怕，你會選擇如何面對？	● 聯繫兒童的生活經驗 ● 發掘兒童自身的資源 ● 帶著好奇心瞭解自己與蛋頭先生面對害怕反應的異同	● 自尊錦囊： 願望棒（夢想）；勇氣權杖（敢於冒險）； 雙面金幣（選擇和堅定地實行）

　　在共讀的流程中，伴讀者的提問可多可少，由於問題並非完全側重於知識層面，所以大部分的問題不存在固定答案。透過沙維雅的工具，最理想是達至伴讀者與兒童在開放、一致的狀態下對話。然而，兒童面對情緒也許會有難堪、想逃避之時，兒童在對話過程中往往會出現指責[21]、討好[22]、超理智[23]或打岔[24]的姿態，因此伴讀者必須時刻從自己的智慧寶盒中提取「愛心寶石」的能力，多向自己、向兒童表達愛和欣賞。此外，伴讀者也要在寶盒中添加「耐性」的資源，因為情緒教育並非可以一蹴而就，反而要抱著愚公移山的精神反覆實踐和嘗試。

---

[21] 「指責」是指個人缺乏尊重與關注他人，只在乎情境，見丹・桑塔：《蛋頭先生不怕了！》，第46頁。

[22] 「討好」是指個人缺乏尊重與關注自我，只在乎情境和他人，見丹・桑塔：《蛋頭先生不怕了！》，第47頁。

[23] 「超理智」是指忽略自己和他人，只在乎情境，見丹・桑塔：《蛋頭先生不怕了！》，第48頁。

[24] 「打岔」是指個人缺乏尊重關注自我、他人與情境，見丹・桑塔：《蛋頭先生不怕了！》，第49頁。

五、小結

　　情緒有如信差，它本來沒有好壞之分，當兒童學懂適切應對和表達，就可以善用「情緒」這份禮物。沙維雅的工具充滿體驗性，工具既讓人認識自己和感受內在，也有助個人成長和與人溝通。在情緒繪本共讀的流程中，靈活和彈性地運用沙維雅的工具，令引導者有法可依，同時又不局限於法則之中。整套工具的理念更關注到人們情緒的共通性和尊重個人感受的獨特性，實在是情緒教學的一套多元化和人性化的輔助工具。

第二十六章　歷史教育在未來的發展路向初探：「飛」一般的歷史學習反思

明愛元朗陳震夏中學

魏文輝

一、引言

　　教育局於2017年起先後頒布及更新《中學教育課程指引》（2017）、《個人、社會及人文教育學習領域課程指引（小一至中六）》（2017）。更新學習宗旨，提倡學會學習2+，課程寬廣而均衡，協助學生培養七種首要價值觀和共通能力[1]。在個人、社會及人文教育學習領域內，參照學習領域的特色訂定七個課程發展重點[2]，幫助學生保持健康的個人成長、瞭解自己、社會、國家和世界及、成為有自信、具識見及負責任的人，為家庭、社區、國家及世界的福祉做出貢獻。

　　近年，隨著資訊科技的普及，學生較過往更容易在網上獲得課本內外的知識，改變過往學生從課本上獲得相關知識的學習方法，這種轉變對老師以傳統依照課本以直述的方式造成挑戰。2018至2019學年起，關愛基金於推動為期三年的援助項目，資助中、小學生購買「自攜裝置」，以便在課堂上利用流動電腦裝置進行電子學習。

　　由於很多學生認為歷史（包括中國歷史與歷史）課堂沉悶，與生活脫節，因為課堂教學離不開正文講授、歷史資料題技能訓練等教師主導教學。

---

[1]　教育局提倡的七種首要價值觀為堅毅、尊重他人、責任感、國民身分認同、承擔精神、誠信、關愛；共通能力是指基礎能力（溝通能力、數學能力、運用資訊科技能力）、思考能力（明辨性思考能力、創造力、解決問題能力）、個人及社交能力（自我管理能力、自學能力、協作能力）。見香港教育局：《中學教育課程指引》（香港：教育局，2017年）。

[2]　七個主要課程發展重點為人文素養、開拓與創新精神、價值觀教育、電子學習、共通能力及其綜合運用、促進對國家及世界的認識、跨課程語文學習。見香港教育局：《個人、社會及人文教育學習領域課程指引（小一至中六）》（香港：教育局，2017年）。

故此，本文嘗試「『飛』一般的歷史：屏山文物徑」作為學習主題，讓老師成為學習的促進者的角色，將電子學習自然地融入歷史課堂，讓學生以沉浸的方式進行學習，將課堂與地區聯繫，反思個人與時間、國家、文化之間的關係，培養成為具素養的國民〔《個人、社會及人文教育學習領域課程指引（小一至中六）》，2017年〕。

課堂構思

在筆者多年的觀課及交流中，課堂的趣味性固然重要，不過協助學生持續建立學習成功感，是有助培養終身學習能力的重要元素。課堂學習效能較低的課堂，不外乎由於學生基礎或前設知識不足而導致引入時間過長、長時間進行直述式講授而忽略對學生在學堂學習表現的評估回饋、課堂教學未能展現學習多樣性，以致學習未能符合學生程度和能力，長遠打擊學生學習動機，而過往以教師為中心的教學模式，難以培養學生不同的能力[3]。因此，是次嘗試以「屏山文物徑」作為歷史學習主題，並參考了《中國歷史科課程指引（中一至中三）（2019）》、《歷史科課程指引（中一至中三）（2019）》在知識、技能、價值觀等方面的要求，提升學生對歷史學習的動機和能力。

二、實踐情況

在完成教案及學習內容後，分別在兩所中學的中三級中國歷史科及中一級歷史科進行試教，學生程度尚可，完成課堂後，邀請參與師生進行問卷及訪問，以檢視在「學、教、評」三方面的情況。每一課題的課時約四十分鐘，有關流程如下：

---

[3]　霍秉坤主編：〈教育方法引論〉，《教學方法與設計（修訂版）》（香港：商務印書館有限公司，2004年）。

教學活動	屏山與圍村	英國管治下的屏山	屏山的教育	屏山的傳統風俗	備註
課前預習	學生須課前在GoogleSite觀看《屏山與圍村》航拍資料影片及閱讀材料。	學生須課前在GoogleSite觀看《英國管治下的屏山》航拍資料影片及閱讀材料。	學生須課前在GoogleSite觀看《屏山的教育》航拍資料影片及閱讀材料。	學生須課前在GoogleSite觀看《屏山原居住生活習俗》航拍資料影片及閱讀材料。	鼓勵學生利用現今資訊科技，將學習自然地融入日常生活，將學生學習習慣帶到課堂時間以外進行，推動自主學習，以培養學生成為終身的學習者。
引入活動（5分鐘）	由教師通過提問，提升學生關注，及鼓勵他們帶出相當知識及概念，引起學生學習動機。				評估學生預習情況，引入課堂並引起學生對課題的關注
課堂發展（10分鐘）	教師檢視學生基礎題型網上預習的參與情況，核對相關練習的內容、講評學生答案並透過答案分布分析，回饋相關表現。				以電子學習促進學習的評估，及做出即時回饋
課題探究（15分鐘）	教師指示學生進行進階探究的分組活動（約四至六人一組），並完成學習任務：1.查考課本內容；2.分析影片及閱讀資料；3.討論及記錄；4.彙報。				透過分享和協作，深化在學習過程的參與
	圍村的形成與地理境的有什麼關係？或圍村的建築與當時（明末清初社會情況）有什麼關係？	當時居民如何回應英國接管新界的挑戰？或英國在接管新界時有什麼困難？英國如何解決以上困難？	資料內容反映出中國傳統宗族重視什麼？或傳統的教育與現代教育的比較。	傳統圍村有哪些習俗？反映他們重視哪些觀念？或圍村傳統生活習俗與權益在何等程度上值得保留？	以探究式學習作為主題，並利用相關歷史資料及影片以情景學習方式進行學習活動。老師擔當作為學習的促進者的角色，鼓勵學生善用資訊科技選取合適的資料，提升課堂學習效能。
總結所學（10分鐘）	教師總結課堂及協助學生反思學習情況（從前備知識輸入、學習過程及模式、得著與檢討）情況，並帶出與課題相關的知識、技能及價值觀。				整理及深化學生學習
課後跟進	安排進行一下節的預習評估，並對有興趣的課題作資料蒐集，鞏固及延展所學。				延伸及後續學習

三、配合電子學習工具

電子工具	學與教用途	成效
GoogleEducation	Googlesite（主要學習平臺）、GoogleForm（評估）、Youtube（存放影視學習材料）。	推動自主學習 即時評估及回饋 課堂討論
QRCode	預習內容； 課堂上即時參與。	提升學生即時參與能力
iPad／手機	預習、堂課、討論	於課前及課堂提取有用資訊
航拍機	製作學習材料	為歷史教育提供一個全新視角，提升學生學習動機

四、實施效果

在完成教案及學習內容後，分別在兩所中學的中三級中國歷史科及中一級歷史科進行試教，並邀請參與師生進行問卷及訪問，以檢視在「學、教、評」三方面的成效。

（一）學生學習表現

在課堂設計上，學生預習評估部分能夠考查學生備課情況，有助老師在課前評估學生學習情況及能力，在教學上做出調適。以下為學生預習評估的答題情況：

第一節	第二節	第三節	第四節
5.69分（總分：8）	5.19分（總分：8）	6.7分（總分：8）	6.14分（總分：8）

由同學的答題表現可以見到，學生在初期需要適應相關的教材設計，而且對圍村位置及英國管治課題掌握較弱；但在熟悉相關的評估設計後，加上有關民生的教育及風俗內容，學生已漸適應這種學習模式。同時，由於網上的作答系統Google form可以為低於50%答對率的經常答錯問題做出標示，所以教師在講解部分時，可以集中解說相關的部分，以聚焦同學的學習難點。

（二）學生的看法

　　兩所中學的教師共識是集中扣連學科學習內容，選取共通的歷史主題作為延伸學習。同時，由於學生程度一般，將內容調適至合適學校學生同時參與，引起學生學習動機及掌握基礎知識為主。以下為學生自評問卷數據：

學生自評問卷數據

	4	3	2	1
1. 我認為今次課堂運作順利。	52.3%	43.2%	0%	4.5%
2. 我認為今次研習題目具有意義。	63.6%	29.5%	2.3%	4.5%
3. 我認為航拍能為歷史學習提供新視角。	59.1%	34.1%	2.3%	4.5%
4. 我認為電子學習能提升歷史學習的成效。	75%	18.2%	2.3%	4.5%
5. 我認為在本節課堂較一般課堂更投入。	47.7%	47.7%	2.3%	2.3%
6. 我希望學校之後能繼續舉辦類似形式的課堂。	56.8%	38.6%	0%	4.5%

1至4分，1分為非常不同意；4分為非常同意

　　從學生的回應中，亦可以見到學生對學習的反應正面，學生超過90%均同意本次設計可以為歷史學習提供新視角，並認同電子學習平臺的設立，能提升他們的學習成效。而學習的設計亦受到學生歡迎，令他們更投入學習歷史，並且希望在未來舉辦更多類似的課題。

（三）老師的的看法

　　一般而言，學生就算是親身參與實地考察，也只能夠以地面的視角仰望不同歷史建築。通過是次教學設計，利用最新的航拍科技製作影片，為學生帶來全新的視角。從空中的角度，學生則可更宏觀地看到圍村的建立與當地地理環境的關係；英治時期警署的位置如何便利殖民地政府的管治等情況，讓他們的歷史學習更具立體感。

　　此外，由於學生在課堂學習前的階段已閱覽相關的網頁（Google Sites）進行預習，這有助學生在上課前就相關的課題，掌握前備知識，減少老師抽調額外課時教授基礎知識及概念，改善過往學生前備知識及課時不足問題，提升課堂的效能及探究深度。

最後，在課堂上表現方面，學生預先利用電子學習進行預習，亦可以讓課堂進行多元評估。在老師的課堂觀察所見，學生在課堂中表現出較以往積極的學習態度，主動給合課本知識，及利用平板電腦查考學堂所需，進行協作學習、討論、彙報，最終就高層階的題目做出探究，提升整體學與教的成效，並達致持續提升學生學習表現的目標。

五、限制

不過，良好參學與教的難點在於學生需要對自主學習具有良好的態度，方能以自主學習的方式進行課前預習，帶動課堂討論的部分。此外，在操作上，少數學生運用電子學習工具作為學習的能力仍需要加強，所以教師在準備學生第一節課前，需要一定時間準備學生相關的態度、知識和技能。同時由於老師是第一次使用航拍機錄影及製作教材，因此軟硬體操作的熟悉程度影響預習影片的質素。

當然是次教學設計作為電子教學的一項多元創新嘗試的教育研究，假若有更充足的資源及準備（如：課外時間、課堂、教師資源、學生恆常的學習習慣），在教學的學習成效必然更高。

此外，由於兩位教師亦是第一次嘗試以航拍作為教材，將原來紙本上的學習材料，整合成一個網上平臺。教師從網站設計、圖像、影像處理，討論並達成共識及製作，涉及老師對拍攝及電腦操作的技術熟練程度，或多或影響教材質素水準。

對未來歷史學習模式反思

從教學過程我們亦深入反思歷史教育的方式。我們均認同歷史教育以電子學習及互動（Interactive）形式實踐相當合適。從是次經驗上，課堂技巧如電子答題平臺及小組彙報等內容，學生可以從中成為學習的建構者，自我負責及規劃學習經歷的工作，提高對本地歷史議題探究的學習效益。特別是兩所學校已跟隨著教育局第四個資訊科技教育策略，以「發揮IT潛能，釋放學習能量」為題，在校園已能有效利用電子學習工具，實時分享學習成果，學生更可以透過即時觀看及蒐集資料，作為小組彙報內容。此結合電子教學模式有助提升課堂互動時間，將「以教師為本」過渡至「以學生為本」的課

堂教學，提升學生參與[4]。

同時，網上學習平臺設立，讓學生可以就個人學習步伐，沉浸（Immersive）在屏山相關的議題和學習場景中。鼓勵學生在課堂前多閱讀及資料蒐集，以引發他們對議題產生興趣。而有趣的航拍影片及易達的網路空間，亦可以加強學生的學習體驗，並在虛擬的環境中，探索現實的相關知識和經驗。

最後，相關的課堂亦可以照顧學生的學習多樣性，課前預習、問答及課堂討論，透明差異化處理，能切合不同學習者的需要，讓能力較稍遜的學生，能安排更佳的學習步伐；能力較高的學生，也可以透過協作學習內容，以擔當帶領討論的角色。

六、小結及建議

從2000年教育統籌委員會發表的《香港教育制度改革建議》到2017年《中學教育課程指引》，香港老師的教學法仍舊以教師為中心，未能通過一系列的政策、學習圈等方式完全改變既定看法，以致在學與教未能照顧學習多樣性，培養學生成為終生的學習者。從是次教學設計中，兩所中學的科主任帶領科內老師就「學、教、評」展開交流，以電子平臺作為學生學習的主要工具，而相關的學習材料上載到在教學平臺之上，有利於聯校教師利用協作平臺發展校本課程，及作為專業交流、課堂實踐、反思，建立具持續性的協作開放及專業交流文化，進行以學生為中心的課堂教學。另外，是次教學亦有助老師反思歷史教育面對現今科技發展所帶來的挑戰，以及如何利用資訊科技作為歷史教育其中一個發展方向。

在學生層面，我們認為協作教學活動模式，能夠讓不同學校的教師建構學習群組，彼此學習及瞭解學生不同的特質，「『飛』一般的香港歷史：屏山文物徑」及屏山鄧族文物館作為試點，讓老師成為學生學習的促進者，促進學生培養終身學習的特質。

此外，我們更進一探討相關的教學設計之可持續發展，需要學校多方面的支援，以及不同角色的定位。

學校層面，學校將《中學教育課程指引》（2017）中的「學會學習2.0+主要更新重點」作為規劃具持續性的學習及成長方向，並更部分優先作為學

---

[4]　趙志成等著：《學校改進理論與實踐》（香港：香港教育研究所，2013年）。

校關注事項，納入年度規劃，有助提升不同科目及組別老師的關注度，讓全校有發展「目標一致」[5]。另外，學校可在校內建構學與教研習平臺，及推動聯校協作交流，賦予老師權利及承擔責任，提升老師專業能量[6]，從學、教、評三方面協助老師規劃學生可持續學習目標及策略，以因應社會時代的轉變所帶來的挑戰和學生學習轉變。

科主任層面，由於中層老師在校本課程發展中扮演的角色極為重要[7]，所以科主任檢視學科特性，從課程規劃、教學設計、評估等方面，思考如何利用資訊科技融入學習，推動學生建構知識、提升素養及思維能力，建立自主學習及終身學習的態度。此外，科主任與科內老師討論，選取合宜的學習的課題作為教學研習，進行課堂實踐及檢視，探索出合符校情的學與教方法，提升學習效能。

前線老師層面，應該擔當起學習促進者的角色，透過瞭解學生的特質，為他們提供發揮潛能的機會。前線老師通過與科主任協商及選取合適的課題及學習方式，從設計、教材準備、評估、檢視優化等方面建構出優質課堂。老師在教學的過程中觀察學生學習情況及困難，透過顯證與科主任共同檢討、反思、修正，將未來所需素養、能力融入課堂，協助學生應付未來的挑戰。

5　趙志成等著：《學校改進理論與實踐》（香港：香港教育研究所，2013年）。

6　同上註。

7　徐俊祥：〈中層教師在校本課程發展中的角色：一間小學的個案分析〉，《第十二屆兩岸三地課程理論研討會：課程發展機制》（臺北：國立臺北教育大學，2010年）。

附件一：教學目標及學習材料

Google Sites路徑：https://sites.google.com/view/flyhistory/

教學目標

知識	● 從屏山文物徑看國家不同時期的事件與香港本地居民的關係； ● 從屏山圍村、英治情況、教育、傳統風俗，增加對歷史事件的瞭解。
技能	● 通過使用電子學習工具，鼓勵學生培養成為終生的自主學習者，提升在廣度（橫向）深度（縱向）學習； ● 以多元學習歷史材料，協助學生建構歷史脈絡，提升選取及運用資料技巧； ● 提升學生對人文素養及共通能力的培養。
價值觀	● 建立優良的品格，培養個人對社會、國家及民族的歸屬感； ● 提升學生在人文素養、開拓與創新精神、價值觀教育（包括《基本法》教育、促進學生對國家的認識）。

科目、年級、單元課題：

主題	中國歷史科	歷史科
屏山與圍村	中二級： 晚明政局與明朝滅亡； 清初遷界對香港地區發展影響。	中一級： 主要民系與姓族。
英國管治下的屏山	中二級： 列強在華劃分勢力範圍及英國租借新界。	中二級： 英國殖民管治的建立； 至19世紀末香港的成長與發展－治安。
屏山的教育	中二級： 列強在華劃分勢力範圍及英國租借新界；「清末新政」教育改革。	中一級： 香港傳統的農村生活－鄉村教育
屏山的傳統風俗	中三級： 中國與英國就香港前途問題談判的歷程、《基本法》的制定；香港回歸及香港特別行政區的成立和發展概況。	中一級： 香港傳統的農村生活－祭祖及敬神 中三級： 華人在戰前香港的政治、經濟、社會等方面擔當什麼角色； 二戰後香港的蛻變與回歸祖國。

附件二：《個人、社會及人文教育學習領域課程指引》（2017年）學習重點檢視表

人文素養	屏山與圍村	英國管治下的屏山	屏山的教育	屏山的傳統風俗
相信自己是獨特的和有價值的、對自己有高期望和經常追求卓越			●	●
關注他人的福祉和願意為共同福祉做出貢獻	●	●	●	
珍視歷史和文化作為人類的共同經歷	●	●	●	●
加強對美的欣賞能力	●			
熱愛大自然和關注它的可持續發展	●			●

九項共通能力		屏山與圍村	英國管治下的屏山	屏山的教育	屏山的傳統風俗
基礎能力	溝通能力	●	●	●	●
	數學能力				
	運用資訊科技能力	●	●	●	●
思考能力	明辨性思考能力	●	●	●	●
	創造力				
	解決問題能力	●	●	●	●
個人及社交能力	自我管理能力				
	自學能力	●	●	●	●
	協作能力	●	●	●	●

提升學生的開拓與創新精神	屏山與圍村	英國管治下的屏山	屏山的教育	屏山的傳統風俗
創意和革新思維	●		●	
積極主動的態度和責任感	●	●	●	●
承擔預計的風險				
面對不明朗時仍然堅毅不拔	●	●		
把握未來最佳良機			●	

價值觀教育

《基本法》教育	屏山與圍村	英國管治下的屏山	屏山的教育	屏山的傳統風俗
提升學生對《基本法》中「一國兩制」的概念的認識		●	●	●
瞭解《基本法》與日常生活息息相關			●	●
加強學生的正面價值觀和態度，包括法治、公義、國民身分認同、民主、自由、人權、平等、理性。	●	●		

促進學生對國家的認識	屏山與圍村	英國管治下的屏山	屏山的教育	屏山的傳統風俗
培養學生對中國歷史和中華文化的正面觀感	●	●	●	●
培養學生對國家、文化和人類責任感	●	●	●	●

第二十七章　文獻、口述與教學：
「考據派」口述史的方法及意義

香港浸會大學社會學系
蘇柏玉

一、引言

　　口述歷史在中國大陸發展了三十餘年，參與者甚眾，各家根據學科所長和特定條件，進行了多學科、多角度的嘗試，理論、實踐並未有一定之規，是一個尚未成熟的學科。因此，教學思路也紛繁複雜。開設口述歷史課程的歷史學系，往往以出身人類學、公共史學的教授擔任教學任務。但大陸歷史學以文獻研究為先，田野研究、發展歷史教育在公共領域的影響與實踐均位居其後[1]。跨學科實踐雖有益處，卻難以提供與傳統歷史學文獻研究相結合的有益參考，這掣肘了學生學習的積極性。許多有機會接觸、學習口述歷史的學生在畢業需求的壓力下，對此方法淺嘗輒止。以中國人民大學歷史學系為例，雖然開設口述歷史教學課程多年，但通過口述史方法蒐集資料，撰寫碩博士學位論文的學生僅有二人[2]。如此看來，加強口述史的歷史學特色、發展出一套適配於歷史系教學的口述史理論與應用體系，是推進大陸口述歷史教育的一個關鍵點。本文擬援引兩部口述歷史新作為案例，探討將文獻研究與口述史相結合的操作及意義問題。

---

[1]　口述歷史主要有發展民眾歷史興趣、保育本土文化、輔助構建公民意識的社會功能。許多海外地區的口述史項目傾向於從發揮這些社會功能的角度推進工作，輔助教學。

[2]　參見中國人民大學學位論文數據庫，論文公開日限於2019年9月之前。另，大陸歷史學系學人的研究時段集中於1949年以前，1949年以後的當代中國史研究往往歸於馬克思主義學院，其教學思路、方法與歷史學系有明顯不同，沒有納入到筆者的考察範圍之中，特此說明。

二、操作方法

　　早在2009年，定宜莊教授就提出了如何將口述與史家所擅長的文獻考據相結合的方法[3]。她認為，史家與人類學家的研究取向不同，在擇取訪談對象上，往往偏好那些有文字記載的人群，因此具備了以穩定的文獻與流動的口述相參證的條件。具體實踐上，在前期，要讓文獻起到尋訪嚮導和為被訪者的社會角色定位的作用；中後期的第一步工作則類同於王國維提出的「二重證據法」，將口述與文獻互參，校勘辨誤，糾正被訪者有意或無意的記憶失誤，分辨哪些是有意虛構出來的東西；再進一步，對虛構本身進行研究，這包括探查被訪者何以要進行虛構，在這種虛構之後又隱藏著什麼樣的歷史背景與社會心態等等。這些總結基於她十數年的經驗之上，也應用在她的指導、教學之中。下面謹對以上方法進行更為詳細的分析說明。

（一）前期工作——以《找尋京郊旗人社會》[4]為例

　　《找尋京郊旗人社會》一書出自於「北京口述歷史」叢書第一輯，是業內少見的將口述與文獻相結合，並將工作流程如實記錄出版的作品。作者邱源媛研究員的工作還衍生出了多個成果，除另一以文獻考證為主體的書籍——《近畿五百里》[5]出版之外，還有不少相關的學術文章面世[6]。這一專案對於如何發揮文獻在口述歷史項目前期工作上的作用有很大的參考意義。

---

[3]　定宜莊：〈序言〉，《老北京人的口述歷史》（北京：中國社會科學出版社，2009年）。

[4]　邱源媛：《找尋京郊旗人社會——口述與文獻雙重視角下的城市邊緣群體》（北京：北京出版社，2014年）。

[5]　定宜莊、邱源媛：《近畿五百里：清代畿輔地區的旗地與莊頭》（北京：中國社會科學出版社，2016年）。

[6]　僅列主要著作如下：定宜莊、邱源媛：〈旗民與滿漢之間：清代「隨旗人」初探〉，載北京：《清史研究》，2011年第1期，第69-77頁。邱源媛：〈口述與文獻雙重視野下「燕王掃北」的記憶構建——兼論華北區域史研究中旗人群體的「整體缺失」〉，北京：《中國史研究》，2015年第4期，第165-188頁。邱源媛：〈清代旗人戶口冊的整理與研究〉，《歷史檔案》，2016年第3期，第129-138頁。邱源媛：〈從旗人到滿族：民間選擇與官方導向的二重奏〉，《暨南學報（哲學社會科學版）》，2017年第9期，第113-132頁；〈土地、繼承與家族——八旗制度影響下的華北地方社會〉，《歷史人類學學刊》，第2期，第17-51頁。

1. 以文獻作為鑰匙打開田野

　　作者有關「莊頭」這一旗人群體的研究，始於2007年12月一次意在北京順義地區尋找清代八旗駐防地的旅程，發現田野點實為皇家莊園的莊頭所居住的村子，而非八旗駐防地之後，所做訪談就擱置一旁。直至次年3月定宜莊教授於中國第一歷史檔案館發現有關該村莊的清代史料後，主題研究計畫才正式開始。為了深化研究，作者在第一歷史檔案館揀得若干順義莊頭戶口丁冊和土地清冊後，又前去北京市檔案館及順義區檔案館查找資料。其中，順義區檔案館保存了大量自清末至八十年代各個時期的人口統計表、物資登記表及鬥爭情況表，這些文獻為後續的田野工作打開了新的局面。

2. 從文獻中尋找擴大田野的線索

　　除以上資料之外，作者在2009至2011年間又擴充了檔案來源。隨後，作者的田野調查從北京順義的一個村莊拓展到了北京郊區及河北省的多個村莊，訪談了三十餘名莊頭後裔。這些田野點的定位基於作者事先的檔案統計工作。

　　既然已經瞭解了研究意向群體的地理分布，就在一定程度上降低了尋訪的難度。這無疑是利用文獻開展口述工作的絕佳例子。

（二）中、後期工作——以《「文物人」與「人文物」》[7]為例

　　2015年初，筆者有幸參與了定宜莊教授的《老北京人的口述歷史》[8]再版工作，其中一個被訪者的案例十分值得探究，由此深入下去直至單獨成書，是為《「文物人」與「人文物」》（以下簡稱「《文物人》」）。上文主要是從如何開展口述歷史項目前期工作的層面上探討《找尋京郊旗人社會》的方法論意義，本節將以《文物人》為例談談口述歷史項目的中、後期工作如何開展。

---

[7]　定宜莊、蘇柏玉：《「文物人」與「人文物」——常人春、常壽春兄弟口述》（北京：北京出版社，2019年）。此書屬於「北京口述歷史」叢書第三輯。

[8]　再版版本為「北京口述歷史」叢書第二輯，共五本，分別為《八旗子弟的世界》、《胡同裡的姑奶奶》、《府門兒‧宅門兒》、《生在城南》、《城牆之外》（北京：北京出版社，2017年）。

1. 將文獻考證融入口述訪談

《文物人》的主要訪談集中在四個時段[9]進行，每時段訪談二至三次，時段之間間隔五個月至一年不等。在間隔期，我們做了大量的文獻閱讀及考證，考察的一個重點是被訪者提到的歷史事件，比如，民國時期的禁煙、禁毒活動，「清匪鋤奸」運動；1949年之後的取締妓院、「胡風反革命集團案」等，這些都是有案可稽的。另一重點是與被訪者講述相關的特殊歷史活動，這類考察則不局限於一時一地。《文物人》被訪者的祖父是一名熱心慈善的會道門成員，曾經擔任過警務系統的一個職位。針對以上要素，我們將眼光放在了明清以降的慈善及慈善組織研究，清末至民國時期會道門活動及現代警察系統的建立之上。這些考察完善我們對已有口述的理解之餘，還對設計回訪問題大有助益。

2. 將考證之功隱於歷史編纂

從歷史編纂的角度看，《找尋京郊旗人社會》一書圍繞著研究問題展開，口述原稿與考據筆記並重，「夾敘夾議」，以起相互印證之效，是一種「筆記式」的口述史作品。《文物人》則採取了較為傳統的整稿方法，主體為原汁原味的「一對一」談話內容，基於文獻的分析、評論、考證則居於其次，以註釋、按語、附錄的形式補充在側，意在營造一種由淺入深的閱讀場景。這三種輔助內容分別起到不同作用：

1. **註釋**：解釋專有名詞、歷史話語、方言土語，輔以重要人物、機構組織的小傳，及其他與正文相關的補充內容，如校勘時發現的矛盾之處、今人研究成果等。
2. **序言、按語**：交代訪談場景、訪談者的關注點，提供訪談者在重要問題上的長篇考證與分析。
3. **附錄**：節選被訪者提供的、與口述相關的照片，文章；提供訪談者基於大歷史及被訪者家庭史綜合整理的大事記。

9　這裡特指此書的第二部分內容，時段分別為：2015年9至10月、2016年8月、2017年1至3月、2017年8月。

三、結合意義

定宜莊教授曾經表示，她努力的方向是將文獻記載與口述記憶結合起來認識歷史。對於口述而言，文獻是必不可少的基礎和參照物，沒有比較和參照，就談不上研究，更談不上研究的深入（定，2009：第5頁）文獻不僅可以提供給訪談者必要的歷史背景知識，便於打開及擴大田野；還能矯正口述的時間、人名，幫助查清事件出處，以做修正、補充，提供口述中未曾提到的內容等[10]。口述則以其民間性、個人性，幫助「失語者」發聲，挑戰集體性記憶，為歷史學家提供別樣的視角和研究思路。本節將從兩個角度分別詳談將文獻與口述相結合的意義所在。

（一）文獻之於口述的意義

將文獻與口述相比照，可以盡可能地降低口述資料的隨意性，增加可信度、真實度，同時幫助研究者發現田野中的問題。文獻還能解釋一些田野困惑，補充資訊，深化口述資料的價值。將個案經歷與大的結構性、歷史性問題聯繫起來，也能夠為研究者、讀者提供更為充分的資訊。下面用具體案例進一步解釋這些意義：

（二）提供對比材料

上文講到，《找尋京郊旗人社會》的作者在完成第一次訪談後，獲得了相關清代檔案。發現文獻、口述對該地的居民姓氏、來源的表述完全相同之後，作者又於2008年11月再次前往村莊，然而，將所得之官方文獻與村民提供的家譜、口述再做比對，意外發現兩份材料的細節竟無法吻合。面對這種匪夷所思的現象，作者分析，一方面可能在於兩種材料記載人名有「乳名」、「學名」之分；另一方面，官方文獻記於三百年前，經過如此長時間的繁衍生息，同姓分成各房各系已久，被訪者與官方文獻所記載的人群可能

---

[10]　有關文獻對於口述歷史作品的作用，定宜莊教授在其另一部作品的前言中根據具體案例做過簡述，見定宜莊、阮丹青、楊善華：《大歷史　小人物：黃宗漢與東風電視廠改革》（香港：牛津出版社，2015年），第10-11頁。

屬於兩個門庭[11]。得出這些結論後，作者意識到自己遭遇了「田野困境」，如想繼續追問下去，只能到村裡挨家挨戶的詢問，或是到當地派出所查找戶口材料，甚至於需要追蹤那些已經遷居他處的人們，才有可能確定世係，定位被訪者的身分，而這幾種辦法在操作上甚有難度。作者由此繼續追查文獻，終於在地方檔案館中找到民國成立之後的相關檔案，確定了被訪者實屬於自己想要研究的人群，獲得了理解他們的鑰匙，困境也迎刃而解。

（三）解釋田野困惑

《找尋京郊旗人社會》一書有幾個關注點，分別是莊頭家族的變遷、這一人群的民族身分認同，以及地方基層社會的權力問題。但口述訪談往往只能提供一些支離破碎，片段而不成系統的資訊，以書中在順義蕭家坡、大營村的訪談為例，口述僅能提供一些關於當地吳姓後人身分、地位的簡單描述。文獻則提供了吳姓為何在民國時期把持地方經濟和政治的原因，作者引用了兩條嘉慶年間的史料，講述了在這段時間吳姓如何在奴僕之位與郭姓莊頭產生衝突，成功不受控制，並在同治年間變為莊頭，由此擴大了家族勢力的故事（邱，2014：第191-193頁）。這種考據使口述史作品不僅僅停留在表面現象，還對歷史的縱深處進行了挖掘。

（四）提供必要背景補充

在《文物人》的成書過程中，我們實際上並未找到與被訪者直接相關的檔案文獻，這種情況在口述工作中應該是更為常見的，但這並不意味著查詢檔案沒有意義。針對一些問題，被訪者雖然提供了合理解釋，但失於模糊，我們轉向文獻訴求更為清晰的答案。例如，關於被訪者祖父所任職的機構（京兆全區偵緝處）為何廢棄，口述如此解釋：「那時間軍閥混戰，新的軍閥一進門兒，舊的就解散了，不是說一任接一任的。」而檔案則提供了更多細節資訊，除了機構的存廢時間、辦公地點等，更為重要的是它揭示出了民國初年複雜的權力鬥爭。通過考據得知，該處的設立實因京兆尹公署「一廂情願」，意在分取京師警察廳的權力，實為一種「越權」行為。

---

[11]　在第二次訪談中，被訪者詳細地講述了同姓分門立戶的家族史，見《找尋京郊旗人社會》，第40-50頁。

京師警察廳在月餘後尋一由頭，向京兆尹公署發難，抗議其溢出職權範圍。憑據行政權與司法權分立的舊例，質疑了京兆全區偵緝處存在的合法性，再明確地指出京兆全區的許可權範圍不包括城郊地區，成功迫使該處在五天後裁撤[12]。雖然檔案缺失了機構成員信息，無法以此印證被訪者祖父究竟是否任過偵緝處處長這一職位，但仍為我們理解當時的社會提供了重要的背景資訊。

（五）深化口述意義

「口述訪談的成果只有在不僅為訪談者自己，也為其他的史學家拿來作為史料運用時候，才算真正發揮了效益。」[13]想要實現這一目標，在口述歷史項目的推進過程中，除了盡可能地將直接相關的史料與口述做比，還有一項工作需要進行，那是隨時跟進與口述涉及主題相關的史料。比如，《文物人》中的核心人物祖父是在理教成員，但目前有關這一教會的文獻史料甚至於研究都極為稀少，當我們瞭解到這一史料空白之後，就盡可能地在實地訪談中追問相關的內容，以期填補歷史。

此外，瞭解學界的研究要點及成果、既可助於訪談的深入，也可擴大口述史料被利用的可能性，是一項「雙贏」舉措。比如，在如何理解被訪者祖父的慈善行為時，我們參考了夫馬進、梁其姿、韓德林的研究[14]，認同慈善公益活動的背後往往暗流湧動，甚至淪為一些人攫取社會資本和權力的手段，不能簡簡單單以「行善」論之的看法。我們的口述訪談，則提供了從會道門組織及其活動看慈善問題的視角。由此深挖，發現在北京活動的幾大會道門相互沿襲傳引，教首出身背景極其相似，社會網絡重合度極高。一些社會上層人士往往具有多個社會身分——或是官員，或是會道門的道首或教主，同時又是熱心慈善的名流；在研究時不應割裂看待。這是我們運用已有的研究成果幫助理解口述，同時又在此基礎上拓展研究方向的一個實例。

---

[12] 參見「京兆尹公署關於設立京兆全區偵緝處地點啟用關防請查照遇事協助令」、「京兆尹公署函覆已令飭偵緝處逮捕人犯遵照向章辦理請查照由」、「京兆尹公署函為本署偵緝處已裁撤請查照由」等檔案，均收於北京市檔案館，檔號J181-18-19912。

[13] 定宜莊、汪潤：《口述史讀本》（北京：北京大學出版社，2011年），第302頁。

[14] 夫馬進著，伍躍等譯：《中國善會善堂史研究》（北京：商務印書館，2005年）；梁其姿：《施善與教化：明清的慈善組織》（臺北：聯經出版事業公司，1997年）；韓德林（Joanna Handlin Smith）著，吳士勇等譯：《行善的藝術：晚明中國的慈善事業》（南京：江蘇人民出版社，2015年）。

（六）口述之於文獻研究

　　一些學者認為，歷史文獻浩若煙海，而口述歷史的研究對象是「活人」，可以涉及的時間範圍有限，實無必要應用口述歷史方法進行研究，這種看法有其合理之處，但在目前已經出現的一些研究成果中，我們可以看到應用口述史方法有其獨到之處。依中國歷史第一檔案館戶口冊，順義地區共有三十四個莊頭，但《找尋京郊旗人社會》的作者通過田野調查，發現清末莊頭數量要多於此數（邱，2014：第176頁）除了填補此類的歷史空白之外，口述歷史還可起到以下作用：

1. 發現邊緣群體

　　目前，有關民國時期的滿漢問題，學界關注點主要集中在知識精英的話語、大型屠殺事件之上，研究對象主要是北京旗人以及駐防旗人。如果沒有實地田野調查及口述訪談，研究者很難留意到那些身分流動性很大，介乎於「旗人」、「民人」[15]之間的「投充莊頭」群體。在2011年在河北省霸州市陳廚營的兩次訪談中，《找尋京郊旗人社會》的作者發現，該地的莊頭鄧氏家族的族源記憶來自漢族話語體系，與其旗人身分存在矛盾。追本溯源，原來鄧氏家族的祖先在明代時為漢人，清兵入關之後「帶地投旗」，搖身而變為旗人。辛亥革命後，民間「反滿」情緒高漲，旗人從特權階級驟降為弱勢群體，很多人擇選了新的民族身分、消除歷史記憶。鄧氏就是在民國十九年（1930年）重修家譜，將「旗人」身分從中盡數抹除。但由於他們無法觸及存於檔案館的官修家譜，家族在清代的經歷仍被記載了下來（邱，2014：第228-255頁）。如果研究者只進行文獻閱讀，沒有通過訪談發現後人敘述與官方文獻的矛盾之處，就很難意識到這一群體在鼎革之際的身分變化。

　　有關清亡之後旗人作為「遺民」的遭遇，學界的關注點則局限於宗室上層與底層的普通旗眾，而居於其中的，既不屬於皇室貴族，也並非窮苦旗丁的人物卻很少進入研究者的視野。然而，正如孔飛力所言，清末新政在地方推動現代化的種種機會（新式學校、警察以及賑濟措施等），導致了官方

---

[15] 清代「不分滿漢，只問旗民」，現行的滿族、漢族身分是在五十年代大陸少數民族調查之後由政府認定的，但回溯到清時期，「滿漢關係」的研究需要落實在「旗人」、「民人」的歷史語境當中。

體系以外人們的權力拓展和地位提升[16]。在《文物人》的口述內容中，我們發現，被訪者的祖父常曉茹正屬於中層旗人群體，在政局的大改組、大變遷中，得到了施展身手、飛黃騰達的機會，而不像一般「遺民」那樣一落千丈。孔飛力的研究雖然提到了清末社會流動的新動向，但討論主要集中在那些受過良好教育，但沒有官職的「民人」文化精英身上，並未提到旗人中的一部分人是如何利用新的資源參與政治及公共生活的。我們在龐大的存世文獻中，也很難找到細緻入微地描寫中層旗人群體生活的資料。如此一來，通過口述而獲得的這一案例就顯得殊為可貴，對於我們豐富對當時那段社會和歷史的理解很有意義。

2. 發現研究空白，填補史料空白

對於一些難以找到研究問題的學生來說，進行口述訪談活動將會幫助他們定位研究方向和內容。在進行《文物人》的訪談之時，有一個問題始終縈繞在我們心頭，那便是如何理解被訪者家庭成員的日常生活和行動。當我們對這個家庭的關鍵人物祖父的社會身分之一——在理教成員進行研究時，卻意外發現目前有關這一宗教組織的學術成果鳳毛麟角，難以提供必要的背景知識。難道說，這一組織並不值得深入研究嗎？答案是否定的。原因之一是組織人數眾多；據回憶性質的文史資料，在理教最盛時，也就是民國十至二十五年（1921-1936）期間，僅北京一地就有十萬教眾[17]。其次，組織影響力大；1936年4月25日，中國共產黨中央委員會發表〈創立全國各黨各派的抗日人民陣線宣言〉[18]，其中特意將在理教與中國國民黨及其他黨派，全國基督教青年會及其他教會組織，全國青、紅幫及其他社會組織並列，以號召其教眾同仇敵愾，投入抗日活動。針對這種研究空白，我們盡可能地蒐集了相關文獻資料，梳理了在理教發展始末，撰寫了考證文章附於書中[19]。

口述訪談還會幫助填補史料空白。研究地方社會的學者往往偏好將地方誌作為主要資料，這種取捨的問題在於：地方誌的撰寫者往往為強勢族群中的文化精英，一些弱勢、少數族群的原住地鮮有本地人撰寫的文獻留世。

---

[16] 孔飛力著，陳兼等譯：《中國現代國家的起源》（北京：三聯書店，2013年），第114頁。

[17] 張國祿：〈我所知道的北京理門情況〉，《文史資料選輯》（北京：中國文史出版社，2011年），第26卷第七十七輯，第412-424頁。

[18] 原件採用「在理教」的別稱「理門」，見《中央檔案館》，網站：http://news.china.com.cn/2015-07/14/content_36058985.htm，瀏覽日期：2019-10-29。

[19] 見《「文物人」與「人文物」》，「關於常家祖父」訪談者按。

比如，成書於1949年以前，記載了清代布特哈地區的數種方志，僅有一本為本地人撰寫，其餘或為漢族流放文人，或為滿族駐地官員所著。而這唯一一本方志，也是在民國時期運用漢語寫成，不可避免地帶有強勢語言的文化烙印。事實上，當地的少數族群的口述傳統承繼數百年而未絕，《達斡爾族百年實錄》中，一篇文章的作者回憶起他在1976年偶遇當地一位鄂溫克族老人，聽說了1927年秋西布特哈人民狀告滿族地區總管的事件，而曾居於該地的達斡爾族作者也聽自己的祖父複述過這一事件[20]。有清三百餘年，這些族群在文獻中始終是以「失語者」的身分存在，他們的自發聲音，往往只有在口述訪談中才能聽到[21]。研究類似地區、類似問題的學者需要格外注意這種情況，使用田野調查和口述訪談的方法擴充史料來源，可以防止一葉障目，不見泰山。

四、小結

　　發揮史家專長，將文獻與口述相結合的做法是「考據派」口述史區別於人類學、民俗學的口述傳統的主要特徵，也是此類口述史作品區別於其他相關主題訪談、傳記的主要特徵[22]。但如此做來，並非將口述史置於傳統史學研究的一種從屬地位，而是將兩種方法並重。當口述與文獻出現不同的時候，史家不是簡單地判斷哪個更真實、準確，而是考察這一差異出現的原因，並以此引導出下一步的求證[23]。這種「精工細作」的方法，一是避免得來的口述材料無法為研究者利用、「二次流失」，二則有益於歷史學從業者進行更深的學術研究與思考。鑑於大陸地區兼顧口述歷史理論與實地訪談的學人、發揮傳統史學專長的口述歷史作品仍在少數，已經出版的作品對於工作內容往往一筆帶過的現狀，本文希冀以具體的案例分析，促使有志於拓展研究方法、深化歷史思考的學人意識到將文獻與口述相結合的意義，明瞭基本的操作流程，以期未來的歷史研究、教育有更長遠的發展。

---

[20] 那順寶、鐵林嘎主編：《達斡爾族百年實錄》（北京：中國文史出版社，2008年），第229頁。

[21] 布特哈地區的原住民為現達斡爾族、鄂溫克族、鄂倫春族人。相關研究可參考蘇柏玉：〈布特哈與「布特哈志略」〉，《史學史研究》，2014年第3期，第111-117頁；《「失語者」的歷史書寫——以清代布特哈為例看歷史主體的自我認同》（北京：中國人民大學碩士學位論文）。

[22] 此處按《老北京人的口述歷史·序言》中作者對該書的定位介紹改寫，見定宜莊：〈序言〉，《老北京人的口述歷史》，第5頁。

[23] 同上註。

第二十八章　醫學與專題研習：
中國傳統醫療文化與全球化

上海譽樂仁醫療科技有限公司
鍾彥雯

一、引言

　　近年全球牽起中醫熱，中醫學發展與中國以至香港息息相關，香港自1997年制定《中醫藥條例》起，本港中醫藥業便開始正式規範化，首先有香港中醫藥管理委員會的成立，隨後執業中醫註冊工作亦相繼開展。現在，有關規管中藥的附屬法例也提到立法會審議，分別是《中藥規例》、《中醫藥（費用）規例》及《中藥業（監管）規例》，可見，香港學生對中醫藥等知識和文化含義以至全球化發展皆亦應有瞭解。中醫藥學發展源遠流長，不但占中國歷史科及通識教育專題研習為例，學生進行中國歷史科研習時，可以此瞭解中國傳統醫療文化源流及文化含義；通識教育提及的「公共衛生」、「現代中國」、「今日香港」、「全球化」課題，亦不可不留意中醫學與以上課題的關係。「今日香港」、「現代中國」及「全球化」三個單元，「今日香港」單元涵蓋學生身處的情境、「現代中國」單元涉及國家的發展及中華文化的現況、「全球化」單元則探究至今仍極具爭議的全球化發展趨勢及不同人與群體的回應。「公共衛生」培養學生透過不同的角度，包括考慮科學、歷史、道德、社會文化等因素，審視有關公共衛生的議題的能力；探討生物科技和醫學的發展對疾病防治的影響以及因而衍生的各種道德、社會、文化問題，從而增強他們做出有識見決定的能力[1]。中醫藥不但有深厚學問與文化底蘊，且與中國近代發展息息相關，中國在2010年向聯合國教科

---

[1] 課程發展議會與香港考試及評核局聯合編訂：《通識教育科課程及評估指引（中四至中六）》（香港：課程發展議會與香港考試及評核局，2007年）；區志堅等編：《高中通識當代中國與全球化教材》（香港：香港優質教育基金，2013年）。

文組織提交了將「中醫針灸」列入世界非物質文化遺產的申請，與今天香港亦有不少聯繫，如在2003年「非典」流行期間，中醫藥積極參與防治工作，發揮了非常好的作用，得到了世界衛生組織的充分肯定[2]，在2004年和2005年「禽流感」流行期間，國家中醫藥管理局組織專家研究制定《人禽流感診療方案（試行）》中醫藥治療部分，被納入國家衛生部的方案。可見，中醫藥對香港帶來實質的幫助。而公共衛生方面，亦不可不提及中醫學對人體的各種益效，如調理功效等，避免部分西藥副作用問題。當然，中藥亦有其缺陷，如效用較慢等。當然，中醫藥推向全球各地的發展，更是未來重要課題，中國文化亦可以此傳揚。

　　香港政府鼓勵學生全方位學習，提供與德育及公民教育有關的經歷，豐富學生的智能發展，如在博物館學習及實地考察，因此不少教師授課選擇走出教室，進行田野考察，它可補充學生對中醫藥的認識，親身接觸中藥實物加上導師或教員的講解，成為難能可貴的經驗，結合專題研習，加深對中國傳統醫療文化源流瞭解，以及中醫學在今天的發展願景與阻力等。

二、專題研習架構

　　是次計畫分為兩大部分：一為實地考察，即到指定地點進行田野考察；二為同學就相關主題進行個人專題研習報告，包括口頭彙報與書面報告，並附以各種準備活動，以加強學習成果，如撰寫學習紀錄。

　　戶外進行的「田野考察」（Field Trip），如帶領學生參觀不同景點，如歷史遺跡，透過觀察及感受，使學生將所見所聞結合文獻進行整理和分析，使學生感受歷史文化的深義，培養學生的分析能力及對歷史文化的瞭解。以本文〈中國傳統醫療文化與全球化〉為例，香港獨特的地理環境及溫和的氣候適合大多數中草藥的生長，方便學生在香港田野考察。如位於半山堅巷2號的香港醫學博物館中的草藥園，占地二百平方米，種植了大量中草藥，展示逾二百種藥用植物，2003年開幕，2007年成為香港大學中醫藥學院學生的中草藥實習基地；位於中環雅賓利道的香港動植物公園中的百草園，設於1986年，占地一千三百平方米，以神農嘗百草的典故取名，園內除了放置「神農氏」的石像，以紀念「神農氏」在中藥的地位外，還種植了五大類別

---

[2]　徐春柳：〈中醫、中西醫結合療法是治療非典的安全途徑〉，《中國中醫藥報》，2003-10-13。

的中藥，逾三百種藥用植物，包括涼菜、香草、常用草藥、蕨類藥物及香港常用中藥，共一百多種。園內亦設有介紹中藥的展板，以增加市民對中藥的認識。根據品種、藥性、應用等分成九個展區，包括薑科草藥區、芸香科草藥區、清熱解毒草藥區、補益草藥區等；香港中文大學中醫中藥研究所的中藥博物館，收藏超過二千六百種藥材，依其效用分類陳列於不同展窗內。研究所亦於館內展示了大學在中醫藥不同領域上的研究成果，包括中藥安全、鑑定與品質監控、臨床研究及新藥開發等。此外，還有栩栩如生的明朝名醫李時珍診病蠟像，和身上鑄滿針灸點的仿宋朝教學工具銅人，可供學生觀摩與學習。

個人專題研習方面，根據〈學會學習：學習領域個人、社會及人文教育諮詢檔〉指出：「跨學科的專題研習讓學生在不同的學習經歷中，將知識、技能、態度與價值觀聯繫起來和應用。」專題研習目的是令學生可從中培養對持續自學的興趣，並以積極的態度改進自己的學習，專題研習適用於任何一個學習階段，包括中學或小學。目前已有不少學校將專題研習歸入課程內，並分配特定時間進行[3]。專題研習不但能推動學生自主學習，亦促進學生把知識、技能、態度和價值觀結合起來，進而培養學生的基本能力，例如批判性思考、創造力、溝通能力、解決問題、運用資訊科技等。進行專題研習過程中，學生應處於主導地位，自行尋找答案並解答問題，做出個人的獨有見解；老師則扮演促導員角色，輔導學生提出問題的答案。以中國歷史科專題研習為例，學生參與計畫，獲得古物及古蹟背後的文化意涵，並結合歷史文獻，瞭解一地的歷史及體會前人的生活。對教學而言，專題研習能為教師提供有關學生學習情況及相關訊息，成為學生學習成果參考，還能因應學生的表現給予恰當建議，通過研習，進而訓練學生蒐集資料的途徑、篩選資料的策略和表達的方式等難以從課本中學習的技巧及經驗。

三、預計教學成效

本計畫對象主要是三十至四十名修讀中國歷史科及通識科的中學學生，內容流程為：（1）往中學進行演講；（2）由講師帶領進行田野考察；（3）聯絡地方人士，進行口述歷史；（4）通過每學生考察所得，議訂研習課題，

---

[3] 　詳見〈學會學習：學習領域個人、社會及人文教育諮詢文件〉（香港：課程發展議會與香港考試及評核局，2000年），第17頁。

習作題目及評估；（5）由講師安排在大中院校進行成果的分享及交流。

　　為使學生瞭解對戶外考察課題有初步認識，及提醒他們進行考察時流程及注意事項，可先委任兩位講師往中學進行演說：一位為校內講師，介紹田野考察事項如紀律及小組活動安排等；一位為參觀機構委派的講師，介紹中國傳統醫療文化，包括其源流及前景，以及中草藥的類別、中藥的益處等。此外，由機構人員與中學老師安排考察前準備活動，如設計工作紙、校內展覽等。

　　本次計畫主要考察地點集中在香港，選取此地點原因是：

1. 路程較近、交通時間較短而且方便，老師可以安排旅遊巴士或港鐵等交通工具，即可直達目的地；
2. 上述園區——如百草園和草藥園——均有大量野生中草藥植物可供觀賞，令學生得到課本外知識與經驗，豐富專題研習的價值。以百草園為例，「涼茶／跌打風濕草藥專區」即有山茶、筋骨草、假蒟（假蔞）、鵝掌藤、金銀花、石風丹、薜荔、頹桐、溪黃草、痰火草、金粟蘭、假鷹爪、小金櫻、鷹爪花、油甘子、藤三七等多種可入藥植物，老師可以安排每一景點安排同學進行專題研習；
3. 從田野考察，可對中醫藥有基本認識，同學可以此進行不同種類延伸的專題研習如探析中醫學中的中國文化、中藥與西藥比較、中醫學源流、中醫學前景與局限、中醫學全球化現象等課題，均可從觀察及導師講解中探析一二；
4. 上述景點，多附有相關中草藥的資料，既方便學生查閱，也可以藉蒐集資料的過程，教導學生選取資料的方法；
5. 可以培養學生對中華文化的歸屬感，通過瞭解富有古人智慧結晶的中醫學，可培養學生對傳統中國文化的興趣，進一步瞭解中醫學在面對全球化下的發展。

　　本計畫在田野考察後，為鞏固學生學習所得，要求同學編寫考察紀錄，以便進行其後的個人專題研習。學習紀錄主要內容為：聆聽講師講解後的報告、學生參與校內展覽及學術講座後心得、參觀有關景點後的感想，並由中學老師蒐集後給予分數。老師可按個別同學的需要及習性，進行評估及調整教學方針，使專題研習更靈活。此外，也鼓勵老師多與學生接觸，促進「教

與學」成果。為了使計畫更能反映學生的學習成果，除了教師進行評量外，也可邀請各專家學者進行評量，務求客觀地呈現計畫成果。

同學進行考察記錄時，可嘗試解答以下問題：

考察心得：
1. 為什麼要進行是次考察，這個主題是什麼？
2. 是次考察有哪些額外收穫，如學到哪些課本外的知識？
3. 對於日後中醫學發展有何感想？
4. 對整個考察活動的評價？

專題研習計畫：
5. 專題研習研究方向？
6. 打算運用哪方面的資料及方法進行專題研習？
7. 期望是次專題研習後，可獲知哪方面的知識？

通過記錄學習所得，除了可加強學習成果，更可因應〈學會學習：學習領域個人、社會及人文教育諮詢文件〉中，促進學生實現其學習目標：如開展一種生活方式（記錄學習所得習慣），讓他／她們有健康的生理和情緒發展，培養對生命抱積極的態度；通過學習中國傳統文化，理解過去的人、地方與事件之間不斷轉變的關係，以及這些轉變對今日以至未來人類社會的影響；欣賞文化對人類生活的影響，以及本身所屬文化的特質與價值，並且尊重其他社會的文化與承傳；理解人與環境的互動關係是會受到某地的自然和人文形貌及其區位、活動和形式所影響等。

進行個人專題研習時，學生可由此學習自行蒐集和選取資料，並通過組織資料和歸納推理，培養學生學習能力，附以考察給予的親身的體驗、獨有的接觸，建立同學們對中醫藥知識、對中國傳統文化的感情，也藉同學們的考察報告，可見本地資源是可以作為通識教育以至中國歷史教育的教材。

是次計畫為各中學師生，設計運用量表和評分類目，方便進行較為客觀的評估[4]。依〈學會學習：學習領域個人、社會及人文教育諮詢文件〉，專

---

[4]　評分表參考謝錫金、祁永華、譚寶芝、岑紹基、關秀娥：《專題研習與評量》（香港：香港大學出版社，2003年）一書；又見區志堅：〈地方文化資源為中國史教材：香港的屏山文物徑及盂蘭文化節〉（講讀論文）一文。

題研習尤重培養學生的自學能力，即「學會學習」，包括協作能力、溝通能力、創造力、批判思考、運用資訊科技能力、運算能力、解決能力、自我管理能力、研習能力，並把專題研習的成果，作為檢視學生運用知識的能力。由此讓學生建構知識，以應付不斷轉變的個人及社會問題。實踐上，可提供更多課堂以外的學習機會，幫助學生做探究式及獨立的學習。為幫助學生透過探究式學習來增進技能和態度的培養，便有需要在個人、社會及人文教育的教與學中提高進展性評估的重要性。

表5　整體評分的類目：評核學生在專題研習的整體表現

等級	評分準則	內容
表現較優（A）	5	同學認真投入學習活動，並在指定時間內完成工作；同學能主動發表意見，提出各種啓發的問題，能與各組員保持融洽及相處，主動與各同學聯絡，充分掌握課題，提出有效的建議，對學習有深刻的體會，提出及找到新的意義及學習方法，使同學學習新的知識，帶動小組同學進行討論。
表現良好（B）	3	同學雖可以在指定時間內完成專題習作，也願意發表意見，及提出可行的問題，能完成責任，也與組員保持良好的關係，也會協助別人，已掌握課題，但對學習只是有一定的認識，沒有給其他同學提出啓發性的意見，也未能帶動小組成員討論。
表現屬於良可者的同學（C）	1	未能認真參與有關學習活動及按時呈交工作，也較少參加討論及提出問題，較少主動協助他人，對課題沒有充分理解，未能對學習感到興趣，沒有花心思設計有關報告，甚至抄襲資料。
表現屬於較差的同學（D）	0	全沒有依時交報告，全沒有投入；希望老師盡可能不給予此分數，要多鼓勵同學完成此計畫

表6　評分細目：學生在專題研習中的整體表現（可以是個別學生或小組同學的評量）

評量類目	占總體表現	5	4	3	2	1
整體內容、論述的內容（依專題研習的要求，進行分析，對課題的瞭解及歸納資料的能力）	35%	報告內已見清楚及鮮明的立場，同學能自動找資料、運用多元化方法及多種思維方法探究問題，報告具有質素的表現，有創新的意念	立場已清楚，能運用多元化的演釋及分析方法；已運用合適的資料，已解決大部分的問題	有立場，已解決主要的問題，但偶有錯誤，未能主動找資料，只向老師或講師提問，有時未有回應基本的探究問題	資料不全面，立場不清楚，很多問題不能解決，有時未能回應基本的要求	資料太簡單，沒有主動找資料，未能運用資料，甚多錯誤的地方，甚至在網上下載資料，全不選擇有關材料

評量類目	占總體表現	5	4	3	2	1
書面報告中的書寫能力	25%	能運用自己文字表達，運用不同的文體，如記敘文及抒情文等，文從字順，內容無誤，清楚交代中心思想	已運用自己文字，文從字順，內容大體沒有問題，已表達意思，偶有錯別字及文句不通的地方	應先整理，理解有關報告，從參考資料中直接引用文字，部分用詞、造句，表達方式均不適合，意思不清楚	只知抄襲，宜多加整理材料，也有語病，讀者難理解	多抄襲資料，讀者不能理解，甚多錯誤
口頭報告（邀請校外人士／教導演說技巧的專家及參與計畫的講師進行評估）	15%	說話流暢，眼神接觸，也能配合儀表及聲線，聲量具吸引力，吸引聽眾注意，能引發聽眾思考	說話流暢，聲量適中，身體語言表現得宜，有表情交流	說話流暢，可以進一步改善聲量，表達技巧及身體語言	說話頗流暢，要改善溝通技巧	聽眾未能投入，未能聽到報告的全部內容，身體語言、表情均未能達意
視覺效果（邀請校內具有關電腦專業科技知識的老師，參與計畫的校外講師進行評估）	15%	封面設計有效傳達主題訊息，富有創意，圖畫生動，有動畫設計更佳，配上特別聲音，吸引讀者，可見同學的心思及努力，	封面設計已傳達主要訊息，能吸引讀者，圖畫構想呈現同學學習的態度	封面設計與主題有關，頗有趣，呈現同學的能力	封面設計與主題有關，但未能吸引讀者，已見同學的學習投入情況	封面設計與內容無涉，可以在設計上多花心思
小組協作	10%	學生已參加本計畫內舉辦一系列會議、講座及與研習課題有關的學術或非學術活動	學生已出席大部分會議、講座及與研習課題有關的學術或非學術活動	學生已出席部分會議及活動，也有出席主辦機構內舉行的必要會議，當然不是參加計畫內全部活動	缺席次數較多	缺席大部分會議或活動，未能與組員溝通

四、專題研習建議重點

　　同學開始研習前，應對中國傳統醫療文化知識，有基礎認識，教師宜簡單介紹以下內容：「中國傳統醫療文化」包含中醫、中藥等。中醫藥有廣義和狹義之分：狹義的中醫藥，指的是漢民族的傳統醫藥學；廣義的中醫藥，則是指整個中國的傳統醫學，不僅包括漢民族傳統醫藥學，也包括了藏族、蒙古族、維吾爾族、苗族、彝族、壯族、傣族等少數民族傳統醫藥學（下稱中醫藥主要為狹義者）。在古代，符合今天的「中醫」含義的概念就是「醫」，這個含義還有很多其他名稱，如「方技」、「醫學」、「岐黃」、「本草」、「醫林」、「杏林」、「橘井」、「青囊」、「懸壺」等。「中」是「致中和」之意，即「中庸」與「和諧」。「中醫」，則是指以「中和之氣」醫治疾病[5]。中藥在古代稱為「藥」、「毒」、「毒藥」等，在近代西方醫學傳入中國以後，為了與「西藥」區別，形成「中藥」的名稱。近代西方醫學傳入中國以後，為了與其區別開來，人們開始把中國傳統醫學稱為「國醫」、「中醫」，而把西方醫學稱為「新醫」、「西醫」[6]。

　　制定研習題目上，在通識教育中，教與學的過程，尤重同學的成果，由此，專題研習題目的制定十分重要，教師可建議以下研習題目，並可參考以下內容作為評分參考標準：

（一）中國傳統醫療文化源流及發展

　　中醫藥的起源最早可以追溯到原始氏族社會。在早期的原始社會，人們在尋找食物的過程中，逐漸發現和認識到某些動植物對人體疾病的治療作用，因而積累了最初的藥物學知識。在新石器時代，人們已掌握磨製石器工具的技術，並能用尖形的砭石治病，同時在使用過程中發現對身體進行固定的溫熱刺激以緩解某些病症，這是後來針灸的起源。據已出土的殷商時期甲骨文中大量與人體結構、生理、病理以及疾病名稱的記載，可知早在近四千

---

[5]　詹小美：〈基於中醫學理念的我國傳統中和思想〉，《學術研究》，2006年第9期，第60-62頁；又見湯小虎、唐輝：〈談中醫養生保健方的致中和思想〉，西安：《陝西中醫》，2007年第28卷第8期，第1,103-1,104頁。

[6]　高學敏：〈中醫藥高級叢書〉，《中藥學》上冊（北京：人民衛生出版社，2001年），第3頁。

年以前，就已有了中醫藥的萌芽[7]。周代已經有了關於四時氣候變化與人體發病關係的記載，並形成了明確的「食醫、疾醫、瘍醫、獸醫」的醫學分科[8]。

　　春秋戰國至秦漢時期，中國社會急遽變化，「諸子蜂起，百家爭鳴」，學術思想空前活躍，對後世影響巨大的幾個學術流派相繼產生，重要的哲學觀念如元氣學說、陰陽五行學說等被廣泛應用於思想、科學、文化各領域，同時也被當時的醫家用作醫學的指導思想，成為認識和研究人體生理病理現象的理論和方法工具，成書於該時期的醫學專著《黃帝內經》，以問答體裁對陰陽五行、竄象經絡氣血津液、病因病機、診法辨證、防治原則、湯液療法、針灸療法、養生保健、五運六氣等問題進行了系統的論述，其中的很多內容，如對消化系統、循環系統的解剖學觀察，在血液循環方面提出「心主身之血脈」，血液在脈管內「流行不止，環周不休」的認識，都超出了當時的世界醫學水準。《黃帝內經》奠定了中醫學的理論基礎，標誌著中醫藥理論體系的基本形成，被後世醫家率為最重要的醫學經典著作。稍後出現的另一部著作《難經》，對《黃帝內經》的一些疑難問題進行了解釋和闡發，促進了中醫理論的發展，同一時期誕生的藥物學專著《神農本草經》記載了三百六十五種藥物，依據藥物功效的不同而將其分為上、中、下三品，對四氣五味、君臣佐使、七情和合、服用方法等理論以及藥物的採集時間、炮製和貯藏方法進行了論述。《神農本草經》奠定了中藥學的理論基礎。在這一時期出現了許多名醫，如扁鵲、倉公、華佗、張仲景等。如張仲景在《黃帝內經》、《難經》的理論基礎上，繼承和總結前人的醫療經驗，並結合自己的臨床實踐，寫成《傷寒雜病論》，創立了以六經辨證和臟腑辨證為基礎的辨證論治理論體系，總結了多種疾病的診斷要點、治療原則和有效方藥，將「理、法、方、藥」有機地結合在一起，為後世臨床醫學的發展奠定了基礎[9]。

　　晉代王叔和所著《脈經》，總結了當時的脈學研究成果，系統論述了脈診理論和方法，並結合人體生理、病理、證候闡明脈理，對後世脈學的發展產生了重要的影響。隋代巢元方所著《諸病源候論》確立了病因病機證候學的基礎，列出疾病證候一千七百三十九論，涉及內、外、婦、兒、五官等多種疾病。晉代皇甫謐的《針灸甲乙經》、葛洪的《肘後方》、南齊龔慶宣

[7]　甄志亞：《中國醫學史》（上海：上海科學技術出版社，1984年），第1-8頁。
[8]　同上註，第15頁。
[9]　同上註，第18-35頁。

的《劉涓子鬼遺方》、唐代咎殷的《經效產寶》、孫思邈的《千金方》、藺道人的《仙授理傷續斷祕方》、王燾的《外臺祕要》等，反映了針灸科、骨傷科、婦產科以及方劑學等的成就。唐代昑、李勣、蘇敬等人編修《新修本草》，是我國歷史上第一部，也是世界上最早的由政府組織編寫的藥典[10]。

　　宋元時期，中醫藥在許多方面取得了突破，政府設立太醫局和校正醫書局，開展醫學教育和醫學書籍的編輯整理，為醫學的發展創造了有利的條件。這一時期藥物學和方劑學發展迅速，有《開寶本草》、《嘉祐本草》、《經史證類備急本草》等藥學專著和《太平聖惠方》、《聖濟總錄》、《太平惠民合劑局方》等方劑學專著傳世，其中《太平惠民合劑局方》是我國歷史上第一部政府頒發的成藥藥典。臨床方面，陳言的《三因極一病證方論》、李果的《脾胃論》、張子和的《儒門事親》、陳自明的《外科精要》、《婦人大全良方》、錢乙的《小兒藥證直訣》、劉昉的《幼幼新書》、王惟一的《銅人腧穴針灸圖經》、王執中的《針灸資生經》等分別代表了各科的進展。金元時期出現了「金元四大家」，即劉完素、張從正、李果朱丹溪為代表的醫學流派。劉完素以火熱立論，用藥以寒涼為主，為寒涼派；張從正多用汗、吐、下三法，為攻邪派；李果提出「內傷脾胃，百病由生」，治療以補益脾胃為主，為補土派；朱丹溪提出「相火論」，認為「陽常有餘，陰常不足」，治療以滋陰降火為主，為滋陰派。這些醫學流派在學術思想上各具特色，相互間又有著內在聯繫，是對傳統醫學理論和實踐的發展，豐富了中醫學的內容[11]。

　　明清時期，中醫藥學術體系逐漸完善。明代李時珍撰寫的藥物學巨著《本草綱目》，總結了16世紀以前的藥物學知識，在世界上第一部採用按自然演化系統對植物、動物進行科學分類，被譽為「由國古代科技百科全書」，並被翻譯成多國文字傳播到世界各地。這一時期形成了溫病學說，吳又可的《瘟疫論》揭示了「瘟疫」的傳染途徑是從口鼻而入、清代葉天士的《外感溫熱篇》創立了衛氣營血辨證、吳塘的《溫熱條辨》創立了三焦辨證，推動了溫病學理論的發展，完善了中醫對外感疾病的診治方法。在外來西洋醫學的影響下，清末還出現了以唐宗海、惲鐵樵、張錫純為代表的中西醫匯通學派[12]。

---

[10]　甄志亞：《中國醫學史》，第36-54頁。

[11]　同上註，第55-80頁。

[12]　同上註，第81-110頁。

　　直至近代，中醫藥學術得到了較為全面的發展和提高。政府將中醫藥納入現代醫療衛生體制範圍，並形成了一系列的法律法規；衛生部組織對現存古代醫籍進行調查整理，對全國中草藥資源進行普查，編寫了《全國中醫圖書聯合目錄》、《中醫古籍孤本大全》、《中華本草》、《中醫方劑大辭典》、《中國中藥資源》等總結中醫文獻學、本草學、方劑學的巨著；中醫藥理論工作者以現代漢語對傳統中醫藥理論進行了系統的整理和詮釋，並形成了一整套中醫藥教材體系；眾多學者積極開展科研項目，運用臨床試驗、動物實驗、數理統計等各種現代科技的方法對藏象學說、「證」的實質、經絡實質、舌診和脈診等中醫藥理論和臨床問題進行研究，取得了豐碩的成果，中藥學、方劑學在現代化思想的指導下，開展了中藥培育、中藥化學、中藥藥理、方劑組分、劑型改革等多方面的研究；引進現代企業管理體制，實現了中藥飲片和中成藥的產業化[13]。

（二）中醫藥的貢獻

　　作為人類醫學科學的重要組成部分，中醫藥在諸多方面曾長期在世界上處於領先水準：

1. **在解剖、生理方面**：《內經》對臟腑形質和功能就有了較詳細的紀錄，總結了人類生命生、長、壯、老、已的自然規律。

2. **在診斷方面**：早在西元前14世紀，我國已有了齲齒和腸寄生蟲的記載；西元前5世紀以前開始應用望、聞、問、切四診，並取得了獨特的成就。

3. **在疾病的預防方面**：東晉時對傳染病已有許多重要發現，最早論述了天花、霍亂、恙蟲病和狂犬病的傳染和預防；唐代設立隔離制度，以防止痲瘋病的傳染；宋代發明了人痘接種法，成為免疫法的先驅；明代提出了系統的「戾氣學說」，對傳染病學做出了貢獻。

4. **在疾病的治療方面**：中國運用了多種治療方法，積累了豐富的臨床經驗，很早就發展了獨特的湯液、針灸、按摩和手術方法，西元2世紀已運用藥物麻醉施行剖腹手術，4世紀左右施行兔唇修補術，4世紀已知汞的利尿作用，並發明汞製軟膏治療疥癬惡瘡，7世紀用汞合金鑲

13　甄志亞：《中國醫學史》，第15頁。

牙，9世紀發明12世紀用兔腦製劑催產，14世紀用懸吊復位法治療脊椎骨折，這些都是世界上最早的發明。

5. **在藥物學方面**：西元1世紀發展了煉丹術，10世紀已能提煉烏頭鹼，11世紀從人尿提取純淨的性激素「秋石」，7世紀的唐《新修本草》是世界上最早的國家藥典，12世紀的宋《太平惠民合劑局方》是世界上最早的國家藥局方，17世紀的《本草綱目》提出了世界上最先進的藥物分類法，對藥物學、植物學等學科產生了重大影響[14]。

6. **在醫學教育方面**：在官辦教育機構出現以前，中醫藥以富於民族特色的「師承」、「家傳」的方式培養醫學人才，使中醫藥學術得到繼承觀發展。中醫藥官辦教育出現於南北朝時期，隋唐時期已有較正規的醫學教育機構」太醫署，這是世界上最早的醫藥學校，中醫藥教育很早就有明確的專業分科和課程設置。唐代以《本草》、《明堂》、《脈訣》、《素問》、《黃帝針經》、《甲乙》、《脈經》等古典著作為教材，到清代出現了官修的教材《醫宗金鑑》，宋代鑄造的針灸銅人是世界上最早的人體模型教具。

（三）中醫藥全球化教與學的課題

中醫藥近年發展取得了不少成績，為走向全球化提供良好基礎，如在基礎理論、臨床診療、醫史文獻、針灸原理等方面皆取得了科研成果。理論方面，如陰陽學說、五行學說、氣化學說、氣血理論、經絡學說等各家學說的研究，均完善了中醫理論體系。臨床診斷方面，近年來脈診已成為西方醫學、數學、工程學、生物物理等多學科結合研究的課題；舌診研究亦採用了現代科學技術研究如病理學、細胞形態學等，對一些舌象的形成原理有了初步闡明。其他診法如面部色診、目診、耳診、腹診等也結合現代科學技術促進了相關研究。臨床治療方面，運用中醫或中西醫結合療法在臨床各科許多疾病的治療中都取得了顯著療效，如腦中風、糖尿病、老年性癡呆、惡性腫瘤等療效獨到，對中醫急診工作發揮積極推廣作用。醫史文獻方面，近年醫史理論、通史、專科史、近代醫學史、方藥史、中外醫學交流史等大量相關論著問世。而且中醫藥學在兩千多年的歷史發展中積累了大量的中醫藥學文

---

[14] 擬元翼：《中國醫學史》（北京：人民衛生出版社，1984年），第132-134頁。

獻，據統計，現存民國以前的古代醫籍已達一萬二千餘種，這些文獻有助中醫學知識的推廣，及成為相關研究參考資料。

　　然而，中醫藥發展仍存不少隱憂，如西方醫學的衝擊，隨著解剖、生物、物理、化學等基礎學科的發展，及如聽診器、血壓計、麻醉劑等技術和器械的發明，西醫在近代獲得了長足的進步並逐漸傳入中國。近數十年來，隨著分子生物學、發育生物學、組織工程學、實用細胞學等學科的快速發展，現代醫學亦有更好的發展前景。西方明顯的技術優勢逐漸得到了國人的廣泛接受和認同，亦打擊了中醫學在中國的發展。在科研上，中醫學亦出現「西化」傾向，目前大部分中藥研究所是按照西藥研究所的模式建立的，導致許多中醫藥科研課題偏離中醫理論。國家自然基金委員會資助的中醫藥基礎研究課題中，95％以上是實驗研究（當中主要是動物實驗）[15]。然而，用現代醫學科學的研究手段和成果來驗證、評價中醫藥理論和經驗的正確性和合理性，而忽略了符合中醫藥學科自身發展的理論和獨特性，亦不利於中醫藥學術的繼承和發展。

　　中醫藥若要走向全球化，不可不提及以美國為首提出的「中國威脅論」的挑戰，「中國威脅論」包括了「經濟威脅論」、「軍事威脅論」及「共產主義威脅論」等，內容同為號召西方盟國關注以及抑制中國的發展。近代「中國威脅論」始於冷戰結束後，美國成為了「世界霸主」，為了維護其領導地位，因而會把發展中的大國視為挑戰和威脅。而把中國視為美國的安全威脅，亦符合美國右翼勢力的政治需要和軍工集團的經濟利益。「911」事件發生後更堅定了西方的信念，積極維護西方文明和價值，間接排斥了來自非西方國家的文化[16]。因此，「中國威脅論」無疑成為了中醫藥理論及文化走向西方世界，以至全球化的桎梏。

五、預期學習知識以外的收穫

　　其一，考察的活動，實踐了通識教育的目標。新課程要求學生的學習與日常生活遇到的問題有密切關係，在不同學科以培養學生的品德和社會價值觀，達到新課程內要求個人與群體發展的範疇。學生從聽講座，全面參與及

---

[15]　賈謙：《中醫戰略》（北京：中醫古籍出版社，2007年），第135頁。
[16]　李東燕：〈美國對外戰略選擇的思想與實踐〉，載楚樹龍主編：《世界、美國和中國》（北京：清華大學出版社，2003年），第175頁。

戶外考察，均可以使學生明白遵守紀律，學生們親自參與活動，進行研究，由此可以訓練同學明白友朋間的相處之道，通過完成工作帶來的優越感，亦有助培養他們的自信心。

其二，在實踐上要營造開放的課堂氣氛，在教學活動內盡量激發學生的自學態度，通過鼓勵學生多發問，提供更多課堂以外的學習機會。如學生進行考察時，可觀察中草藥，並瞭解其藥效，因而可感受古人智慧，進而瞭解中國傳統文化在現代社會的意義及價值。

其三，本計畫可以達到通識課程談及傳達地方與環境互動的範疇。通識課程談及注意自然地理與人文地理的關係，也即注意人與空間關係，又注意古代人與自然的互相調和的關係，如田野考察為同學帶來珍貴知識，其固然有賴良地的地理及氣候條件，同學們可由此瞭解保護自然環境的重要，實踐公民責任。

其四，本計畫達致運用多元的學科知識訓練，實踐「教與學」目的。在探究式的學習中，教師起了學習促進者的作用，使學生能發問、自行設計學習過程，自行找出答案；教師亦可由此觀察不同同學表現，並通過評估瞭解學生能力。是次考察活動，不獨運用歷史學、地理學知識，也教導生物學、化學等知識。另外，學生進行專題研究時，同學不但可尋找文獻，亦可請教教員，達致教學相長，學生亦有全方位學習發展。

六、小結

近年歷史教育，不獨局限於課本上獲取知識，亦重視親身經歷帶來的經驗，再而結合學生自學成果，從而達致「學會學習」的目標，而且，師生知識的互動關係亦是須注意的地方，教員作為知識傳播的協助者及評估者，是培育學生分析能力的重要力量。最後，通過是次研習，必然可加強學生對中國傳統醫療文化之認識，此計畫更期望學生可由此瞭解中國傳統文化美妙，以及進而宣揚中醫學文化，以至中華文化至世界各地，推動中國文化全球化。

第二十九章　本港中國歷史教育面臨的問題與思考

新亞研究所、香港公開大學
李學銘

一、引言

　　許多年前，我曾是本港中學中國歷史科[1]的前線教師，也曾是教育學院中學中史科師資培訓課程的導師。在中學任教時，我曾為中史科課時不足、教材不善、資源貧乏而煩惱，也曾為幫助高中生應付中史科大學入學試而日夜忙碌。當時談不上教學理念、教學設計，而只求在時限內，完成課程和學生考試成績有良好表現。我現時的教學，主要是研究所的史學專題講授，並不涉及中學中史科的教學。這麼說來，我應邀出席今次中學「中國歷史教育學術研討會」，似乎不是最適當的人選。不過，退一步說，遠離實際教學、不受多種壓力、避開「實戰」困擾的人，或許可在少受主觀因素干擾的情況下，提出一些或可參考的意見，供大家思考。賢者「見大」，不賢者「識小」，根據表現，我只能屬於「識小」的人了。

二、中史新課程的頒布與實施

　　本港教育局於2018年5月24日向所有中學發出《通函》，公布中史科及歷史科的《修訂課程大綱》，根據《通函》的內容，我們知道教育當局為配合課程持續發展與更新的需要，課程發展議會於2013年12月成立初中中史及歷史課程專責委員會（中一至中三）及兩個相關工作小組，檢討現行初中兩史課程，並提供修訂建議。有了修訂課程初稿後，專責委員會經過兩階段的諮詢，將課程進一步優化，又取得四層級會議包括課程發展議會通過，最後

---

[1]　以下「中國歷史」多簡稱為「中史」。

宣布《修訂課程大綱》已獲教育局接納，並決定最快於2020至2021學年在全港中學中一級開始逐步實施，取代1997年所公布的現行課程[2]。

　　新初中中史課程把中史分為九個「歷史時期」，同時把「文化特色」和「香港發展」編入相關中史發展時期的不同課題之內。此外，新課程亦設置選教及延伸課題，為課程提供較靈活架構，以便照顧學生的不同學習需要，並推動他們的自主學習。為了落實中史科新課程在學校的推行，教育當局將會在三個學年（2018-2021）為學校提供相關的學與教資源和一系列教師專業培訓，同時亦會協同專家學者、試驗學校為前線教師提供更多專業支援，以便推廣良好的教學實踐[3]。至於新課程的課程宗旨、學習目標、課程架構、時間分配、學習內容等等，則已在初中中史《修訂課程大綱》中列出[4]。

　　在目前階段，初中中史新課程的實施，已如箭在弦上。因此，當務之急，我們似不必再回顧過往教學的得失、討論課程設計的是非，而是要思考在新課程要求下，本港學校、教師、學生所面臨的種種問題。

三、本港中史教育面臨的種種問題（一）

（一）「專科專教」問題

　　根據報導，本港教育團體的代表和許多前線中史科教師，都對「專科專教」有強烈要求，而且通過公開媒體不斷發聲，提出「專科專教」是提升中史教學素質的有效措施；甚至表示「若不推行專科專教，恐怕一切都是空談」。而教育當局則引用數據回應說：現時49%的初中中史科由主修歷史的專科教師任教，如果計入副修歷史的教師，比例更高達65%，而高中則達94%；教育當局並強調：學校已盡量安排受培訓的教師，負責中史科的教學[5]。從教育當局所提供的數據，可見「專科專教」如果僅限「主修歷史的專科教師任教」，而並不包括副修歷史的教師，在實施上人手不足50%，所

---

[2]　參閱《教育局通函第85/2018號》（2018年5月24日）。
[3]　見上註。
[4]　參閱香港教育局：《中國歷史科（中一至中三）修訂課程大綱》（香港：香港教育局，2018年）。
[5]　參閱〈港聞版〉，《星島日報》，2017-01-05；〈社評〉，《明報》，2017-01-11；余津銘：〈中史若要讀得好，專科專教就是出路〉，《香港01》，2017-07-02及2018-01-31；香港教育專業人員協會：《修訂中國歷史課程（中一至中三）第二階段諮詢意見書》（香港：香港教育專業人員協會，2017年）。

以有政府消息人士表示：中史科「不會限定專科專教」[6]。

讓我們留意到的是，無論是教育團體、社會人士的言論或教育當局的回應，似乎都認為由副修歷史的教師教中史科並不理想，而教育當局就強調：在新課程實施前，學校其實已盡量安排受過培訓的教師負責中史科教學[7]。所謂「受過培訓的教師」，指的是副修歷史的教師？全未修歷史而任教中史科的教師？還是包括兩者？無論怎樣，「專科專教」似乎是大家認同的「理想」要求，但實踐起來有實際的困難，而對副修歷史或全部副修中史而任教中史科的教師，未有做善意的肯定（或許未至出語貶抑），恐怕也不公允。而且，主修歷史的教師，是以中史為主嗎？關注的人似乎不多。上述情況，下面會稍有討論。

（二）「獨立成科」及必修問題

2016年11月，本港立法會已通過無約束力動議，要求規定把初中中史「獨立成科」，稍後已更新的《中學教育課程指引》以至第85/2018號的《教育局通函》，都清楚要求原本以中西史連結或綜合課程模式推行中史教育的中學，須修訂課程，使接近「獨立成科」後的中史課程。即現時採用兩史連結的中學（約占全港4%），課程內容日後須以中史為主軸；而採用綜合模式的中學（約占全港7%），則須為學生提供獨立兼具系統的中史單元。也就是說，在現時約90%中學已採用中史「獨立成科」的情況下，變相全港中學的中史科都成為必修而且「獨立成科」[8]。

初中中史「獨立成科」而且須是必修，本來是本港教育團體和不少社會人士（包括中史教師）多年來所積極爭取的，但在社會上也不是人人稱許。例如也有教育團體代表表示，中史獨立成科「其實意義不大」，因90%中學在過往已以獨立形式講授，現在明令「獨立成科」，會不會有政治因素的考慮？會不會有洗腦的

意圖[9]？……意見不會一面倒，這或許是言論自由社會的特色。現在面臨的問題是：採用綜合課程或兩史連結模式講授中史的中學，教師經十多年

---

[6] 〈港聞版〉，《香港經濟日報》，2017-10-12。

[7] 〈港聞版〉，《星島日報》，2017-01-05；〈社評〉，《明報》，2017-01-11。

[8] 參閱香港教育局：《教育局通函第85/2018號》（香港：香港教育局，2018年）。

[9] 香港教育專業人員協會：《修訂中國歷史課程（中一至中三）第二階段諮詢意見書》（香港：香港教育專業人員協會，2017年）。

的努力，有些已漸趨成熟或頗見成效，現時卻推倒重來，會不會使教師產生重新適應的負擔？會不會對教師的信心造成打擊？再說，綜合和兩史連結的模式，為學生提供較廣闊的視野，有獨特價值，不是其他科目所可取代，這也是令人關注的問題[10]。至於政治因素的質疑，可預測在新課程實施時仍有人會不斷提出，甚至引發爭議，這或多或少也會影響教師的信心和新課程實施的成效。

（三）教師認同新課程問題

初中中史《修訂課程大綱》在頒布前，經過兩階段的諮詢，第一階段是2016年9月至10月，第二階段是2017年10月至11月。據說教師普遍贊成課程需要修訂，並認同課程修訂建議的框架；對於課程的宗旨、目標、大綱內容、設置選教及延伸部分等，都獲得80%以上教師的認同，所憂慮的，是教學時間不足、課程內容或許過多。因此，教育當局表示：經過四年多教育界不同角度的考慮後，新《課程大綱》已為業界廣泛認同[11]。

有了業界廣泛認同的基礎，新課程的推行，應該會較為順利，瞻望實施的前景，也會較為樂觀。不過，根據經驗，凡課程的修訂或改革，凡新課程的推行，不免對教學目標、教學內容、教學方法以至評量方式等等，都會有新要求和新負擔，這是課程發展、社會發展的需要，不得不如此；而教育界，特別是前線教師，對諮詢階段所提供的文字說明表示認同，其實只是對文字所傳達的訊息表示概括或某種程度的認同，到了真正實施時，或許會覺得實際操作情況與認同有差距，甚至會不適應一些要求或做法，那時不滿就會來了，抗拒情緒就會出了，……這自然會影響新課程推行的實效。簡單地說，新課程實施前爭取教育界包括前線教師的認同，增強推行的信心，是必要的做法，但認同與實施，無論是過程或結果，往往會有差距。信心是所有工作的動力，不過信心滿滿，未能「臨事而懼」，有時會是改善或進步的障礙。

---

[10] 香港教育專業人員協會：《修訂中國歷史課程（中一至中三）第二階段諮詢意見書》（香港：香港教育專業人員協會2017年）。

[11] 參閱《教育局通函第85/2018號》。

（四）教學時間是否足夠的問題

　　所謂教學時間，一般指的是教學課節或課時。長久以來，中史科的課節都不足。一方面，的確因為中國歷史源遠流長、文化沉積深厚、歷代興衰複雜、社會情況紛紜、人物甚眾、文獻文物資料極多，……無論怎樣畫定範圍、選擇重點或刪減內容，總難令教師和學生滿意。另一方面，是校方不能不受全校各科課節分配的限制。從校方的立場看，教學課節必須對全校各科做通盤的考慮，不是某一科要多就可以增多。

　　根據初中中史《修訂課程大綱》的建議：學習中史的總課時，不可少於學習領域總課時的四分之一，即平均計每年級約每週兩課節，每年約有五十節可供教學之用，三年總計為一百五十節。不過這一百五十節，並不包括「延伸部分」的教學或指導[12]。顯而易見，教學課節並沒有因新課程的實施而增加。過往中史科教學課不足的問題，仍然從過往帶下來，沒有解決。解決的辦法不是沒有，就是減教學的內容和要求。教育當局似乎已根據諮詢，將部分課題和內容重整、重組或刪減，又另編選擇項目及另置延伸課題，以期適度減輕課程內容的分量[13]。但有了延伸課題和新課程的新教學要求，教師的工作負擔是否不減反增，是另一問題，不過仍很沉重，則是事實。所以大部分初中中史科教師，期望新課程能「確保」「有足夠的課時」[14]，就不足為怪了。有教育團體同時指出：初中中史科新課程以每週兩課節為目標，如果以此指標計算，整個人文學科所得到的課節，只可能占現時初中階段總課的15%，將原來官方所定給予人文教育可占15-20%的空間變相收窄了[15]。可以說，教學內容太多，教學課節不足，永遠是中史科所面臨的困難。每週兩節固然不足，如果有些學校只配給一節（從前確有這種的情況），那就更困難了！所以教學時間不足，常常是中史科教師過往所面對的難題，也同樣是今後所面對的難題。

---

[12] 參閱課程發展議會、個人、社會及人文教育委員會：《中國歷史科（中一至中三）修訂課程大綱》（香港：課程發展議會，2018年），第9頁。

[13] 參閱《教育局通函第85/2018號》。

[14] 參閱香港教育工作者聯會：《「初中中國歷史科課程修訂」意見調查簡報》（香港：香港教育工作者聯會，2017年）。

[15] 參閱香港教育專業人員協會：《修訂中國歷史課程（中一至中三）第二階段諮詢意見書》。

四、本港中史教育面臨的種種問題（二）

（一）教師負擔與支援問題

　　凡新課程的頒布與實施，總會增加教師的負擔，這已是慣常的話題，也是常識，本不煩多說，不過還是稍作說明罷。所謂負擔，包括：教師對新課程宗旨和內容的消化與適應；教師任教班級和課節的多少；配合課程要求設計新施教方法和新學習方式；延伸課題是課程架構的附加部分，也是教師工作的附加部分；等等。關於上述教師的種種負擔，無論是香港教育專業人員協會《第二階段諮詢意見書》或《中國歷史科（中一至中三）修訂課程大綱》，都沒有具體說明或建議，幸而在《教育局通函第85/2018號》中，有提到「支援學校的措施」。

　　關於支援的措施，如《教育局通函》所列：為學校提供教與學資源，如電子教學資源、試教示例、教學錄像片段、參考資料；同時也預備為教師提供一系列專業培訓，如為學校領導或中層管理者而設的領導和規劃課程，為科主任而設的知識增益、學與教策略及評估等課程，舉辦教師歷史考察團等等，又會請專家學者和試教學校為教師提供專業支援、組織學校網絡活動等等，使教師可分享教學經驗和實踐良好教學[16]。這些支援措施，或可顯示教育當局支援校方和前線的誠意，但部分措施，不正是對教師的工作有種種新要求嗎？例如須認識新教育資源的內容和掌握應用，又例如要不斷為學生設計新的學習方式，又例如須增益與課程有關的新知識，又例如要用時間與人交流經驗心得及參與相關課外活動，……都要教師多用精神和時間，這無疑是一種頗大的負擔。面對這些負擔，不是調整教學內容或稍減教學內容，就可以疏解的，何況還有「延伸課題」的部分。雖說「教師可按教學進度、學生能力和興趣是否教授，又或協助學生自學」[17]，但不能沒有指導內容和指導方式的考慮，如果說這不算工作負擔的一部分，恐怕同意的人不多。

16　參閱《教育局通函第85/2018號》。

17　參閱課程發展議會、個人、社會及人文教育委員會《中國歷史科（中一至中三）修訂課程大綱》，第10頁。

（二）教學成效評量問題

談教學，無論哪一科，我們都會關注教學的宗旨、目標、內容、方法、成效。站在學生的立場，我們會用「學習」一詞代替「教學」。在教育研討中，必然會包括教與學兩方面，因為兩者密切相關。就我們所知，無論是教學指引或課程，一般都不會忽略宗旨、目標、內容等方面的說明，但教學成效或學習成效的評量（或稱「評核」），往往會略而不提，例如初中中史《修訂課程大綱》，就是如此[18]。我知道，如果涉及公開考試，例如中四至中六課程，一般才會有「評量」的專節說明。至於說明是否足夠，對教師的幫助大不大，那是另一回事，暫時不作討論。

我理解「中一至中三」與「中四至中六」的課程，對「評量」有上述分別，主要是因為中四至中六涉及公開考試的統一評量標準。不過，大家都明白，中一至中三是中四至中六的學習基礎，兩者關係密切：前階段的教學成效，會影響後階段的學習表現。加上新課程剛頒布，教師對新課程要重新認識和適應，如果設計課程者或教育當局，能提供一些教學成效評量的設計和實例，供前線教師參考，減輕他們的工作負擔，以免他們無所憑藉、取向失準，導致各校之間的教師，各自為政，成效不一。我們同意，教學是藝術，所謂教亦多術，不宜齊整畫一，更不應為了規範、統一而僵化。但教學成效，雖可容許有高低之別，但達標要求，除了須參考課程的宗旨和目標，是否該有些具體而可行的評量方式，供教師參考或採用？初中中史科教師，或許不會有公開考試的評量壓力，但面對學生的學習表現，如何評量成效，瞭解是否能達到共同指標的要求，也不是不要留意的問題，更不是不要思考的問題。

（三）學生學習興趣問題

學科的學習成效，往往與學生的學習興趣有關。沿用近二十年的中史課程，教育界和社會人士，普遍認為有需要更新，教育當局也認同這樣意見。時代不同，社會發展，各科課程做出調整、更新，自是應有之義。在中史課

---

[18]　見上註，第5及10-18頁。

程修訂前的諮詢過程中，當然會檢討過往課程的內容和教學，而相關的問題也會關注。我認為，學生學習中史的動機和興趣，大抵也會涉及。不過就我所見的教育團體意見書、《教育局通函第85/2018號》以至相關的教育新聞報導等等，都在這方面少所涉及。2018年5月頒布的《中國歷史科（中一至中三）修訂課程大綱》中，列有「學習目標」，其中的第7項，則提出「課程的目標在於讓學生」「透過研習史事與採取不同的探究方法，培養學習中國歷史的興趣」[19]。《課程大綱》雖沒有提到「動機」，但引發學生學習中史的動機，應該也是培養興趣手段之一。

　　談到學習中史的興趣，在我的印象中，過往頗有人發表了不少意見。這些意見，歸納起來，大抵是：中史課程繁重、複雜、乏味，學生難以消化，減損了學習的興趣，因此必須調整、增刪，而增刪則以刪為主，要增的是新成分，分量不要多於所刪。又，學習中史，當然會涉及中國文化的論題，這些論題，有時會過於大、高、遠，對學生來說，不免有點虛，有點浮，難以掌握，更難以認同，到了後來，可能興趣不大。又，因時間不夠，教師在課堂上，往往匆匆講述歷史大事，提提重要人物，對史意無所闡發或深究，甚至有教師只讓學生分段讀讀課文就算了事，使本有學習興趣的學生，也變為沒有興趣。又，中史科內容講的都是陳年事，脫離現實生活，而習作、考核的形式又單調、乏味，學生難以產生學習的興趣。……總之，大都是負面意見。這些意見如不疏解，負面情緒就會滋長，課程修訂不修訂，恐怕分別不大。

（四）香港史安排問題

　　香港史在中史科的位置，是多年來頗受人關注的論題，近來這論題更愈來愈熱。在新修訂中史科課程頒布前，中史科對香港史的定位，是「香港人的中國歷史」，因此香港史的部分，只會重點講授與中國歷史相關、與國家有互動關係的內容容，至於香港本身的發展歷程，則主要由歷史科處理。學生要是兼修中史科和歷史科，才會對香港史有較完整的認識。隨著中史科稍後落實為獨立必修科，基於整體各科課節的限制，有教育團體憂慮，歷史科可能被迫逐漸萎縮，於是學生就有可能在將來學不到歷史科才會講授的香港

---

[19]　參閱上註，第5頁。

史內容[20]。從香港人須多認識本土歷史文化的理念出發，上述憂慮，不能說完全沒有理由。

我們再看中史科新課程的架構，可知中一至中三每級除「政治演變」、「文化特色」外，都有講授「香港發展」的內容。以三年一百五十課節計，「政治演變」有一百一十四節，占總課節76%；「文化特色」有二十一節，占總課節21%；「香港發展」有十五節，占總課節15%。《課程綱要》還在備註中說明：建議課節分配，並不包括「延伸部分」[21]。也就是說，「延伸部分」課節的多少，會影響上述課節的百分比。無論怎樣，講授「香港發展」只有十五課節或稍多於十五節課節，的確令人有不足之感，而且，要多講香港自身發展的歷程和特色，當然更感不足。問題是，從全校各科課節分配全盤考慮，我們不可能隨意為任何一科增加課節。面對這樣的問題，學校和教師在不影響全域的情況下，有沒有解決的方法？如果不能解決，該怎麼辦？

五、思考與建議

上面提到本港中史教育（主要是初中）所面臨的多種問題。談教育，離不開學校、教師、學生，因此討論的話題，都與三者有關。我的舉述，只有八項，當然並不周全，大家或可視為「引玉」的舉隅。現姑就所舉，做進一步的思考與建議。

（一）「專科專教」的倡議與實踐

所謂「專科專教」，又稱「專科專學」，是指教師須擁有與其任教學科相同的學位，並以該學科為教育文憑的主修科目，才可以任教該學科。例如一位在大學主修中文、副修歷史的教師，須另外讀取中史碩士，再於修讀教育文憑時主修歷史，才可名正言順地教歷史。以主修歷史、副修中文的教師為例，如要任教中文，也須另外讀取中文碩士，再於修讀教育文憑時主修中文，才可名正言順地教中文。因此，有人強調，這項要求，合乎邏輯，不可

---

[20]　參閱香港教育專業人員協會：《修訂中國歷史課程（中一至中三）第二階段諮詢意見書》。

[21]　參閱課程發展議會、個人、社會及人文教育委員會：《中國歷史科（中一至中三）修訂課程大綱》，第8-9頁。

謂不合理[22]。

　　可思考的是，倡議或認同「專科專教」的教育界人士，包括前線教師，似乎都有這樣的假設，就是副修的人，他們的知識和能力，都一定弱於主修的人，因此他們必須再經高級學位、教育文憑的培訓，才勝任教副修的學科。事實可以如此一刀切嗎？而且，中史科一週只有兩節，如果「專科專教」，一位中史教師須任教多少班級，才可達到每週課節數目的要求？一所學校，可聘用多少中史教師？不妨再想想，主修歷史而偏向西史的教師，他們對中史的認識，一定勝過副修中史的教師嗎？何況主修中文的教師，副修大都會是中史而不是西史。明令規定，可方便教育當局和校方依令執行，但不一定切合實際。有人或許會說，按照邏輯，中、英語文科和術科可以實行，為什麼中史科不可以實行？問題是，語文科每週有多少節？每校的術科教師每科可聘用多少位？

　　我的建議是，所謂「專科專教」，何妨稍微放寬，就是主修中文、副修中史或主修中史、副修中文的教師，可視為同一類，都可任教中史，讓校方對人手有較靈活的調配。當然，主修和副修歷史的教師，是否以中史為主，他們真正的認識和能力，校方還是要做具體的瞭解。而教育當局的責任，則主要在監察、輔導而不是按章規管。有政府消息人士指：中史獨立成科後，「不會限定專科專教」，有這樣的決定理由之一，或許教育當局也基於人手調配的思考罷[23]？

（二）中史「獨立成科」及必修

　　關於初中中史「獨立成科」及必修，已由教育當局明令宣布，可說是順應本港教育界和社會上較多數人的要求，屬名正言順的舉措，與90%中學實際上以獨立形式講授中史，是兩回事，不必混為一談。因為如果不是規定獨立及必修，校方在將來可能因種種理由，改獨立為非獨立，改必修為非必修，甚至因課節不足分配的困難，而去掉視為閒科的學科，而中史在過往是慣常被視為閒科之一的。總而言之，內裡潛藏了不穩定、不明朗的因素，所以教育當局規定初中中史須獨立成科必修，不見得沒有意義。至於是否意義重大，則可說是見仁見智。

[22]　參閱金津銘：〈中史若要讀得好，專科專教或是出路〉，《香港01》，2017-07-02。
[23]　參閱〈港聞版〉，《香港經濟日報》，2017-10-12。

不過，採用綜合課程或兩史連結模式講授中史，一般來說，或許未能突顯中史的重要，也未能在中史教育方面有顯著的成效。但據說有些學校，經校方和教師多年來努力磨合和用心設計，已逐漸引發學生研習中史的興趣，而且也的確為學生提供較闊的視野，並習慣了論事、論人、論制度、論建設等等，往往會做中外古今的比較述評，而不會做單一角度的評論或述說。因此，容許採用綜合或連結模式講授中史而有成效的學校，仍然可自決是否維持原有模式的中史教學，不失為可行的辦法，而自決的前提，可以有強化中史學習內容的要求。至於強化的程度和方式，則可參考新課程的宗旨和建議，由原校教師自行設計。這或可使本港初中中史科的教學，在新課程的規範下，仍然有「容納異己」的靈活空間，也符合本港社會愛多元、重自由的心理取向。

教育當局有初中中史獨立成科及必修的決定，引起政治因素的質疑，應屬意料中事。其實大家都明白，世界上每個國家的政府，都會盡力鼓勵或促使自己的國民，去瞭解、去認同自己國族的歷史文化，同時也會盡力或促使他們去瞭解、去認同自己生活其中的本土歷史文化。而且，對自己國族歷史文化有較多的瞭解，才會對自己生活其中的本土歷史文化有更深的認識。學習中史與學習本港史之間，並不互相排斥，相容並包，反而有互利互補、相輔相成的效果。提出質疑，只不過是有意引發話題，也顯示了對政府不信任的心態。總之，從教育出發，教好中史，讓學生產生學習中史的興趣，才是正事。質疑的言論或話題，稍後或會逐漸淡靜下來。反而不斷由官方發言，高調張揚愛國的必要，強調國民身分份的認同，就會不斷引發質疑的話題，對中史新課程的順利實施，不一定是最有利的。

（三）前線教師的認同與支援

初中中史新課程公布前，對課程修訂建議的框架，有諮詢，有調整，有修訂，最後獲得教育界廣泛接受，而80%以上中史科教師也認同[24]。接受、認同是好事，有助於新課程的實踐，但對文件文字說明的接受和認同，與課程實踐是兩回事。而且工作負擔的壓力，也會使前線教師的不滿滋長，甚至會有抗拒的情緒，這自然會影響教學的效果。要避免出現這樣的情況，適時

---

[24]　參閱香港教育工作者聯會：《「初中中國歷史科課程修訂」意見調查簡報》。

疏解、有效支援，都要有具體的考慮。

適時疏解的工作，可減少教師不滿的情緒，可提升他們的教學的信心。教育當局可通過文件傳遞、公開傳媒、教育短片、座談會等等，不斷就新課程的實施，提供解決問題的辦法，而參與新課程設計的教育專業人士，認同新課程理念及框架的教育團體，都應該積極參與疏解的工作。校方的管理層，也該以同情理解的態度，去疏解前線師的工作壓力。教師之間的互相疏解和教師的自我疏解，也是很重要的。

有教育團體的調查報告，顯示前線教師普遍期望中史科得到更多專業支援，以配合新課程的實施。支援包括：提供專業培訓、開辦復修課程、開發教學資源套、增設中史科教學助理、配應足夠課時、加強非華語學生的支援等等[25]。此外，支援的工作，還可包括：由教育機構或出版社，出版優質的中史課本及掛圖，編寫資料豐富的教師手冊，製作與中國歷史文化有關的電子書和紀錄片，提供圖文並茂的中史課外讀物，建立中史資料庫和文物圖片庫，舉辦各種形式的讀物展覽，組織各類考察活動及工作坊等等。如有可能，也可由教育當局、教育機構或團體，舉辦一些觀摩教學活動，讓成功的教學個案，得以向同行演示。這些可觀摩的教學活動，必須是教室中切實可行的教學，不是為了表演而演示。學術性較強的演講會、研討會，也可以舉辦，讓教師參與。據說有中史科教師利用電腦擴增實境技術，活現文物，又可為課本內容加料。這些技術，各校之間可以分享[26]。又據說有中史科教師設立電子「知史」平臺，為本港師生提供與中史相關的有用資訊[27]，都是支援中史教育的好事。為了讓中史科教師教好中史、學生學好中史，一切有效的支援辦法都要考慮。

（四）教學時間與教學內容的分配

根據調查發現，過往任教初中中史科的教師，有96%承認未能教完整個課程，需要跳過或略教部分課題。到了新修訂課程的頒布，有76%教師，仍然憂慮新課程落實後，不能夠完成整個課程的內容，相反認為可教畢整個課

---

[25]　參閱上註。據知教育當局對非華語學生學習中史，也預備有一些支援策略及措施，包括：調適教學內容、可採用英語輔助教學、製作中英對照歷史詞彙表、提供雙語學習資源、設計多元學習活動等等。參閱〈教育局局長書面回答立法會議員的質詢〉，《星島日報》，2018-11-22。

[26]　參閱〈教育版〉，《星島日報》，2018-08-13。

[27]　參閱〈教育版〉，《星島日報》，2018-09-04。

程的只占11%，表示不知道的占13%[28]。我估計現實的情況是，新課程落實以後，表示不能夠完成整個課程的，大抵仍會占多數。

從全校各科課節分配的通盤考慮，初中中史科不可能在每週兩課節外再增加一節，可考慮的做法，或許是再刪減教學內容和教學要求。不過，是否刪減，如何刪減，刪減多少，應該是課程實施一段時間以後再考慮的問題。面臨這樣的情況，中史科教師可做的準備工作是：

1. 決定必教、略教和不教的內容或課題。
2. 如何利用「延伸部分」的指導或教學，以補略教或不教的不足。
3. 籌畫「延伸部分」何時進行和怎樣進行。

「延伸部分」是課程可資善用的空間，教師可通過課外活動或習作的形式進行，因此不會占去每週兩課節的教學時間。活動或習作的形式可預先設計，最好通過多媒體設計、發放的形式，供教師、學生選擇，不宜單一或過分規範。教師也可選定範圍、課題，組織考察活動，或利用歷史文化有關的紀錄片或短片，先讓學生觀賞，再根據紀錄片或短片的內容，選擇答案、回答問題或繪製圖畫等等，使學生以輕鬆、愉悅的心情，去參與活動和完成習作。

本港的中國語文科教學，在七十、八十年代，已有所謂「教是為了不教」的要求，但在中史科教學中，可能學科性質有別，教學向來重視知識多於能力，似乎沒有聽見有人做這樣的倡議。在有限的教學時間內，教師永遠有教不完的東西，我們是否可從現在開始，想想這方面的可行性？善用「不教」，或可節省部分教學時間。這樣，我們就可能會稍減教學時間不足的壓力。當然，怎樣達成「教為了不教」的要求，不是三言兩語可以交代，我們還是請有心人為提升中史教育水準而開始起動罷！

（五）學習興趣與成效評量

興趣是學習的動力，這是絕大多數的教育工作者和學習者都知道的常識，我們不必多所論說。中史科教師是教育工作者也是學習者，不會沒有這

28　參閱香港教育工作者聯會：《「初中中國歷史科課程修訂」意見調查簡報》。

樣的認識。可是很多學過或正在學習中史的人，都說「悶」，而不少中史科教師，也說「悶」。有人歸咎於中史內容太多，有人歸咎於教法乏味，有人歸咎於中史學習「無市場」、「無錢途」，有人歸咎於中史未能「專科專教」，……都是理由，但也不盡然。例如面對公開考試的壓力，校方和中學高年級的教師，大都以考試成績為目標，其他免談；又例如課節不足，又缺乏設備、支援，即使不用面對公開考試的初中中史科教師，也只好根據課本內容講授，甚至照本宣科，根本不談補充資料和施教方法。至於「專科專教」的教師，是否可引起學生的學習興趣，也不一定，甚至因教師所知所識太多，又不懂剪裁，講授時往往大量提供資料，要求太高，讓學生消化不了。

能引起學生對某科產生學習興趣，是技巧也是藝術。不過即使懂教學技巧和藝術的教師，如果客觀條件不足，恐怕也無能為力。如何精簡課程內容，提供足夠教學時間、設備和支援，是新課程實施一段時間以後要檢討的事情，現時急待要做的工作，可考慮以學生學習中史的興趣為專題，舉辦多一些研討會、教學心得交流會、工作坊、教學實驗報告會等等，更應由教育當局、大專院校、在職教師、教材出版商，介紹如何利用電腦科技輔助教學的設計，去引發學生學習中史的興趣，藉供中史科教師選用或參考。再說，有興趣尤其是有濃厚興趣研習中史的教師，才有可能言傳身教，引發學生學習中史的興趣，而且會不斷講求中史科教學的改進。

由於初中沒有公開考試的壓力，因此教學成效評量的方式，是否可打破框框，讓學生通過有趣味的閱讀、活動、製作，而有所表現？教師則可根據他們個人和小組的表現去評量他們所學的成果。在中國語文教學中，多年來已有學者不斷提出「教是為了不教」的要求，這是重視自學能力的培育。善用以「不教」為「教」，或可節省部分課堂教學的時間。而且有自學能力的學生，一般會逐漸產生濃厚的學習興趣，中國語文科如是，其他學科如是，我相信中史科也該如是。在評量中史學習成效的過程中，是否也可有自學能力的要求？值得我們想想。

（六）香港史的安排與政治憂慮

談到香港史在中史科中的安排，一般會涉及兩方面的問題：一是內容，二是政治。關於內容方面，有人指出，過往中史科對香港史只會重點講授與

中國歷史相關、與國家有互動關係的內容，至於香港本身的發展，則主要由歷史科處理。中史獨立成科必修後，學生就有可能學不到歷史科才會講授的內容[29]。其實中史獨立成科後，「香港發展」就有十五節，如果「延伸部分」加一些香港史內容，學習課節就會多於十五節。至於教學時間是否足夠，那是另一問題。反而值得留意的是，新修訂的歷史科，如果處理香港本身發展的內容，合理的考慮，是不要與中史新課程內容重複，如有妥善的呼應讓避安排，反而更有利於兼讀中史科和歷史科的學生。老實說，學校中任何一科，都可以有永教不完的內容，也都有時間永不足夠的事實，如何量體裁衣，充分利用有限時間去剪裁教學內容，向來是前線教師需要不斷關注的問題。

有人對中史獨立成科必修和中史科加入本港部分，表示憂慮外界會有政治方面的解讀，同時亦有政府屈服於政治壓力之說[30]。我們如果同意，所謂「政治」，內涵不過是「管理眾人的事」。在社會群體裡，我們每個人都經常出現管理與被管理的關係，這涉及人與人相處之道，因此，政治討論，實質上是人際關係的公民教育討論。中史科有它本身的主要教學目標，通過中史講授而達致公民教育的效果，也不是一件壞事。反而通過中史教育去介紹一種思想、一種主義，或灌輸某種政治信仰，鼓吹某種偏激主張，才是狹義的政治灌輸而不是廣義的政治教育即公民教育[31]。所以中史獨立成科必修和中史科加入本港史部分，都不該有政治的質疑和憂慮。質疑和憂慮的起因，大抵是缺乏互相信任的緣故。在本港，政治是個敏感的話題，也是個複雜的問題。其實我們要特別留意的，不光是課程的教學內容，同時也要留意教師的認識和態度，如果教師的認識不足，或有某種政治灌輸取向的態度，那才是我們要警覺的。

世界任何一國的國民，都應該認識自己國族的歷史文化，同時也要認識自己生長所在地的歷史文化，這是理所當然的事，有什麼好爭論、好憂慮呢？至於哪些多教、哪些少教、哪些不教，則該從教育的角度來衡量，而不該用狹義的政治角度來取決。而將來學習內容的增刪，教學時間的分配，最好通過新課程的實施，再參考前線教師的意見，才去決定課程的調整和增刪。

---

[29]　參閱香港教育專業人員協會：《修訂中國歷史課程（中一至中三）第二階段諮詢意見書》。

[30]　參閱〈港聞版〉，《星島日報》2016-09-28及2017-01-05；〈港聞版〉，《香港經濟日報》，2017-10-12；香港教育專業人員協會：《修訂中國歷史課程（中一至中三）第二階段諮詢意見書》。

[31]　參閱拙文：〈論語與公民教育〉，《未敢廢書》（香港：青森文化出版社，2009年），第154-156頁。

六、小結

　　新修訂初中中史科課程最快於2020至2021學年在全中學中一級開始逐步實施，取代1997年所公布的現行課程。對比舊課程，新課程以「古今並重」為原則，精簡歷代政治史，刪減文化史課時，加強近現代史內容，增設「香港發展」部分，又加「延伸」部分[32]。據說新課程的內容、架構和修訂取向，已普遍為前線教師、教育界、社會人士所認同[33]。不過，認同歸認同，認同與課程實施，必然會有落差，這是意料中事。而且，其中有不足或引起爭議的地方，也是不必諱言的。通過正式實施前的試驗和實施後的結果，聽取前線教師和教育專家的意見，課程在將來或許會有進一步的修訂和改善。

　　臨末，我或許還有一些意見，供任教中史科的教師和關心本港中史教育的人參考：

1. 文化是歷史的重要元素，歷史與文化兩者密不可分。錢賓四（穆）先生（1895-1990）認為，研究歷史，實質上是研究歷史背後的文化。他在《中國文化導論・弁言》中說：「中國文化，表現在中國已往全部歷史過程中，除卻歷史，無從談文化。我們應從全部歷史之客觀方面指陳中國文化之真相。」[34]換言之，除卻文化，我們怎樣談歷史？新課程刪減文化課並容許選教文化史專題，或許有助於減輕教學壓力，這是遷就現實的需要，但不該構成這樣的印象：我們不重視或減輕文化方面的教學。如何在新課程的規限內，仍可達到文化結合歷史的指導、傳揚中國文化精神的目的，是前線教師和關心中史教育的社會人士，所不可忽略的。

2. 要引發學習中史的興趣，方法可以有很多，但其中一項，我以為是不可少的，就是任教中史科的教師，自己先要對中史有濃厚的興趣，如果教師對中史缺乏興趣，或興趣不大，在備課時，就會覺得悶，在課堂上，也會教得悶，這樣，受教的學生，又怎能不悶？錢賓四先生以「溫情與敬意」提示《國史大綱》的讀者，自有撰作的時代背景[35]。

---

[32] 參閱黃錦良：〈談初中中史課程修訂〉，《都市日報》，2017-11-08。

[33] 參閱《教育局通函第85/2018號》。

[34] 語見錢穆：《中國文化導論》（臺北：正中書局，1953年），第5頁。

[35] 參閱拙文〈現代國學界的通儒錢賓四先生〉，香港中文大學歷史系編：《扎根史學五十年》（香港：三聯書局，2016年），第30-31頁。又，「溫情與敬意」一語，見錢穆：《國史大綱》（臺

不過到了現在，我以為教師也懷著「溫情與敬意」來為中史科備課，來教中史，才會促使自己產生教學的興趣，同時也會促使自己的學生產生學習的興趣。沒有興趣的教與學，就不會有良好的教學效果。

3. 在中史教學的過程中，無論教師或學生，都要認識「容納異己」的重要，都要有認識「異己之美」的胸襟，否則，徒然記得一些歷史事實，認識一些典章制度，知道一些歷史名人故事，並不算真的達到中史教育的要求。此外，如何通過中史教學，逐步培養學生的自學能力和轉化能力，也很重要。所謂自學和轉化能力，包括主動學習、解決困難、鑑古知今、通史致用，也包括由此及彼、聞一知二、舉一反三等等。表面看來，這樣要求難度頗大，也似乎有點不切實際。其實，現代年輕人的學習能力一般不低，教師只要先有這樣的存心，再盡力而為，總會逐漸見到部分學生受到影響。

4. 世界上每個國家的國民，都要認識自己國族的歷史文化，這是理所當然的事，也是不必質疑的事，更不必無限上綱，把中史科視為「洗腦科」36。中國人須學中史，就像中國人須學中文一樣。學中史，不表示不學其他；中文以外，也該學其他語文。這是平常不過的道理，有什麼好爭議呢？反而把中史科視為閒科，是行之已久的事實，有些學校，常常把中史科的一些教節，塞給那些教學課節不足，而極不情願或自知不勝任教中史的教師，也是長期存在的事實。這個事實不合理，也影響了教學的成效，但願今後不再出現這樣的情況！

2018年12月完稿

北：臺灣商務印書館，1964年）上冊〈引論〉前的提示，第1頁。

第三十章　淺析漢語文化學習者之偏誤及其教學方法：以英語為母語的學生學習虛詞「都」為例

香港教育大學中國語言學系

賴志成

一、引言

　　在這幾十年間，學習漢語的外國人愈來愈多，然而，外國人在學習漢語的時候卻面臨著形形色色的問題。漢語虛詞是外國人比較難掌握的，因為在他們的母語裡面，虛詞是比較缺乏的。可是，虛詞在漢語的句子組成裡面卻是很重要的一個部分，對虛詞的不熟悉會導致語法的錯誤，誤用虛詞或者缺乏虛詞都會阻礙句子的表達，所以虛詞的教學是不容忽視的。鑑於漢語虛詞比較多，其中「都」字是虛詞裡面出現率比較高的，外國學生時常把「都」的位置擺錯或不瞭解在什麼情況下用，所以本文會集中於「都」這個外國學生——例如以英語為母語的學生——時常混淆或誤用的虛詞。本文希望透過文獻分析法找出以英語為母語的學生在學習漢語虛詞「都」的偏誤，以及提供一些解決方法給漢語學習者和教學者，幫助第二語言學習者學習。

二、文獻回顧

　　經過幾十年的時間，有關第二語言學習方面的研究漸趨成熟，不少學者積極提出有關對外漢語的理論。科德（S. P. Corder）在1981年出版了《Error Analysis and Interlanguage》，書中提出了偏誤的定義、偏誤分析理論和仲介語理論，為對外漢語理論打好了基礎。其後，奧德林（Terence Odlin）和埃利斯（Rod Ellis）在1989和1997年分別出版了《Language Transfer》和

《Second Language Acquisition》，這兩本都是關於第二語言學習和語言遷移的書，三本書當中的理論仍然為現今學者沿用，本文也會用當中的一些理論幫助分析以英語為母語的學生學習漢語虛詞的偏誤。

隨著中國的崛起，學習漢語的非華人愈來愈多，研究對外漢語的著作也漸漸增多，當中有研究發音、詞彙和書寫的著作。其中齊滬揚在2008年主編了《現代漢語虛詞研究與對外漢語教學》一書，裡面集合了不同學者對虛詞的用法和偏誤研究，例如虛詞「著」和「了」等，對瞭解第二語言學習者的偏誤和虛詞的正確用法有一定的幫助，但由於書中並沒有詳細地舉出虛詞「都」的偏誤，所以本文沒有直接引用其內容。除此之外，王德春在2006年主編的《對外漢語論叢第五集》當中也有提到一些偏誤，除了關於虛詞，還有包含讀寫聽說語法等不同的偏誤，本文參考了當中由范立珂所寫的〈語氣副詞「都」的功能及內在動因〉，文中強調了「都」的四種語用功能，增加本文對虛詞「都」的認知和分析，然而，文章把「都」的語用功能概念化，只著重於語氣助詞方面，即不同的語氣會達到怎樣的效果，文章比較少涉及「都」作為一個副詞時的應用和規則。

2005年北京語言大學出版社出版的《對外漢語教學論文選評第二集》中〈論對外漢語虛詞教學〉一文中則補充了上述書本的不足，文章講述了因為母語負遷移而導致「都」的偏誤，本文也引用了這篇文章的某些內容作為「存在問題」一章的部分內容，但這篇文章只提出了一個偏誤，不夠全面。而由金立鑫在2005年主編的《對外漢語教學虛詞辨析》中，張海榮的〈「都」還是「全」〉一文集中地提出了學習者學習「都」的另一個偏誤，就是容易把「都」和「全」混淆，這篇文章讓讀者明白學習者在學習第二語言的時候往往會出現把相似的字詞混淆的情況，本文也應用了書中的一些例子作為理據。在王珏2009年主編的《英美漢語難點研究》中有一篇關於「都」和「也」的偏誤，進一步地分析英美學習者會有的偏誤，使關於虛詞「都」的分析更加全面。

然而，有關如何解決偏誤的資料比較少，在徐子亮和吳仁甫2005年所著的《實用對外漢語教學法》中只是籠統地提出了一些方法，方法雖然實用，但針對性較低，所以本文希望提出一些比較有針對性而又容易實行的方法，以幫助以英語為母語的學生學習。

三、研究方法

　　本文會以文獻分析法作為主要的研究方法。本文將會結合西方有關對外漢語理論的書籍、中國學者對於虛詞「都」的解釋的書籍、中國學者對對外漢語研究的書籍以及學者對以英語為母語的學習者學習漢語的難點和個案研究的論文集，希望透過不同學者的著作和研究，從中找出以英語為母語的學生學習虛詞「都」的難點和偏誤，並提供一些解決難點或消除偏誤的方法。

四、對外漢語理論

　　本文將會採取對外漢語中的兩個理論分析以英語為母語的學生在學習虛詞「都」的偏誤，分別是偏誤分析理論和對比分析理論，以下是兩個理論和偏誤的定義和內容。

（一）偏誤分析理論

　　偏誤分析建基於仲介語理論，以學習者本身為研究中心，系統地分析其在第二語言習得中所產生的偏誤並研究錯誤來源，從中瞭解第二語言習得的過程與規律[1]。

（二）對比分析理論

　　對比分析是指系統地分析和找出第二語言學習者的母語及其所學習的目的語在語音、詞彙、語法等方面的異同，從而預測第二語言學習者可能遇到的語言困難和錯誤，然後採取適當的教學方法，以避免或減少第二語言學習者所犯的錯誤[2]。

---

[1] 黃錦章、劉焱主編：《對外漢語教學中的理論和方法》（北京：北京大學出版社，2004年），第90頁。

[2] 姚曉波：《仲介語與對外漢語教學》（上海：學林出版社，2009年），第14-15頁。

（三）偏誤

　　英國語言學家科德（S. P. Corder）認為學習者所犯的錯誤可分為兩種：一種是失誤，失誤是指因為緊張或疏忽而不經意犯下的口誤或筆誤，因為是臨時現象，所以不反映學習者的真正語言能力。另一種是偏誤，偏誤則可以反映學習者的語言能力，因為偏誤與目的語軌道有所偏離，是基於學習者對目的語的掌握不足而犯下的規律性錯誤。而造成偏誤主要有五個方面，分別是母語負遷移、目的語知識負遷移、文化因素負遷移、學習策略與交際策略的影響和學習環境的影響[3]。

五、存在問題

　　以英語為母語的學生在學習漢語虛詞「都」的時候，主要會遇上三個困難，第一個是英語「all的干擾，第二個是漢語中「都」和「全」的混淆，第三個是漢語中「都」和「也」的混淆。

（一）英語「all」的干擾

　　在英漢對譯中，英語「all」可以有漢語「都」的意思。以英語為母語的學習者，特別是初學者，會因為母語負遷移的影響，理所當然地把所有英語「all」的句子直接翻譯成漢語裡的「都」，而忽略了英語裡面的「all」並不一定等於漢語裡的「都」。王還（1983）於〈「all」與「都」〉一文指出「all」可以作為形容詞、副詞、代詞和名詞，「都」卻只能作為副詞和必須用於謂語之前[4]，所以當學習者把「all」和「都」畫上等號的時候，就有可能會出現偏誤。以下是一些例子：

　　1. All my Chinese friends like to drink tea.／都我的中國朋友喜歡喝茶。

---

[3]　黃錦章、劉焱主編：《對外漢語教學中的理論和方法》（北京：北京大學出版社，2004年），第90頁。

[4]　李曉琪：〈論對外漢語虛詞教學〉，載劉珣、張旺熹、施家煒主編：《對外漢語教學論文選評第二集》（北京：北京語言大學出版社，2008年），第173頁。

在這個例子中，all是一個形容詞，當學習者把all直接翻譯成「都」，會把原是副詞的「都」誤用為形容詞。

> 2. All of the students in this class study very hard. ／在這個班裡，都同學們學習很努力。

在這個例子中，學習者把「都」誤用為代詞[5]。

從以上例子可見，以英語為母語的學習者會自然而然地把英語句子直接翻譯，而且是一個一個字地翻譯，所以會把句子裡的「ALL」誤改成「都」，而且沒有把「都」的位置改變，也就是說學習者們沒有意識到「ALL」和「都」的區別，忽略了「都」的詞性。

（二）漢語中「都」和「全」的混淆

在某些情況下，「都」和「全」可以有相同的意思，比如「我都學會了」和「我全學會了」，「我都做完了」和「我全做完了」，這兩個例子都有「完成」的意思，在這個情況下，「都」和「全」可以互轉。但是，在某些句子中就不可以互換，學習者往往以為「都」和「全」是在任何情況下都可以互換的，於是就會出現偏誤，以下是一些在語義句法上產生偏誤的例子：

1. 例句一：「東西準備全了。」

　　例句二：「東西準備都了。」

這兩個句子中，只有例句一是正確的，「全」可以用於動詞後，但例句二是不通的，「都」不可以用於動詞後[6]，正如上文所說，「都」只能用於謂語前，所以正確寫法應該是「東西都準備好了」，「都」要在動詞前，而且要加上「好」作為補語。

2. 例句一：「你們都去哪兒了？」

　　例句二：「你們全去哪兒了？」

---

[5]　王還：〈「all」與「都」〉，載劉珣、張旺熹、施家煒主編：《對外漢語教學論文選評第二集》（北京：北京語言大學出版社，2008年），第173頁。

[6]　張海榮：〈「都」還是「全」〉，載金立鑫主編：《對外漢語教學虛詞辨析》（北京：北京大學出版社，2005年），第283頁。

在這個例子中，例句二是錯誤的，當句子裡有疑問代詞，就要用「都」而不是「全」[7]。

3. 例句一：「每一種植物都有它的特點。」

　　例句二：「每一種植物全有它的特點。」

　　例句三：「他什麼都知道。」

　　例句四：「他什麼全知道。」

在這兩個例子中可以看到，當句子裡出現單數或無定數的時候，例如例子一的「一種」和例子三的「什麼」，都要用「都」而不是「全」，只有在句子存在有定的複數時，才可以用「全」[8]，比如「他們五個全畢業了」。

張海榮（2005）在〈「都」還是「全」〉一文中指出「都」和「全」被誤用是由於「語義來源上的差別」[9]，在以上三個個案中，都是因為漢語學習者對目的語掌握的知識不足，即是對「都」和「全」的語義不甚瞭解，所以學習者才會把「都」和「全」的用法混淆，不知道什麼時候用「都」，什麼時候用「全」。

（三）漢語中「都」和「也」的混淆

在漢英互譯中，all可以譯成「都」，也可以譯成「也」，樊友新（2009）指出在漢語句子的組成中，「都」和「也」的句子成分十分相似，都是「名詞＋（其他成分）＋都／也＋動詞」。只是在「都」的句子中，名詞前要有一個比一大的數字，而「也」的句子中，則要有一個可以比較的情景[10]，相似的意思會令以英語為母語的學習者產生混亂。雖然大部分句子都可以互換，比如「他們都去洗手」和「他們也去洗手」，但是在某些句子中只能用其中一個，例如「每樣工具都很有用」就不可以變成「每樣工具也很有用」。這種偏誤也是基於以英語為母語的學生的母語負遷移和對漢語認知的不足所致的。

---

[7]　張海榮：〈「都」還是「全」〉，載金立鑫主編：《對外漢語教學虛詞辨析》（北京：北京大學出版社，2005年），第283頁。

[8]　同上註，第284頁。

[9]　同上註，第287頁。

[10]　王珏主編：《英美漢語教學難點研究》（上海：學林出版社，2009年），第83頁。

六、解決方法

　　針對以英語為母語的學生在學習漢語虛詞「都」的時候會出現以上的偏誤，本章會從學習者和教學者雙方的角度提出一些方法。

（一）多用漢語思維思考

　　在學習者方面，以英語為母語的學生應該積極擺脫母語負遷移的干擾。正如中國人說英文的時候，常常會以漢語的思維組句，所以經常會給人一種奇怪的感覺。以英語為母語的學生如用英語思維思考的話，他們就會自然而然地把「都」誤用為all，所以他們在表達漢語的時候應該嘗試棄用英語思維，嘗試以漢語的角度和句子表達。以〈存在方法〉一章中的第二個例子「All of the students in this class study very hard.」為例，在這例子中，如以英語思維思考的話，學習者容易把「都」放在句子的開頭，但當學習者習慣用漢語思維的話，就能得到正確的譯法：「在這個班裡，同學們都很努力學習。」「都」放在謂語前面，而且是作為副語的。又如：「All of you need to hand in the homework to me tomorrow」，如學生以英語思維的話就會得出：「都你需要交功課給我明天。」但當學習者習慣於漢語思維的話，就會知道要把「都」放在名詞後面和謂語前面，謂語是「需要交功課給我」，所以正確的句子是：「明天，你們都需要交功課給我。」或：「你們都需要在明天交功課給我。」雖然一開始學習者會比較難以用純漢語的角度思考，但是經過一步一步地訓練，比如一開始的時候，一篇文章有一兩句是用漢語想的，再慢慢增加，直至表達漢語的時候會自然地用漢語思維思考。

（二）多閱讀培養語感

　　要正確的使用漢語虛詞，語感是非常重要的。因為虛詞不像實詞，沒有一個很明確的用法或意思，所以要掌握好虛詞，就要培養語感。第二語言學習者可以多看一些漢語的童話故事或者買一些幼兒圖書，例如漢聲出版社出版的《中國童話全套（12本）》，因為這類書本比較薄和簡單易明，學習者可以在沒有老師的幫助下閱讀，但這些簡單的句子又有不少虛詞，所

以持續地多看多讀就可以對什麼時候用「都」、什麼時候用「全」有初步的掌握。

（三）輔以公式教授虛詞

另一方面，從教學者的角度，教學者要重視於虛詞的教學，培養學生的語感。在教授對外漢語時，教學者們往往會著重於發音或詞彙，但其實虛詞也很重要。教學者可以分配一到兩堂的時間作為虛詞堂，並輔以數學的方式教導，也就是用「名詞＋（其他成分）＋都＋動詞」[11]這條「公式」。老師也應該及時指出學生的過錯，以免學生把錯誤變成習慣，例如學生說「都我喜歡吃蛋糕」，學生把「都」的位置放錯了，老師應指出其文句不通，然後可以先讓學生分辨名詞和動詞等，再把句子從新排列。在這句句子中，「我」是名詞，「喜歡吃蛋糕」是一組動詞，套入公式的話，就會變成「我+都+喜歡吃蛋糕」，學生就能得出語法正確的句子：「我都喜歡吃蛋糕。」又如〈存在方法〉中所提到的第一個偏誤例子：「都我的中國朋友喜歡喝茶。」如果套入公式的話，「我的中國朋友」是一組名詞，「喜歡喝茶」是一組動詞，學生就能得出：「我的中國朋友都喜歡喝茶。」這個方法的重點是要以最簡單的詞語和單句去教授學生虛詞的運用，而在虛詞堂中注重的不是發音或詞語，而是只專注於虛詞和句子的組成中。

（四）互動合作教學

除此之外，教學者也可以採取互動的方式讓學生增加對目的語的知識和語感。例如教學者可把學生按程度高低分組，每組都有比較弱和比較強的，再把大量的字卡和常用虛詞卡放在桌子上，比如學生拿到「桌上」、「的」、「我」、「都」、「喜歡」、「吃」、「的」、「是」和「水果」這幾張字卡和虛詞卡，學生們要鬥快地運用虛詞組成句子：「桌上的水果都是我喜歡吃的。」並在全班面前彙報。如果學生所造的句子是有問題的，例如學生組成了：「都的桌上水果是我喜歡吃的。」中高級的學生在朗讀的時候可能會意識到有問題，會覺得讀起來不大通順，然後在自己或同學們的

---

[11]　王珏主編：《英美漢語教學難點研究》（上海：學林出版社，2009年），第83頁。

幫助下改善。而初級的學生可能會意識不到錯誤，這時就需要組員和老師的說明，指正虛詞「都」和「的」的錯誤，「都」要放在主語後面，而「的」要在名詞前面，修飾名詞，以得出正確的句子：「桌上的（定語）水果（名詞）（主語）都是我喜歡吃的。」合作學習的方式可以讓比較弱的學生向比較強的學生學習其思考方式或虛詞的運用，促進學生們互相交流和幫助，也可以讓學生看到不同有關虛詞的偏誤，並在老師的指導下改善過來，以免日後再犯。

　　以上是分別從學習者和教學者的角度所提出的一些方法，這些方法都需要長時間的教學和培養，才能解決母語負遷移所帶來的問題，以及增加學生對漢語虛詞的掌握。

七、小結

　　對於以英語為母語的學生來說，要完美地掌握好虛詞實屬不易，因為漢語虛詞數量很多，字面的意思又十分相似，令學習者有所困擾，特別是缺乏語感的初學者。本文以「都」為例借助文獻分析及整理了以英語為母語的學生的偏誤，提出了這些偏誤是因為母語負遷移和對目的語認識不足的觀點。另外也提出了一些具針對性和長遠性的解決方法，提出要正確地運用漢語虛詞，就要透過長時間的培訓，而且要多嘗試造句和分辨不同的虛詞的建議，希望這些方法有助以英語為母語的學習者學習漢語虛詞。本文也多次強調了語感培養的重要性，語感有助學習者表達句子和溝通，對第二語言學習者來說是必要的。

第三十一章　跨學科的中國文化研究和教學：以人工智慧與中國文化研究為例

香港浸會大學
梁萬如

一、引言

　　從來文化學者對中國文化的教研都擁有使命感，認為一國的興衰必然與一國的文化緊密聯繫。教授中國文化猶如傳承文化，繼往開來。誠如黃嫣梨教授指出：

> 國家之盛衰榮辱，直接影響我們及我們後代的民族尊嚴與國際地位。而國家之榮辱，又必繫於一國文化的興衰……。時至今日，努力於中國文化重建的學者們，所著念追求的，乃為如何使中國文化傳統與現代化接上榫頭，亦即如何使傳統與現代化結合，俾中國脫離貧弱封閉，而走上富強開放的道路，同時又使中國的文化傳統精粹，得以保留，得以適當地運用於今日的社會中，承先啟後。（黃嫣梨：《香港的中國文化研究——以新儒學為中心的討論》）

　　黃氏指出兩點：第一，文化建設的方向是把文化傳統與現代化接軌；第二，國家走上富強和現代化的同時，更要保留中國文化的精粹，進而把這些精粹運用於社會。中國文化精粹即是指唐君毅先生所提的中國文化的精神價值[1]。八十年代中國文化研究熱，非常看重中國文化的開新與發展。

　　到了21世紀，網路光纖發展，電腦軟硬體的演進，通訊應用程式的創造，人工智慧與生物工程的大躍進，區塊鏈的技術，造就了新的意識形態與

---

[1] 唐君毅：《中國文化的精神價值》（臺北：正中書局，1978年）。

新思維的出現。成中英先生在《新覺醒時代──論中國文化之再創造》一書提到，人類正身處巨大的時代變化之中，社會潮流、客觀現實都不會因為人的意志改變而逆轉。要能使人處此而臨危不亂，讓人面對洪流而不隨波逐浪，我們必須建立人內在的價值，從而激起人在新時代之中的覺醒。成中英認為新時代的覺醒有五個方面：對宇宙自然認知上的覺醒、對生命與文化感悟意義上的覺醒、對社會發展與道德建設的覺醒、對政治與經濟新含義及相互作用的覺醒、對中國哲學在新科學宇宙觀建設或科技發展上的覺醒。成氏從廣義的文化角度，宏觀地看文化的再創造，也就是如何在新時代，社會急遽發展的當兒，推進文化的創造。處此空前的變革，人如何自處？文化的發展又可以往哪兒跑？中國文化的永續性又如何可以體現？

二、從文化的價值系統掌握跨文化的研究的仲介因素

對應時代的困境，中國文化的精神價值能否派上用場？文化是人類有意識的行為模式，而文化價值則是與文化糟粕相對，是人類行為有意識的部分（文化定義，唐君毅註）[2]。余英時教授於八十年代提出「文化價值系統」的概念[3]。什麼是「文化價值系統」？

對於文化價值系統，按余氏的說法，牽涉價值的來源、價值系統的中心點、價值系統裡的觀念。什麼是價值的來源？中國的文化價值系統，源於「天」或「天帝」，中國人都不深入其中，卻把注意力放在人間[4]。超越的世界與人間世界並不截然二分，毋寧是超越世界就在日常的人倫世界之中[5]。超越世界就是價值世界，而日常人倫世界就是現象世界。價值世界賦與現象世界和人倫世界行為真正的意義。而中國文化著重把超越的價值內在化，通過自我實踐，個人修身，把內在的超越價值實現在人世間之中。人的尊嚴由此而確立，由人自己去界定人之所以為人的價值。超越的價值既然內在於人，而人有價值自覺的能力，人與禽獸的分別就因此而劃分開來。既然超越的價值內在於人，因此，中國文化具有內傾的性格。

什麼是價值系統的中心點？中國文化的內傾的性格，造成了中國的價

---

[2]　唐君毅：《文化意識與道德理性》（臺北：學生書局，1975年）。

[3]　余英時：《從價值系統看中國文化的現代意義》（臺北：時報文化出版企業有限公司，1993年）。

[4]　同上註，第24頁。

[5]　同上註，第21頁。

值系統以個人為中心，把內在於人的價值，由個人逐步推擴到家庭、國家，以及天下。由於個人由家庭而來，於是家庭成為國家和天下價值的基礎和根本[6]。

　　什麼是價值系統裡的觀念？由於中國文化具有內傾的性格，個人修養變得很重要。「自省」、「自反」、「反求諸己」和「反身而誠」等觀念在中國儒家思想，以至老莊、禪宗、理學都是它們學說的基本。自我的修齊，自我價值的彰顯，為天下樹立風範，層層外推。由個人的修身推擴到齊家、治國及平天下，需要「均」、「安」、「和」等觀念的支持。「有國有家者，不患寡而患不均，不患貧而患不安，蓋均無貧，和無寡，安無傾。」扼要言之，這種內聖外王，由內而外的文化觀念，建立起中國文化的價值系統[7]。

　　文化價值與現代人的生活密不可分，文化價值滲透到現代人的生活習慣、習俗、行為取向和思維方式，指導著人的生存模式。問題是：文化價值系統如何與跨學科研究接上，把中國文化研究推向一個新的局面？

三、跨文化研究的進路

　　怎樣理解跨學科的研究呢？在2005年，美國國家科學院（National Academies of Sciences）、美國國家工程學院（National Academy of Engineering）和國家衛生研究院（Institute of Health of the National Academies）共同發表了一份研究報告，提及跨學科研究的重要性。報告提及，跨學科研究主要是為了要處理複雜的社會問題，這些問題的複雜性並非單一的學科領域可以輕易解決，往往要借助超過一門或多門學科領域的知識或研究成果才能掌握。特別對應當代新科技發明和新學科的建立，跨學科研究可提供多角度研究進路，對治當代社會所面對的多向度的複雜問題[8]。在報告之中也提到什麼是跨學科的研究方法，它是一種研究模式，由小組或個人結合不同的資料、數據、技術、工具、觀點、概念，把兩個或多個學科的理論或專門知識的主要部分，來綜合研究，用以提升基本的認識或解決難題，而解決方法是單一學科或單一研究範圍無法逾越的[9]。

---

[6]　同上註，第80頁。

[7]　同上註，第81-82頁。

[8]　National Academies of Sciences, National Academy of Engineering, and Institute of Medicine of the National Academies. *Facilitating Interdisciplinary Research*. (Washington: The National Academies Press, 2005).

[9]　同上註，第26頁。文中說：Interdisciplinary research (IDR) is a mode of research by teams or individuals

　　跨學科的研究著重在學科的融合，則學者或教學人員往往要處理兩個或以上的學科內容，其目的在提升人對事物的理解，以及處理單一學科無法解決的複雜問題。因此，跨學科研究側重在學科的融合上，並非單單指利用概念或理論來作為分析的工具。只是把某學科的概念或理論，應用到另一學科上去，並用以分析和處理該學科的內涵和外延，那並非是跨學科研究。

　　跨學科的進路被學者視為是一種能力，更被譽為是21世紀的技能，技能包括：能對單一學科的範圍和限制採取一個批判立場；利用跨學科解決複雜的問題；與不同的學科溝通；進行跨學科的合作和團隊合作；用跨學科的綜合上的可能性來創新。跨學科作為一種技能，對訓練學生的批判能力、解難能力、協調學科間的能力、協作的能力和創新的能力都有莫大的好處。布拉瑟勒及德特默斯提出以建構整合（Constructive alignment），即安排教學活動，教學評估，以達成果效為本的教學目標。[10]

　　尤有進者，有西方學者在期刊發表建立跨學科研究的理論框架（Interdisciplinary Research Theoretical Frameworks），打算把跨學科研究的討論，推擴至學科內部，及學科間的對話上，並由理論框架的建立，嘗試構築跨學科的研究模型。此研究模型有助於把中國文化的教研擴大到不同的學科領域內，展開學科協作[11]。

　　按照科恩米勒及佩特，要利用跨學科的方法去處理複雜的問題，建立「跨學科研究理論框架」有其必要性。建立框架有五個需要：

1. 跨學科研究理論框架有助識別不同學科的理論。個別學科的理論適用範圍因而得以明確界定，各學科的分際因而可以得到清楚辨識。
2. 跨學科研究理論框架有助理解文獻，理解學科間結合的模式。跨學科需要連結兩個或以上的學科，此理論框架有助學科間的知識融合。
3. 跨學科研究理論框架一如系統思維（System Thinking），有助理解整體與部分的關係；

---

that integrates information, data, techniques, tools, perspectives, concepts, and/or theories from two or more disciplines or bodies of specialized knowledge to advance fundamental understanding or to solve problems whose solutions are beyond the scope of a single discipline or field of research practice.

[10] Brassler, M., & Dettmers, J. "How to Enhance Interdisciplinary Competence-Interdisciplinary Problem-Based Learning versus Interdisciplinary Project-Based Learning". *Interdisciplinary Journal of Problem-Based Learning*, 2017, 11(2).

[11] A.S. CohenMiller & P. Elizabeth Pate. "A Model for Developing Interdisciplinary Research Theoretical Frameworks". *The Qualitative Report*, 2019, 24(6).

4. 跨學科研究理論框架可以為跨學科研究的題目、文獻理解、數據分析及方法論等提供認識基礎。

5. 跨學科研究理論框架更可以宏觀地調控跨學科理論的數量在跨學科計畫之中的使用。

建立理論框架，簡而言之，就是：第一，辨別學科分際；第二，促進科際融合；第三，掌握跨學科的研究層級；第四，認識跨學科研究的具體操作。最後，理解整個研究系統，並讓研究者就更能控制在科際間所運用的理論，在實行跨學科計畫時得心應手。

四、跨學科研究理論框架及其具體應用

學者科恩米勒及佩特提出建立「跨學科研究理論框架」。這個研究框架建議了五點[12]：

第一，就研究題目所要處理的複雜問題，有目的地識別跨學科的題目或問題；

第二，識別題目之中的概念（concepts）及理念（constructs）；

第三，識別具有明確界線的學科或分支學科或知識領域（fields of inquiry）；

第四，識別具有明確界線的學科當中的理論；

第五，於學科、分支學科或知識領域及理論之中，識別跨學科的共同語言。

在處理跨學科的研究時，以上的框架提供了處理研究的進路。框架讓研究者更有意識地去識別跨學科的題目、跨學科的概念、學科領域本身、學科理論和跨學科的共同語言。此框架考慮到在跨學科研究及實際操作中，由辨識跨學科的題目、題目中的概念，以至辨識學科內容和理論，由此分析跨學科的共同語言等序列，有助完成跨學科的研究。

以下嘗試利用相關論文，說明跨學科研究在處理中國文化與人工智慧兩個學科的研究進路及其具體應用。學者郭海鵬的論文〈徙量智不足以為人：從人禽之辨到人機之辨〉提供了可資借鑑的跨學科研究的例子。郭氏在「摘

---

[12] 同上註，第1215-1217頁。

要」中這樣寫道[13]：

> 在儒家思想中，人之為人的本質是「仁」，其內容包含親親愛人的真情實感、反身克己的修養功夫、先天內在的良知本心、萬物一體的感通性以及生生不息的創造性。相比而言，AI是「不仁之物」，是由「資料＋模型＋演算法」構成的抽象數學和機械程式，無法與人類智慧、心靈和意識相提並論。徒量智不能為人，人的性智或內在仁德如果不能彰顯，或將墮落乃至麻木不仁之物也未可知。因此真正的危險並非來自AI，而是來自人自身的失衡畸形發展，即工具理性無約束的單向度發展導致人的異化、物化的危險。只有遵循「正德、利用、厚生、惟和」的思想，使性智和量智齊頭並舉，以達思修交盡、二智圓融的境界，才能發展出一個安全、良善的AI技術，以及人與AI各盡其性的新時代。[14]

　　摘要提綱挈領，把論文的結構扼要整理出來。郭文分為兩大部分：討論人工智慧的技術，從而思考人的角色，把儒家思想如何思考人的概念和理論比對，提出作為量智的人工智慧，與作為性智的中國傳統思想價值，兩者融合而發展出一個人本的人工智慧

　　如果把跨學科的框架放入這篇論文之中，可以分析論文寫作的軌跡，其步驟是這樣的：

　　首先，識別跨學科的題目或問題。論文題目〈徒量智不足以為人：從人禽之辨到人機之辨〉，提出兩個學科領域的概念：儒家思想（人禽之辨）；人工智慧（人機之辨）。「量智不足以為人」，是就人工智慧的學科限制，及其機器設計上所遇到的困境著眼。量智就是Quantitative Reasoning，定量推理的思考方式，以數理和數據為核心。題目提及學科的困境，並帶出兩門學科的思辨，而成就兩個領域的融合。

　　第二，識別題目之中的概念及理念。就人工智慧方面，論文中提及阿爾法圍棋（AlphaGo）、計算機科學硬體計算能力、軟體算法設計、機器智能（Machine Intelligence）、數據＋模型＋演算法、工具理性、軸心時期等概

---

[13] 郭海鵬：〈徒量智不足以為人：從人禽之辨到人機之辨〉，《特區實踐與理論》，2019年第2期，第60-67頁。

[14] 同上註，第60頁。

念。就儒家思想方面，論文中提及仁者人也、仁者愛人、反身克己、良知本心、萬物一體、生生之德等概念。

　　第三，論文所引用的資料，明確把兩個知識領域清楚劃分。稍微整理一下，可見下面：

與人工智慧、機器、物理、科學有關論文：

1. 吳清源著：《吳清源對局全集》，孔祥明譯，成都：蜀蓉棋藝出版社，2010年。
2. A. M. Turing. "Computing Machinery and Intelligence" .*Mind*, Vol. 59, No. 236, pp. 433-460, 1950.
3. 瑪格麗特・博登編，劉西瑞等譯：《人工智慧哲學》（上海：上海譯文出版社，2006年）。
4. Searle, John. "R.Minds, Brains, and Programs". *Behavioral and Brain Sciences*, 1980,3 (3), pp.417-457.
5. 張柏春著：〈漢語術語「機器」和「機械」初探〉，《第二屆中日機械技術史國際學術會議論文集》（北京：機械工業出版社，2000年）。
6. 馮立升著：〈中國機械工程史研究的若干問題〉，載張柏春，李成智主編：《技術史研究十二講》（北京：北京理工大學出版社，2006年）。
7. 劉仙洲著：《中國機械工程發明史（第一編）》（北京：科學出版社，1962年）。
8. Bromley, Allan G. "The Evolution of Babbage's Calculating Engines". *Annals of the History of Computing*, Vol 9:113-136, 1987.
9. Alan Turing. "On Computable Numbers, with an Application to the Entscheidungsproblem". *Proceedings of the London Mathematical Society*, Series 2, 42 , pp. 230-265,1936.
10. 羅傑・彭羅斯著，許明賢等譯：《皇帝新腦》（長沙：湖南科技出版社，2007年）。
11. Alfred North Whitehead, *Science and the Modern World*.(New York: The Macmillan Company,1925), pp.52.

與歷史有關論文：

1. 卡爾・雅斯貝斯著，魏楚雄、俞新天譯：《歷史的起源與目的》（北京：

華夏出版社，1989年）。

與儒家思想有關論文：

1. 馮友蘭著：《三松堂全集第四卷‧新理學》（鄭州：河南人民出版社，2001年）。
2. 余蘭蘭著：〈郭店楚簡中的「仁」字研究〉，《湖北大學學報（哲學社會科學版）》，2012年第39卷第1期。
3. 熊十力著：《新唯識論（壬辰刪定本）》（北京：中國人民大學出版社，2006年）。

　　郭氏引用了共十五篇論文，與人工智慧、機器、科學技術有關的資料共十一篇；與儒家思想有關的共三篇。論文結構及文字分配比例，人工智慧和儒家思想兩個領域的析述不相伯仲。

　　第四，確定學科領域和識別不同學科的理論，界定相關學科的知識範圍。在人工智慧方面：機構學原理（The Principle of Mechanism）、圖靈機、丘奇──圖靈論題、哥德爾不完全性定理、中文屋子的假設實驗等；在儒家思想方面：人倫關係、自我修養功夫、性善論、感通天下、天下合一等。

　　第五，識別跨學科的並同語言。求同存異，思考人工智慧與人類的限制，機器會不會思考，人之所以為人，人與禽獸的分別、人與機器的分別是什麼？怎樣理解理解人工智慧之缺失？又怎樣把人性的價值灌注入機器之中，賦予機器新生命，人類的價值得以延續，造福未來。理解量智要和性智結合，性智即是對人性的思考，走向正德、利用、厚生與惟和的境界。

五、小結──中國文化跨學科研究的思考

　　跨學科的研究框架提供了一個研究中國文化的參考依據。跨學科研究的目的是為了學科融合和創新。創新的前設是學科融合；而學科融合之能得以完成，首要辨識個別學科的分際和限制，並且通過概念、理念和理論的對比研討，學科間可以捨長取短，找出共通的語言，在共通的語言基礎上尋求解決問題和困境的線索或答案，並由此開發新的領域，突破現有困難，締造一片新天地。跨學科的框架思考方式可以見下圖：

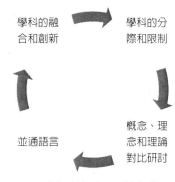

圖4 跨學科框架思考方式

　　同理，中國文化作為一門學科，如果利用跨學科研究的進路來著手處理問題時，就要從單一門學科為本位的研究方法，轉移到兩門或多門學科為本位的跨學科研究方法。順著跨學科的研究方式，在理解中國文化研究的分際和限制的同時，通過研討科際的概念、理念和理論，繼而就要處理的問題提供解答方案。事實上，文化自身的內涵和外延本來就包攝不同學科領域的內容在其中：語言文化、商業文化、科學文化、藝術文化、政治文化、宗教文化、社會文化等等[15]。既然如此，有了這樣的文化研究背景和條件，在展開

---

[15] 西方學者對文化的三種不同理解：
- Matthew Arnolds' Culture and Anarchy (1867)
- special intellectual or artistic endeavors or products
- 特別的知性或藝術的追求或產物
- Edward Tylor in Primitive Culture (1870), referred to a quality possessed by all people in all social groups, who nevertheless could be arrayed on a development (evolutionary) continuum (in Lewis Henry Morgan's scheme) from "savagery" through "barbarism" to "civilization". Tylor's definition of culture is "that complex whole which includes knowledge, belief, art, morals, law, custom, and any other capabilities and habits acquired by man as a member of society".
- 文化是複合體包括知識、信仰、藝術、道德、法律、風俗，及其他作為社會一分子的人，所能習得的能力和習慣。
- Franz Boas emphasized the uniqueness of the many and varied cultures of different peoples or societies. ...... for Boas, one should never differentiate high from low culture, and one ought not differentially valorize cultures as savage or civilized.
- 很多和多樣的，不同人和社會的文化有其獨特性。不應分別高級和低級的文化，也不應當分別或規定文化為是野蠻的或是文明的。

Spencer-Oatey, H.:〈What is culture? A compilation of quotations〉,《GlobalPAD Core Concepts》,網站：https://www2.warwick.ac.uk/fac/soc/al/globalpad/openhouse/interculturalskills/global_pad_-_what_is_culture.pdf，瀏覽日期：2019-08-31。

跨學科對話交流時，更有助中國文化與其他領域銜接和融合，創造新的知識和思維。

　　正如前面所說，跨學科研究側重在學科的融合和創新上，那並非單單指利用概念或理論來作為分析的工具。只是把某學科的概念或理論，應用到另一學科上去，並用以分析和處理該學科的內問題，那並非是跨學科研究。跨學科研究重在融合和創新，對於中國文化的跨學科研究也應作如是觀。

　　中國文化的價值，最能滲透到其他學科領域中去，這也是中國文化得以鞏固、傳播及承先啟後的重要因素。在文化的更新演進之中，文化價值是讓文化行為生發意義，文化價值得以繼承，國族得以延續的指標。

第三十二章　研學與課堂結合：
孔子思想在現代文化教育的意義

香港教育大學
胡清雅

一、引言

　　孔子，作為儒家學派的創始人，一直強調人與自然的密切聯繫。「知者樂水，仁者樂山。」（《論語‧庸也》）[1]作為遊學觀的現行者，打破了「學在官府」的傳統思想，開啟了實踐式的教學，成為了研學的先驅者，為研學提供了理論基礎。2019年是孔子誕辰的二千五百七十年，各個學校爭先恐後的開展學習孔子思想文化的活動。

　　孔子，姓孔，名丘，字仲尼。春秋末期，魯國著名思想家、教育家，也是儒家學派創始人。整理出了六經——《詩》、《書》、《禮》、《易》、《樂》、《春秋》，提出了仁義禮智信的處世原則、因材施教的教育原則，為弘揚中華文化做出了巨大的貢獻。孔子推行仁義教育思想，四處遊說，用現代教學的用語，孔子在遊說中也進行教學，使學生從生活中體驗及學習知識，甚至運用知識，具有今天「研學與課堂結合」的教學策略，故本文以21世紀的「研學與課堂結合」的角度，闡述孔子思想在現代教育的意義。

二、研學定義及意義

　　中小學生研學旅行是由教育部門和學校有計畫地組織安排，通過集體旅行、集中食宿方式開展的研究性學習和旅行體驗相結合的校外教育活動，是學校教育和校外教育銜接的創新形式，是教育教學的重要內容，是綜合實踐

---

[1]　李文雅：〈孔子遊學觀對我國中小學研學旅行的啟示〉，《教育現代化》，2019年第62期，第10-16頁。

育人的有效途徑。

1. **研學具有實踐性**。研學可以把理論知識運用於實踐當中。「讀萬卷書，不如行萬里路。」要近距離感受歷史文化，不僅要課堂老師教育，還需要學生自我實踐。對於儒家文化的學習可以去儒家文化的發源地——曲阜孔廟，近距離感受和學習「修身，齊家，治國，平天下」[2]。

2. **研學能提高學生興趣**。研學不同於課堂學習，僅僅只通過讀書和聽老師課，抽象理解中國歷史文化，但研學通過參觀旅遊景點和組織活動來提高學生們的興趣，讓同學們對歷史學習更加熱愛。

3. **研學能開拓視野**。研學可以參觀各種各樣的景點，儲備各種知識技能，瞭解各地的風土人情。深刻體會「罷黜百家，獨尊儒術」，可以直接學習六藝禮、樂、射、御、書、數，見識到與平時上課不同的文化。

三、課堂學習優缺點

傳統課堂模式，早期以傳遞接受式為主，進行自我學習和問題探究模式。之後又陸續擴延到巴特勒學習模式、拋錨式教學模式、現象分析模式和奧蘇貝爾模式。主要是以老師授課式為主，學生進行被動接受式學習[3]。傳統上課的學習模式，有利於學生對知識進行系統的規劃和整理；高強度的學習，有利於提高學習效率，對課程大綱的把握也可以比較深入。

但是，傳統的學習模式，也有需要改進的部分。

1. **上課枯燥，學生興趣不足**。比如歷史教育，老師僅僅只介紹了歷史事件，而學生也只記住了事件發生的時間、地點和大致內容，並沒有深刻的體會。如果要提高學生的學習興趣，還需要深入瞭解，並自我體會。

2. **內容單一，掌握知識有限**。課堂上，老師僅僅只是講述課程大綱上所要求的內容，並不能做到讓學生們開拓眼界，接受新事物的需求。學

---

[2]　王傳武、牟連印、劉晗、陳燕軍、張丹：〈曲阜修學旅遊資源開發研究〉，《濟寧學院學報》，2014年第3期，第20頁。

[3]　朱建峰：〈翻轉課堂與傳統課題教學模式比較研究〉，《北京城市學院學報》，2015年第5期，第36頁。

生要想瞭解到各種各樣的知識，多個維度和空間的文化，還需要親身經歷和體會。

3. **實踐不足。**學生學習到的理論知識較多，應用較少，導致知識僅僅只是記憶在大腦中，到實際運用時，不能及時運用出來。這也是常常接受課堂教育學生的一個重大問題，需要多多經歷並進行動手實踐。

四、進行孔子思想學習課堂結合研學安排

老師在課堂上對孔子和儒家思想文化進行簡單介紹。儒家文化的核心：仁、義、禮、智、信。所謂「仁」是一種差等的愛，不同於墨子的「兼愛非攻」。儒家思想從個人到家庭、社會、城市、民族、國家、人類，從私到公，從裡到外。而「義」是指長遠的利益，而不是眼前的蠅頭小利。「禮」是指法禮，一種文化禮儀。「智」是指我們面對困難，要有智慧、資訊、信心和知識。信指的是我們生而為人，要有信用，講誠信[4]。

五、讀背《論語》

《論語》作為儒家文化的經典代表作之一，需要學生們在研學之前，課堂上老師進行講解和背誦，為後面的研學奠定理論基礎。它以敘事為主，記錄孔子及其弟子的言行能展現孔子的政治主張、道德原則及教育觀念等等。「己欲立而立人，己欲達而達人。」（《論語·雍也》）這是儒家思想「仁」的體現，以「博施濟眾」為己任的人，做到普渡眾生〔「小班教學」模式在傳統人文經典教學中的運用分析——以〈《論語》導讀〉課程為例，田海花（山西農業大學資訊學院，山西晉中030800）〕。「君子喻於義，小人喻於利。」（《論語·里仁》）此為儒家思想「義」的代表，君子與小人價值指向不同，君子道德高尚，心懷大義，小人只圖自己利益。「禮之用，和為貴。先王之道斯為美，小大由之。」（《論語·學而》）是儒家思想「禮」的代表。禮的功用，是為了讓人們相處和順、社會和諧。「務民之義，敬鬼神而遠之，可謂知矣。」（《論語·雍也》）此為儒家「智」的代表。專心致志於人民，遵從道德，尊敬鬼神但遠離它，是明智的了。「弟

---

[4]　杜維明：儒家傳統的現代轉化，《浙江大學學報（人文社會科學版）》，2004年第34卷第2期，第5-12頁。

子入則孝，出則悌，謹而信，泛愛眾而親人。」（《論語・學而》）是《論語》中「信」的代表。年輕人，在家孝順父母，在外敬重兄長，言語謹慎，講信用。

六、實踐研學

曲阜是孔子的故鄉，曲阜的孔廟、孔府、孔林是我國歷代紀念孔子的聖地，統稱「三孔」。在這裡，學生們能沉浸在儒學的文化氛圍當中。「紙上得來終覺淺，絕知此事要躬行。」孔廟是孔子的故居，紀念孔子的廟宇，裡面有聖跡殿、十三碑亭等巨大建築群，嚴肅莊重。黃瓦、紅牆、綠樹，顯示出孔子儒家思想的博大精神，也體現出孔子的汗馬功勞。這裡有許多漢代以來的豐碑，也有帝王將相題字，十分宏偉壯觀。在這裡，學生們能感受到儒家思想在中國古代舉足輕重的地位[5]。

孔府是個龐大的院落，是孔子子孫後人的住所，是我國僅次於明、清皇宮的最大附院。在這裡，可以感受到歷史文化的積澱，很多有關孔子的文物。

孔林是孔子和他的家族墳墓，是目前歷史最悠久，占地面積最大的氏族墓穴，有許多雕刻石碑，學生們可以自主學習和感受。

除了感受孔子故居外，同學們還可以進行一些活動來學習孔子的思想。

1. **孔廟祈福**：參加活動的同學可以在禮碑上許願，在活動開始前，需要接受儒家思想的教育「孝悌、知禮、崇德、立志、敏學」。尊師重道，努力向上，親身體會中華文化的魅力。

2. **穿漢服拜師**：尊敬師長，是中華文化的傳統禮儀。同學們穿漢服拜師，如同當年孔子授課一般，更能體會當年孔子講授儒家思想，更希望傳承中華民族傳統文化，擁有民族自豪感和愛國情懷。

3. **學習六藝**：六藝——禮、樂、射、御、書、數。同學們不僅能在書上圖片上看見，也可以真真切切看見實物，還可以親身學習和體會，這樣會產生濃厚的興趣，讓同學們對儒家文化的理解更加深刻。書法、古琴、圍棋、茶藝、楷雕等等，一些傳統技藝，更需要傳承下去，所以同學們學習這些知識也是對非物質文化遺產的保護，對中華傳統文化進行弘揚。

5　李翠芳、姜愛華：〈發展孔子研學旅行 弘揚優秀儒家文化——淺談曲阜孔子故里研學旅行〉，《人文天下》，2018年第128期。

七、小結

　　孔子，是儒家學派的創始人，為中國傳統文化奠定了基石，其儒家思想對後人來說是不可多得的文化遺產。而孔子的「遊學觀」，更是為如今的研學提供了理論基礎和思想先河。研學旅行，作為現代新興的教學模式，受到了廣大學生的熱愛和好評。研學激發了學生自主學習的熱情，讓學生們更能感受到中華文化的力量。課堂加研學的學習模式，既能彌補實踐少，不能深刻體會和理解的不足，又能開拓眼界，更加熱愛中國傳統文化，將中華文化傳承並發揚光大。

第三十三章　基於歷史核心素養的作業設計：以「工業革命」為例

深圳市福田區石廈學校

鄒德美

　　學生在課堂上有愈來愈多的時間可以自主思考，鍛鍊自己的能力，可是課後的作業一直是教師教學和學生亟須鞏固的薄弱環節。而且就目前的作業布置來看，更多的是選擇題和材料分析題，對學生的思維深度的訓練還不夠。所以本文就是為了訓練學生們學習歷史的思維深度和嚴密的邏輯，這符合蘇霍姆林斯基對教育的評價，即：「思想不斷深入知識，使學生每次在回到原先學過的東西上時，能從事實、現象和規律的某些新方面、特點和特徵加以考查和分析。」[1]

　　在《普通高中歷史課程標準（2017年版）》中，對於學生核心素養做出了分層培養的設計（補充），本文試圖以「工業革命」一課的課後作業設計為例，探索如何通過分層作業設計的方式，探索課標中核心素養落實的具體路徑。

一、確定作業設計目標，巧用活化教材資源

　　工業革命是世界歷史上最重要的事件之一。一般認為，工業革命開始於1760年代到1840年代，在這近一百年的時間裡，生產技術的革新由一個部門迅速擴展到多個部門，生產力極大地提高。工業革命發生在西方資產階級革命之後，是資本主義市場形成與發展的關鍵階段，對整個資本主義世界發展都產生了非常重要的作用。無論是在初中抑或高中的歷史教學中「工業革命」都至關重要，所以如何通過各種史料把事件放到當時的空間裡增強對歷

---

[1]　蘇霍姆林斯基：《給教師的建議》（武漢：長江文藝出版社，2014年），第55頁。

史的理解，並落實生產力促進社會發展這樣的唯物史觀，還有借鑑歷史，思考吸取怎樣的教訓與如何為我們的發展服務這樣的家國情懷，是至關重要的。因此本課作業設計的目標，就是增強學生對上述歷史問題的理解，並培養他們探究重大歷史問題的思維能力。

但問題是，無論是文字史料抑或圖片都只是講述史實，沒有結論。一線教師在教授新課的時候，往往會出現兩種情況：一種是，對於某個問題有著很深刻的研究，所以在講課的時候會講得很多，但是超出了學生的理解範疇或者說對於某一問題過深入的研究會沖淡整個工業革命對世界歷史影響；還有一種情況是，很多一線教師接受了「只是教教材」的觀點。以上兩種情況這樣都不利於培養學生的歷史學科素養，因此筆者在作業設計中，巧用活用教學素材，讓學生利用這些手頭現有的「佐料」發現問題、提煉問題和解決問題。

當然，如何運用教材資源，恰當引導學生，關鍵在於巧妙地選材和設問，也就是「怎麼樣」、「怎麼問」，下面這個課後作業試題就是筆者以教材上的原有史料作為主要依據，基於初中學生的學習水準來進行設計的。

　　問題一：勇於探索，大膽創新是國家發展的重要因素，大國的崛起總
　　　　　　是伴隨著創新事件的發生。閱讀下列材料，回答問題。

材料一：

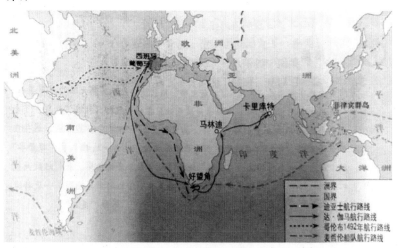

——《世界歷史‧九年級》，北京：人民教育出版社

材料二：英國用光榮革命的非暴力手段，建立了一種新的政治制
　　　　度，……制度營造出一種寬鬆、自由和開放的環境。否則，
　　　　就難以想像，英國社會如何能在18、19世紀和平地實現現
　　　　代化。

——錢乘旦：《世界現代化歷程》

　　綜合上述材料，提煉一個觀點，加以論述，得出結論（要求觀點明確、
論證充分、結論正確）。

　　設計意圖：為了更好地瞭解工業革命發生的時空背景，理解新航路開
闢、英國資產階級革命與工業革命的關係，從中把握相關史實之間的時空聯
繫，對同一問題進行不同角度的思考，從而對歷史事實有更清晰的認識和界
定。把三者聯繫在一起重新定位國家發展的需求，既培養了學生對歷史的理
解，也培養了學生的批判性思維。

二、分層評價探索，突顯思維培養

　　預設層次1：學生能從材料中還原新航路開闢的時間和影響，認識到新
航路開闢使世界連成一個整體。根據材料二可以概括出英國建立了一種新的
政治制度——君主立憲制，而新的政治制度需要「一種寬鬆、自由和開放的
環境」，為工業革命的發生掃清了政治障礙。符合歷史學科核心素養中的時
空觀念的水準1，即：能理解歷史事件的意義，在敘述史實的時候能夠運用
恰當的時間和空間表達。符合史料實證的水準1，即：能夠從所獲得的材料
中提取有關資訊。符合歷史解釋的水準1，即：能夠對所學內容中的歷史結
論加以分析。

　　預設層次2：學生能把握新航路開闢、英國資產階級革命和工業革命三
者之間的時空聯繫，認識到新航路開闢以後西方國家開始慢慢主導世界，並
開始原始積累為英國資產階級革命的發生奠定基礎，同時二者成為工業革命
發生的必要條件。符合歷史學科素養時空觀念的水準2，即：能夠認識事物
發生的來龍去脈，理解空間和環境因素對認識歷史與現實的重要性。符合史
料實證的水準2，即：能夠嘗試運用史料作為依據論證自己的觀點。符合解
釋水準2，即：能夠在歷史敘述中將史實描述與歷史解釋結合起來。符合唯
物史觀水準3、4，即：將唯物史觀運用於歷史學習、探究中，並將其作為認

識和解決現實問題的指導思想。

學生答案：

　　觀點：勇於探索，大膽創新是國家發展的重要因素，打過的崛起總是伴
　　　　　隨著創新事件的發生。

　　論證：（1）瓦特改良蒸汽機車，使經濟迅速發展，生產力大大提高。

　　　　　（2）斯蒂芬森發明火車，改變人民的生活方式，經濟發展。

　　　　　（3）英國君主立憲制的確立，鞏固了資產接機的統治地位，營
　　　　　　　　造了自由、平等、和平的環境，國力強盛。

　　結論：國家的發展要勇於探索，大膽創新，創新才能使國家崛起，要繼
　　　　　續探索創新，順應歷史發展潮流。

教師點評：學生的回答不僅僅局限於英國，把中外歷史都考慮在內，可以說
　　　　　是非常全面的，而且史實的運用，能解釋清楚歷史問題，做到了
　　　　　「論叢史出，史由證來」。形成了「一份證據說一分話」的態
　　　　　度，學生的思維非常地嚴謹，能從事件背後隱含的資訊，挖掘出
　　　　　邏輯鏈條，並進行論證，最終從歷史事件中汲取了經驗和教訓。

三、審視評價結果，落實核心素養

　　　　問題二：有人認為，需求是發明之母。結合所學知識，自擬一個論題
　　　　　　　　並展開論述。要求：觀點明確、史論結合、論證充分。

　　設計意圖：本題的設計以教材中出現的圖片為主，圖片作為史料的一
種，有著文字史料難以企及的作用。因為歷史教材中的圖片具有形象化、直
觀化的特點，它揭示歷史知識的某些片段、側面、狀態等情況，是教材的有
機組成的部分[2]。難把課程中的圖片組成一道材料論述題，拋出「需求是發
明之母」的問題，比單純的講解工業革命帶來的影響要深刻得多。

學生答案：

　　觀點：需求刺激的發明與創新

---

[2]　駱增翼：〈被誤解的圖片歷史〉，《中學歷史教學》，2018第8期，第4頁。

論述：（1）18世紀英國資本主義高速發展，人們需求增大，所以1765年，哈格里夫斯發明「珍妮機」。

　　　（2）瓦特對蒸汽機進行改造，大大提高生產力，而蒸汽機需要煤作為燃料，推動新能源的開採。

　　　（3）新能源的開採促進蒸汽機車的誕生，1825年斯蒂芬森發明的蒸汽機車，標誌著鐵路時代的到來。

結論：人類的需求推動了社會的發展，出現了許多發明創造，發明創造提高了生產力水準。

教師點評：學生的觀點提煉、論述過程和結論的提升緊緊圍繞著工業革命與之有關的內容，邏輯性強。可以看出學生依據材料的分析理解能力已經具備，學生的學科能力以及相關素養在論述中完全可以體現，並對歷史問題形成了正確的價值判斷，樹立了正確的歷史價值觀。

　　上海師範大學李稚勇教授認為：「學生在教師的指導下，通過自身的探究活動，來探討歷史問題，並掌握一定的歷史研究方法。」[3]在課後的習題訓練中，不僅能讓學生對所學知識重新歸類，進行邏輯的重組，更能夠讓學生得到歷史研究的一些基本方法和能力的提升，也能夠讓學生在做材料論述題中獲得對歷史的理解和感悟。學生在做材料論述題的過程中，如何從材料中提煉觀點，如何組織語言進行論述，如何把已有的認識昇華到唯物史觀，並落實到對國家、對民族的認同上，這不僅使學生對歷史學科的核心素養理解更為深刻，也使得學生在歷史解釋和評價過程中思路清晰，有理有據，提高了學生學習歷史的能力，也培養了學生學習歷史的興趣。

---

[3]　李稚勇：〈美國學校史料教學論析〉，《歷史課程改革的理論與實踐》（北京：人民教育出版社，2007年），第32頁。

社會科學類　PC0914　Viewpoint 57

多元視角:
二十一世紀中華歷史文化教育(教育行為卷)

編　　　者 / 梁操雅、梁超然、區志堅
責任編輯 / 許乃文
圖文排版 / 楊家齊
封面設計 / 蔡瑋筠

發 行 人 / 宋政坤
法律顧問 / 毛國樑　律師
出版發行 / 秀威資訊科技股份有限公司
　　　　　114台北市內湖區瑞光路76巷65號1樓
　　　　　電話:+886-2-2796-3638　傳真:+886-2-2796-1377
　　　　　http://www.showwe.com.tw
劃撥帳號 / 19563868　戶名:秀威資訊科技股份有限公司
　　　　　讀者服務信箱:service@showwe.com.tw
展售門市 / 國家書店 (松江門市)
　　　　　104台北市中山區松江路209號1樓
　　　　　電話:+886-2-2518-0207　傳真:+886-2-2518-0778
網路訂購 / 秀威網路書店:https://store.showwe.tw
　　　　　國家網路書店:https://www.govbooks.com.tw

2020年11月　BOD一版
定價:600元
版權所有　翻印必究
本書如有缺頁、破損或裝訂錯誤,請寄回更換

國家圖書館出版品預行編目

多元視角：二十一世紀中華歷史文化教育. 教育
行為卷 / 梁操雅, 梁超然, 區志堅主編. -- 一版.
-- 臺北市：秀威資訊科技, 2020.11
　　面；　公分. -- (社會科學類；PC0914)
(Viewpoint ; 57)
　BOD版
　ISBN 978-986-326-855-0(平裝)

　1. 教育史　2. 歷史教育　3. 文集　4. 中國

520.92　　　　　　　　　　　　　109014379

讀者回函卡

感謝您購買本書，為提升服務品質，請填妥以下資料，將讀者回函卡直接寄回或傳真本公司，收到您的寶貴意見後，我們會收藏記錄及檢討，謝謝！如您需要了解本公司最新出版書目、購書優惠或企劃活動，歡迎您上網查詢或下載相關資料：http:// www.showwe.com.tw

您購買的書名：_____

出生日期：_____年_____月_____日

學歷：□高中 (含) 以下　　□大專　　□研究所 (含) 以上

職業：□製造業　□金融業　□資訊業　□軍警　□傳播業　□自由業
　　　□服務業　□公務員　□教職　　□學生　□家管　　□其它_____

購書地點：□網路書店　□實體書店　□書展　□郵購　□贈閱　□其他

您從何得知本書的消息？

　□網路書店　□實體書店　□網路搜尋　□電子報　□書訊　□雜誌
　□傳播媒體　□親友推薦　□網站推薦　□部落格　□其他_____

您對本書的評價：(請填代號　1.非常滿意　2.滿意　3.尚可　4.再改進)

　封面設計____　版面編排____　內容____　文／譯筆____　價格____

讀完書後您覺得：

　□很有收穫　□有收穫　□收穫不多　□沒收穫

對我們的建議：_____

_____

_____

_____

11466
台北市內湖區瑞光路 76 巷 65 號 1 樓

秀威資訊科技股份有限公司　　　收

BOD 數位出版事業部

....

（請沿線對折寄回，謝謝！）

姓　　名：＿＿＿＿＿＿＿＿＿　年齡：＿＿＿＿＿　性別：□女　□男

郵遞區號：□□□□□

地　　址：＿＿＿＿＿＿＿＿＿＿＿＿＿＿＿＿＿＿＿＿＿＿＿

聯絡電話：(日)＿＿＿＿＿＿＿＿＿＿＿　(夜)＿＿＿＿＿＿＿＿＿＿＿

E-mail：＿＿＿＿＿＿＿＿＿＿＿＿＿＿＿＿＿＿＿＿＿＿＿＿＿